三保忠夫 著

尺牘資料における助数詞の研究　明国から日本へ

武蔵野書院創業百周年記念出版

武蔵野書院

緒言

近世の「助数詞」の考察は、古文書類・古記録類・史書類・文学書類、その他、各種の著述における用例をもって行うことができる。また、それらを収集し、一定の基準をもって整理した用語集や辞書類もある。これらは、原則として日本人が同国の読者のために書き記した一般書であり、ことさら、国外を意識したものではない。これに対し、もっぱら外国との交渉ごとを綴り、あるいは、その交渉文書を写し留めた書物がある。『続群書類従』巻三〇輯上（昭和四九年五月訂正三版第三刷）に収められた四本、すなわち、『善隣国宝記《ぜんりんこくほうき》』三巻（巻八七九、雑部二九）、『続善隣国宝記』一巻（巻八八一、雑部三一）、『続善隣国宝外記』一巻（巻八八二、雑部三二）、『善隣国宝別記』一巻（〈補遺〉、巻八八〇、雑部三〇）などがそれであり、これらには古写本、木版本の類も少なくない。

『善隣国宝記』は、五山相国寺の瑞渓周鳳《ずいけいしゅうほう》が文明二年（一四七〇）一二月二三日（巻中、後記）の頃に撰したものである。巻上は、日本古代外交史（震旦、百済・新羅・高麗（高句麗）、宋・元などとの交流史）といった観があり、巻中は、明や朝鮮（高麗）との交易に関わる表文、巻下は、その別幅が、それぞれ大きな位置を占める。勘合貿易に関するものが多く、後進の追補になるものなどもあるが、「助数詞（量詞）」研究上にも重要な資料である（小稿「善隣国宝記における助数詞」、『平成十七年度高山寺典籍文書綜合調査団報告論集』、二〇〇六年三月）。『続善隣国宝記』は、文明五年から万治三年（一六六〇）までの外交文書を収集したもので、明国・朝鮮との交渉が見える。これら二書については、現今、田中健夫氏・石井正敏氏の注釈を越えるものがない（田中健夫編『善隣国宝記　新訂続善隣国宝記』、集英社、一九九五年一月）。

およそ、外国に向けた書面は、相手国を慮《おもんぱか》りながら文書の様式に従って執筆する。加えて、中世・近世は、新しい仏教――臨済宗、曹洞宗、そして、黄檗宗などが伝えられ、各地に広まった時代である。京都・鎌倉の五山は、学問・思想・文芸・社会生活等々に及ぶまで、大きな影響をもたらしたといわれる。尺牘《せきとく》文化も、こうした一端に位置する。彼の地から伝えられた「尺牘資料」、及び、「日用類書」などは、雅称といわず助数詞（量詞）といわず、新鮮な、かつ、詳細な教材であった。『新編事文類要啓箚青銭《しんぺんじぶんるいようけいさつせいせん》』（元代泰帝元年〈一三二四〉版行）、『翰墨双璧《かんぼくそうへき》』（明代万暦四一年〈一六一三〉版行）以下、そこには、何よりも、今のいま、遺り取りされている活《い》きた書簡用語があった。また、五山碩学に推され、対州修文職《ついしゅうしゅうぶんしょく》・以酊庵《いていあん》輪番僧を務めた大典顕常の著書『尺牘式《せきとくしき》』・『尺牘式補遺』は、懇切なるその手引き書であった。

本書は、「尺牘資料」、及び、「日用類書」、また、日本の『尺牘式《せきとくしき》』・『尺牘式補遺』などをもって「助数詞」につき、その語彙面から考察するものである。「尺牘資料」には、本邦作成の『尺牘諺解』（延宝八年〈一六八〇〉刊）、その他を含む。これらも先行資料を取り込み、読者に便宜を図ろうとしたもので、中には「逍遥書屋」の蔵書印の認められるものもある。当時における尺牘文化の有意性を物語るものに他ならない。

二〇一九年　春

三保忠夫

目次

序章　尺牘資料と助数詞

第一節　はじめに

「尺牘《せきとく》」とは、中国古代に一尺余[1]の木札をもって手紙を書いたところから、書状、書簡を意味する言葉となった。本章では、中国の元代以後、ことに明代、清代に行われた尺牘・尺牘集、及び、その案文集や解説書・用語集など、また、その影響を受けた我が国における出版物に見える「助数詞（量詞）」を検討する。

尺牘は、基本的には実用を旨とするものである。この点は公文書の場合も同じである。だが、文章表現をもって個人が個人に訴えるものであるから、おのずから情感を込め、誠意を尽くそうとする。一方の公文書は、「様式（書式）」を用いてこの主観的部分を削除し、あるいは、形式化し、不可欠の要件のみを記す。両者間の大きな違いである。

この尺牘文体は、それ故、魏晋南北朝時代から唐宋時代を経る頃になると、文学的・芸術的にも成長し、内容・形式共に発展していった[2]。社会的評価を得た文章・音韻（韻律）・書法（運筆）、また、文房（紙・筆・墨・硯）などは、貴賤・緇素を問わず世人の関心の的となった。宋代から明代にかけては、多くの尺牘案文集や創作集、解説書や用語集などが出版され、尺牘の格式も成立・安定したとされる。これは、印刷文化の興隆期とも重なる。

尺牘は、今日でもそうであるが、基本的には書き言葉によって認《したた》められ、文字・語彙・語法・文体、また、運筆・墨色、料紙・封の用い方などの諸面において多くの約束事、即ち、広い意味の作法・法式がある。助数詞（量詞）は、その中の「数量表現法」に関わる語彙群であり、尺牘においては、物事の数え方は、重要事項の一つとなっている。

数え方に関する語彙は、今日、中国文法では「量詞」、あるいは、「陪判詞」「助名詞」「形体詞」「単位詞」など、日本文法では「助数詞」、あるいは、「類別詞」などとして論じられている。しかし、日本語の助数詞は、数え方だけの問題ではなく、敬意表現、延いては税制における単位表現との関わりも認められるようである。

古代から現代までにおいて、尺牘に関係する典籍は少なくない。時間・空間（地方）両面から中日双方における関係書全体を吟味し、助数詞研究上、必要十分な資料を選抜すべきであるが、古いところでは残存する点数は限られる。本章では、先ず左記の資料を検討しよう。刊行順に列挙すれば、次のようである。

(イ)『新編事文類要啓劄青銭』、元代著、著者不詳、泰定元年（一三二四）重刊。
(ロ)『翰墨双璧』、明王世貞著、万暦四一年（一六一三）刊。
(ハ)『翰墨全書』、明王宇編、陳瑞錫注。天啓六年（一六二六）成立。（寛永二〇年〈一六四三〉田原仁左衛門重刊本もある。）
(ニ)『尺牘双魚』、明陳継儒輯・原注、熊寅幾増補較正、明金閶葉啓元梓。（承応三年〈一六五四〉重刊本もある。）
(ホ)『翰墨琅琊』、明代末か、陳翊九編、寛文一一年（一六七一）今井五兵衛重刊。
(ヘ)『尺牘諺解』[*]、著者（邦人）不詳、延宝八年（一六八〇）刊。
(ト)『玉堂尺牘彙書』、陳太士著、清康熙二一年（一六八二）刊、貞享四年（一六八七）林五郎兵衛訓点重刊。
(チ)『尺牘集要』、明謝度君編、邵文聘刊、貞享元年（一六八四）文台屋治郎兵衛刊。
(リ)『尺牘筌』[*]、木煥卿著、明和五年（一七六八）刊。
(ヌ)『書簡啓発』[*]、高嶋清著、安永九年（一七八〇）刊。
(ル)『尺牘彙材』[*]、戸崎允明監修、文化五年（一八〇八）刊。
(ヲ)『尺牘粋金』[*]、藤田久道著、明治一一年（一八七八）刊。

右は、元代一点、明代五点、清代一点、日本の近世以下の五点（＊印）である。これらにおける日本語助数詞に関係する事象について検討するのであるが、就中、(イ)『新編事文類要啓箚青銭』（元代）は、明代以降の諸資料と大きく離れ、別本もないので、この一点だけはこの次節に取り上げる（(ロ)以下は、次の第一章において述べる）。

各資料の版本（原本）については、できるだけ所蔵元を訪ね、可能な限り実見すべく心掛けた。これは、明代前後の尺牘資料が日本にどのように受容され、その結果、彼土の助数詞が如何様に用いられたかという問題に関わってくるからである。かつて、古代中国から文書行政が導入され、日本律令国家樹立に与るところが大きかった。その文書行政と共に多くの助数詞（量詞）がもたらされ、日本語における数量表現も大きく展開することとなった（小著『木簡と正倉院文書における助数詞の研究』、二〇〇四年、風間書房）。然るに、この近世において、元～明代の尺牘資料が将来され、新たな、――というより、全く別語とも見受けられるような助数詞（量詞）群が導入されたのである。ここには、言葉そのものとは別の、その使用者層・使用場面などに関する問題も介在しているようだが、こうした問題も、また、助数詞研究の一端であろう。

注

(1) 波多野太郎「尺牘礼賛」、同氏編纂『中国文学語学資料集成』、『第三篇』、一九八九年四月、不二出版、一三〇頁。なお、呉承洛原著・程理濬修訂『中国度量衡史』（一九三七年初版、一九五七年重版、商務印書館出版）によれば、「一尺」は、秦代・前漢代に二七・六五㎝、新莽・後漢代に二三・〇四㎝、唐代に三一・一〇㎝、宋代に三〇・七二㎝、明代に三一・一〇㎝であったとされる（五四頁より抄出）。

(2) 波多野太郎「尺牘の格式の歴史」、同氏編『中国語学資料叢刊』の『第三篇　尺牘篇』『第一巻』所収、一九八六年六月、不二出版、一頁。

第二節　『新編事文類要啓箚青銭』

一、序

毛利家旧蔵『新編事文類要啓箚青銭《しんぺんじぶんるいようけいさつせいせん》』は、中国元代泰定帝の泰定元年（一三二四）に版行された古版本で、全五一巻・一〇冊からなる（古典研究会刊影印本による）(1)。「啓箚」は手紙の意で、内容は、主に「書簡の用語・文体・書式を、人事百般のケースに応じて集成し分類したものである。(2)」とされる。つまり、その「事文類聚」とは、「宋の祝穆の「事文類聚」以来の類書の呼び名として一般に行われた言葉で、「翰墨」「啓箚」の語が、日用交際応用の書翰類を指す慣わしとなってからは、交際用の日用書翰墨をも含めて、廣く全般的な事文の類書であることを強調する時に、「事文類聚」の語を冠することが多くなった。(3)」とされる。また、「啓箚青銭」とは、唐の張鷟《ちょうさく》、字文成《ぶんせい》の故事(4)によるものとされ、「鷟の文章は、青銭すなわち青銅銭が万選万中するがごとく、試験のたびに合格すると評されたので、世人は鷟を青銭学士と呼んだという。当時、青銅銭は万選万中（一万回選び取っても間違うことがない）とされた、その言葉の意味はなお考うべきところがあろうが、本書名の啓箚青銭は啓箚すなわち手紙を書くのに本書を利用すれば、必らず立派なものが書けるというような意味で、「百発百中手紙書き方早わかり」というようなことだろう。(5)」と説かれる。酒井忠夫氏は、南宋代には啓箚が盛行し、啓箚・翰墨を主とする類書が作製され、多くの日用類書が刊行されたとし、「元代のものは啓箚と称しても、啓箚、翰墨としての類書というよりは啓箚、翰墨を主とする全体の各項目に亘る百科全書が多い。明代のものには粋に翰墨を主とする類書が多くなった。(6)」とも述べられる。

刊記として、首の「惣目」尾に「泰定甲子仲夏一新重刊」、続く「前集」目録尾に「泰定甲子孟秋／日新書堂重刊」（単郭）とあり、また、後に「日新堂刊」（「前集」首）、「建安劉氏　日新堂　重刊」（「別集」首）、「建安劉氏　日新堂刊」（「続集」首）などとある。泰定甲子（元年）の仲夏（陰暦五月）重刊、孟秋（同七月）重刊とあるが、前者がずれ込んで後者の形で重刊されたのであろう。「建安劉氏」「日新堂」は、福建の建安の本屋の劉氏、名は錦文（入矢氏）という。(7) 本書は、もと徳山藩毛利家に蔵せられていた一書で、印記として、首に「徳藩／蔵書」（双郭）、「（「明治二」ヵ）十九年改済／（「毛」ヵ）利家蔵書／（判読不能）目十番一共十冊」（印記上端切断）とある。

影印本『解題』（仁井田陞氏筆）によれば、本書は、泰定元年の重刊本で、「その原本は、おそくとも十三世紀末にさかのぼるのではないかと思われる。もちろん、本書の源をたどれば、本書の要素の一半となっている書式は、遠く唐宋の書儀（書簡文範）に縁がある。」とされ、また、「啓箚青銭といわれる日用百科全書のうちでは、現存最古の版であることがわかった。」、この性格は、「百科全書のうちでも太平御覧や淵（鑑）函類函の類とは異なり、官人士人農人匠人商人などのような士庶の間にあって、日常の用に供し、座右に常備する意味での、日用百科全書である。（中略）従って、本書は、当時の士庶の社会生活――その書簡文範にあらわれた身分の差による微妙な用語、社会的な諸作法をふくめて――を知る上からも、貴重なものであることはいうまでもない。前集、後集、続集、別集および外集の五集から成り、各集をそれぞれいくつかの部門に分っている。その部門には、翰墨門、諸式門、飲食門、器用門、栄達門、仕進門、釈教門、道教門、婚礼門、喪礼門、方輿勝紀、姓氏源流などをふくむ。（後略）」と解説される。

同系別本に、内閣文庫蔵『新編事文類聚（ママ）啓箚青銭』一〇巻・三冊（別060–0009）があり、これは本書を縮小改編した明初建安書堂の出版書とされ、印記に「昌平坂／学問所」とある。それなりに珍重される。

二、助数詞用法

本書は、時に、具体的な尺牘文範を掲出することはあるが、敢えて助数詞（量詞）用法を説くようなことはない。例えば、後に言及する『翰墨双璧』は「品物稱呼門」という一門を設けて、また、『尺牘双魚』は「果品」、『翰墨琅璢』は「餽送品物称謂」、『尺牘集要』は「果品称呼」という、それぞれ格別の一門を用意して「品物名とその数量表現法」を説く。表だっては贈り物とする品物の称呼法（即ち、雅称、美称）を列挙する。だが、品物それぞれは固有の数量表現法（単位・助数詞等の用法）を有しており、従って、結果的には「品物名＋それぞれ固有の数量表現法」という関係を説くことになるのである。この一群は、それなりの語彙分類を行い、その分類下に数量表現法を勘案する。問題意識をもって内省、考勘を経たものであり、それ故、読者に対して規範性を主張し、応用力を提供することになる。

こうした資料群に対し、格別の一門を用意することなく、具体的な尺牘文範（書式例、書札例）をもって個別的に、あるいは、その時・その場の情況に応じて「数量表現法」を提示する一群もある。次章第三節の『翰墨全書』がそれであり、今の『新編事文類要啓劄青銭』もこの類に入る。抽象的、あるいは、類型的な教科書を提示するよりも、古典的ではあるが、現実的な尺牘文例をもってその作法の原点を説こうとするものであろう。

次に、この『新編事文類要啓劄青銭』に見える助数詞（量詞）を収拾する。但し、この収拾は、精読・精査して完璧を期したものではない。古版本で紙面に傷みもあり、文字判読上に困難を伴うこともある。

原則として度量衡の単位は対象から外したが、一部残した。また、次の類（名詞用法）も対象から外した。

「一団和気」（前集・一、翰墨門、18）―用例複数例
「百拝上覆」「皇恐百拝」「頓首百拝」（前集・二、活套門、34）
「駕万頃之潮捲千堆之雪」（后集・六、遊観門、264）
「桂林一枝崑山片玉」（別集・五、婚礼門、536）

《凡例》1、用例は助数詞毎にまとめ、部首順、出現順に配列する。見出し字を［　］内に示す。
2、用例の意味・用法に関する情報を冒頭の【　】内に示すことがある。例、【送人芍薬】、【委致薬材】
3、多く用例の前後を略す。中略する場合だけには当該部に…印を置く。
4、情況により、改行部を／印で示すことがある。
5、用例下の（　）内に、所在を示す。所在は、集（前集、后集、続集、別集、外集）・巻次、門・部など、頁数で示す。

［个］【佛法】雪峯和尚□（?）三个｜｜（木毬）迎禅納（続集・五、釈教門・古今故事、374）

［人］入学八千餘人褚亮伝（続集・一、栄達門・古今故事、325）

［倍］某正仰／風儀忽蒙／雲翰再三捧誦百倍感蔵ム（続集・九、饋謝簡劄、435）

［両］【送人薬材】輙有附子十枚人参十両（后集・七、文物門、276）

［具］物色逐一具列（前集・九、諸式門、123）

［副］【送人棊具】文楸玉子一副（后集・七、文物門・文物饋送簡劄、274）
弓矢一副（后集・七、文物門・文物饋送簡劄、274）
茶具一副（后集・七、文物門・文物饋送簡劄、275）
玉斝椰盃各一副（后集・七、文物門・文物饋送簡劄、275）
【委置奇畫】欲置床屏枕屏二副畫（后集・九、請託門、古今故事、293）
【委置銀器】令製盃盤十副（后集・九、請託門・委置文物小簡、294）
弓箭一副（后集・九、請託門、委置文物小簡、295）
【仮借帳設】欲就借帳設一副（后集・一〇、仮貸門・仮借小簡新式、303）
【送還帳設】帷帟四副（后集・一〇、仮貸門・仮借小簡新式、303）
綵一副（別集・八、喪礼門、583）

［剤］【委致薬材】欲擣一二剤薬（后集・九、請託門、委置文物小簡、296）

[匝]寒暑一匝|春草又緑（前集・五、活套門・士人瞻仰類、77）
[匹]張華有功賜絹｜｜（萬匹）（后集・八、幣帛門・古今故事、278）
燕書賜宋該布｜｜（百匹）（后集・八、幣帛門・古今故事、278）
【買馬契式】右某有某色牡馬一匹|鞍轡斉全現年幾歳（外集・一一、公私必用、758）
[區]【太斈】築舎千二百區|（唐太宗）（続集・一、栄達門・古今故事、325）
[巻]【送人書籍】…胷中万巻|（后集・七、文物門・文物饋送簡劄、271）
一巻|之書（続集・三、師友往復簡劄、359）
[口]施主无慮四五十口|（続集・八、道流疏語、424）
[合]酥乳一合|（后集・五、飲食門・飲饌饋送簡劄新式、255）
蓬萊香一合|（別集・六、慶寿門・生日送星香状、546）
胡騎之塵一合|（外集・九、応用新書、735）
金釵一對采段一合|（外集・一一、公私必用、755）
[品]于前列菜碟数品|（前集・九、諸式門・坐次儀式、132）
【送人麪食】麪食若干品|（后集・五、飲食門・古今故事、256）
【瓊林賜食】賜進士食三品|赤焦肉餅二枚天花餅二枚羊肉飯一盂（続集・一、栄達門・古今故事、327）
[員]唐貞観中置斈生三百員|改｜｜（司成）（続集・一、栄達門・古今故事、325）
【学職】前廊斈録二員|斈諭八員|（続集・一、栄達門・古今故事、325）
[坏]【麪】山谷詩湯餅一坏|｜｜乱（銀絲）（后集・五、飲食門・古今故事、244）
[壺]不老泉二壺|（別集・六、慶寿門・生日送星香状、546）
[對]鴛鴦一對|（后集・八、禽獣饋送簡劄、285）
鴛鴦一對|（別集・五、婚礼門・佳期啓状諸式、537）
某院住持僧某…／香一炷／茶一煎／燭一對|（続集・五、釈教門・僧家往復新式、388）
ム観道士姓ム…／香一篆／茶一甌／燭一對|（続集・七、道教門・道士往復新式、414）
長明炬一對|（別集・六、慶寿門・生日送星香状、546）
蠟炬一對|（別集・八、喪礼門、583）
燭一對|（別集・八、喪礼門、583）
金釵一對|采段一合（外集・一一、公私必用、755）

[局]唐百家詩長日｜｜(閑消)一局棊（続集・九、芸術門・古今故事、427）

[帙]某経若干帙（続集・五、釈教門・僧家往復新式、383）

[幅]手書一幅正式（前集・一、翰墨門、項目題、17）

答書一幅正式（前集・一、翰墨門、項目題、17）

手書一幅正式（前集・一、翰墨門、項目題、19）

大白紙一幅（前集・九、諸式門・写門状式、120）

劄子一幅新式（后集・二、喜慶門、項目題、199）

聘啓一幅礼物状一幅（別集・五、婚礼門、聘定往復劄子、525）

[廻]把盞凡数十廻（前集・九、諸式門・坐次儀式、132）

[捻]一捻花枝（別集・五、婚礼門・佳期啓状諸式、537）

[曲]応制詩一曲（后集・一、節序門・古今故事、170）

[本]【送人瑞香】以瑞香為占断東風近得両本皆吐芳矣（后集・三、花卉門・花木饋送簡劄、227）

護身符一本（続集・七、道教門・道士往復新式、409）

[朶]【送人芍薬】西施御愛黄数朶（后集・三、花卉門・花木饋送簡劄、227）

願以数朶為献（后集・三、花卉門・花木饋送簡劄、229）

五朶雲之貺ム（続集・一、慶賀栄達簡劄、331）

[束]【送人水果】蓮房五束（后集・四、菓実門・古今故事、242）

【送人□(?)脯】披綿十缶轝肥二束（后集・五、飲食門・飲饌饋送簡劄新式、255）

【束脯・脡脯】十｜(脡)為束論語解（続集・三、師友門・古今故事、353）

陰幣一束（別集・八、喪礼門、583）

綵一束（別集・八、喪礼門、586）

[枚]【送人糟蟹】糟蟹□(?)若干枚儧敢軽瀆（后集・五、飲食門・飲饌饋送簡劄新式、254）

【送人薬材】輙有附子十枚人参十両丹薬剤一角（后集・七、文物門・文物饋送簡劄、276）

【委置端硯】…端渓紫石硯子…置一枚（后集・九、請託門・委置文物小簡、294）

【瓊林賜食】賜進士食三品赤焦肉餅二枚天花餅二枚羊肉飯一盂（続集・一、栄達門・古今故事、327）

一枚寒水晶（続集・一〇、題贈詩詞、445）

[果]【請嘗桜桃】盛圃桜珠先百果（后集・四、菓実門・菓

実請召簡劄、236）
【請甞林檎】蜀都林禽《檎》為百果首称（后集・四、菓実門・菓実請召簡劄、237）
［枝］西王母菓献武帝｜｜《蟠桃》七枝（后集・二、喜慶門・古今故事、192）
唐楊貴妃長恨歌梨花｜｜｜《一枝春》帯雨（后集・三、花卉門・古今故事、220）
古詩折梅逢駅使聊贈｜｜｜《一枝春》（后集・三、花卉門・古今故事、220）
【送人首飾】輙有新様冠子一頂綉花二枝（后集・八、幣帛門・幣帛饋送簡劄、282）
【委置筆墨】純毫十枝（后集・八、幣帛門・委置文物小簡、293）
［柄］【送人細扇】洪箑若干柄（后集・七、文物門・文物饋送簡劄、276）
［株］韓昌黎梨花詩郭外｜｜｜《千株雪》（后集・三、花卉門・古今故事、220）
［根］【送人瑞香】…敬以一根為左右献（后集・三、花卉門・花木饋送簡劄、227）

［條］【琴】李山甫琴詩｜｜《三尺》焦桐七條線（続集・九、芸術門・古今故事、427）
［歳］【買馬契式】右某有某色牡馬一匹鞍轡斉全現年幾歳（外集・一一、公私必用、758）
【買牛契式】右某有某角某色牛牸一頭現年幾歳（外集・一一、公私必用、759）
［瀹］茶一瀹（別集・八、喪礼門、583）
［炷］某院住持僧某…／香一炷／茶一煎／燭一對（続集・五、釈教門・僧家往復新式、388）
香一炷（別集・八、喪礼門、584）
香一炷（別集・八、喪礼門、586）
［煎］某院住持僧某…／香一炷／茶一煎／燭一對（続集・五、釈教門・僧家往復新式、388）
茶一煎（別集・八、喪礼門、586）
［燈］昭明百燈千燈万億燈（続集・六、禅宗疏語、392）
［瓣］聊當一瓣香之敬（別集・四、婚礼門、往復聘定啓式、522）
香一瓣（別集・八、喪礼門、583）
［片］蓮藕命甞極深銘感…所謂一片入口沈痾痊者也（后

集・四、菓実門・菓実請召簡劄、237）
江南一片愁矣（前集・五、活套門・士人瞻仰類、77）
一片誠心（別集・一〇、挽詩、604）
【判山木榜式】右某有梯已承分竹木山一片坐落（外集・一一、公私必用、751）
【占墓山榜式】本宅有祖墓山一片坐落（外集・一一、公私必用、752）
[牽]耕犢一牽（后集・八、禽獣門・禽獣饋送簡劄、288）
有柔毛一牽麥粉十斗（別集・六、慶寿門・送賀生辰劄状、545）
仙山羊一牽（別集・六、慶寿門・生日送星香状、546）
[瓶]【送人法醞】竹露十瓶（飲食門・五、飲饌饋送簡劄新式、253）
玉仙堂酒壹拾瓶（続集・一、慶賀仕途簡劄、351・352）
[甌]ム観道士姓ム…／香一篆／茶一甌／燭一對（続集・七、道教門・道士往復新式、414）
〈破〉□茶一甌（別集・八、喪礼門、583）
[番]【送人箋割(?)】花牋二百番（后集・七、文物門・文物饋送簡劄、273）

[疋]杜我有｜｜（二疋）好東絹（后集・八、幣帛門・古今故事、278）
奇駿数疋（后集・八、禽獣門・禽獣饋送簡劄、288）
[盂]【瓊林賜食】賜進士食三品赤焦肉餅二枚天花餅二枚羊肉飯一盂（続集・一、栄達門・古今故事、327）
[盃]身名不如一盃酒（続集・一、慶賀栄達簡劄、334）
[盆]小圃所植早蕙已開…願以一盆少助燕間清翫（后集・三、花卉門・花木饋送簡劄、228）
水梔一盆（三・后集、花卉門・花木饋送簡劄、229）
[盤]【送人蒲萄】架上蒲萄離々馬乳分献一盤（后集・四、菓実門・菓実饋送簡劄、242）
[碩]【送人新麪】麥麈二碩（后集・五、飲食門・飲饌饋送簡劄新式、256）
客有携数軸古畫過我擬収一二碩（続集・九、芸術門・閑欵請召簡劄、432）
[端]軽縑一端（后集・八、幣帛門・幣帛饋送簡劄、279）
[笏]【送人川墨】恵以煙煤敢綴五笏（后集・七、文物門・文物饋送簡劄、272）
【送人川墨】香剤数笏（后集・七、文物門・文物饋送

箇剳、272）
[笥]冥財一笥（別集・八、喪礼門、583）
[筒]麪二石／粉百筒（別集・八、喪礼門、581）
麥塵二石／旦霜百筒（別集・八、喪礼門、581）
[筵]祭食一筵（別集・八、喪礼門、583）
祭一筵（別集・八、喪礼門、583）
[篇]一篇之狂簡（別集・五、婚礼門・佳期啓状諸式、537）
[箱]財一箱（別集・八、喪礼門、583）
財一箱（別集・八、喪礼門、586）
[篚]財一篚（別集・八、喪礼門、584）
[篆]ム観道士姓ム…／香一篆／茶一甌／燭一對（続集・七、道教門・道士往復新式、414）
明香一篆（別集・八、喪礼門、583）
香一篆（別集・八、喪礼門、586）
[籃]【送人新笋】竹萌方迸分献一藍（籃）（后集・五、飲食門・飲饌饋送簡剳新式、256）
長寿麪十袋（別集・六、慶寿門・生日送星香状、546）
[粒]孟郊詩常言｜‖｜（一粒薬）不堕生死境（后集・五、文物門・古今故事、269）

[紙]慈恩石刻二百紙（后集・七、文物門・文物饋送簡剳、271）
[縷]【送人廣香】一縷煙（后集・七、文物門・文物饋送簡剳、276）
[缶]【送人蜜果】輒有蜜煎十缶（后集・四、果実饋送簡剳、240）
【送人鮀線】敢分去二缶（后集・五、飲食門・飲饌饋送簡剳新式、254）
【送人□（?）脯】披綿十缶鼙肥二束（后集・五、飲食門・飲饌饋送簡剳新式、255）
[罌]【送人醯物】苦酒二罌（后集・五、飲食門・飲饌饋送簡剳新式、253）
[翼]【送雞與人】司晨四翼（后集・五、飲食門・飲饌饋送簡剳新式、255）
【送鵞與人】紅掌四翼（后集・五、飲食門・飲饌饋送簡剳新式、256）
【送鴨與人】田凫四翼（后集・五、飲食門・飲饌饋送簡剳新式、256）
[般]盆列果木数般（前集・九、諸式門・坐次儀式、132）

[行]【鴻鴈】｜｜《排字》二行書絳□《?》（后集・八、禽獣門・古今故事、283）

一札十行｜（別集・六、慶寿門、生辰慶賀啓式、544）

[袋]【送人斎料】輙有麪粉豆粉各若干袋｜（后集・五、飲食門・飲饌饋送簡劄新式、256）

[角]【送人薬材】輙有附子十枚人参十両丹薬湯剤一角｜（后集・七、文物門・文物饋送簡劄、276）（単位）

[斛]【仮借米穀】玉粒十斛｜（后集・一〇、仮貸門・仮借小簡新式、301）

[言]【仏経、維摩経】｜｜《維摩》詰｜《経》凡二万七千九十二言｜（続集・五、釈教門・古今故事、374）

【仏経、多心経】般若｜｜｜《多心経》凡二百五十八言｜（続集・五、釈教門・古今故事、374）

[蹄]曾有売劔而置四蹄｜（后集・八、禽獣門・禽獣饋送簡劄、288）

[軸]古畫十軸｜（后集・七、文物門・文物饋送簡劄、274）

【僧還功徳】功徳若干軸…揔計若干軸｜（続集・五、釈教門・僧家往復新式、384）

数軸｜古畫（続集・九、芸術門・閑欵請召簡劄、432）

老人星一軸｜（別集・六、慶寿門・生日送星香状、546）

[輩]【送人宣筆】敬以管城子百輩｜（后集・七、文物門・古今故事、272）

[錬]魏武戒令百錬｜｜｜《利器》謂鑄劔（続集・九、芸術門、古今故事、430）

[間]唐明皇元建｜｜《燈楼》十二間｜（后集・一、節序門・古今故事、170）

[闋]【琴】起来搔手撫一闋｜吟罷満山風月清（続集・一〇、題贈詩詞、445）

千秋詞一闋｜（別集・六、慶寿門・生日送星香状、546）

[雙]于後長筋一双｜（前集・九、諸式門・坐次儀式、132）

【送人闘雞】籠致一双｜（后集・八、禽獣門・禽獣饋送簡劄、287）

【送人紅□《鴿カ》】丹□《鴿カ》二双｜（后集・八、禽獣饋送簡劄、286）

[面]銭塘江潮詩鼓声千面｜｜｜《海濤》起（后集・六、遊観門、古今故事、258）

[頂]【送人首飾】輙有新様冠子一頂｜繡花二枝（后集・八、幣帛門・幣帛饋送簡劄、282）

【委置首飾】置珠冠翠冠各一頂（后集・九、請託門・委置文物小簡、295）

［領］【賜袍笏】淡黄絹衫一領（続集・一、栄達門・古今故事、327）

［頭］【買牛契式】右某有某角某色牛牸一頭現年幾歳（外集・一一、公私必用、759）

［顆］【請嘗桜桃】摘数顆以薦一盃（后集・四、菓実門・菓実請召簡劄、236）

【請嘗雪梨】…偶得数顆敢屈従者（后集・四、菓実門・菓実請召簡劄、238）

【請嘗温柑】偶得温柑経霜改色愧无三百顆之題輙具一盃（后集・四、菓実門・菓実請召簡劄、238）

三、小結

『新編事文類要啓劄青銭』は、唐・宋代と明代との間に位置し、公から私に及ぶ種々の問題を内包する貴重な文献である。右には、その内から、「助数詞（量詞）」を抽出した。例えば、相国寺蔭涼軒主の日記『蔭涼軒《いんりようけん》日録』、長享二年（一四八八）八月二九日の条に、「拈香有レ偈云。（中略）梅花一瓣挿二金爐一。」(8)、臨済宗月舟寿桂の『幻雲詩藁』、第三、明応一〇年（一五〇一）辛酉の条に、「密々疎々洒竹時。鵲斑焚尽撚吟髭。元人十雪無香字。一瓣今宵補逸詩。焚香聞雪／放翁去後有詩情。聴雨争如聴雪清。今夜為誰拈一瓣。同参唯是酒窓声。同前」(9)、同『月舟和尚語録』に、「前霜台英林居士三十三年忌陞座／△座前香／三十三天有円生樹。其花開敷。則順風薫満一百由旬。逆風薫満五十由旬。香挙。這一瓣妙兜楼。不分順風逆風。（後略）」(10)、同『幻雲文集』に、「宋後山居士有髪而僧也。拈一瓣香。嗣翠和尚。其詩不犯正位。切忌死語。（後略）」(11)、臨済宗妙心寺派明叔の「今川氏輝七年忌香語○国立公文書館所蔵明叔録」、天文一一年（一五四二）三月の条に、「小拈香／七年後掲暫須臾、遺像今看大丈夫、一朶士峰天下白。当陽割取插香炉、（中略）道会錯、道不会錯、即今鋳両大錯、成一瓣少従香、（後略）」(12)などと見える。「一瓣」とは、明代の尺牘類にも見えるが、より早くには、この『新編事文類要啓劄青銭』に見えている。本書を俟って、『蔭涼軒日録』などの禅宗資料を理解することになろう。

全例調査（異なり語・延べ語）を意図したわけではないが、大凡の情況は知り得よう。但し、先にも触れたように、本書は、公的・私的の文書類、また、時事的・世俗的文書類を網羅し、加えて各種文例を用意したものである。それぞれの目的に副うべく、文書型式や文体、語彙・語法などは、多種多様であり、古典（漢詩文）を援用することも少なくない。本書に見える助数詞の種類・用法、性格等も、従って、様々であり、一方に公・私文書や庶民生活の場に通行する助数詞（用法）類もあれば、他方に古典的な用法、――「雅称」と対で用いる用法なども見える。それらが雑然と混在しているのであるが、こうした情況は、助数詞研究上、長所ともなり、また、短所ともなる。それなりの視座と方法を用意し、丹念に分析していく必要がある。

この元代に先立つ唐代後半期～宋代には、「複合単位」という助数詞用法もあったとされる［補説］。また、元代の専書としては鄧幇雲他著『元代量詞研究』（巴蜀書社）があるが、尺牘類は対象外とされたようである(13)。

注

（1）『新編事文類要啓劄青銭』、一九六三（昭和三八）年一〇月、解題仁井田陞、発行長沢規矩也・古典研究会発行。

（2）入矢義高「新編事文類要啓劄青銭について」、『大安』、第九巻第一二号、一九六三年一二月。二頁。

（3）酒井忠夫「明代の日用類書と庶民教育」、林友春編『近世中国教育史研究』、一九五八年三月、国土社。一〇八頁。

（4）『唐書』、巻一六一、列伝八六に、「公卿称鷟文辞、猶青銅銭、萬選萬中、時號青銭学士」と見える（『景印文淵閣四庫全書』、『史部三三』の『正史類』、一九八六年三月、台湾商務印書館。二五四頁）。

（5）中嶋敏「新編事文類要啓劄青銭について」、『大安』、第九巻第一〇号、一九六三年一〇月。二頁。

（6）酒井氏、注（3）文献、一〇七頁。

（7）酒井氏、注（3）文献、一四四頁。入矢氏、注（2）文献、一頁。

(8) 竹内理三編『増補続史料大成』第二三巻、一九七八年、二三六頁。
(9)『幻雲詩藁』の第三。『続群書類従』第一三輯上、文筆部、二二九頁。
(10)『月舟和尚語録』、『続群書類従』、第一三輯上、文筆部、一九二五年・一九五九年三月訂正三版、二四二頁。
(11)『幻雲文集』、既出、注(8)文献、三一三頁。
(12) 久保田昌希、他編『戦国遺文　今川氏編』、第四巻、二〇一四年四月、東京堂出版、一八八頁。
(13) 鄧幫雲・郤丙亮、他著『元代量詞研究』、四川出版集団巴蜀書社、二〇一三年四月。

〔補説〕「複合単位」について

「複合単位」につき、宮沢知之著『宋代中国の国家と経済』（一九九八年三月、創文社）では、次のように説かれる。
先ず、その資料とされる北宋熙寧《きねい》一〇年（一〇七七）の二税の見催額、夏税・秋税の雑色の見催額の条を引こう。

二税熙寧十年見催額五千二百一万一千二十九貫石匹斤両領団条角竿
夏税一千六百九十六万二千六百九十五貫匹等　内銀三万一千九百四十両　銭三百八十五万二千八百一十七貫
斛斗三百四十三万五千七百八十五石　（中略）雑色茶鹽蜜（中略）百二十五万五千九百九十二斤両石角筒秤
張場条檐団束量口
秋税三千五百四万八千三百三十四貫匹等　内銀二万八千一百九十七両　（中略）雑色茶鹽酥（中略）一百九十
四万四千三百一斤両石口根束領茎条竿隻檐量／（次行以下略）
（『文献通考』、巻四、「田賦四」）(1)

右は、神宗時代の国家財政を伝える資料とされる。が、不思議なことに、計量単位を異にする品目の数値が合計されている。文中の「石、匹、斤、両」は、容積・長さ・重量の名称、「囲、秤、場、檐、団、束、量」は、物のある一定量に付けられた名称、「領、竿、角、筒、張、条、口」は物を個数で数えるときの名称であり、通常、前の二類は、数量を計測・比較する基準として設定された単位、後の一類は、助数詞（量詞）などと称される。

宮沢氏は、ここでは、これら全ては単なる助数詞（宮沢氏の用語）として機能している（貨幣を計量する単位「貫（＝緡）」も同様）、「つまり、「石匹両……」は何が素材であるかを示すために付けられたものであり、それで表される数値は助数詞で数えられる全体の個数＝物量であるということができる。」と述べられる（三八頁）。「素材」は異なるが、戦時体制下にあってその「素材」各々は不可欠のものであり、この意味で等価である、その数量を集計すれば、「五千二百一万一千二十九貫石匹斤両領団条角竿」「百二十五万……」という数字になる――というのである。この場合、「素材」は、必ずしも明瞭ではないが、次のような公式な規定により、それぞれ単位化されていることが前提となる。

凡歳賦穀以㆑石計、銭以㆑緡計、帛以㆑匹計、金銀絲綿以㆑両計、藁秸薪蒸以㆑圍計、他物各以㆓其数㆒計、

（『宋史』、巻一七四）(2)

宮沢氏は、「宋代における財貨の価格」は、「もともと交換価値と原理的に対応しない価格である」、「従って複合単位をもつ財政統計を価格に還元し、価値法則の貫かれる近代の財政と同じ方法で理解する積極的な理由はないことになる」と述べられる（三六頁、また、二九五頁）。こうした「複合単位」は、唐の天宝八歳（七四九）頃から見え出し、宋代に頻出し、南宋になると極めて少なくなり、元以降には消滅する、これは、「いわゆる唐宋変革期に集中的に現れた統計方法であり」、ここにその歴史的特殊性がある、とされている（三六頁）。

ところで、『唐宋伝奇集』にも、次のような例がある。資料の年代がはっきりしないが。宋代の用例となろうか。

駞馬千餘頭疋。以劍南旌節器仗前驅。（前後略）

（『唐宋伝奇集』、巻七、「楊太真外伝」、巻下）(3)

古小説を検討された荘司格一氏の御指摘による。(4) 同氏は、「二音節にのびたいい方でわずか一例のみであるが、古小説における特異な用例として注目されてよいであろう。」と述べられている。その解釈には右と差異がある。

また、先に報告したように、『吐魯番出土文書』(5)（一九八一～九〇年、文物出版社刊）によれば、ここには、次のよう

な例がある（⑥はその冊次、A＝随葬衣物疏、B＝その他を意味する）。

駞馬驢羊鶏苟（狗カ）一千／頭　　⑥阿斯搭那42－1、A、唐永徽二年〈六五一〉の頃

羊馬驢牛駞騾等総／三百五十頭疋　　⑥阿斯搭那210－1、A、唐貞観二三年〈六四九〉～広徳元年〈七六三〉

合当営六駄及押官乗騎馬総弐佰肆弐拾頭疋　　⑧阿斯搭那108－3、B、牒為通当営請馬料姓名事一、唐開元三年〈七一五〉

助数詞（量詞）の用法につき、南北朝の頃には、人に「口」「人」、馬に「疋」（また、「匹」字。乗馬に「乗」「騎」などもある。）、羊に「口」「頭」、驢、牛、豚・猪、虎、鹿、鼠、魚、雞などに「頭」を用いる。(6) だが、右の二、三例目は、「複合単位」となっている。三例目の「六駄」とは駄馬によるもので、これは牛、驢《ろば》に同様、「頭」を用いたのであろう。一例目は、駞《らくだ》・馬・驢・羊・鶏などを纏めて「一千頭」という。実質的には、これも「複合単位」に準ずることとなろう。『敦煌懸泉漢簡』などでは、馬・槖佗《らくだ》に「匹」を用いている。(7) ともあれ、こうした用例からすれば、宮沢氏の「複合単位」説は、時間的にはもう少し早く、空間的にもより広く行われた可能性があろう。

因みに、CGS単位系は一貫性のある単位系として定評がある。だが、一〇〇《メートル》競争で、ジャマイカ出身のウサイン・ボルト選手は、ベルリンにおける世界陸上選手権大会で〝9秒58〟（二〇〇九年八月一六日記録）、東洋大学四年桐生祥秀《よしひで》選手は、福井市における陸上・日本学生対校選手権大会で〝9秒98〟（二〇一七年九月九日記録）と、それぞれ新記録を打ち立てた。この場合、タイムは小数（帯小数）表記となっているが、〝9秒〟とは六〇進法であり、小数点以下の〝58〟、〝98〟は一〇進法である。英知を絞ったグローバルな単位であるが、妙な「複合単位」ではある。

注

（1）『文献通考』、巻四。一九六三年一〇月、新興書局、五九頁。波線は私意。

（2）宮沢氏御指摘。今、『景印文淵閣四庫全書』の『史部四二』『正史類』（一九八六年三月、台湾商務印書館、二三五頁）による。

（3）魯迅校録『唐宋伝奇集』（一九五三年五月、人民文学出版社）所収、「楊太真外伝」、巻下（二四三頁）。

（4）荘司格一「古小説における語法—とくに量詞を中心として—」、『集刊東洋学』（東北大学文学部内）、第一九号、一九六八年五月、四八頁。—線部は私意。

（5）小稿「『吐魯番出土文書』における量詞について」、『島大国文』、第二〇号、一九九一年一二月。一四頁。

（6）劉世儒著『魏晋南北朝量詞研究』、一九六五年六月、中華書局、第二章、八七〜九四頁。その他。

（7）小稿「張家山漢墓竹簡・尹湾漢墓漢牘・敦煌懸泉漢簡等における量詞の考察」、『島根大学教育学部紀要（人文・社会科学編）』、第三七号、二〇〇三年一二月。一六頁。

第一章　尺牘資料における助数詞

第一節　はじめに

本章では、序章に挙げた尺牘資料の内、(ロ)『翰墨双璧』以下、(ヲ)『尺牘粋金』*までについて言及する。(ロ)から(ホ)『翰墨琅函』、及び、(チ)『尺牘集要』までは明代、(ト)『玉堂尺牘彙書』は清代の資料である。但し、(ホ)、(ト)、(チ)は、その日本における刊行書であり、(ヘ)『尺牘諺解』*、(リ)『尺牘筌』以下は本邦編纂書である。

尺牘は、文字言語によるものであり、第四章の「明代日用類書」におけるところと多分に相異する。

なお、本書の末に、「尺牘資料・日用類書―助数詞漢字索引」を付す。この索引は、次の第二章の『尺牘式』、第三章の『尺牘式補遺』、及び、第四章の「明代日用類書」における助数詞をも対象とする。

第二節　『翰墨双璧』

一、序

『翰墨双璧《かんぼくそうへき》』は、明の王世貞の著になる尺牘に関する解説書で、万暦四一年（癸丑、一六一三）に刊行された。その一点が前田育徳会尊経閣文庫に収められている。『尊経閣文庫漢籍分類目録』下巻には「王世貞家蔵宝鏡翰墨双璧王世貞家蔵考疑問荅家礼補遺」との書題で掲出されている（雑部、類纂類一、七二二頁）。しかし、「王世貞家蔵考疑問荅家礼補遺」は別書で、「王世貞家蔵宝鏡翰墨双璧」が当面の著作となろう。以下はこれを底本とする。あるいは、この所蔵本が、天下の孤本になるかも知れない。

底本は三冊からなる。かなり痛んでいるが、寸法は、縦二四・五cm、横一三・八cm。それぞれの表紙（原表紙）に次のような外題がある。

上冊の外題「翰墨双璧　上」（題簽に墨書、左）、外題の下に「三本」（墨書）、表紙右下に「共三」（墨書）

中冊の外題「翰墨双璧　中」（題簽に墨書、左）、表紙右下に「共三」（墨書）

下冊の外題「翰墨双璧　下＊」（題簽に墨書、左、＊部には双行割書で「婚啓祭文附祝」）、表紙右下に「共三」（墨書）

上冊の目録題は、右側に「居家宝鏡」、左側に「翰墨双璧」とある。目録題の裏は「翰墨双璧引」が位置し、この末尾には「万暦癸丑歳仲春瀚海李柱国書」と見える。上冊は、目録二丁（但し、柱刻の下方に「序一（二）」とある）、次いで本文が「宝鏡」二〇丁、「名公報牘翰墨双璧」一〇丁、「宝鏡」一四丁とある。本文は漢字漢文で、これに頭書欄がある。朱墨の筆で句読点や送り仮名などが付されている。印記は「前田氏／尊経閣／図書記」（方形朱印）とある。

下冊の末尾の蓮牌木記（刊記）に次のようにある。

万暦歳在癸丑
瀚海李柱国梓

王世貞（一五二六～一五九〇）は、当時の文学界の中心的人物で、書画に優れ、尺牘を珍重したと伝える。尊経閣文庫には、その著『王氏書画苑』一四巻、『王氏書苑』一二巻、同『補益』八巻、『王氏画苑』一〇巻、同『補益』四巻などが所蔵されている。また、学習院大学図書館には、王世貞編・王世懋校『尺牘清裁』一冊（文政八年九月、書林加賀屋善蔵製本）が所蔵されている。董其昌（一五五五～一六三六）に画を学んだ王鑑（一五九八～一六七七）は王世貞の孫に当たる。

二、助数詞用法

『翰墨双璧』の上冊の頭書欄には、「品物称呼門」（七丁ウ～一三丁ウ）として多くの助数詞（量詞）を列挙する条がある。これを次に翻字する。

《凡例》1、以下は、底本では頭書欄に一段組みで記入されているが、紙面の都合上、二段に分けて翻字する。
2、頭部に私に丁数、行数を付す。
3、底本の見出し語には、一部に郭（□印）を脱したところがあるが（九丁オ、他）、そのままとする。
4、一二丁ウ、一三丁オの説明文には朱筆の読点・傍点（原文では○印）が書き入れられている。
5、一三丁オに「目録帖式」が示されている。当面の問題とは異なるが、参考までにそのまま引いておく。

［翻字］

（七丁ウ）

7 品物稱呼門
8 稱書籍文器
9 易経 犧経一部

（八丁オ）

1 詩 葩経一部
2 書 壁経一部

3 春秋 麟経一部
4 礼記 礼経一部
5 四書 枝経一部
6 筆 毛錐幾管
7 墨 陳玄幾笏
8 硯 文池一副
9 紙 蔡珍一部

（八丁ウ）

1 稱冠服

2 冠 儒冠一頂

3 衣 体服一襲

4 鞋 雲履一双

5 靴 革履一双

6 緞 色緞二端

7 手帕 香蘿一方

8 氈 毬裀一陣

9 香 京香幾束

（九丁オ）

1 扇 粗箑幾握

2 鏡 菱花一圓

3 稱飲食

4 米 玉粒幾石

5 麥 夏登一盒

6 麵 玉縷幾筐

7 饅頭 籠餅幾顆

8 酒 絮酒一尊

9 餅 香飴幾圓

（九丁ウ）

1 粽 角黍幾總

2 糍 金飴幾團

3 粿 玉飴幾團

4 糖 米嚢幾團

5 茶 龍芽一封

6 醋 聚蚋一礶

7 醬 脆釀一尊

8 稱菓品

9 李 玉華一品

（一〇丁オ）

1 荔枝 絳嚢一色

2 龍眼 金弾一筐

3 桃 仙卿（鄉）一筐

4 蓮子 提珠一筐

5 橄欖 青菓一筐

6 柿 盧橘一筐

7 石榴 吐玉幾圓

8 梨 氷團幾顆

9 椰子 矮胡二枚

（一〇丁ウ）

1 楊梅 聖僧一筐

2 蔗 蜜笋幾莖

3 西瓜 陵種二團

4 柑 金囊一筐

5 枇杷 金丸一筐

6 棗 垂金一筐

7 蓮藕 玉臂一事

8 蓮蓬 青窠幾團

9 稱花草

（一一丁オ）

1 牡丹 魁英一種

2 芍薬 吐錦一種

3 薔薇 錦衣一種

4 芙蓉 拒霜一種

5 菊花 徑英一種

6 桂 天香一種

7 蓮 浄友一種

8 蘭 徳馨一種

9 稱禽獣

（一一丁ウ）

1 鳳凰 霊鳥一瑞

2 孔雀 南客一對

3 鶴 仙胎一對

4 鴿 飛奴一對

5 鷺鷥 霜衣一對

6 鶏 窓禽二翼

7 鵝 家鴈二掌

8 鴨 家鳧二翼

9 卵 鳧春幾圓

（一二丁オ）

1 牛 大牢一牽

2 馬 騂騮一匹

3 猪 桊（豢）豕一牽

4 猪頭 豚元一顆

5 前脚 豚肩一肘

6 後㨃 豚蹄一曲
7 羊 柔毛一牽
8 羊首 羝元一顆
9 驢 小驥一匹

（一二丁ウ）

1 鹿 嗧芝双峥
2 猫 家豹一口
3 犬 逐兎一頭
4 魚 玉尺幾尾
5 蠏 蠏鰲几（幾）繫
6 以上品物、如賀
7 生日曰壽敬、送
8 行曰臚敬、酬謙（ママ）
9 曰謝敬、吊葬曰

（一三丁オ）

1 賻敬、喜事曰賀
2 敬、初見曰贄敬、
3 斎会曰素敬、不
4 可執定
5 目録帖式
6 謹具
7 白金一封
8 菓品幾色
9 壽帕一方

（一三丁ウ）

1 團酥一筐
2 奉申
3 （頭書欄、以下略）

［翻字注］（一二丁オ3）「豢家一牽」の「豢」字は「豢」とあるべきか。後掲『尺牘琅函』参照。

（一二丁オ6）見出し語は「後㨃」とあるが、「後腿」とあるべきか。後掲『尺牘双魚』参照。

（一二丁ウ1）「嗧芝」とあるが、上字は「銜」（ふくむ意）の俗字「啣」のつもりであろう。

（一二丁ウ8）「酬謙」とあり、次行には「謝敬」とある。「謙」は「謝」の本字。

右の「品物稱呼門《ひんぶつしょうこもん》」は、品物それぞれの称呼法を教えるものである。尺牘（書記言語）作法としての言葉遣いである。品物は、「書籍文器」「冠服」「飲食」「菓品」「花草」「禽獣」と分類され、この順に列挙されている。品物は、その一般名を見出しとし、この下で雅称と助数詞を学ぶ形となっている。「書籍文器」「菓品」「花草」などの品物が多く、従って、「部」「筐」「種」といった助数詞が目立つ。「禽獣」に、「孔雀」以下、「一對」という対の形が見える。対で表現する形が歓ばれたからである。「鶏」「鴨」に「二翼」とあるのは、その一羽をいう。この表現が変化に富んで好ましいからである。「鵝」の一隻は「二掌」という。『五車抜錦』（万暦二五年刊）に、「鵞曰家鴈二掌即一隻」（A「礼儀稱呼」の条）と見える（後述）。こうした尺牘書は、慶事、交遊・文雅などの場面を想定して編纂されるのであろう。

三、『物数称謂』との関係

『翰墨双璧』（万暦四一年〈一六一三〉刊）は、刊行されてまもなく日本に将来されたらしい。岡田挺之は、これをその著『物数称謂《ぶつすうしょうい》』撰述の基本資料の一つとしている。ここでは、『物数称謂』における『翰墨双璧』に言及したい。

岡田は、字を挺之、宜生といい、通称を仙太郎、号を新川、朝陽、暢園、杉斎、甘谷という。尾張の人で、松平秀雲（君山とも。尾張藩書物奉行）門下の儒学者で、尾張藩明倫堂の督学を務め、寛政一一年（一七九九）に歿した（享年六三歳）。『孝経引証』一冊、『下学広集』二冊、『常語藪《じょうごそう》』二冊、その他の撰書がある。

『物数称謂』は、中国の古典籍を引きながら「天時、地理、人品、宮室、食膳、佩服、器財、動物、植物、通用」の各部における物事の称《とな》え方・数え方を集成した語彙的類書である。半一冊、縦二三・〇cm、横一五・五cm。本文二五丁の首に序一丁がある。寛政八年四月須原屋茂兵衛等刊。外題に「物數稱謂　全」（原題簽、左肩、単郭）とあり、丁数は、序文（「物數稱謂叙」）一丁、本文二五丁（柱刻「物數稱謂」）。この後に蔵版目録「尾陽東壁堂製本目録 上紙摺 薄様摺 御好次第 出来仕候」五丁、刊記〇・五丁がある。序文の末尾に「寛政丙辰正月／岡田挺之撰」、刊記には「発行書林」として

「須原屋茂兵衛／山城屋佐兵衛／（五書肆省略）／永楽屋東四郎」と見える（それぞれ右肩に住所があるが略した）。この寛政八年自序刊本の影印が、『中国文学語学資料集成』（波多野太郎編、一九八八年四月、不二出版）の第一篇第二巻に収められている。また、この後印本が、『影印日本随筆集成』（長沢規矩也編、一九七八年一〇月、汲古書院）の第六輯に収められている。この表紙の見返しには「新川先生輯／（大字）物数称謂／尾張書肆　永楽堂発行」という扉題があり、尾題の次に「明治三十六年／十二月四日求板／名古屋市玉屋町／壱丁目甲四番戸／豊田棄三郎」とある。但し、東壁堂永楽屋東四郎の蔵版目録、刊記はない。

『物数称謂』（寛政八年版）には、『翰墨双璧』（万暦四一年版）が次のように引かれている。

・底本には引用書・引用語句を異にする場合には○印が置かれているが、『翰墨双璧』の前後のそれを省く。但し、『翰墨双璧』から重ねて語句を引く場合は省かない。

・『翰墨双璧』以外にも引用書・引用語句があるが、今は省略する。

・底本は、見出し字を本文大で、用例を双行割書で記す（例、「粽 翰墨双璧 粽幾總」）。これを、次には「粽―翰墨双璧粽幾總」という形で翻字する。

餅―翰墨雙璧㆓餅幾圓
麺―翰墨雙璧㆓麺幾筐
饅頭―翰墨雙璧㆓饅頭幾顆
糖―翰墨雙璧㆓糖幾團
粽―翰墨雙璧㆓粽幾總
粿―翰墨雙璧㆓粿一團
醢醤―翰墨雙璧㆓醤一尊

醋―翰墨雙璧㆓醋一礶
冠―翰墨雙璧㆓冠一頂
緞―翰墨雙璧㆓緞二端
氈―翰墨雙璧㆓氈一陳
硯―翰墨雙璧㆓硯一副
紙―翰墨雙璧㆓紙一部
墨―翰墨雙璧㆓墨墨幾笏

扇—翰墨雙璧扇幾握
鏡—翰墨雙璧鏡一圓
香—翰墨雙璧香幾束
鶴—翰墨雙璧鶴鴿鷺鷥各一對
孔雀—翰墨雙璧孔雀一對
鵝—翰墨雙璧鵝二掌
雞—翰墨雙璧雞二翼
鴨—翰墨雙璧鴨二翼
卵—翰墨雙璧卵幾圓
牛—翰墨雙璧牛一牽
羊—翰墨雙璧牛猪羊各一牽
猪—翰墨雙璧猪頭一顆○又豚肩一肘○又猪一牽
麥—翰墨雙璧麥一盒
瓜—翰墨雙璧西瓜二團
蔗—翰墨雙璧蔗幾莖
蘭—翰墨雙璧蘭一種
蓮—翰墨雙璧蓮蓬幾團○又蓮子一筐○又蓮藕一事○
又蓮一種

牡丹—翰墨雙璧牡丹一種
芍薬—翰墨雙璧芍薬一種
芙蓉—翰墨雙璧芙蓉一種
薔薇—翰墨雙璧薔薇一種
柑—翰墨雙璧柑一筐
梨—翰墨雙璧梨幾顆
桃—翰墨雙璧桃一筐
柿—翰墨雙璧柿一筐
石榴—翰墨雙璧石榴幾圓
棗—翰墨雙璧棗一筐
枇杷—翰墨雙璧枇杷一筐
龍眼—翰墨雙璧龍眼一筐
楊梅—翰墨雙璧楊梅一筐
李—翰墨雙璧李一品
橄欖—翰墨雙璧橄欖一筐
椰子—翰墨雙璧椰子二枚
茘子—翰墨雙璧茘枝一色
桂—翰墨雙璧桂一種

『翰墨双璧』と岡田挺之の『物数称謂』と、用例の掲出順序は相異する。それは、二書間で編纂方法や構成方法が必ずしも同じでないからである。また、『翰墨双璧』に用例が見えても、挺之がこれを引かないこともある。この場合は、他の資料によって用例が得られたからであろう。例えば、「筆」や「衣」につき、『物数称謂』は、「捜神記筆四管」「唐高儉傳置衣一襲」と他資料を引いている。

ところで、岡田挺之は、『翰墨双璧』の引用に際し、ある特定の語群を削除している。それは雅名、または、雅称といわれる語群である。尺牘類などにおいて、鏡を「菱花」、牛を「大牢」、蓮藕を「玉臂」と称する類がこれである。挺之は、この語群を意図的に外したらしい。『物数称謂』は、ものごとの称え方ではなく、専ら数量の表現を類集するという、かなり明確な意図のもとに撰述されている。雅名を敢えて外し、その意図の簡明化を図ったのであろう。この点、『物数称謂』を利用するに際し、注意を要するところである。

この他、挺之が『翰墨双璧』を引くにつき、次のような処置がとられている。

1、語句・文字そのものの引用は、比較的丁寧に行われている。

2、品物に関連がある場合は、一見出し内にまとめる。一例をあげれば、「猪」関係、「蓮」関係がそれである。

3、助数詞が同じだからといって品物をまとめることはしないが、鶴、鴿、鷺鷥を「各一對」、羊、牛、猪を「各一牽」とまとめた例がある。

助数詞に関して一箇所、『翰墨双璧』に「粿玉飴幾團」（九丁ウ3）とある文字が『物数称謂』に「翰墨雙璧粿一團」となっている。これは意図しなかった、誤写の類ではなかろうか。また、『翰墨双璧』に「鷄窓禽二翼」（一一ウ6）とある文字が「雞二翼」となっている。

四、小結

『翰墨双璧』は、明代、一七世紀初期の尺牘書である。この助数詞（量詞）用法につき、明代における後続関係資料と照合するに、『尺牘双魚』と一致するものがある。即ち、左記は『尺牘双魚』にも見えている。

［硯］文池一副	［糍］金飴幾團	［芍薬］吐錦一種	△［鴨］家凫二翼	［羊首］羝元一顆
［鞋］雲履一双	［粿］玉飴幾團	［薔薇］錦衣一種	［牛］大牢一牽	［鹿］哳《(喞)》芝双峥
［靴］革履一双	△［桃］仙卿《(郷)》一筐	［桂］天香一種	［猪首］豚元一顆	［猫］家豹一口
△［氈］毯裀一陳	［橄欖］青菓一筐	［蓮］浄友一種	［前脚］豚肩一肘	△［魚］玉尺幾尾

照合して、助数詞外の部分（文字）に小異のあるもの（△印）も含めたが、「幾」字が『尺牘双魚』に「几」（「幾《いく》」に同義）とある場合は不問とした。「餅　香飴幾圓」は『尺牘双魚』に「［餅］香飴幾團」とある。こうした例は、誤字（誤刻）の可能性もあろう。

これらの他に類似する用例もあるから、一見、二書の間に関わりがありそうではある。しかし、類似しながら一致しないところからすると、安易に直接的関係を認めるわけにはいかないであろう。大国におけることではあり、しかし、遺存資料の限られている中で、関係の有無や相互関係を調査するのは容易でないが、まず、『尺牘双魚』、その他の関係資料を収集し、比較・照合して見なければならない。

『翰墨双璧』は、日本に輸入され、岡田挺之の『物数称謂』の編纂時には出典の一つとして用いられた。『尺牘諺解』（後掲）も、『翰墨双璧』から「［鶏］窓禽二翼」「［鴨］家凫二翼」、その他を引いた可能性がある。日本における利用状況を精査し、その価値について考察する必要がある。

第三節　『翰墨全書』

一、序

『翰墨全書《かんぼくぜんしょ》』は、正式には『新鐫時《しんせんじ》用通式翰墨全書《ようつうしきかんぼくぜんしょ》』という。一二巻、一〇冊。明の天啓六年（一六二六）孟秋成立。王宇《おうう》（一四一七～一四六三）編、陳瑞錫《ちんずいせき》注。巻頭に、王宇の自序と陳瑞錫の引薦（箋引）を載せる（［補説］参照）。基本文型と語句の置き換えを教えるために図示することがある（巻之一〇）。一丁の半面（オ・ウ相当）に一〇行、一行は本文字で約二二字。内容は、節序・慶賀・冠礼・婚礼・喪祭・餽送・邀約・請召・薦挙・寄託・干求・仮借・酬謝・慰問・活套の一五門に分かって尺牘の範例文を掲げ、本文中に双行割り書で語句注を付す。先行書の引用も多い。

書簡文発展史上、尺牘の格式は宋元の頃に定着し、本書は、その格式化の歴史を知るための好個の資料とされる(1)。

『翰墨全書』の刊本は、大きく明国刊本（第一類）と日本の江戸期刊本（第二類）との二種に分け得る。

【第一類：明国刊本】

○国立公文書館内閣文庫蔵A本　一二巻、四冊（請求番号、364-0028）

旧ラベルに「内閣文庫／番号漢4758／冊数4（1～4）／函号364/28」（「漢」は「漢書門」の略）、その他がある。表紙は四冊とも後補表紙で（第一冊には原表紙の片鱗を留めるか）、外題は「翰墨全書一之二（以下、「三之五」「六之八」「九之十二終」）」（直、左）と手書する（「一之二」とは、巻一～巻二との意）。内題に「新鐫時用通式翰墨全書巻之一」、目録題に「新鐫時用通式翰墨全書目次巻之一」とある。寸法は縦二五・八cm、横一六・一cm。本文匡郭は縦二〇・〇cm、横一三・七cm（但し、一定せず）。各冊の丁数・柱刻・丁付は次表のとおりである。序の末に「　旹／天啓歳次丙寅孟秋上浣／　之吉　／　閩海王宇題於佛花軒　［　］［　］（影印二種類）」（五丁末、印影の上は陰刻で「王宇」、下は陽刻で「宇□(?)」、共に方形）、続く「拂花箋引」の末に「古呉陳瑞錫題於竹松居　［　］［　］（影印二種類）」（二丁末、印影の上は陽刻で「瑤／錫」、下は陰刻で「聖／卿」、共に方形）とある。巻之一以下、各巻の首に「閩海王　宇永啓纂輯／古呉陳瑞錫聖教釈著」とある。刊記はない（四冊目の「巻之十二」の尾題の下は「全終」とあるのみ）。一部に朱引・朱筆返読符（レ、一・二）などの書込みがある。小口下に墨で「翰墨一之二」「翰墨三之五」「翰墨六之八」「翰墨九ノ十二終」とある。補修少々。「天啓歳次丙寅」は、熹宗天啓六年（一六二六年、寛永三年）。

印記はないが、高野山釈迦文院旧蔵といい、「釈迦文院蔵本」は、「すべて明版で、長崎直輸入の本らしく、邦人の手沢を存せず、また写本や和訓本は全く含まれていない。(2)」とされる。

冊次	巻次	丁数	柱刻	丁付	備考
第一冊	序	五	序	一（〜五）	
	拂花箋	二	（なし）	（なし）	
	目次巻之一	二九	翰墨全書〈目次	一（〜二十九）	
	巻之一	四〇	翰墨全書〈巻之一	一（〜四十）	
	巻之二	三七	翰墨全書〈巻之二	一（〜三十七）	
第二冊	巻之三	一三	翰墨全書〈巻之三	一（〜十三）	
	巻之四	六〇	翰墨全書〈巻之四	一（〜六十）	
	巻之五	三〇	翰墨全書〈巻之五	一（〜三十）	
第三冊	巻之六	二二	翰墨全書〈巻之六	一（〜二十二）	
	巻之七	三三	翰墨全書〈巻之七	一（〜三十三）	
	巻之八	三六	翰墨全書〈巻之八	一（〜三十五）	第三六丁には印字なし
第四冊	巻之九	二一	翰墨全書〈巻之九	一（〜二十一）	
	巻之十	三一	翰墨全書〈巻之十	一（〜三十一）	
	巻之十一	二八	翰墨全書〈巻之十一	一（〜二十八）	
	巻之十二	二八	翰墨全書〈巻之十二	一（〜二十八）	

○国立公文書館内閣文庫蔵B本　一二巻、四冊（請求番号、364-0029）

旧ラベルに「内閣文庫／番号漢11420／冊数4（1（〜4））／函号364/29」とある。原表紙（薄茶色）が部分的に残り、補修を経る。四冊とも後補表紙に外題を「翰墨全書一日拂花箋　一（〜四）」（直、左）と手書する。版は右A本と同じだが、紙質は劣り茶色がかっている。寸法は縦二五・八cm、横一六・一cm、本文の匡郭は縦二〇・四cm、横一三・七cm。第一冊の扉は、三欄を設けて「王陳二先生纂註　／　拂（大字）花　箋　／坊間近刻翰墨若汗牛充棟令観者（中略）四方諸君子云（四行にわたる紹介文。）」とあり、これを承けて次に「拂花箋」二丁が位置する。この点、A本と相違する。次いで序五丁、目次二八丁がある（A本に同じ）。但し、目次の末一丁（第二九丁）を欠落する。以下の巻次と丁数、また、「巻之十二」の尾題の下（刊記なし）もA本に同じ。但し、「巻之九」は第三冊に位置する。本文の一部に補写がある。表紙右下に「總集百四十八号」「共四」の墨書があり、印記に表紙右肩に「昌平坂／学問所」（長方黒印）、各巻首に「蒹葭堂／蔵書印」（朱長方印）、「大学校／図書／之印」（朱方印）、「浅草文庫」（朱長方印、複郭）、「書籍／館印」（朱方印）、「日本／政府／図書」（朱方印）があり、各冊の末に「昌平坂／学問所」（長方黒印）と「文化甲子」（朱印、受入印）がある。朱筆で返点、句読点、上欄注・校異等を付し、印刷不鮮明の文字をなぞっている。巻之七、「墨」の条、朱筆（「　」印の文字）で「近得「二」龍香剤一笏「佩」「一」」（一三丁オ）と傍記する。木村蒹葭堂旧蔵書。

【第二類：寛永二〇年重刊本】

波多野太郎編『中国語学資料叢刊』の『第三篇　尺牘篇』『第一巻』（一九八六年、不二出版）に、本書の複製を収める。この底本は寛永二〇年（一六四三）、田原仁左衛門重刊本で、題簽（原、左、双郭）、及び、尾題に「翰墨全書」とあり、内題に「新鐫時用通式翰墨全書」、尾題に「翰墨全書巻之十二全終」とある。序の末に「天‐啓歳‐次丙‐寅孟‐秋上‐浣ノ／之吉　／閩海ノ王宇題ス二於佛花軒一［　］［　］（影印二顆）」、続く「拂花箋引」の末に「古呉ノ陳瑞錫題ス二於竹松居一［　］［　］（影印二顆）」とある。巻之一以下、各巻の首に「閩海　王　宇　永啓　纂輯／古呉　陳瑞錫　聖教　釈著」とある。題簽の題字の右下方には小字で、第一冊目以下、「序目録」「一」「二之三」「四」「五」「六」「七」「八」「九之十」「十一之二」との巻次が刻まれている。寸法は縦二七・五cm、横一九・五cm、本文は、四周双辺無界で匡郭は縦二〇・二cm、横一五・四cm。黒口双魚尾対向、画・彩色なし。柱刻は、「翰墨」（序・箋引・目録、巻一、巻五〜八）、あるいは、「翰墨書」（巻二〜四、巻九〜十二）とある。本文は漢字、片仮名で付訓、返点などを付す。

（刊記）「寛永二十癸未歳孟春吉日

二条柳馬場東へ入町　田原仁左衛門新刊」（双行割書き、有郭）

この刊記は、右の尾題（巻一二の巻尾、第二八丁ウの最末行〈一〇行目〉）の直下に、双行割書きで無理に押し込んだような形となっている。郭を付したのもそのためであろう。あるいは、この双行は、埋木によるものかも知れない。

田原仁左衛門は、京都の書肆で田原道住ともいい、寛永〜寛文の頃、『詩人玉屑』『仏国記』『建長録』『景徳伝燈録』『緇門宝蔵集』『禅林課誦』なども版行している。

さて、寛永二〇年重刊本には次がある。

○早稲田大学中央図書館蔵A本　一二巻、一〇冊（請求番号、逍遥文庫 06/1076/1-10）

原装（一二巻・一〇冊）のままで、原表紙（藍色、網目様の斜め押型文様）、題簽（原、左、双郭）に「翰墨全書」とあり、内題に「新鐫時用通式翰墨全書巻之一」とある。寸法は、縦二八・一cm、横一九・〇cm、題簽匡郭は縦一七・五cm、横三・五cm、本文匡郭は四周双辺無界で縦二〇・二cm、横一五・五cm。部分的に朱・墨の書き入れ（朱引・句点など）がある。刊記「寛永二十癸未歳孟春吉日　／二条柳馬場東へ入町　田原仁左衛門新刊」（同右）。各冊の題簽・外題、柱刻・丁付は次のとおりである。

一冊目―題簽あり。「序目録」を朱筆で丸く囲む。柱＝「翰墨序　一（〜五）」「翰墨引　六（〜七）」「翰墨目一　一（〜二十八）」

二冊目―題簽剥落。貼り跡の下方部に朱書「一」。柱＝「翰墨書一　一（〜五）」「翰墨一　六（〜四十）」

三冊目―題簽剥落。貼り跡の下方部に朱書「二三」。柱＝「翰墨書二　一（～三十八）」「翰墨書三　一（～十三）」
四冊目―題簽剥落。貼り跡の下方部に朱書「四」。柱＝「翰墨書四　一（～六十）」
五冊目―題簽剥落。貼り跡の下方部に朱書「五」。柱＝「翰墨五　一（～三十）」
六冊目―題簽剥落。貼り跡の下方部に朱書「六」。柱＝「翰墨六　一（～廿二）」
七冊目―題簽剥落するが、「翰（虫）」字が残る。貼り跡の下方部に朱書「七」。柱＝「翰墨七　一（～三十三）」
八冊目―題簽剥落。貼り跡の下方部に朱書「八」。柱＝「翰墨八　一（～三十六）」
九冊目―題簽剥落するが、「墨（虫）全書九之十」字が残る。その「九之十」の三字の上下に朱で（　）印を加える。柱＝「翰墨書九　一（～廿二）」「翰墨書十　一（～三十一）」
一〇冊目―題簽剥落。貼り跡の下方部に朱書「十一十二」。柱＝「翰墨書十一　一（～廿八）」「翰墨書十二　一（～廿八）」

印記は「逍遥書屋」（各冊の内題下に朱方印、四字をそれぞれ小郭に収める）、「早稲田／大学／図書」（朱方印）とあり、一冊目以下の小口下に「目録」「一」「二三」「四」「五」「六」「七」「八」「九十」「十一十二」とあり、各冊の背に「全十」（墨筆）とある。坪内逍遥旧蔵書。

○早稲田大学中央図書館蔵B本　一二巻、二冊（請求番号、へ20/558/1-2）

原装（一二巻・一〇冊）を乾坤の二冊仕立てに改装する。原表紙（濃紺）に新題簽（左、単郭）に「時用通式翰墨全書乾（坤）」とあり、内題に「新鐫時用通式翰墨全書」とある。柱刻、刊記は右に同じ。寸法は、縦二八・八㎝、横一八・七㎝、本文匡郭は縦二〇・三㎝、横一五・四㎝、四周双辺、書き入れ（墨筆送り仮名等）あり。印記に「鈴木／終甫」（朱方形、陰刻）、「早稲田／大学／図書」（朱方形）、また、「明治卅七年九月廿五日購求」の印（丸い朱印）あり。一〇冊にそれぞれ相当する小口下に「翰墨目録」「翰墨一」「翰墨二三」「翰墨四」「翰墨五」（以上乾冊）、「翰墨六」

「翰墨七」「翰墨八」「翰墨九十」「翰墨十一十二」（以上坤冊）とあり、各冊の背に「共十」（墨筆）とある。

○早稲田大学中央図書館蔵C本　一二巻、一〇冊（請求番号、ヘ20/2818/1-10）

原表紙（焦茶色〈少し紫入る〉、文様なし）、原題簽（左、双郭）を有するが、第一冊だけは題簽剥落。第二冊以下の題簽には「翰墨全書　一（二之三、四、五、六、七、八、九之十、十一之十二）」とある。内題に「新鐫時用通式翰墨全書」とあり、柱刻、刊記は右A本に同じ。寸法は、縦二八・二cm、横一八・九cm、題簽匡郭は縦一七・四cm、横三・四cm、本文匡郭は縦二〇・三cm、横一五・四cm、四周双辺、書き入れ（朱筆句点）あり。印記に「故島田三郎氏大正十三年二月」（長方印）、「早稲田／大学／図書」（朱方形）あり。小口下に「翰墨目録」「翰墨一」「翰墨二三」「翰墨四」「翰墨五」「翰墨六」「翰墨七」「翰墨八」「翰墨九十」「翰墨十一十二」とあり、各冊の背の下方に「共十」（墨筆）とある。

○早稲田大学中央図書館蔵D本　一二巻、一〇冊（請求番号、ヘ20/2686/1-10）

原表紙（焦茶色〈少し紫入る〉、文様なし）、原題簽（左、双郭）に「翰墨全書序目録」「翰墨全書一」以下のようにあり、内題に「新鐫時用通式翰墨全書」とある。柱刻、刊記は右A本に同じ。寸法は、縦二八・三cm、横一八・五cm、題簽匡郭は縦一七・六cm、横三・三cm、本文匡郭は縦二〇・三cm、横一五・四cm、四周双辺。印記に「高城／氏図／書記」（朱方印）、「不老菴」（朱長円印）、「去水五味均平蔵」（朱長円印）、「早稲田／大学／図書」（朱方形）あり。小口下に「翰墨序目録」「翰墨一」「翰墨二三」「翰墨四」「翰墨五」「翰墨六」「翰墨七」「翰墨八」「翰墨九十」「翰墨十一十二」とあり、各冊の背の下方に「共十　蓮」（墨筆）とある。

○東京大学総合図書館蔵A本　一二巻、一〇冊（請求番号、E44-761. 岡氏蔵書）

原装、原表紙（焦茶色、無文様）、題簽（原、左、双郭）・外題に「翰墨全書」とある（但し、一、二冊目は欠く）。寸法は、縦二八・一cm、横一八・八cm。柱刻、刊記は早稲田大学蔵A本に同じ。外題（題簽）の下の巻次は、三冊目以下、「二之三」「四」「五」「六」「七」「八」「九之十」「十一之二（破）」とある。一冊目序の一行目下、目録の最末行の下、

「巻之一」以下の第一行・内題下端、「巻之十二全終」の下の刊記の左欄外などに「上阪蔵書」という四文字が刻まれている（埋木）。一〇冊目の後表紙の裏側のほつれに「文林堂」との黒印（縦一五・〇㎜、横七・五㎜）がある。題簽の右上方に墨筆で「辰」、小口下に墨筆で「翰墨一（〜十）」とある。

○蓬左文庫蔵本　一二巻、一〇冊（請求番号、156-32）

原装、原表紙（黄味のかかった薄茶色、無文様）、題簽（後、左）・外題に「翰墨全書」（手筆）とある。寸法は、縦二五・七㎝、横一七・六㎝。刊記などは早稲田大学蔵A本に同じ。一〇冊には、題簽の「書」字の下にそれぞれ「序目」「一」「二三」「四（〜八）」「九十」「十一十二」と記されている。一冊目の表紙の内側に紙片が貼付され、「翰墨全書瑞龍院様／十冊和板」（墨書）、「翰墨全書瑞龍公十本」（同）とあり、この文字は尾張藩儒者松平君山《くんざん》（諱秀雲、生歿、元禄一〇年〈一六九七〉三月二七日〜天明三年〈一七八三〉四月一八日）の筆とされる。表紙綴糸の外郭下に「一」〜「十」の墨書。蔵書印等はない。「瑞龍院」は、尾張藩の第二代藩主徳川光友《みつとも》（生歿、寛永二年〈一六二五〉七月二九日〜元禄一三年〈一七〇〇〉一〇月一六日、享年七六歳）の法名（諡）。政務に励み、武芸・書道・茶道などに優れたとされ、従二位、権大納言に叙された。

○東京都立中央図書館蔵本　一二巻、五冊（請求番号、諸橋 921/MW/161-1）

原表紙（縹色、文様なし）、後題簽（左、郭なし）に「翰墨全書序目録」（以下、巻次は「一」「二三」「四（「三」の上に書く）」「五五（「四」の上に書く）」「六」「七」「八」「九十」「十一十二止」）とあり、内題に「新鐫時用通式翰墨全書」とある。柱刻、刊記は早稲田大学のA本に同じ。寸法は、縦二六・〇㎝、横一七・七㎝、題簽匡郭は縦一七・四㎝、横三・四㎝、本文匡郭は縦二〇・二㎝、横一五・五㎝、四周双辺。各冊の奥に蔵書票「諸橋文庫 14740（〜14749）」を有す。印記「東京都立日比谷図書館／昭27、9、5和／041409（〜041418）」。

○筑波大学中央図書館蔵本　一二巻、五冊（請求番号、ル三六五－七）

右と同版で、題簽、内題、尾題、柱刻、また、本文、刊記など相異するところはない。但し、一二巻を五冊に改装する。寸法は縦二七・五cm、横一九・四cm、題簽の匡郭は縦一七・六cm、横三・三五cm、本文の匡郭は縦二〇・三cm、横一五・五cmである。但し、その一二巻は、次のような五冊に仕立てられ、一帙に収められている。各冊の綴じ糸は後の補修によるものであるから、五冊仕立てとは後の改装によるのであろう。表紙（縹色、無地）も題簽ももとからのものだが、題簽の巻次は手筆による。

題簽：一冊目「翰墨全書　序目録」、二冊目「翰墨全書　「一」」、三冊目「翰墨全書　「四」」、四冊目「翰墨全書　「七」」、五冊目「翰墨全書　「十」」（「一」〜「七」の「　」内は手筆）

内容：一冊目は序目録、二冊目は巻之一・二・三、三冊目は巻之四・五・六、四冊目は巻之七・八・九、五冊目は巻之十・十一・十二

下小口：一冊目「翰墨全書池『一』」、二冊目は「翰墨全書晴『二』」、三冊目「翰墨全書出『三』」、四冊目「翰墨全書亀『四』」、五冊目「翰墨全書曝『五終』」（『一』〜『五終』の『　』内は朱筆）

○神戸市立中央図書館蔵本　一二巻、五冊（請求番号、吉川文庫、集Ⅲ 9-2）

外題、内題、尾題、柱刻、また、本文、刊記など、主なところは右に同じであるが、もと一二巻・一〇冊仕立てであったもの二冊ずつ綴じ直して五冊仕立てに改装している。寸法は、縦二七・五cm、横一八・二cm、題簽匡郭は縦一七・九（一七・七）cm、横三・九（三・六）cm、本文匡郭は四周双辺無界で縦二〇・三cm、横一五・五cm、字高二〇cm。原表紙（濃い目の茶色・無地）と原題簽を用いるが、綴糸は改装時の白糸である。書入れとして、巻之一の一〇丁オに「艾《ヨモキ》」の墨訓や朱引（固有名詞）が見られるが、ごく一部にとどまるようである。

題簽の文字、内容、丁数などは次のとおりである（細字の「一」や「ノ八」等の「　」内は手筆による）。

題簽：一冊目「翰墨全書　序目録「一」」、二冊目「翰墨全書　二之「四」」（「三」字に重書し、「四」字に修正する）、三冊目「翰墨全書　五「ノ六」」、四冊目「翰墨全書　七「ノ八」」、五冊目「翰墨全書　九之十「二」」（「十」字の下に「二」字を付加）

内容：一冊目は序・箋引・目録と巻之一（改装して序～目録と巻之一との二冊を合冊する）、二冊目は巻之二～四、三冊目は巻之五・六、四冊目は巻之七・八、五冊目は巻之九～十二（それぞれを合冊する）

丁数：一冊目は序5丁・箋引2丁・目次28丁・巻之一（の本文）40丁、二冊目は巻之二38丁・巻之三13丁・巻之四60丁、三冊目は巻之五30丁・巻之六22丁、四冊目は巻之七33丁・巻之八36丁、五冊目は巻之九21丁・巻之十31丁・巻之十一28丁・巻之十二28丁

下小口：一冊目「翰墨目録／翰墨一」、二冊目「翰墨二三／翰墨四」、三冊目「翰墨五／翰墨六」、四冊目「翰墨七／翰墨八」、五冊目「翰墨九十／翰墨十一十二」

柱刻と丁付：一冊目「翰墨序　一（～五）」「翰墨引　六（～七）」「翰墨目一　一（～二十八）」「翰墨書一　一（～五）」「翰墨一　六（～四十）」、二冊目「翰墨書二　一（～三十八）」「翰墨書三　一（～十三）」「翰墨書四　一（～六十）」、三冊目「翰墨五　一（～三十）」「翰墨六　一（～廿二）」、四冊目「翰墨七　一（～三十三）」「翰墨八　一（～三十六）」、五冊目「翰墨書九　一（～廿一）」「翰墨書十　一（～三十一）」「翰墨書十一　一（～廿八）」「翰墨書十二　一（～廿八）」

五冊の表紙・題簽は原本におけるものを用いている。小口の文字は、もとの一〇冊仕立ての時に記載されたものであり、その一〇冊分の背の上端にも「全十内」との墨書がある（同筆）。蔵書印に「巻懐／書屋」（朱方印）、その他。

○東京大学総合図書館蔵B本　一二巻、五冊（請求番号、E44-1930. B.63950）

「序目録」の一冊がない（当初からのことか欠巻か未勘）。表紙（黄土色、無文様）、後補題簽（左、手書）・外題に「翰墨全書」とある（但し、五冊目は欠く）。寸法は、縦二七・四㎝、横一八・六㎝。柱刻、刊記は早稲田大学蔵A本に同じ。外題（題簽）の下の巻次は、一冊目以下、「巻一之三」「巻三（ママ）之四」（内容は巻四のみ）「巻五之七」「巻八之十」「（題簽欠）」（内容は巻一一と巻一二）とある。「巻之一」以下の丁数は、四〇丁、三八丁、一三丁、六〇丁、三〇丁、二二丁、三三丁、三六

丁、二一丁、三一丁、二八丁、二八丁。表紙作製のために『節用集』様の刷り反故を用いている。小口下に墨筆で「翰墨全書一（〜五）」とある。各表紙の右肩に「歳」「共五」と書いた紙片を貼る（各語を朱筆○印で囲む）。印記、「東京帝／国大学／図書印」（朱方印）、その他。五冊目の後表紙裏の上端に「8/6/ 大正五 於古書展覧会 1.00 松軒」のメモあり。永峰春樹氏寄贈本（昭和参（?）年参月卅（?）日）。

○柳川古文書館蔵本　一二巻、三冊（請求番号　伝習館文庫／安／一八七(1)〜(3)

　後表紙（濃緑、皺紙）、三冊とも題簽・外題なし。もと一二巻・一〇冊であったものを三冊に改装したか。目録題「新鐫時用通式翰墨全書目次巻之二」、内題「新鐫時用通式翰墨全書巻之二」とある。縦二七・一cm、横一七・九cm。本文匡郭は四周双辺無界で縦二〇・三cm、横一五・四cm。朱筆で標目印、朱引、傍点、文字訂正、墨筆で傍点などがある。柱刻、刊記等は早稲田大学蔵A本に同じ。第一冊は巻之一〜巻之三、第二冊は巻之四、第三冊は巻之五〜巻之一二を綴じる。一冊目は、扉なく、首に「序（五丁）・引（二丁）・目次（二八丁）」があり、巻之一（四〇丁）以下、尾題、刊記などは右に同じである。広告の類はない。印記、「伝習館／郷土文／庫之印」（朱方印）、「伝習館郷土文庫之印」（朱楕円印）。

○刈谷市立刈谷図書館蔵本　一二巻、五冊（請求番号二四四二）

　原表紙、原題簽・外題に「翰墨全書一（〜五）」、内題「新鐫時用通式翰墨全書巻之一（〜十二）」とある。柱刻、刊記等は早稲田大学蔵A本に同じ。一冊目は、「序（五丁）・引（二丁）・目次（二八丁）」、二冊目は「巻之一（四〇丁）・巻之二（三八丁）・巻之三（一三丁）」三冊目は「巻之四（六〇丁）・巻之五（三〇丁）・巻之六（二二丁）・広告（〇・五丁）」、四冊目は「巻之七（三三丁）・巻之八（三六丁）・巻之九（二二丁）・広告（〇・五丁）」、五冊目は「巻之十（三一丁）・巻之十一（二八丁）・巻之十二（二八丁）・広告（〇・五丁）」である。広告は、後表紙の見返しに貼付される形で三箇所に見えている。次のとおりである（文字に大小があるが、これは省略する）。

広告〈巻之六の尾〉「大日本国郡全図《だいにつほんこくぐんせんつ》 彩色摺 箱入 全二冊／（次に細字案内文四行）
後撰和歌集新抄《ごせんわかしうしんせう》 中山美石先生著 全廿冊／（次に細字案内文三行、略）
書肆 尾州名古屋本町通七丁目 永楽屋東四郎
江戸日本橋通本銀町二丁目 同 出 店」

〈巻之九の尾〉「煎茶早指南《せんちやはやしなん》 瓦礫舎主人著 月樵老人図画 全一冊／（次に細字案内文五行、略）
俳諧五七集《はいかいごしちしふ》 枇杷園士朗翁著 全五冊／（次に細字案内文三行、略）
書肆 尾州名古屋本町通七丁目 永楽屋東四郎
江戸日本橋通本銀町二丁目 同 出 店」

〈巻之十二尾〉「観音薩埵施無畏之図《くわんおんさつたせむゐのづ》 唐紙 一枚摺 一幅／（次に細字案内文五行、略）
念仏行者現生護念之図《ねんぶつぎやうじやげんぜごねんのづ》 一枚摺／（次に細字案内文二行、略）
書肆 尾州名古屋本町通七丁目 永楽屋東四郎
江戸日本橋通本銀町二丁目 同 出 店」

永楽屋東四郎は、江戸後期（明和頃～明治）、名古屋本町の書肆で、藩校御用達として漢籍類・国学書、その他の書籍を出版し、また、二代目善長の寛政頃から江戸・美濃大垣に出店を設けて手広く営業活動を行った。

○国立国会図書館蔵本　一二巻、六冊（合三冊）（請求番号、わ 826-2（1～6））

もとの一二巻が六冊に改装され、それが帝国図書館時代に二冊ずつ合冊して三冊仕立てとなっている。新題簽に「新鐫時用通式翰墨全書」（内題も同じ）、六冊の表紙（黒色、押し型文様）の題簽・外題に「翰墨全書一（～六）」とある。柱刻、刊記は早稲田大学蔵A本に同じ。寸法は縦二六・八cm、横一九・三cm、本文の匡郭は縦一九・五cm、横一五・四cm。六冊仕立ての時の一冊目は、「序目～巻之二」、二冊目は「巻之三、巻之四」（以上、現在の一冊目）、三冊目は「巻之五、巻之六」、四冊目は「巻之七、巻之八」（以上、現在の二冊目）、五冊目は「巻之九、巻之十」、六冊目は「巻之十一、巻之十二」（以上、現在の三冊目）である。印記は「桑名文庫」（朱長方印）、「白河文庫」（朱長方印）、「教育博／物館印」（朱方印）、「東京／図書／館印」（朱方印）、その他がある。

○東京大学東洋文化研究所蔵本　一二巻、三冊（請求番号、子 類書964（1（~3））, 9932）

原表紙の題簽の外題に「翰墨全書　天一之三（人四之七、地八之十二）」（左肩）とあり、内題に「新鐫時用通式翰墨全書巻之一」とある。柱刻、刊記は早稲田大学蔵A本に同じ。寸法は縦二六・九cm、横一七・九cm、題簽匡郭は縦一九・六cm、横四・〇cm、本文の匡郭は縦二〇・二cm、横一五・五cm。表紙は濃紺、押型文様。朱筆の傍訓・朱引などあり。印記、「東洋文／化研究／所図書」（朱方印）。

○大英図書館蔵本　一二巻、一〇冊

原表紙の題簽外題（左肩）に「翰墨全書　序目録（一、二…）＊」のようにある（＊部に「宿（?）」と書いた方形紙片が貼付されている）。序文、内題、柱刻、刊記等は早稲田大学蔵A本に同じ。

『大英図書館蔵日本古版本集成78 第二期・漢籍篇、A7、中国文学』（一九九六年、本の友社刊。マイクロフィッシュ版）による。川瀬一馬・岡崎久司《ひさじ》編『大英図書館所蔵和漢書総目録』（一九九六年五月、講談社。三九七頁）に、サトウ旧蔵、一二巻・（合）一冊（or・75函・架番号e12）と見える一本はこれに同一書か。

この他、成田山仏教図書館蔵本（請求番号、ロ2227-0044）・京都大学人文科学研究所東方学研究部蔵本（清家文庫42）は、共に一二巻・五冊からなり、また、『全国漢籍データベース』（京都大学人文科学研究所）によれば、神戸大学・実践女子大学・東北大学二本・新潟大学・中央大学などにも所蔵があるとされる（二〇〇九年六月現在）。

以上、諸家に所蔵される伝本を細かく見てきた。これらは、版行の経緯はいうまでもなく、同時に、我が国における同書の流布の様子を探らんがためである。

二、助数詞用法

『翰墨全書』一二巻には、多くはないが、数量表現や助数詞（量詞）表現の見えることがある。殊に、「婚礼門」

（巻四）、「喪祭門」（巻六）、「餽送門」（巻七）、「干求門・仮借門・酬謝門・慰問門」（巻九）には、その内容上、助数詞に関する語句が散見している。今、寛永二〇年田原仁左衛門刊本により、助数詞を拾えば、次のとおりである。巻四、巻六の場合は、前後の文脈と共に引く。

《凡例》1、一部に度量衡の単位を含む。

2、割り注の中の助数詞、傍訓中の助数詞は採らない。

3、「壽」「寫」「寶」「禮」「輕」「晝」「數」「獻」「讀」「應」「樓」などは新字体で翻字する。

4、情況により、改行部を／印で示すことがある。

5、合字「〆」は「シテ」、「ヿ」は「コト」、「𪜈」は「トモ」と翻字する。

[用例1]（巻四より）

鸞書一緘　寿帕一幅　鵝黄表裏　鴉青段疋
戒指幾對　耳環一雙　先春幾封　團酥餅事
王（玉カ）塵麵帖　時果（ママ）幾品　家鴈幾翼　剛鬣幾圏
柔毛幾羫　司晨幾翼　司箋啓篚

（巻四、一〇丁オ・ウ、「聘儀状式」の「一聘儀」の一部）

鸞鳳婚書　鴛鴦寿帕　鵝黄表裏　鴉青段疋
先春幾封　玉屑麵筐　赤金頭袋　赤金條環
白銀絲條　松江清煙　銀花鴈爪　象牙兔穎
剛鬣柔毛　家鴈各物必有方寫

（巻四、一一丁ウ、「回聘儀状式」の「一回儀」の一部）

回書鴛鴦　金段一對
金花表裏　文房四宝

（巻四、一三丁オ、「又聘書式」の「一回儀」の一部）

一引盤　礼状一緘　時果幾(ママ)品
一首飾　百花冠頂　紫羅蓋頭
一身章　官緑團襖　大紅段裙　(巻四、一五丁オ、「過衣書式」の一部)

こうした範例については、後に引く『五車抜錦』(万暦二五年〈一五九七〉刊)のごときが参照される。また、先の内閣文庫蔵A本(明版)を参照すると、「王塵麺帖」(一〇丁ウ)は「玉」字、「時果幾品」(同)は「菓」字(印刷不良だが草冠の左端がはっきり見える)、「時果幾品」(一五丁オ)は「菓」字で見える。日本では、しかし、寛永二〇年版が流布したと見られるので、ここでは敢えて訂正しない。「團酥餅事」「王(玉カ)塵麺帖」「玉屑麺筐」などは、その品物の助数詞(量詞)用法を示したものである(第四章、第二節、D参照)。

[用例2](巻六より)

謹備《テフ》　香一辨　燭一對　茶一瀹　綵一束　財一箱　祭一座　右専《ニテ》状《ヲ》上拝《ス》(下略)　(巻六、六丁オ、「喪祭式」の「通用香財式」の一部)
謹備《テフ》　香一炷　茶一煎　財一箱　綵一束　右専《テ》状《ヲ》(下略)　(巻六、六丁ウ、「喪祭式」の「慰僧家財状」の一部)
謹備《テフ》　香一篆　茶一甌　財一箱　綵一盤　右状上《ス》(下略)　(巻六、七丁オ、「喪祭式」の「慰道家財状」の一部)

右の一例目の割り書の中、「香一辨」は「瓣」とあるのがよい。「茶一瀹」の文字は、旁が不鮮明だが、「瀹」字であろう。漢音・呉音「ヤク」、ゆびく、ゆでる、煮るなどの意味があるが、ここでは茶葉に熱湯を注ぐ意。後述。

[用例3](巻七、巻九より)

承《テ》一俎卮《ヲ》且《ツ》烹且《ツ》飲《ム》　(巻七、五丁オ、標目「酒肉」の答)…(上部に「豚肩卮酒」の語句あり)
得《レトモ》擅肉一臠而　(巻七、五丁オ、標目「羊酒」)
敬奉《テル》紅掌一對《ト》(割注略)白酒一壺《ヲ》
(巻七、五丁ウ、標目「鵞酒」)
挙《テ》網得《タリ》魚敬奉《テ》数尾《ヲ》　(巻七、六丁ウ、標目「魚」)
得《タリ》水晶(割注略)敬奉《テス》一引《ヲ》
(巻七、七丁オ、標目「鹽」)

得《タリ》二苦酒一甕《ヲ》一　（巻七、七丁ウ、標目「醯」）
摘《ム》二新芽《ヲ》一封-置三-百團　（巻七、七丁ウ、標目「茶」）
謹《テ》奉二軽帽二端一　（巻七、八丁オ、標目「紗」）
謹《テ》奉《ル》二耀-葛《ノ》二端一　（巻七、九丁ウ、標目「葛布」）
敬《テ》奉《ル》二粗-帕二方一　（巻七、一〇丁ウ、標目「手帕」）
有《リ》二氈襪一-雙一　（巻七、一一丁オ、標目「氈襪」）
得《テ》レ一雙　（巻七、一一丁ウ、標目「絲鞋」）
剡-牋百-幅　（巻七、一二丁オ、標目「牋紙」）
純-毫若-干（巻七、一二丁ウ、標目「筆」、「若-干」はソコバク）
得《タリ》二龍香剤一笏一　（巻七、一三丁オ、標目「墨」）
石墨一-研　（巻七、一三丁ウ、標目「硯」）
遺《ル》二我《レニ》四-幅一　（巻七、一四丁オ、標目「名画」）
黒白-子三十二輩　（巻七、一六丁オ、標目「棋」）
一-縷烟（巻七、一七丁オ、標目「香」。cf.『尺牘異瑞』に「線香〈幾-束或《ハ》／般或《ハ》縷〉」）
得二牡丹一-本《ヲ》一　（巻七、一七丁ウ、標目「牡丹」）
得《ルニ》二芍薬一-株《ヲ》一　（巻七、一八丁オ、標目「芍薬」）
得《タリ》二蘭花数本《ヲ》一　（巻七、一八丁ウ、標目「蘭」）

得《タリ》二菊花数-本《ヲ》一　（巻七、一九丁オ、標目「菊花」）
有《リ》二紅-梅一-本一　（巻七、一九丁ウ、標目「紅梅」）
得《リ》二瑞香一-本《ヲ》一　（巻七、二〇丁オ、標目「瑞香」）
敬《テ》奉《シテ》レ数-顆　（巻七、二〇丁ウ、標目「茘枝」）
謹《テ》奉《ス》二百顆一　（巻七、二〇丁ウ、標目「龍眼」）
摘《テ》奉《ス》二数顆一　（巻七、二一丁オ、標目「桃子」）
木-李百-顆　（巻七、二一丁ウ、標目「李子」）
敬《テ》奉《シテ》二百-顆一　（巻七、二二丁オ、標目「梅子」）
愧《クハ》無《キコトヲ》二　三百顆之献一　（巻七、二三丁オ、標目「橘子」）
敢《テ》献《シテ》二一-盤一　（巻七、二三丁ウ、標目「桜桃」）
敬《テ》奉《シテ》二百顆一　（巻七、二四丁オ、標目「楊梅」）
敢《テ》献《シテ》二数-顆一　（巻七、二四丁ウ、標目「石榴」）
敬《テ》奉二一-對一　（巻七、二八丁ウ、標目「鶏」）
有《テ》二一-封一奉-上《ス》（巻九、六丁オ、標目「求《ム》レ茶《ヲ》」の答）
敢《テ》分《テ》有《テ》二一-樽《ヲ》一　（巻九、六丁ウ、標目「求《ム》レ酒《ヲ》」）
一-樽《ノ》清-酌　（巻九、六丁ウ、標目「求《ム》レ酒《ヲ》」の答）
曽《テ》無《シ》二一-株一　（巻九、七丁オ、標目「求《ム》二菊《ヲ》栽《ルコトヲ》一」）
某敢《テ》不《ス》下分《テ》二一-根《ヲ》一以《テ》-贈《ラ》上

（巻九、八丁ウ、標目「求《ム》二葡萄《ヲ》一」の答）

曽《テシ》無二数-竿一　（巻九、九丁オ、標目「求《ム》レ竹《ヲ》」）

愧《クハ》乞《キコトヲ》二架-頭《ノ》萬-軸一　（巻九、一一丁ウ、標目「借《ル》二書-籍《ヲ》一」）

敢《テ》集《メテ》二萬-編《ヲ》一　（巻九、一一丁ウ、標目「借《ル》二書籍《ヲ》一」の答）

薄-礼一-束　（巻九、一五丁ウ、標目「謝《ス》レ師《ニ》」）

なお、『翰墨全書』（一二巻）には、右以外にも助数詞が見えている。一端を挙げれば、次のようである。

忽《ニ》来二五朶之《ノ》祥-雲《ヲ》一　（巻一、二二丁オ）

在《リ》二一樽《ノ》之酒《ニ》一　（巻一、二四丁ウ）

爆-竹一-聲《ス》　（巻一、二五ウ丁）

一-陣《ノ》西-風　（巻一、三三丁ウ）

鳥-雀自《ミ》憐《レミ》三遶《テ》レ樹《ヲ》屢〱飛《フコトヲ》二於三-匝《ニ》一四-遠《ヨリ》招-邀《ス》　（巻三、三丁ウ）

一-區《ノ》整-設《モ》　（巻三、九丁オ）

曽《テ》申《フ》二一-札之《ノ》書《ヲ》一　（巻四、一五丁オ）

璧一-雙《ヲ》以婚《ス》　（巻四、二八丁ウ）

収《テ》二一-聯宮-葉之《ノ》詩《ヲ》一　（巻四、四三丁オ）

圍棋一-局　（巻八、一一丁ウ）

一-枝鐵-筆　（巻一二、一五丁オ）

一-封-書　（巻一二、二六丁ウ）

また、書簡文は基本的には散文であり、ために、それらが名詞であるか助数詞であるか、明確に判別しにくい例もある。一端をあげれば、次のようである。

莫《レ》レ效《フコト》二一-杯之《ノ》餞-別《ニ》一　（巻一、九丁ウ）

辱《ナフス》二梅-駅一-枝之《ノ》貺《ヲ》一　（巻二、一五丁ウ）

韓氏寄《セテ》二一-聯《ヲ》一而合《フ》レ好《ミニ》　（巻四、一六丁ウ）

願《フ》レ供《ンコトヲ》二杏-林《ノ》一-酌《ニ》一　（巻七、一丁ウ）

敬持レ一-樽《ヲ》　（巻八、七丁ウ）

不レ可レ無二一杯之《ノ》具一　（巻八、八丁ウ）

先の巻九の諸例も、その気味がなくはないが、標目があるので助数詞と解した。他方、次の類は名詞とした。

效《ハン》二一-觴一-詠之《ノ》楽《ミニ》一　（巻一、一九丁オ）

一-枝風《ニ》動《テ》萬-枝響《ノ如ク》応《ス》　（巻一、三一丁ウ）

筐二約《ス》一-箋《ヲ》一（巻二、一六丁オ）　諧二姻議一一-牋通レ好（巻五、一七丁ウ）

読《ンテ》二伐-木《ノ》一-章《ヲ》一（巻四、三六丁ウ）　三-杯《ノ》引-敬昭《ニス》二花-燭《ノ》之新-婚《ヲ》一（巻五、二六丁ウ）

また、この他、度量衡の単位も見えているが省略した（「創《テ》二百-尺《ノ》楼《ヲ》一豁《ホカラカニス》二千-里《ノ》目《ヲ》一」〈巻三、五丁ウ〉、「五-両来-陳《ス》」〈巻四、二二丁ウ〉、「須二純-帛《ノ》之五-緉《ヲ》一」〈巻四、四八丁ウ〉、「價重《シ》二明珠《ノ》之十斛《ヨリ》一」〈巻四、五七丁オ〉）。

後日のためにも採用枠を広く設定し、より多くの語句を拾っておくのがよいが、紙幅の都合上、右にとどめる。

三、小結

右には『翰墨全書』における助数詞の用法を見てきた。これらは、どのような書簡の、どのような文脈で、どのような助数詞を用いるか、具体的な範例をもって教えようとしたものである。

「品」「圏」「本」「盤」「笏」「顆」などは他資料にも通ずるが、香の「瓣」「篆」、茶の「瀹」「煎」「甌」、石墨〈硯〉の「研」などは珍しい。類例が求められるが、この内、［用例2］に引いた「瓣」「篆」「瀹」「煎」「甌」については、元の泰定元年（一三二四）、建安劉氏日新堂重刊『新編事文類要啓箚青銭』別集巻之八「喪礼門」に、次のような類例がある。やはり、喪祭時の香奠目録の範例であり、上段は官吏であった人に用い、下段は一般に用いる。

「仕宦香財状」
具位姓　某謹以
明香　一　篆
□(?)茶　一　甌
冥財　一　笥
陰幣　一　束

「通用香財状」
具位姓　ム謹備
香　一　瓣
茶　一　瀹
燭　一　對
綵　一　副

蝋炬 一 對
祭食 一 筵
右顓状拜
奠于
新逝ム郡ム官霊几伏惟
台魂俯賜
歆詻謹状
年月日具位姓 ム 状

（五八三頁）

財 一 箱
祭 一 筵
右端状上拜
奠于
故ム郡ム人女改云ム孺人姓氏霊筵伏惟
享納謹状
年月日具位姓 某 状
具位姓 ム拜上

（五八三頁）

また、霊几・霊筵に奉る品物の書き方に、「香一炷」「財一篚」、「茶一煎」「財一箱」「綵一束」、「香一篆」とも見え（五八四、五八六頁、及び、四一四頁など）、婚礼に関して「聊当一瓣香之敬幸信斯盟」（別集巻之四、「婚礼門（往復聘定啓式）」、五二二頁）と見える。これらは喪礼・婚礼等に用いる書面であり、礼法の中でも特に慎みを要する。「瓣」「篆」「瀹」「煎」「甌」などは、謹厳・鄭重の中にもみやびを含んだ各別の表現でなかったろうか。

京都大学附属図書館蔵『新編事文類聚翰墨全書』明正統一一年（一四四六）・翠巌精舎刊本（近衛文庫、10-04/シ2貴）は、序文末に「大徳之十有一年（一三〇七）」の年号が見え（[補説]参照）、この巻五・甲集に見える「通用香財状」には、次のようにある。[3]

具位姓 某謹備
香 一 瓣
燭 一 對

茶　一　瀹
綵　一　束
財　一　箱
祭　一　筵
右専状上拝
奠于
故某人女改云ム孺人姓氏霊筵伏惟
歆納謹状
年月　日具位姓某状
具位姓某上

更に、「尉僧家財状」には、「具位姓 某 謹備／ 香一炷／ 茶一煎／ 財一箱／ 綵一束」、「尉道家財状」には、「具位姓 某 謹以／ 香一篆／ 茶一甌／ 財一綱／ 綵一盤」などと見える。これらの書式は、少なくとも元代、一四世紀初頭に遡るものである。

この他、助数詞「瓣《べん》」については次のような使用例がある。

男子当為天下奇、笑他立馬竟何為。鶴山往矣西山逝、此一瓣香公得之。一封飛奏九重天、言到朝紳所不言。天子不恰丞相怒、急流中退臥矐軒。（後略）（「無名氏」作「訴事上王矐軒」（ママ）、『全宋詩 訂補』(4)）

右は『後村千家詩』後集巻七に載せるが、『全宋詩 訂補』には「無名氏」作とある。「後村《こうそん》」とは、南宋の詩人劉克荘《りゅうこくそう》（咸淳五年〈一二六九〉歿、行年八三歳）の号であり、多くの作品がある。

太子預見前事、遂喚夫人向前、「今有事付嘱。別無留念、只有一辯（瓣）美香、夫人若有難之時、但焼此香、（中略）、耶輸遂於裙帯頭取得太子所留美香一瓣、只於手中焚焼、其香烟化為一蓋、直詣霊山。其世尊見於香蓋、便知耶輸母子被父王推入火坑、遭其此難。（後略） （『敦煌変文』、巻四、「悉達太子修道因縁」、底本龍谷大学蔵）(5)

拈香有レ偈云。（中略）梅花一瓣挿二金爐一。 （『蔭涼軒日録《いんりょうけん》』、長享二年〈一四八八〉八月二九日の条）(6)

密々疎々洒竹時。鶊斑焚尽撚吟髭。元人十雪無香字。一瓣今宵補逸詩。焚香聞雪／放翁去後有詩情。聴雨争如聴雪清。今夜為誰拈一瓣。同参唯是酒窓声。 同前 （『幻雲詩藁』、第三、明応一〇年〈一五〇一〉辛酉）(7)

前霜台英林居士三十三年忌陞座／ △座前香 ／三十三天有円生樹。其花開敷。則順風薫満一百由旬。逆風薫満五十由旬。香挙。 這一瓣妙兜楼。不分順風逆風。（後略） （『月舟和尚語録』）(8)

宋後山居士有髪而僧也。拈一瓣香。嗣鞏和尚。其詩不犯正位。切忌死語。（後略） （『幻雲文集』）(9)

小拈香／七年後掲暫須臾、遺像今看大丈夫、一朶士峰天下白。当陽割取插香炉、（中略）道会錯、道不会錯、即今鋳両大錯、成一瓣少従香、（後略） （「今川氏輝七年忌香語○国立公文書館所蔵明叔録」、天文一一年〈一五四二〉三月）(10)

印香 或名ハ二奇南香一ト 或名ハ二奇楠／香一ト 或名ハ二棊楠香一ト 或名ハ二加藍香一ト 或名ハ二奇藍香一ト 〈称二幾炷／幾瓣一〉／○附香炉香
合香匙香床隔火 （東京都立中央図書館市村文庫蔵『尺牘称謂辯』、049/IW/7（市1957）、9~10丁、合符略）(11)

此《コノ》後国師一瓣《イチベン》ノ香ヲ拈《ネン》ジテ、「今上皇帝聖躬萬歳《セイキュウバンゼイ》。」ト祝《シュク》シ給ヘバ、（後略） （『太平記』、巻二四）(12)

三番目の『蔭涼軒日録』は、相国寺蔭涼軒主の公用日記、四番目以下、『幻雲詩藁』『月舟和尚語録』『幻雲文集』は、建仁寺第二四六世住持となった臨済宗の僧月舟寿桂（?~天文二年〈一五三三〉一二月八日寂）の詩文集である。彼は、五山文学でも知られる禅僧でもある。「霜台《そうたい》英林居士」とは、越前朝倉氏第七代当主孝景《たかかげ》（文明一三年〈一四八一〉歿、五四歳）。七番目の「今川氏輝七年忌香語」は、駿河今川第一〇代当主氏輝（天文五年三月一七日歿、行年二四歳）の七年忌に際し、臨済宗妙心寺派の高僧明叔《みんしゅく》（慶浚《けいしゅん》）の奉じた香語。八番目の『尺牘称謂辯』は、田中（仲、また、中）道斎、字文平（寛政元年〈一七九〇〉歿、行年六九歳）の編書。宝暦四年（一七五四）擱筆・堅瑞校、翌年三月京銭屋七郎兵衛梓行。九番目の『太平記』の「国師」は臨済宗の夢窓疎石をいう。観応二年(一三五一、正平六)寂、行年七六歳。今上帝は光明天皇。三番目『蔭涼軒日録』以下は、日本書に見える用例であり、中には抽象的な名詞的用法も見られる。

「辦」の字義は、瓜《うり》・瓠《ひさご》の種子、さねをいう。『説文解字』(漢許慎撰・宋徐鉉増釈)に「辦(篆書)〈瓜中実 从瓜辡声 蒲莧切〉」(巻七下)とあり、『説文解字注』(清段玉裁)に「辦(篆書)。瓜中実也。〈衛風。歯如瓠棲。釈草及毛伝曰。瓠棲。瓠辦也。瓜中之実曰辦。実中之可食者。当曰人。如桃杏之人。〉从瓜。辡声。〈蒲莧切。古音蓋在十二部。〉」(第七篇下、五丁オ)(13)とあり、注文に『爾雅注疏』郭璞注、『詩経』(毛伝)の引用がある。

瓠棲 辦 〔注〕〈瓠中 辦也 詩云 歯如瓠棲 ○瓠 戸故切 辦 方莧切〉〔疏〕〈辦 瓠中 辦也 一名瓠棲 人之歯美者似之 故詩衛風碩人美荘姜云 歯如瓠棲是也 今詩文作似犀〉

(『爾雅注疏』(寛文・延宝の間の刊)、巻八、「釈草」(14))

手如柔荑。膚如凝脂。領如蝤蠐。歯如瓠犀。(清原宣賢講述『毛詩抄』、巻三、「衛風」(15))

『詩経』は、今、宣賢の『毛詩抄』による。「棲」を「犀」とするテキストがあるが、「犀」も「辦《さね》」「棲《さね》」に同じ。宣賢の抄は、「歯《は》は瓠《ひさご》の犀《さね》の如し。」と読み、「歯」につき、「ひさごのさねはさき広なで候。其様な歯こそよう候らう。辦は*さねぞ。」(*部に「伝、瓠犀、瓠辦。」)と説く。荘姜(斉侯《せいこう》の適婦人の子で衛侯の妻)は碩人《せきじん》と称され、その手・膚《はだえ》・領《くび》・歯など、みな麗しかった。その歯の白く並んだ美しい様を喩えて「瓠犀《こさい》(棲)」という。『類聚名義抄』には、「辦〈⼇(音)辨 瓜子 ウリノサネ [平上平平平]〉」(観智院本、僧下六六)と見える。

花びらや芳しいお香に「辦」を用いるのは、形体の類似による。『新編事文類要啓劄青銭』前集巻之一「翰墨門」に、「九迁之栄下副辦香之祝」(二二頁)、また、右の『月舟和尚語録』に「焚香誓不殺人。(中略)王丞相捨甲第作阿蘭若。莫愧辦香喚野狐。(16)」、室町末期の東山崇忍の漢詩文集『冷泉集《れいぜんしゅう》』に「開山忌拈香頌　大唐日本一青天。不翅無師無復禅。幾度再来泉上立。瓣香喚醒老龍眠。[17]」などと見える。「瓣香」とは、品良く瓜瓣《うりざね》形に精製したお香であろう。[18]こうした字義の延長線上に助数詞用法がある。

「篆《てん》」につき、先の『新編事文類要啓箚青銭』の続集巻之七「道教門」の「道士往復新式」に、「ム観道士姓ム…／香一篆／茶一甌／燭一對」（四一四頁）、別集巻之八「喪礼門」に、「明香一篆」（五八三頁）、「香一篆」（五八六頁）と見える。

諸橋轍次著『大漢和辞典』では、「香篆」の見出し語のもとに、①「薫香の押形。〔香譜〕百刻香、近世尚レ奇者、作二香篆一、其文準二十二辰一、分二一百刻一、凡然一昼夜已。」、②「香爐の煙。篆文《てんぶん》のやうに立ちのぼるからいふ。〔蘇軾、宿二浄土寺一詩〕閉レ門群動息、香篆起二煙縷一。〔程子、修禊事詩〕香篆来還去、花枝泛復沈。〔蕭貢、擬二廻文一詩〕風幌半縈香篆細、碧窗斜影月籠レ紗。」の説明がある。[19]「十二辰」は十二支に同じ。②の程子・蕭貢の詩は香から立ち上る煙を詠んだものである。

『香譜』とは、北宋の詩人洪芻《こうすう》撰（二巻）のそれで、『景印文淵閣四庫全書』『子部一五〇』の『譜録部』では、その末尾が「凡然一昼夜乃已」とあり（見出し語「百刻香」二三〇頁）[20]、また、別に、「香篆　鏤木以為レ之、以範二香塵一為二篆文一、然二於飲席或仏像前一、往往有下至二二三尺径一者上」（同右）と見える。「鏤木」は版木の版の類、香塵をこの型に入れて作り、飲席や仏像の前でくゆらせる、時に径二、三尺のものがあるという。既に、宋代に種々の押形の香篆が出回っていたとすれば、この香篆に因む助数詞「篆」があっても不思議でない。『全宋詩 訂補』所収「《全宋詩》漏収的詩人」（前掲）に、次のような「香篆」を詠じた温琬の七言絶句を収める。[21]

香　篆　　宋劉斧《青瑣高議》後集巻七

一縷祥煙綺席浮、瑞香濃膩繞賢侯。還同薄命増惆悵、万転千回不自由。

《青瑣高議》：琬願脱籍、並欲適人、屡白太守、太守艱之、命賦《香篆》詩云云。

温琬は、北宋熙寧（一〇六八～一〇七七）の名妓で、『青瑣高議』後集巻七に詩文の才能を伝える。

羅竹鳳主編『漢語大詞典』は、「篆」につき、「⑤盤香的喩称。（宋の秦観《海棠春》の詞、明の王錂《春芜記・訾見》から引証）、亦指盤香的烟縷。（宋の神宗《秦国大長公主挽詞》、清の納蘭性徳《浪淘沙》詞之九から引証）[22]」と説き、また、【篆香】①猶盤香。宋李清照《満庭芳》詞之一…「篆香焼尽、日影下簾鈎。」明劉基《喜迁鶯》詞…「画角断、篆香清、斜月淡疎櫺。」清納蘭性徳《酒泉子》詞…「篆香消、猶未睡、早鴉啼。」②香屑或香灰。《剪灯余話・胡媚娘伝》…「〔尹公〕取丹砂、蟹黄、篆香与裕服、而払袖帰山。[23]」と説く。ここに「盤香」という言葉が見えるが、これは「渦巻線香」（『大漢和辞典』、巻八、一三四頁）のことであろうか。とすれば、『漢語大詞典』にいう「篆香」の「篆」とは、具体的には渦巻線香（盤香）の形をいうものとなる。

ところで、「篆」という語には、②「香爐の煙。篆文のやうに立ちのぼるからいふ。」（『大漢和辞典』）、「亦指盤香的烟縷」（『漢語大詞典』）との意味もあった。『漢語大詞典』では、また、「香篆」という語につき、（「①香名、形似篆文。」）「②指焚香時所起的烟縷。因其曲折似篆文、故称。宋範成大《社日独坐》詩…「香篆結雲深院静、去年今日燕来時。」金蕭貢《擬回文》詩之三…「風幌半縈香篆細、碧窗斜影月籠紗。」清汪懋麟《三月晦日漫興》詩之四…「静看香篆低簾影、黙聴飛虫繞鬢絲。」（用例略）[24]と解説する。

宋代の陳敬撰『陳氏香譜』（四巻）は、種々の香につき、香味（調剤の原料）や処方などを列挙した文献である。この「香篆（一名寿香）」の条によれば、香篆は、乳香・旱蓮草・降真香・沈香・檀香・青布片・貼水荷葉・瓦松・男児胎髪・木櫟・野蘋・龍脳・麝香・山棗子の一四味をもって調え、その焼香時の香煙は、「…筯梢上引煙写字画人物、皆能不散、欲其散時、以車前子末弾於煙上、即散」、「…毎用銅筯、引香煙成字、或云入針沙等分、以筯梢夾磁石少許引煙作篆[25]」とある。処方する香味と香筯《こうばし》の操作によるのであろうか、煙の形は文字をなし、人形《ひとがた》を描くというのである。「香篆」が、このように説明されるものであるなら、助数詞の「篆」は、そのくゆる煙に因む助数詞であったとも考えられる。故人を偲ぶ喪祭時には、殊更、「香篆」が用いられ、あるいは、それが「香篆」そのものでないとしても、「明香／香　一篆」といった文字表現が行われた可能性もある。香の煙は「香炷《こうしゅ》」ともいい、これを数える表現に「一炷（いっしゅ ひとたき）」という助数詞もある。「篆」が香煙に因む助数詞であるなら、これも優雅な数量表現となろう。

「瀹《やく》」につき、『新編事文類要啓箚青銭』の后集巻之五「飲食門」に、「請レ嘗二新茶一」と請われ、これを辞する状に「焚レ香瀹レ茗具味清」（二五一頁）云々と見える。「茗」は茶の芽、「瀹」は、『大公益会玉篇』に「瀹〈弋灼余召二切煮也内菜湯中而出也〉」（水部第二八五）とある。熱湯でゆでる、ゆびく、ひたすなどの意がある。香奠目録に「茶　一瀹」とあるのは、「茶のひといれ」と解される。茶そのものの贈答には「封」「袋」などの助数詞を用いるが、ここは茶をいれる、即ち、抹茶のように飲めるようにして差し出す行為、もてなす行為そのものを意味する「一瀹」という助数詞を用いる。鄭重な表現である。

また、同『新編事文類要啓箚青銭』に、「茶　一煎」という表現も見える（続集巻之五、尉（慰）僧香財状、三八八頁、続集巻之七、慰道士財状、四一四頁、別集巻之八、慰僧家状・慰道士状、五八六頁、その他）。「煎」は、次の「烹」に同様、にる意である。やはり、霊前（僧家・道家）等における丁重な表現である。

「甌《おう》」は、香奠目録に「□茶　一甌」と見える。「□」字は印刷不良で字形が判読できない。「甌」字は、『広韻』に「瓦器」（平声、侯韻）という。小さい盆《ほとぎ》、土焼きの壺とされる。この器物を助数詞に用いたものである。同書、続集巻之七「道教門」（慰道士財状）にも「茶一甌」（四一四頁）と見える。これらは、やはり、直ぐにそのまま飲むことのできる状態を意味しており、一般的な茶の贈答に用いられる「封」「袋」などの場合とは異なる。『全宋詩　訂補』所収「《全宋詩》漏収的詩人」（前掲）に、釈文悦（北宋の禅僧、九九七～一〇六二）の「山居四首」と題する七言絶句の一首に「地爐榾柮高焼起、石銚烹茶時一甌」と見える。「石銚」は、いしなべ、「烹」は、にる（煮）の意で、これは、山居の茶一甌をいう。

以上、香奩目録に見える「瓣」「篆」「淪」「煎」「甌」などについて述べた。これらは、慎みをもって鄭重に用いられる助数詞であり、同時に優雅な数量表現であったかと推測される。問題はその年代性であるが、やはり、南宋・北宋、あるいは、それ以前にも遡るのではあろう。

本書については、[用例1]で『五車抜錦』(明万暦二五年刊)との関わりも指摘できた。内容や年代性、その他において、なお、多角的な分析・検討が必要であろう。

なお、『翰墨全書』の本文中には、双行割り書で多くの語句注が付されている。語句注には各種の先行文献(古典)が引かれている。この先行書にも助数詞が見えているが、それらは、明代の助数詞・その用法と必ずしも一致しない。同列に扱えば、それぞれの特徴が見えなくなってしまうであろう。ここでは省略した。

注

(1)波多野太郎編『中国語学資料叢刊』の『第三篇　尺牘篇』『第一巻』、冒頭の文献提要、八頁。

(2)国立公文書館編『改訂増補内閣文庫蔵書印譜』(一九八一年三月〈一九六九年三月初版〉、四〇頁)による。高野山釈迦文院は長和五年(一〇一六)の創建にかかる旧刹で、津山藩主の菩提所であった。その旧蔵書は、明治一九年九月に同院から当文庫が購入したものといい、安永六年(一七七七)の同院外典目録の奥書によれば、かなり以前に収蔵されたものらしいとある。

(3)「平成14年度京都大学附属図書館公開展示会　学びの世界」における公開画像による。

(4)陳新等補正『全宋詩 訂補』(二〇〇五年一二月、大象出版社)所収「《全宋詩》漏収的詩人」、九一一頁。

(5)黄征・張涌泉校注『敦煌変文校注』、一九九七年五月、中華書局、四七三〜四七四頁。

(6)竹内理三編『増補続史料大成』第二三巻、一九七八年、二三六頁。

(7)『幻雲詩藁』の第三。『続群書類従』第一三輯上、文筆部、二二九頁。

(8)『月舟和尚語録』、『続群書類従』、第一三輯上、文筆部、一九二五年・一九五九年三月訂正三版、二四二頁。

(9)『幻雲文集』、既出、注(8)文献、三一三頁。

（10）久保田昌希、他編『戦国遺文　今川氏編』、第四巻、二〇一四年四月、東京堂出版、一八八頁。

（11）新潟大学附属図書館佐野文庫蔵本が、同大学古文書・古典籍コレクションデータベースにより公開されている。

（12）後藤丹治・釜田喜三郎校注『太平記二』（『日本古典文学大系35』）、一九六一年六月、岩波書店、四三八頁。

（13）『説文解字』は、『景印文淵閣四庫全書』、経部二一七、小学類（一九八六年三月、台湾商務印書館、二一三頁）による。『説文解字注』は、斯編委会編輯『字典彙編2』（一九九三年一二月、国際文化出版公司、三五七頁）により、この句読点等は島根県立図書館蔵『説文解字注』（弘化四年三月小畑行簡序・訓点、明治一二年七月高橋精一刊・詩山堂梓）による。なお、清田儋叟《せいたたんそう》筆『孔雀楼筆記』巻一にも、「コノ一技《ギ》ニ於テハ、后山ガ所謂一瓣《ベン》ノ香、予ハ両瓣ノトモ言《イフ》ベシ。」（中村幸彦、他校注『近世随筆集』〈『日本古典文学大系96』〉、一九六五年、岩波書店、二八八頁）と見える。

（14）『爾雅注疏』（晋郭璞注・明曽朝節等奉勅校）、長沢規矩也編『和刻本辞書字典集成』第一巻（一九八〇年八月、汲古書院）所収、一〇四頁。なお、『重栞宋本爾雅注疏附校勘記』（嘉慶二〇年江西南昌府学開雕）、巻八。清阮元校勘『十三経注疏附校勘記』（一九七七年一〇月、大化書局、五七〇七頁）など参照した。

（15）倉石武四郎・小川環樹校訂、清原宣賢講述『毛詩抄』、一九九六年六月、岩波書店、二七四頁。抄文の原本は、漢字交じり片仮名文。

（16）『月舟和尚語録』、既出、注（8）文献、二六六頁。

（17）『冷泉集』、既出、注（8）文献、六三四頁。崇忍は、南禅寺上乗院開基蒙山智明の法嗣、享禄年中建仁寺止住。

（18）諸橋轍次著『大漢和辞典』（大修館書店）には、「瓣香」の見出し語のもとに「形が花瓣に似た香。もと禅僧が人を祝福する時に焚いたもの。転じて、人を欽仰するに用ひる。心香（掲出注略）を見よ。〔祖庭事苑〕古今尊宿、拈レ香多云二一瓣一、瓣、瓜瓣也、以二香似一レ之、故称焉。〔陳師道、観二兗文忠公家六一堂図書一詩〕向来一瓣香、敬為二曽南豊一。」（巻七、九九四頁）、また、「心香」の条には、「中心の誠。香を焚き仏に供する潔斎の心。〔梁簡文帝、相宮寺碑銘〕臆舒二意蕊一、室度二心香一。」（巻四、九三九頁）とある。

（19）既出、注（18）文献、巻一二、四五一頁。

（20）『景印文淵閣四庫全書』、『子部一五〇』の『譜録部』、一九八六年三月、台湾商務印書館。見出し語「百刻香」、二一三〇頁。

（21）既出、注（4）文献、『全宋詩 訂補』、七八八頁。

(22) 羅竹鳳主編『漢語大詞典』(一九九七年四月、漢語大詞典出版社)、中、五二四一頁。
(23) 既出、注(22)文献、『漢語大詞典』、中、五二四二頁。
(24) 既出、注(22)文献、『漢語大詞典』、下、七三〇一頁。
(25) 既出、注(20)『景印文淵閣四庫全書』、『子部一五〇』の『譜録部』、二七一頁。

[補説]『翰墨全書』と同名の類書について

右の『翰墨全書《かんぼくぜんしょ》』と同名の書物に、左記の二種の刊本がある。

A米沢市立米沢図書館蔵『新編事《しんぺんじ》文類聚《ぶんるいしゅう》翰墨全書』、甲集一〇巻・乙集一二巻・丙集一九巻・丁集九巻・戊集一〇巻・己集一一巻・庚集一〇巻・辛集二四巻・壬集一一巻・癸集一七巻・図一巻、元詹友諒撰、同泰定元年(一三二四)・麻沙呉子友于堂刊。

B米沢市立米沢図書館蔵『新編事文類聚翰墨全書』、甲集一二巻・図一巻・乙集九巻・丙集八巻又六巻・丁集五巻又八巻・戊集五巻・己集七巻・庚集二四巻・辛集一〇巻・壬集一二巻・癸集一一巻、元劉応李撰、明正統元年(一四三六)・善敬書堂刊。

日比野丈夫氏の「米沢図書館の韻書と類書—とくに翰墨全書について—」によれば、A・Bは「巻の順序が違っているほか、内容はほとんど変りないようである。明刊本には元の大徳十一年の序がついていて、この方が形として古いらしく、元の泰定刊本は劉応李の原本を一部変形して、選者の名を改めただけに過ぎない。」とされる(『米沢善本の研究と解説』、一九五八年〈一九八八年覆刻〉、臨川書店刊、八八頁)。元刊本は、日本では他に成簣堂文庫蔵の一本を見るだけとされるが、東京大学総合図書館にも元詹友諒撰、同泰定元年・麻沙呉子友于堂刊本が所蔵されている(但し、巻数が一部異なる)。

Bにつき、正統一一年（一四四六）・翠巌精舎刊本が、国立公文書館内閣文庫・東京都立中央図書館、京都大学附属図書館に所蔵されている。今、京都大学蔵本（近衛文庫、10-04／シ2貴）によれば、本書は二〇冊からなり、一冊目の外題は「甲翰墨全書一之五」（原表紙に直に墨書、左）、序文題に「新刊翰墨大全序」とある。序文末に「大徳之十有一年（一三〇七）」の年号が見え、次いで「正統丙寅孟春／翠巌精舎新刊」（双郭）との刊記、目録題「事文類聚翰墨全書總目」がある。総目は、諸式・活套・冠礼・婚礼・慶誕・慶寿・喪礼・祭礼・官職・儒学・人品・釈教・道教・天時・地理・人倫・人事・姓氏・第宅・器物・衣服・飲食・花木・鳥獣・雑題の二五門を掲げる。助数詞の用例も見え、これらについては本文中において言及する。

内閣文庫蔵本二二冊（請求番号、366-35）は、旧ラベルに「内閣文庫／番号漢3904／冊数22（1）～（22）／函号366-35」とある。表紙外題に「翰墨全書」、扉題に「新編事文類聚／翰墨全書」とある。また、「正統丙寅孟春（一一年）／翠巌精舎新刊」「前郷貢進士省軒劉応李　希泌編」と見え、印記に「浅草文庫」、「書籍／館印」、その他がある。林羅山旧蔵書。

なお、『実隆公記』に、「公条朝臣当番参入、翰墨全書御本卅冊、拝領之、祝著自愛之由語之、誠至宝也、珍重々々、」（永正三年〈一五〇六〉六月八日の条、昭和一〇年初版〈同四二年再版〉、続群書類従完成会、巻四下、五六四頁）、「章長朝臣来、鹿苑院御経供養願文草進之由語之、翰墨全書内両三冊借請帰、」（同四年四月二九日の条、前後略）と見える（同、巻四下、七二三頁）。「卅冊」という冊数からすれば、右のA・Bの類であろう。「公条」は、実隆（前内大臣、正二位、五二歳）の男（正四位下、右近中将、蔵人頭、二〇歳）、翌年四月、正四位上、参議となる。「鹿苑院」は、足利義満、「章長朝臣」は、菅原（高辻）章長（従三位、文章博士、三九歳）。

［付記］『翰墨全書』につき、成稿後、住吉朋彦著「『翰墨全書』版本考」（『斯道文庫論集』、第四二輯、二〇〇八年二月）という論考を拝読した。本書に活かすことができなかったが、ここに紹介しておきたい。

第四節　『尺牘双魚』

一、序

『尺牘双魚《せきとくそうぎょ》』は、明末の熊寅幾《ゆういんき》編輯の尺牘書である。東京大学東洋文化研究所蔵仁井田文庫本（仁井田—集—N4021）は、九巻・四冊からなる明代の刊本（後掲）で、この一冊目によれば、外題・目録題・内題は、次のようにある。

外　題「尺牘　双（ママ）魚　　元」（題簽なし、手筆、左）（「元」字は二冊目以下に「亨」「利」「貞」）
目録題「増補較正熊寅幾先生捷用尺牘雙魚目録」
内　題「新鐫増補較正寅幾熊先生尺牘雙魚巻之一」

「序」には、古今の尺牘を集めて分かちて二編となすと見え、末尾に「雲間陳継儒眉公題／□□（印刻）」とある。印刻二顆は共に方形陰刻で「陳／継／儒／印」（上段右隅から左廻りに四字）・「眉／公」（左行で二字）とある。

陳継儒《ちんけいじゅ》（明嘉靖三七年〈一五五八〉～崇禎一二年〈一六三九〉）とは、明末の文人、画家で、江蘇省華亭（上海市松江）の人、字は仲醇、号は眉公、糜公などと称した。二九歳で官を辞し、儒衣を焼いて崑山に隠居したと伝える。詩歌・賦・文章、書画に名を馳せ、同郷の董其昌（一五五五～一六三六）と並称された。王世貞（一五二五～一五九三）に重んじられ、読書・著述を専らとした。編輯者「熊寅幾先生」については未勘である。

『尺牘双魚』につき、『全国漢籍データベース』（京都大学人文科学研究所）によれば、一七点の関係書があがっている（二〇〇七年八月二五日現在）。これに私の加筆・修正を加え、和漢の刊本を整理すれば、次のようになろう。

(1)、新鐫増補較正寅幾熊先生尺牘雙魚九巻　明　熊寅幾輯、明　金閶葉啓元　刊本—東洋文庫蔵、明　刊本—東京大

学東洋文化研究所所蔵二本

(2)、新鐫増補較正寅幾熊先生尺牘雙魚九巻　明　熊寅幾編

(a)承応三年（一六五四）京都中野市右衛門刊本―東京大学東洋文化研究所蔵二本・東北大学蔵二本・一橋大学蔵・京都大学人文科学研究所東方学研究部蔵・東京大学総合図書館蔵二本・東京外国語大学附属図書館諸岡文庫蔵

・国文学研究資料館のマイクロフィルムにより、岐阜大学附属図書館蔵［三冊本］・静岡県立中央図書館蔵（葵文庫）［九冊本］・刈谷市中央図書館蔵（村上文庫）［四冊本］・名古屋市博物館蔵［二冊本］などの所蔵本が知られる。

(b)承応三年刊本の後印本―宮城県立図書館蔵二本・新潟大学蔵・東京大学東洋文化研究所所蔵・千葉県立中央図書館蔵・前田尊経閣育徳会蔵・公文書館蔵・大阪府立中之島図書館蔵二本・たつの市立龍野歴史文化資料館蔵・姫路文学館金井寅之助文庫蔵・架蔵・島根県立図書館蔵・実践女子大学蔵二本・東京大学総合図書館蔵二本・広島大学蔵

・国文学研究資料館のマイクロフィルムにより、市立函館図書館蔵［四冊本、後印本］・上田市立図書館蔵（花月文庫）［巻一・二を一冊とする。承応三年刊本かその後印本か、不詳］などの所蔵本が知られる。

(3)、繍梓尺牘双魚四巻　明、闕名輯、明刊本―東洋文庫蔵

(4)、補選捷用尺牘双魚四巻　明、陳継儒輯、明刊本―東洋文庫蔵

(5)、新鐫熊寅幾尺牘雙魚五巻　明 熊寅幾撰、瓜生寅 訓点、明治一一年一月 東京瓜生寅 刊（山中市兵衛出版、梅花村荘蔵版）―国会図書館蔵・麗澤大学図書館蔵・姫路文学館金井寅之助文庫蔵

(6)、増訂約解新鐫増補較正寅幾熊先生尺牘雙魚九巻　明 熊寅幾輯、日本 巌《（ママ）》垂柳塘増補約解、明治一二年一二月、長野竹内書館竹内禎十郎刻本―実践女子大学蔵・成田山仏教図書館蔵

(7)、『鴈魚錦箋』九巻（四冊）　明、李賛延撰、寛文二年（一六六二）江戸大和田九左衛門刊本―一橋大学図書館蔵・前田育徳会蔵・飯田市立中央図書館蔵（二本、内一本は残欠本）・東京大学東洋文化研究所蔵・京都大学人文科学研究所東方学研究部蔵・国立公文書館内閣文庫蔵・筑波大学附属図書館蔵・九州大学附属図書館蔵・関西大学図書館蔵・香川県の総本山善通寺蔵（第一、四冊の二冊を欠く）・福岡大学図書館蔵・架蔵

本書の(1)は、陳継儒の原輯を熊寅幾が増補・較正したもの、(2)は、その日本版（承応三年刊本、同後印本）、(3)・(4)は、熊寅幾の増補・較正の前の系統であろう。(5)は、明治期の刊本、(6)は、明治期の増訂・約解本、(7)は、明の李賛延の増補・較正本である。但し、(7)は、日本版（寛文二年刊本）である。

[＊『全国漢籍データベース』（京都大学人文科学研究所、二〇〇九年四月二一日現在）によれば、四三点の関係書があがっている。データの充実が図られつつあるようだが、目下、追加される所蔵本は、承応三年刊本とその後印本がほとんどである。]

右の刊本・所蔵本につき、調査を終えたのは左記である。

(1)の東洋文庫蔵本は、九巻・二冊本（整理番号：Ⅳ-5-17）で、後掲の(3)・(4)と一セットをなしていたものらしく、今も一帙に収められている。旧ラベルに「伊勢早崎文庫所蔵／二数／四八番」（早崎希白旧蔵書）とある。序・第一巻～第四巻、第五巻～第九巻をそれぞれ上、下各一冊に仕立てる。原表紙（縹色、雷文繋地に草葉等の押型文様、後掲の(3)・(4)も同様）に題簽（後、左端）の片鱗を留め、ここに外題墨筆の一部があるが、文字は判読できない。扉題「尺

牘雙魚」（左掲）、目録題「増補較正熊寅幾先生捷用尺牘雙魚目録」、内題「新鐫増補較正寅幾熊先生尺牘雙魚巻之一（〜八）」、柱刻は「尺牘雙魚（魚尾）巻一（〜九）」のようにある。但し、第九巻は、内題に「綉梓尺牘雙魚附祭禮巻之二」（柱刻「尺牘雙魚」）とある。第九巻の八丁までは魚尾（黒、単、下向）があるが、その第九丁以下（一七丁まで）には魚尾がない。下冊、即ち、第九巻末の尾題相当部に「雙魚巻一（ママ）終」（第一七丁ウ、一行目）とある。窺うに、この第九巻は、もと、「綉梓尺牘雙魚附祭禮巻之二」の一巻としてあったものを、その柱刻を彫り変え、第八巻の末尾に取り込んだものらしい。寸法は、縦二五・九cm、横一五・〇cm、題簽の痕跡は縦一七・五cm、横三・四cm、本文匡郭（四周単郭）は縦二〇・六cm、横一一・七cm。丁付は、左記の扉相当が一丁、序五丁、目録（目次）五丁で、続く本文は、第一巻以下、二三丁、二八丁、二三丁、二五丁（以上、上冊）、三〇丁、二八丁、三〇丁、一九丁、一七丁とある。一面九行、一行二四字、但し、序文は一面五行、一行一〇字。刊記はない。紙質は薄くて不良、綴じ糸破損、下冊に脱丁、乱丁がありそうである。序文の初に、「序／嘗想・人生百年萍逐、雖ニ江／皐雨雪、駅路風煙、匹馬孤／帆、迢迢靡《ト》レ届《キワマラ》、要亦所歴有／盡無盡者・惟寸心耳、（後略）」（返読符、句読点、付訓、朱引等は朱筆）とあり、片仮名・返点の書き入（朱筆）がある。上冊の小口下（地）に「尺牘雙魚詩」、下冊のそれに「尺牘雙魚書」との墨書がある（この墨書は⑶・⑷の場合と同筆）。「希白堂／文叔氏」（長円形朱印）・「東洋文庫」（長方形朱印）がある。

ところで、本書には、表紙の次に、本文部と異なる用紙の一丁（今、扉相当）が綴じられており、次のような文言を有する紙片が貼付されている。

陳眉公先生手授

尺牘雙魚

一選捷用尺牘
一選名公尺牘

↑（この線の箇所で裁断され、料紙の折目をまたいで表裏に貼り付けられている。）

念伊人於霜沚毎労秋葦縈思晤駅使於荒郊祗藉
寒葩寄語顧芳音金玉雖已通空谷素書而典句埌
玗或尚顋遺碑黄絹爰輯新裁并添評釈付諸梨棗
以代李桃（二字分空）高齋主人識（同上）金閶葉啓元梓

この紙片は、矢印の縦線の箇所に沿って左右二片に裁断され、後、その右側はこの丁（用紙）のオモテ側に、左側はウラ側にそれぞれ糊付けされている。双郭の縦長は二二・二cmで、これは本文部の匡郭と異なる。この紙片は、もと、この一セットを包んでいた書袋の表書ではなかったろうか。その文字（書題）ある部分を切り取り、用紙に貼り付け、それを一丁としてここに綴じ込んだのであろう。但し、この第一郭の文言「一選捷用尺牘 一選名公尺牘」からすれば、この書袋は、後掲の(3)・(4)の二冊を包んでいたものかも知れない。「高齋主人識　金閶葉啓元梓」とは明末の書肆らしいが、未勘である。この東洋文庫蔵本は、左記二本と同じ版木によるもののようだが、書肆までが同一とは限らない。

東京大学東洋文化研究所蔵の仁井田文庫本（仁井田–集–N4021）は、九巻・四冊からなり、一帙に収める。一冊目の外題・目録題・内題は前掲のとおりである（表紙の見返し〈扉題も含めて〉を欠くか）。

柱刻は「尺牘雙魚一巻一（～九）」のようにある。但し、第九巻は、内題に「繍梓尺牘雙魚附祭禮巻之一」とあり、柱刻に「尺牘雙魚一巻九」とある。第八巻まで、また、第九巻の第八丁までに魚尾（黒、単、下向）があるが、この第九丁以下にはこれがない。第九巻末に尾題はない。但し、第九巻の尾題相当部に「雙魚巻巻（ママ）一終」と刻まれている。巻一・二、巻三・四、巻五・六、巻七・八・九をそれぞれ一冊とし、外題下に「元」「亨」「利」「貞」と墨書する。寸法は、縦二三・五cm、横一三・一cm、本文匡郭（四周単郭）は縦二〇・四cm、横一一・六cm。丁数は、序五丁、目録（目次）五丁、巻一は二三丁、巻二は二八丁、巻三は二三丁、巻四は二五丁、巻五は三〇丁、巻六は二八丁、巻七は三〇丁、巻八は一九丁、巻九は一七丁である。この版の序は五行、一行一〇字、目録は九行、目録・本文中の見出し語は陽刻となっている（これらの点は後掲の承応刊本と相違する）。本文には、双行注があり、巻一前半部には朱筆の傍点・圏点、句点や朱引、また、淡い藍色の句点などが加えられ、上欄外に誤刻字を訂する墨筆がある。「仁井田博士遺愛」（朱長方印、内題下）、また、「東洋文／化研究／所図書」（朱方印）、「松田氏／家蔵記」（朱長方印）あり。

なお、右の仁井田文庫本は、『東京大学東洋文化研究所所蔵 漢籍善本全文影像資料庫』に収められている。

東京大学東洋文化研究所所蔵の今堀文庫本（今堀文庫、J4044）は、九巻・四冊からなり、一帙に収める。外題は原表紙（無色）に直に「尺牘双魚《ママ》　一（～四終）」（左）と墨書する。寸法は、縦二三・八cm、横一三・三cm、本文匡郭（四周単郭）は縦二〇・四cm、横一一・六cm。本文には朱筆の圏点・句点・朱引・文字訂正など、また、墨筆の誤刻訂正などが加えられている。印記「今堀誠二博士遺愛」（朱長方印）、「平岩蔵／書之印」（朱長方印）、「東洋文／化研究／所図書」（朱方印）。

この版木は右の仁井田本（N4021）に同じである。よって、装丁、序・目録（目次）・巻一～九の丁数も行数も同じである。第四冊の巻九の尾題相当部（第一七丁ウの一行目）に「雙魚巻巻《ママ》一終」とあるのも同じである。但し、こちらには見返しに扉題があり、目録の第五丁を欠失している。見返しには次のようにある（「熊熊《ママ》居刊行」）。

熊寅幾先生纂著

雙魚錦箋

熊熊居刊行

柳川古文書館所蔵の伝習館文庫本（安／一八三）は、九巻・一冊からなる。もとは二冊に仕立てられていた徴証がある。但し、原表紙なく、後表紙（濃緑、皺紙）を付すが、外題、扉題、刊記なし。目録題・内題以下は右に同じ。序（五丁）の内の首一丁は補写になる。各巻の末尾の丁のウラ面がない、半ば欠けている、破損しているといった状態であるが、中には当初の出版時からこうであった箇所もある。柱刻は「尺牘雙魚一巻一（～九）」のようにある。但し、第九巻は、内題に「繡梓尺牘雙魚附祭禮巻之一」とあり、柱刻に「尺牘雙魚一巻九」とある。判型は縦長く、寸法は縦二四・八cm、横一四・一cm。丁数は、序五丁（第一丁手写）、目録五丁、巻一は二三丁、巻二は二八丁、巻三は二三丁、巻四は二五丁、巻五は三〇丁、巻六は二八丁、巻七は三〇丁、巻八は一九丁、巻九は一七丁。墨筆の送り仮名（片仮名）、返点、傍点、頭書欄書込、朱筆の傍点などがある。印記、「伝習館／郷土文／庫之印」（朱方印）、「伝習館郷土文庫之印」（朱楕円印）。

(2)の(a)京都大学附属図書館所蔵本（谷村文庫蔵本、4-04、セ-1）は、九巻・二冊からなり、題簽（原題簽）に「尺牘雙魚乾（坤）」（原表紙、左、双）とあり、目録題は「増補較正熊寅幾先生捷用尺牘雙魚目録」、内題は「新鐫増補較正寅幾熊先生尺牘雙魚巻之一」、尾題は「尺牘雙魚巻之九終」、刊記は、坤冊の奥（巻之九、一六ウ）に「承應三暦孟秋吉旦／中野市右衛門刊行」（双郭）とある。この版の序は一面六行、目録は一〇行。目録・本文中の見出し語は陰刻（冒頭の仁井田文庫本は、それぞれ五行、九行、また、陽刻となっている）。本文九行。柱刻は「尺牘雙魚」とある。本文は漢字、これに片仮名・返点・合符などが付されている。寸法は、縦二六・八cm、横一七・七cm、題簽は、縦一七・三cm、横三・三cmである。先の明代刊本、東洋文庫蔵本（金閶葉啓元梓）は、第九巻の内題、柱刻が不統一であったが、承応刊本では、その内題は「繡梓尺牘雙魚附祭禮巻之九」、尾題に「尺牘雙魚巻之九終」とあり、柱刻も「尺牘雙魚巻之九」となっている。

東京大学東洋文化研究所には、「承應三曆孟秋吉旦／中野市右衛門刊行」（双郭）の刊記をもつ刊本が二本ある。

この内の一本は、全九巻を三冊に分けた三冊本である（今堀文庫、集、J4005）。濃紺の原表紙・原題簽に「尺牘雙魚一二三上」（原、左、双）とある。数字は手書きで、中冊・下冊に「四五六中」「七八九下」とある。内題・目録題・尾題・柱刻・刊記などは右京都大学の谷村文庫蔵本に同じである。寸法は、縦二六・七cm、横一七・六cm、題簽は、縦一七・三cm、横三・三cm。丁数は、序四丁、目録四丁、巻一以下、それぞれ、二四丁、二八丁、二三丁、二五丁、三〇丁、二八丁、三〇丁、二〇丁、一六丁である。刊記の右に、墨筆で「宝永元年甲申初夏陽日／北尾春竹求之」とある。

他の一本は、九巻九冊の九冊本である（今堀文庫、集、J4006）。縹色の原表紙・原題簽に「尺牘雙魚」（原、左、双）とある。内題、その他は右に同じである。

東京大学総合図書館蔵の二本の内、一本は、二帙・九冊本で（整理番号：集3-48（旧番号E44-31）、九青）、焦茶色の原表紙・原題簽に「尺牘雙魚二（四～九）」（原、左、双）とある（第一冊は題簽剥落）。「清洲文庫」の朱長方形印、その他の蔵書印あり。寸法は、表紙は縦二八・三cm、横一八・八cm、題簽は、縦一七・六cm、横三・三cm、本文匡郭は、四周単郭で縦二〇・四cm、横一五・三cm（第六巻の場合）、九巻の丁数は、それぞれ、二四丁、二八丁、二三丁、二五丁、三〇丁、二八丁、三〇丁、二〇丁、一六丁である。今、第一～四巻、第五～九巻を各一冊に綴じ、鞘表紙を付ける。刊記は、右に全同（郭は縦一五・八cm、横四・三cm）、刊記の右に「渡邊蔵書」とある。

他の一本は、黄土色の後補表紙を付した一冊本で、虫損が甚だしい（整理番号：E44-1196、一、田）。刊記は、右に全同。「為政館」（第一巻首に墨手書）、「男爵田中美津男氏寄贈／先代田中芳男男（爵脱カ）旧蔵書／昭和七年」の朱長方形印がある。

以上の他、東京外国語大学附属図書館にも一本（九巻・一帙九冊、諸岡文庫、Ⅱ.162）を蔵し、また、国文学研究資料館のマイクロフィルムにより、「承應三曆孟秋吉旦／中野市右衛門刊行」（双郭）の刊記をもつ刊本として、次の所蔵本が知られる。

岐阜大学附属図書館（三冊本、ID：100060368. 926-7.1 ~ 3.2192）、外題は「尺牘雙魚 一二三共三」（原表紙、原題簽、左、単）、二冊目以下の外題は「尺牘双魚 四五六共三」「尺牘双魚 七八九共三」とある。この巻数以下の字は手筆。

静岡県立中央図書館葵文庫（九冊本、ID：100065407. K082-88）、外題は「尺牘双魚 叙目一」（原表紙、原題簽、左、単）、二冊目以下の外題は「尺牘双魚 二（～九）」とある。当初から九巻・九冊に仕立てる。刊記の左に「寛文三卯 五月十四日」との墨筆がある。

刈谷市中央図書館蔵村上文庫（四冊本、ID：100035121. 2444-4-3 乙二）、外題は（三冊目の場合）「尺牘双魚 五六」（原表紙、原題簽、左、単）、当初から巻の一二、三四、五六、七～九を一冊とし、四冊に仕立てる。

名古屋市博物館（二冊本、ID：100206295. 556-5-2）、外題は「尺牘雙魚自一至五」（後表紙、題簽、左）・「尺牘 雙魚自六至九終」（同）とある。巻一～五、巻六～九をそれぞれ一冊に綴じ、二冊とする。上冊の表紙（外題右）に「通問類　起居類」以下の計一七の類名、下冊の表紙に「疾病類…（塗消） 請召」以下の計一二の類名を列記する。塗消は、上冊に位置する類名を誤記（重複）したためである。上欄外に書き入れがある。

(2)の(b)（後印本）は、右の京都大学附属図書館蔵（谷村文庫本、承応三年刊本）と同じ版であるが、九巻・四冊仕立てとなっている。東京大学総合図書館蔵本の内、一本は、一帙・四冊本で（整理番号：E44-964、四）、濃紺の原表紙・原題簽に「尺牘雙魚一（～四）」（左、双）とある。当初より、第一・二巻、第三・四巻、第五・六巻、第七～九巻を各一冊に綴じたものである。表紙は縦二五・四cm、横一八・六cm、題簽匡郭は、縦一七・五cm、横三・三cm、本文匡郭は、四周単郭で縦二〇・三cm、横一五・四cm。刊記は、第九巻奥に「承應三暦孟秋吉旦／（次行空白）」（双郭）とある。墨筆の片仮名の書き入れがある。永峰春樹寄贈本。

他の一本も一帙・四冊本で（整理番号：E44-274、四南）、濃紺の原表紙・原題簽、装丁（仕立て方）などは右に同じ。

表紙は縦二四・一cm、横一八・〇cm、題簽匡郭は、縦一七・二cm、横三・三cm、本文匡郭は、四周単郭で縦二〇・三cm、横一五・三cm。刊記は、第九巻奥に「承應三暦孟秋吉旦／（次行空白）」とある。語句を抽出しては字書で音義を調べた小紙片が随所に挟み込まれている。「南葵／文庫」の朱長方形印がある。南葵文庫宛、三浦英太郎氏寄贈本。

　大阪府立中之島図書館には、右の同版が二本所蔵されている。その内の一本は、九巻・四冊本で（整理番号：二三五・八／一四①）、濃紺の原表紙に題簽はないが、手筆で「尺牘雙魚一（〜四）」と朱書され（左肩）、寸法は、縦二七・一五cm、横一八・九cm、本文匡郭は、四周単郭で縦二〇・三cm、横一五・四cmである。刊記は、第九巻奥に「承應三暦孟秋吉旦／（次行空白）」（一六丁ウ、双郭・縦一五・七cm、横四・三cm）とある。本文に書込はないようである。第一冊の表紙の右肩に「共四」、右下に「八還菴」、中央に「阿州久米氏／蔵書」といった墨書があり、見返しに「初代豊田文三郎／遺　書」（朱長方形印）・「大阪図書館・明治卅八年八月卅一日／11705」（朱長円形印）、第一丁（序文）表右肩に「大阪図／書館蔵／書之印」（朱方形印）がある。朱筆外題、また、「八還菴」の文字や蔵書印は四冊共にあるが、第二冊の表紙には、中央に「尺牘雙魚」（墨書）とあり、後表紙の見返しに「当院先師八還庵無得隆淳大／和尚所持本也」（墨書、但し、全て墨線で塗消）・「此本於□（字形不詳）大介塾相求申候」（墨書）、後表紙の表に「尺牘雙魚」（左上隅より右回りに墨書）、その下位に「書升□持」（同）とある。また、第一冊以下、下の小口に「尺牘雙魚元（亨、利、貞）」、背の上部に「四」（四冊同）・下部「一（〜四）」という墨書がある。書込につき、徳島県名西郡石井町の地福寺は藤樹で知られるが、これは寛政年間、八代住職隆淳上人の手植に始まると伝える。

　他の一本も九巻・四冊本で（整理番号：二三五・八／一四②）である。第一〜三冊は濃紺の原表紙・原題簽に「尺牘雙魚一（〜三）」（左、双）とある。第四冊は薄茶の後補表紙を用いるが、題簽は原題簽「尺牘雙魚四」を貼付する。寸法は、縦二六・二cm、横一九・〇cm、題簽匡郭は、縦一七・三cm、横三・三cm、本文匡郭は、四周単郭で縦二〇・三cm、横一五・四cmである。刊記は、第九巻奥に「承應三暦孟秋吉旦／（次行空白）」（一六丁ウ）とある。第一冊だけに、本文の傍らや欄外に朱筆・藍筆で傍点・圏点、要語等が記入されている。第一冊の表紙見返しに「和田義澄氏／寄贈之記」（朱長方形印、人名部は墨）・「大阪府立図書館・昭和廿一年五月廿四日／155578」、第一丁（序文）表右肩に「大阪府立／図書館／蔵書之印」（朱方形印）、この下部に「和田／蔵書」（朱方形印、「和」字は金文）がある。蔵書印二顆は、各冊にある。また、下の小口に「雙魚一（〜四）」、背の下部に「一（〜四）」と墨書されている。

たつの市立龍野歴史文化資料館蔵本も九巻・四冊本である（整理番号：漢籍第八ノ一号／龍野文庫、一帙）。縹色の原表紙・原題簽に「尺牘雙魚二（〜四）」（左、双）とある。但し、第一冊は原表紙の上紙が剥げていて手書きで「尺牘雙魚　一」（左）とある。寸法は縦二五・七cm、横一八・〇cm。刊記は、第九巻奥に「承應三暦孟秋吉旦／（次行空白）（一六丁ウ）とある。書き込み等はない。表紙の見返しに黒印「学問所」（長方形、縦一〇・八cm、横六・八cm）、青スタンプ印「特第一八〇号一（〜四）」「兵庫県／揖保郡／教育会」があり、第一丁オの首部に黒印「学問所」（長方形、縦一〇・一cm、横六・〇cm）、黒印「毘（?）斉館／蔵書印」（長方形）、朱印「揖東揖西宍粟／佐用赤穂五郡／共有物之印」（長方形）、表紙右肩に「委託図書／元龍野中／学校図書／揖東郡第／五号廿三／第十五函／第二架／第二画／龍野高等小学校修養会」（紙ラベル）がある。

姫路文学館金井寅之助文庫蔵A本は、九巻・四冊本で、原表紙（縹色、文様なし）・外題に「尺牘雙魚　一（〜四）」（簽、原、左、単）とある。縦二六・〇cm、横一八・一cm、題簽匡郭は縦一七・二cm、横三・二cm、本文匡郭は四周単辺で縦二〇・四cm、横一五・三cmである。刊記は、第九巻奥に「承應三暦孟秋吉旦／（次行空白）」とある。

架蔵本は、九巻・四冊本で、外題に「尺牘雙魚　一（〜四）」（薄茶、原表紙カ、題簽なし、手筆、左）とある。縦二五・六cm、横一八・〇cmで、本文匡郭は、四周単郭で縦二〇・三cm、横一五・四cmである。若干の墨筆の書き入れ（字書の引用）がある。刊記は、双郭（縦一五・七cm、横四・三cm）の中に大き目の文字で「承應三暦孟秋吉旦／（次行空白）」とある（巻之九、一六丁ウ）。二行目は、他本同様、全くの空白行となっている。これは版木の文字を削除したためである。文字を削った後が部分的に汚れのような形で見えており、これをたどれば、もとは「中野市右衛□《門》□《刊》□《行》」とあったと知られる。下の小口に「尺牘雙魚一（～四）」（墨書）とある。

島根県立図書館蔵本（826/70/1）は、架蔵本に全同である。「文政八年正月／光守慎」（見返しに墨書）、「倉山堂／蔵書印《？》」（朱方印）などがある。

東京大学東洋文化研究所蔵本は、九巻・四冊本（一帙）で（整理番号：集 総集／尺牘／8 (1)～(4)）、濃紺の原表紙・題簽に「尺牘雙魚　天（地、玄、黄）」（左、単）とある。刊記は、第九巻奥に「承應三暦孟秋吉旦／（次行空白）」（双郭）とある。第三、四冊などに朱筆、墨筆の書き入れがあり、第四冊上欄部には字書・韻書などの引用がある。「加福／蔵書」「大橋文庫」「東洋文／化研究／所図書」などの蔵書印、朱・墨の識語などがある。

宮城県図書館には、小西文庫贈本（四〇二五七）、伊達文庫蔵本（四〇二五六）の二本が所蔵されている。共に、九巻・四冊本で、承応三年京都中野市右衛門刊本後印とされる（同図書館編集『宮城県図書館漢籍分類目録』、昭和六〇年三月、一五一頁。前者は、同図書館編集『小西文庫和漢書目録』、昭和五八年三月、一〇三頁、1509番にも掲出）。

柳川古文書館所蔵の伝習館文庫本（一八五／1～4）は、九巻・四冊本である。原表紙（黒、布目文様）、外題は「□《破》牘雙魚《四》」（第四冊の題簽、原、左）とある（第一、第三冊に題簽なし）。寸法は縦二五・八cm、横一七・五cm。丁数は、序四丁、目録四丁、巻一は二四丁、巻二は二八丁（以上、第一冊）、巻三は二三丁、巻四は二五丁（以上、第二冊）、巻五は三〇丁、巻六は二八丁（以上、第三冊）、巻七は三〇丁、巻八は二〇丁、巻九は一六丁（以上、第四冊）。一面一〇行。朱筆の傍点、傍圏点、頭書欄書込など。刊記「承應三暦孟秋吉旦／（次行空白）」（巻之九、一六ウ）とある。印記、「伝習館／郷土文／庫之印」（朱方印）、「伝習館郷土文庫之印」（朱楕円印）。

柳川古文書館伝習館文庫本には、他に一点（安／一八四）がある。後表紙（濃緑、皺紙）に題簽なし。零本で、もと四冊本であった内の二冊分を留め、これを一冊に綴じたものらしい。丁数は、序四丁、目録四丁、巻一は二四丁、巻二は二八丁（以上、右の第一冊相当）、巻三は二三丁、巻四は二五丁（同第二冊相当）。一面一〇行。朱、墨筆による書入れがある。本書は、巻四以下を欠くため、刊記に関する状況は分らない。印記、「伝習館／郷土文／庫之印」（朱方印）、「伝習館郷土文庫之印」（朱楕円印）。

以上の他、目録によれば、東京国立博物館に「尺牘雙魚」四冊（1207、承応3刊、和、大）の所蔵がある。

また、国文学研究資料館のマイクロフィルムにより、「承應三暦孟秋吉旦／（次行空白）」の刊記をもつ刊本として、次の所蔵本が知られる。

函館市立函館図書館（四冊本、ID：10008458. 121-5）、外題は「尺牘雙魚　一（二〜四）」（原表紙、原題簽、左、単）、当初から巻の一二、三四、五六、七〜九を一冊とし、四冊に仕立てる。

上田市立図書館（花月文庫）の所蔵本は零本で、巻一・二の一冊本のみである（ID：100195765. 語学56）。縦二五・七cm、横一七・六cm。承応三年刊本か、その後の版か、不詳である。

(3)の東洋文庫蔵「繍梓尺牘双魚」、明代刊本、闕名輯とされる一本は、四巻・一冊本で（整理番号：Ⅳ-5-17）、旧ラベルに「伊勢早崎文庫所蔵／二数／四九番」とあり、右の1や次の4と一セットをなしていたもので、今、一帙に収められる。原表紙（1の金閶葉啓元梓に同じ）であるが、題簽（左）剥落し、内題に「繍梓尺牘雙魚巻之一」、柱刻に「尺牘雙魚（魚尾）巻一」とある。魚尾は黒、単、下向。寸法は、縦二六・〇cm、横一五・〇cm、題簽の痕跡は、縦一七・五cm、横三・四cm、本文匡郭は、四周単郭で縦二〇・八cm、横一二・四cm。紙数は、目録が二〇丁、第一巻二〇丁、第二巻二一丁、第三巻二三丁、第四巻一七丁。一面九行、一行二二字。刊記はない。目録（第一丁オ）の首に「一選名公尺牘目録編次」とあり、内題下に「雲間陳継儒眉公箋釈」とある。著名な文人の「書」を集めた文例集である。小口下（地）に「尺牘名公眉」の墨書があり、「希白堂／文叔氏」（長円形朱印）・「東洋文庫」（長方形朱印）がある。

(4)の東洋文庫蔵「補選捷用尺牘双魚」、明代刊本、陳継儒輯とされる一本は、一冊本で（整理番号：Ⅳ-5-17)、旧ラベルに「伊勢早崎文庫所蔵／二数／四九番」とあり、巻尾を欠く。右の1や3と一セットをなしていたもの。原表紙（(1)の金閶葉啓元梓に同じ）であるが、題簽（左）剥落し、目録題に「補選捷用尺牘雙魚目録」、内題に「補選捷用尺牘雙魚巻一」、柱刻に「尺牘雙魚(魚尾)巻一」とある。魚尾は黒、単、下向。寸法は、縦二六・〇cm、横一五・〇cm、題簽の痕跡は、縦一八・五（存疑）cm、横三・四cm、本文匡郭は、四周単郭で縦二〇・七cm、横一二・三cm。紙数は、目録が八丁、第一巻二四丁（丁付け「一用」）、第二巻三〇丁（丁付け「一補」）、第三巻一九丁（丁付け「一選」）、第四巻一八丁（丁付け「一捷」）。一面九行、一行二二字。刊記はない。内題下に「雲間陳継儒眉公父輯」とある。尺牘文例集である。小口下（地）に「尺牘捷用執」の墨書があり（「執」字ママ）、「希白堂／文叔氏」（長円形朱印）・「東洋文庫」（長方形朱印）がある。

(5)は、国会図書館蔵本（五巻・五冊、一八五-六）によれば、外題は「新鐫尺牘双(ママ)魚」（原表紙題に原題簽、原、左、単）、扉（見開、赤色）の中央部に向き合った双魚の絵（輪郭）あり、その右の魚に「新 尺牘」、左の魚に「鐫 雙魚」の文字（扉題）、また、右魚の右側に「明熊寅幾著」、左魚の左側に「明治己卯一月官許 梅花邨荘蔵梓」とある。柱刻「新鐫尺牘雙魚　巻之一　（丁数）」、本文の漢字に片仮名の送り仮名・返点・合符などがある。縦一九cm。五冊目の尾題「新鐫熊寅幾尺牘雙魚巻之五大尾」（四二丁ウ）の次に刊記がある。刊記には、「版権免許明治十二年一月三十一日」、「訓点兼出版人東京府士族瓜生寅」、「発兌　山中市兵衛」とある（四三丁オ。二者の住所を略す）。

姫路文学館金井寅之助文庫蔵B本は、五巻・五冊本で、原表紙（黄色、網目押型）の原題簽・外題に「新鐫尺牘雙魚瓜生寅訓點　一(~五)」（左、単）とある。扉（赤色）は大きく破損しているが、向き合った双魚の絵の一部を残し、右魚の右側の「明熊寅幾著」、右側の魚の頭部辺の「新「 」(?)」字を留める。柱刻「新鐫尺牘雙魚　巻之一　（丁数）」、本文の漢字に片仮名の送り仮名・返点・合符などがある。縦一八・一cm、横一二・〇cm、題簽匡郭は縦一二・五cm、横一・六㎝、本文匡郭は縦一三・九㎝、横九・三㎝。墨筆の頭注あり。一面九行。丁数は一冊目以下、五二丁（序四丁、目録四丁、「巻之一」本文四四丁）、六二丁（「巻之二」本文）、六〇丁（「巻之三」本文）、四六丁（「巻之四」本文）、四二丁（「巻之五」本文）である。刊記に、「版権免許明治十二年一月三十一日」とあり、「瓜生寅」と「発兌　山中市兵衛」の二条が見えるが、瓜生の条は「訓点兼出版人　東京府士族瓜生寅□（朱方印四ケ字）」とある（四三丁オ。二者の住所を略す）。

瓜生寅《うりゅうはじむ》は、福井出身の官僚・実業家で、多方面にわたる著作を残している。生歿は、天保一三年（一八四二）一月一五日〜大正二年（一九一三）二月二三日。

(6)は、波多野太郎編『中国語学資料叢刊』『尺牘・方言研究篇』の『第一巻』（一九八六年一〇月、不二出版）に複製が収められている。それによれば、内題・尾題には「増訂約解新鐫増補較正寅幾熊先生尺牘雙魚」とあり、刊記には、「版権免許　明治十二年（一八七九）三月七日／同　年十二月出版」「増訂約解人　長野県平民岩垂柳塘」「出版人　長野県平民竹内禎十郎」「発兌書林　東京府平民山中市兵衛／同　同東生亀次郎」云々とあり、続いて「東都書林／須原屋茂兵衛／山城屋佐兵衛／小林新兵衛」など、延べ四〇書林の名が連ねられている（東都一〇店、大坂五店、西京二店、名古屋二店など）。波多野氏の文献提要によれば、「もと陳継儒が古今の尺牘を二篇に輯めたものの原注を、岩垂柳塘が日本語で刪補し、訓点を施し、九巻四冊としたもの。」とある。東京府、長野県を中心として流布したようである。岩垂柳塘は、本名憲徳《のりよし》（一八七三〜?）、『儒学大観』『荘子新解』などの著述があり、その蔵書は東京都立中央図書館に収められている。

(7)は、書題を「鴈魚錦箋」という。即ち、『鴈魚錦箋』九巻・四冊は、明の李賛延の撰とあり、寛文二年（一六六二）江戸の大和田九左衛門から刊行された。以下、架蔵本によれば、この書誌は凡そ次の通りである。

外題「鴈魚錦箋（ママ）一（〜四）」（簽、原、左、双）、目録題「増補較正賛延李先生捷用鴈魚錦箋目録　雨花斎蔵板」、四冊、柱刻「＊（難字、雁垂の中に「隹」）魚」「序」「目録」「巻簡式」「巻之一（〜巻之九）」と丁数。魚尾皆下向。製版。漢文、

片仮名付訓、返点・合符など。寸法は縦二六・六cm、横一八・三cm。匡郭縦二〇・五cm、横一六・〇cm。表紙黒色、文様なしか。丁数、第一冊—序二丁、目録四丁、巻之一は二二丁、巻之二は二六丁、第二冊—巻之三は二一丁・巻之四は二三丁、第三冊—巻之五は二六丁、巻之六は二四丁、第四冊—巻之七は二五丁、巻之八は一五丁、巻之九は一三丁。書入に若干の朱筆読点、圏点など。一面一一行。刊記「寛文貳年卯月上旬／　大和田九左衛門板行」（第四冊、最尾丁ウ）。小口下「＊（難字、雁垂の中に「隹」）魚一（〜四）」。

先に、承応三年版熊寅幾輯『尺牘双魚』九巻・四冊本に言及した（この目録題は「増補較正熊寅幾先生捷用尺牘双魚目録」とある）。本書は、書名が異なるが、内容上、それに同様、『尺牘双魚』の増補較正本と見られる。

本文内容につき、今、この寛文二年版をⒶとし、Ⓑ承応三年版熊寅幾輯本と比較すると、見出し、行取り、字配り、語句、その他に小異はある。その若干例を挙げれば、次のようである。

イ、Ⓑ熊寅幾輯『尺牘双魚』には陳継儒の「序」があるが、Ⓐ『鴈魚錦箋』にはこれがない。

ロ、「目録」として、Ⓑは「一巻」から「九巻」まで、それぞれの巻に収めた書状名（主旨）を列挙するが、Ⓐの場合、「九巻」という文言もなく、また、その中の書状名も列挙せず、「八巻」の尾に「○祭礼類　附祭文共計二十四条新補」と記し、この一行で済ましている。

しかし、Ⓐの実際の本文部では、九巻相当部がある。即ち、「巻之八」の尾題の後に、「増補較正賛延李先生＊（難字、雁垂の中に「隹」）魚錦箋附録」と題し、九巻相当部の本文が位置する。かつ、この柱刻には「巻之九」とある。（但し、Ⓑの場合、「九巻」は書状二九条で、Ⓐと合わない。）

ハ、本文部は、大同であるが、若干の小異があり、付訓にも小異がある。「巻之二」の首部を例示しよう。

Ⓑ—夙《モトヨリ》仰《ク》二才–名轟《ト、ロクコトヲ》レ耳《ニ》　〈夙素《ハ》也轟《ハ》レ耳言《ニハ》才–名／顕–著如《シ》三雷《ノ》灌《ソ、クカ》二人耳《ノニ》一〉

Ⓐ—夙《ニ》仰《ク》二才–名轟《ノクコトヲ》レ耳《ニ》　〈夙仰《ニトハ》。猶《ヲ》二素《モトヨリ》一仰《カ》一也轟《トハ》レ耳《ニ》。言《ハ》才–名／顕–著。人莫レ不《シ》レ聞《ト云コト》如《シ》三雷《ノ》灌《カ》二人耳《ノニ》一〉

注文は、多く、(A)の方が丁寧である（〈〉内は原本に割書、／は改行、合字は「コト」と直した）。

二、(B)の「巻之八」に列記される「果品」以下の品目（雅称）・助数詞は、(A)の場合、ほぼ同一である。但し、後の三節（他版との比較）に述べるように、(B)には誤刻（「江」「力」「撲」など）がある。この(A)にはこれがないから、承応三年版とは直接的な関係はないと知れよう。

二、助数詞用法

本書の巻八の巻末に近く、「果品」「餚撰」「書器」「衣服」「珍寶」「禽獣」「花木」の項目を分け、以下のような助数詞（量詞）用法が列挙されている。次に翻字する。但し、印刷の都合上、若干の手を入れたい。

《凡例》1、底本は、(1)の東洋文庫蔵『尺牘雙魚』九巻・二冊本である（金閶葉啓元梓、整理番号：Ⅳ-5-17）。

2、改行は、原則として底本に従い、行頭に行数を付す。

3、底本の一丁は、表・裏とも九行、縦罫線があって次のような版となっている。

i「米」「塩」などの見出し語は、亀甲印の中に〔米〕〔塩〕と表示される。その二字からなるものは双行割書きで〔櫻桃〕〔豆粉〕とある（以下にはこの旨を一々記さない）。

ii見出し語の下の品物名・助数詞は、双行割書きで記され、語句には音・訓の合符が付されている。

・右につき、iはそのまま〔米〕〔塩〕と翻字する。二字からなるものは〔櫻桃〕〔豆粉〕と翻字し、改行部は表示しない。iiの双行割書きの部分は、改行部を／印で示す。合符は省く。

4、字体は、できるだけ底本に従う。「雙」「双」「几斗」（「几」は「幾」の異体字）等も底本のままである。

［翻字］

（一七丁オ）

1 ○果品
2 〔米〕白粲／几（幾）斗〔塩〕海霜／几盤〔麪〕玉塵／一筐〔餅〕香飴／几團〔糕〕粉蒸／几器
〔粽〕角黍／几器〔糍〕金飴／几團〔櫻桃〕櫻桃／一筐
3 〔粿〕玉飴／几團〔豆粉〕豆粉／一器〔饅頭〕仙餌／几團〔包子〕團香／一盤〔細茶〕龍團／一封
〔新筍〕竹胎／一盤〔閩筍〕閩筍／一筐〔荸薺〕野薺／一筐
4 〔荻筍〕荻筍／一盤〔木耳〕廣耳／一盤〔龍眼〕驪珠／一筐〔荔枝〕紫囊／一筐〔核桃〕胡桃／一器
〔橄欖〕青果／一筐〔白果〕銀杏／一器〔西瓜〕水晶／几團
5 〔紅棗〕赤棗／一盤〔黒棗〕揮棗／一盤〔柿餅〕柿霜／一盤〔柿子〕軟柿／一盤〔桃子〕仙卿（郷）／一筐
〔梅子〕雪華／一筐〔李子〕玉華／一筐〔梨〕玉實／一筐
6 〔杏子〕紅錦／一筐〔枇杷〕盧橘／一盤〔瓜仁〕瓜仁／一封〔蘋苗〕蘋苗／一器〔榧子〕香實／一筐
〔林檎〕文林／一筐〔雪梨〕氷團／几圓〔石榴〕天将（漿）／一盤
7 〔藕〕玉臂／一筐〔蓮子〕玉擎／几包〔柑子〕金嚢／一盒〔薯〕山薯／一盤〔栗子〕員（圓）栗／一筐
〔梧桐〕玉粒／一筐〔甘蔗〕密汁／几莖〔葡萄〕馬乳／一盒
8 〔菱角〕水栗／一筐〔楊梅〕楊果／一盤〔柑橘〕洞庭／顆（ママ）盤〔蓮蓬〕蜂窠／一盤〔米糖〕玉錫／一盤
〔豆腐〕豆乳／一盤
9 ○餚饌

（一七丁ウ）

1 〔猪〕剛鬣／一圏〔猪首〕豚元／一顆〔猪腿〕豚肩／一肘〔猪肉〕豚肉／一方〔猪蹄〕豚蹄／一屈
〔火腿〕烟豚／一肘〔羊〕柔毛／一羫〔羊首〕羊元／一顆

2 〔羊肉〕柔肋／一肘〔牛肉〕犢背／一方〔酒〕魯酒／一尊〔雞〕徳禽／几翌（翊）〔鵞〕家雁／二掌
〔鴨〕家鳧／几翼〔蛋〕玉弾／几十〔鮮魚〕玉尺／几尾
3 〔鱣魚〕鱣魚／几斤〔魚鮓〕魚鮓／几餅〔銀魚〕銀魚／一筐〔蝦米〕蝦米／一封〔海蜇〕海蜇／一筐
4 ○書器
5 〔琴〕絲桐／七絃〔碁〕手談／一局〔書〕寶籍／一部〔畫〕丹青／一副（幅）〔紙〕蔡珍／一刀
〔筆〕毛頴（穎）／几枝〔墨〕青烟／几笏〔字帖〕銀鉤／一副
6 〔硯〕文池／一副〔箋帖〕鸞箋／一束〔手巻〕牙籤／一巻〔冊葉〕玉籍／一函〔官暦〕新書／几冊
〔息香〕息香／百枝〔合香〕合香／几袋〔肥皂〕玉容／一匣
7 〔扇〕軽箑／一握〔骰子〕彩骰／一副〔骨牌〕骨牌／一副〔簪〕花簪／一枝〔雙陸〕博六／一副
〔笏〕玉板／一握〔枕〕藤枕／一對〔蓆〕粗席／一鋪
8 〔鏡〕氷鑑／一團（圓）〔鍼〕引線／一包〔梳〕牙梳／一副〔篦〕粗篦／一張〔抿子〕抿刷／一副
〔劍〕青萍／一鞘〔刀〕青犢／一柄〔弓〕麟膠／一把
9 〔箭〕狼牙／十枝〔簫〕鳳簫／一枝〔笛〕竹笛／一枝〔盞〕白（珀）皿／一槖〔筯〕玉揷／几副
〔甌〕甆甌／几十〔炭〕烏金／几簍〔拝盒〕拝盒／一枚

（一八丁オ）

1 〔護書〕護書／一枚〔皮箱〕皮箱／一枚〔攢盒〕桌（卓）盒／一副〔茶匙〕茶匙／一副〔爆竹〕爆竹／几十
〔圍屏〕圍屏／一架〔燭〕玉膏／几十〔拂〕玉麈／一柄
2 〔香〕龍涎／几束〔藤簟〕湘水／一鋪〔氈〕毡裀／一陳
3 ○衣服

4〔紬〕粗紬／一端〔絹〕色絹／一疋〔紗〕縐紗／一端〔羅〕綺羅／一疋〔梭布〕梭布／一疋

〔葛布〕暑絡／一疋〔絲絛〕絲縧／一條〔絲帯〕絲帯／一副

5〔巾〕元服／一頂〔衣〕色衣／一領〔被〕粗衾／一牀〔帳〕紫綃／一頂〔靴〕單履（革カ）／一双

〔鞋〕雲履／一雙〔帳鈎〕帳鈎／一副〔手帕〕雲羅／一方

6〔手巾〕粗巾／一條〔汗巾〕絞綃／一幅〔護領〕領絹／一方〔荷包〕香嚢／一枚〔毛毯〕花毯／一陳

〔毡條〕毡裍／一陳〔毡帽〕毡帽／一頂〔毡襪〕毡襪／一双

7〔暑襪〕足衾／一双〔皮金〕皮金／一張〔護膝〕膝圍／一對〔綾襪〕綾襪／一双〔坐褥〕坐褥／一方

〔桌（卓）圍〕桌（卓）圍／几幅〔褐〕毛布／一匹

8 ○珍寶

9〔金〕昆吾／几星〔銀〕朱提／几星〔銅錢〕青蚨／几百〔瑪瑙〕瑪瑙／一匣〔珠〕照乘／几枚

〔玉〕荊璞／一匣〔釵〕金釵／一副〔鐶〕耳鐶／一双

（一八丁ウ）

1 ○禽獸

2〔牛〕大牢／一牽〔馬〕駑駘／一乘〔驢〕蹇駈／一頭〔騾〕小騾／一匹〔兎〕狡兎／一匹

〔鹿〕銜芝／双峥〔猫〕家豹／一口〔犬〕小獒／一口

3〔鶯〕金鶯／二翼〔鶴〕齡禽／几對〔鴿〕哨禽／几對〔雉〕華虫／二翼〔鴛鴦〕匹鳥／一對

〔鸚鵡〕隴客／二翼〔孔雀〕南客／二翼

4 ○花木

5〔蘭〕義香／一種〔菊〕霜傑／一盆〔芙蓉〕天英／一種〔牡丹〕天香／一種〔芍薬〕吐錦／一種

〔瑞香〕世英／一種〔茉莉〕玉馩／一種〔海棠〕酔春／一種

6　〔山茶〕寶珠／一種〔榴花〕火珠／一種〔蓮花〕浄友／一種〔荼蘼〕玉蘂／一種〔杜鵑〕妍春／一種

〔薔薇〕錦衣／一種〔杏花〕麗色／一種〔萱草〕忘憂／一種

7　〔蕙花〕含英／一種〔桂〕天香／一種〔梅花〕東閣／一種

8　○時令

9　〔甲〕閼逢　〔乙〕旃蒙　〔丙〕柔兆　〔丁〕彊圉　〔戊〕著雍

〔己〕屠維　〔庚〕上章　〔辛〕重光

（一九丁オ）

1　〔壬〕玄黙　〔癸〕昭陽

（以下、十二支、月、旬などの異名あり、省略）

［翻字注］（一七丁オ8）「〔柑橘〕洞庭／顆（ママ）盤」にはママと注記したが、ここはそれを対象とする助数詞に「一顆」（単数）・「一盤」（複数）の二様のあることを示したものである。

（一七丁ウ1）「〔羊〕柔毛／一羫」の「羫」の字は、「腔」の正字といい、『観智院名義抄』に「腔〈正羫（俗）谷通／口江（反）メ〉」（仏中一二七）とある。字義は羊の腊《ほじし》（干し肉）、また、羊の肋《あばら》の意とされる。その頭部・胃・腸・腎臓・肝臓等を抜いたもの（一個体）を数える助数詞（量詞）であろう。その肋肉については、「〔羊首〕羊元／一顆」「〔羊肉〕柔肋／一肘」と見える。劉子平著『漢語量詞詞典』（内蒙古教育出版社、三三九頁）には次のようにある。今日の用法である。

羫〔qiāng〕同〝腔〟。用于牲畜个体：犢一～｜一～羊｜一～猪。

〔例〕而路左忽有銭五千、羊半～、樽酒在焉。（五代・徐鉉：《稽神録・康氏》）

明代における用例は、日用類書（『五車抜錦』『三台万用正宗』など）に多い。

（一七丁ウ6）「〔冊葉〕玉籍／一函」の「葉」字につき、この中央部に「世」の字画が見えず、あたかも「乗」字の第一画「ノ」の代わりに草冠を置いた形（または、「華」字の下部の「二」を「人」に置き換えたような形）となっている。あるいは、「策」字のようでもあるが、それなら、なぜここだけ竹冠を草冠としたのか、理由が見つからない。前後において、竹冠・草冠の文字はそれぞれに書き分けられている。『鴈魚錦箋』（李賛延撰）は「〔冊葉〕玉籍／一函」とある。今、これに倣い、「葉」と翻字する。

（一八丁ウ1）「〔猪蹄〕豚蹄／一屈」の「屈」につき、『翰墨双璧』に「豚蹄一曲」、『翰墨琅函』に「豚蹄壱曲」、『五車抜錦』に「爛腿曰烟蹄一曲」と見える。「屈」「曲」は同じ用法にあるらしい。また、『通雅』巻四〇に「曰レ屈曰レ頭皆数也。○段公路北戸録曰、劉孝威、謝レ官賜二交州米䴵四百屈一。蓋今数也。且（後略）」（『方以智全書』、下、上海古籍出版社、一二三三頁）と見え、「屈」や「頭」は、数《かず》をいうとある。劉子平著『漢語量詞大詞典』では、「屈［qū］　一个或一塊叫一屈。【例】梁劉孝威謝官、賜交州米䴵四百屈。（唐・段公路《北戸録・米䴵》：〝䴵〟、同〝餅〟。）」とある（原文略体字。二〇一三年、上海辞書出版社。一八二頁）。

（一八丁ウ2）「〔羊首〕羊元／一顆」は、『玉堂尺牘彙書』にもこのまま引かれているが、『翰墨双璧』、その他に「〔羊首〕羝元一顆」と見える。「羝」は雄ひつじの意。因みに、「羔羊」と並んで見える場合は小ひつじ（子ひつじとも）と大ひつじの意。「元」は頭、首の意。

三、他版との比較

右につき、他版と比較してみよう。

Ⅰ、⑵の承応三年刊本と比較

承応刊本では、この助数詞群は、巻八、一七丁ウ9から一九丁ウ9に掲出されている。

右の助数詞群につき、⑵の承応三年刊本と比較すると、次のような異同がある。

⑴の東洋文庫蔵本（金閶葉啓元梓）の場合、見出し語（亀甲印内）と用法注（双行割書き内）は、各行八段となっている。承応刊本では、これが各行七段となっている。また、「果品」「餚撰」「書器」「衣服」「珍寶」「禽獸」「花木」の項目につき、東洋文庫蔵本は頭部に○印を付すが、承応刊本では△印を付す。

右東洋文庫蔵本には、翻字（文字遣い）の上で注意を要する箇所がある。「〔桃子〕仙卿《（郷）》／一筐」（一七丁オ5）、「〔栗子〕員《（圓）》栗／一筐」（一七丁オ7）、「〔柑橘〕洞庭／顆《（ママ）》盤」（一七丁オ7）、「〔雞〕徳禽／几翌《（翊）》」（一七丁ウ2）、「〔畫〕丹青／一副《（幅）》」（一七丁ウ5）、「〔鏡〕氷鑑／一團《（圓）》」（一七丁ウ8）、「〔攢盒〕桌《（卓）》盒／一副」（一八丁オ1）、「〔靴〕單《（革カ）》履／一双」（一八丁オ5）、「〔桌《（卓）》圍〕桌《（卓）》圍／几幅」（一八丁オ7）がそれである。これらは、承応刊本にもそのまま認められる。承応刊本は、東洋文庫蔵本（のような明代刊本）を忠実に重刊しようとしていたことが分かる。しかし、「〔杏子〕紅錦／一筐」（一七丁オ6）、「〔刀〕青犢／一柄」（一七丁ウ8）、「〔玉〕荊璞／一匣」（一八丁オ9）の三箇所は、承応刊本に、それぞれ「江」「力」「撲」の誤刻となっている。

Ⅱ、⑸の瓜生寅の明治一二年一月刊行本と比較

同様、右につき、⑸の瓜生寅の明治一二年一月刊行本と比較すると、次のような差異がある。

なお、瓜生の刊行本では、見出し語の亀甲は【　】印となっており、「几」字には「几《ク》」と振り仮名がある。

（所在）	（右の本文）	（明治一二年瓜生刊行本）
一七丁ウ2	〔鵞〕家雁／二掌	【鵞】家雁／一掌
一八丁オ5	〔鞋〕雲履／一雙	【鞋】雲履／一双
6	〔毡帽〕毡帽／一頂	【毡帽】毡帽／一項
7	〔褐〕毛布／一匹	【褐】毛布／一疋
一八丁ウ5	〔茉莉〕玉鬢／一種	【芙莉】玉鬢／一種

重要な箇所に＝線を引いた。「家雁」の「二掌」か「一掌」かは、助数詞「掌」の意味・用法に関わる。瓜生は、「家雁二掌」がその一羽を意味することを知らなかったのであろうか。翻字本文では「雙」と「双」、「疋」と「匹」との使用基準は明瞭でないが、瓜生刊行本では、「疋」は、絹・羅・梭・葛・褐などの「衣服」に、「匹」は、騾・兎などの「禽獣」に用いられている。意図的に使い分けたのであろう。同本に「毡帽／一項」とするのは誤植であろうか。

Ⅲ、(6)の岩垂柳塘の明治一二年一二月刊行本と比較

同様、右につき、(6)の岩垂柳塘の明治一二年一二月刊行本と比較すると、次のような差異がある。なお、岩垂の刊行本では、見出し語の亀甲は【　】印となっており、「几」字には「几《ク》」と振り仮名がある。

（所在）	（右の本文）	（明治一二年岩垂刊行本）
一七丁オ2	〔塩〕海霜／几盤	【鹽】海霜／几《ク》盤
5	〔梅子〕雪華／一筐	【梅子】霜華／一筐
6	〔杏子〕紅錦／一筐	【杏子】江綿／一筐
7	〔梧桐〕玉粒／一筐	【梧桐】玉粧／一筐

	7	〔甘蔗〕密汁／几茎	【甘蔗】蜜汁／几ク茎
	8	〔米糖〕玉錫／一盤	【米糖】玉錫／一筐
一七丁ウ	1	〔火腿〕烟豚／一肘	【大腿】烟豚／一肘
	2	〔鵞〕家雁／二掌	【鵞】家雁／一掌
	2	〔鴨〕家鳧／几翼	【鴨】家鳧／几ク翌
	3	〔魚鮓〕魚鮓／几餅	【魚酢】魚酢／几ク餅
	6	〔冊葉〕玉籍／一函	【冊策】玉籍／一函
	9	〔拝盒〕拝盒／一枚	【拝盒】拝盒／一枝
一八丁オ	1	〔皮箱〕皮箱／一枚	【皮箱】皮箱／一枝
	1	〔圍屏〕圍屏／一架	【圍弆】圍弆／一架
	1	〔拂〕玉麈／一柄	【拂】玉麈／一柄
	5	〔帳〕紫綃／一頂	【帳】紫絹／一頂
	5	〔靴〕單（革カ）履／一双	【靴】單（革カ）履／一雙
	6	〔汗巾〕絞綃／一幅	【汗巾】絞綃／一副
	6	〔毡韈〕毡韈／一双	【毡韈】毡韈／一雙
	7	〔褐〕毛布／一匹	【褐】毛布／一疋
一八丁ウ	6	〔榴花〕火珠／一種	【榴花】大珠／一種
	6	〔荼蘼〕玉蘂／一種	【荼蘼】珠蘂／一種

異文でも助数詞に関するとなれば問題である。明治一二年刊行本の「【鵞】家雁／一掌」は「二」の誤りである

う。岩垂柳塘は、助数詞「掌」の意味・用法を知らなかったらしい。「〔冊葉〕玉籍／一函」の条については、先の翻字注を参照のこと。「【汗巾】絞綃／一副」は「幅」の誤りかも知れないが、二字は字音が通ずる。「【鴨】家皃／几ク翌」は、「【雞】徳禽／几ク翌（翊）」に倣ったのであろう。明治一二年刊行本では助数詞「翌（翊）」が二例あることになる。「翌」は、「翊《よく》」字に同じ。「米糖」「拝盒」「皮箱」などの助数詞は誤りとみてよかろう。

右には異体字（この用語の使い方も問題であるが—）もあげた。尺牘書でも、用字法や字体を教えることもある。省文・増文、異体字などに注意する必要がある。この刊行本でも、「疋」は、絹・羅・梭・葛・褐などの「衣服」の単位に、「匹」は、騾・兎などの「禽獣」に用いられている。これは別字としての用法である。明・清代には、朝鮮の正祖一九年（一七九五）の記録『園幸乙卯整理儀軌』（ソウル大学校奎章閣叢書錦湖シリーズ）でも、「疋」は布帛に、「匹」は馬に使われ、区別されている。

Ⅳ、(7)の『鴈魚錦箋』（李賛延撰）と比較

（所在）	（右の本文）	（『鴈魚錦箋』）
一七丁オ4	〔橄欖〕青果／一筐	〔橄覧〕青果／一筐

当面の本文につき、二本間には差異は少ないようである。また、当『鴈魚錦箋』には、Ⅱ、Ⅲ（明治期の二本）におけるような異文や誤りはない。因みに、右Ⅰにて言及した誤刻三箇所に関しては、右の本文に同様、「〔杏子〕紅錦／一筐」（一三丁ウ）、「〔刀〕青犢／一柄」（一四丁オ）、「〔玉〕荊璞／一匣」（一四丁ウ）と見える。

四、小結

『尺牘双魚』は、日本に輸入されて日本版を生み、後代の尺牘関係書にも大きな影響を及ぼしている。その享受史上、また、日本語助数詞の歴史上、特記される重要な資料である。

品物は、「果品」（五四語）・「餚饌」（二一語）・「書器」（五一語）・「衣服」（三一語）・「珍寶」（八語）・「禽獣」（一五語）・「花木」（一九語）と分類、列挙されている。他には「珍寶」を最初に置く分類もあるが、これは尺牘作法に従ったもので、実際的な分類順位であろう。品物の延べ語数は一九九語である。

「果品」「書器」「衣服」などに属する品物は多く、関連して容器に因む「器」「盤」「筐」といった助数詞、また、「副」「雙」などの助数詞が目立ち、「花木」には「種」が頻用されている。

「餚饌」「禽獣」には、鳥類の助数詞が見える。それなりに用法は決まっていたようで、例えば、次のようである。

助数詞「翼」—雞（「翌《翊》」）、鴨、鷲、雉

助数詞「掌」—鵞

助数詞「對」—鶴、鴿、鴛鴦

これらにつき、『翰墨双璧』『翰墨琅琊』でも「鶏」や「鴨」に「翼」、「鵞」（異名は「家雁」）に「掌」、「鶴」や「鴿」に「對」が用いられている。しかし、この一方、『尺牘双魚』では「孔雀」の助数詞が「二翼」、『翰墨双璧』では「一對」となっている。場合によっては、変換可能な用法も示されているのかも知れないが、定かなところは未詳である。

『尺牘双魚』の助数詞用法は、清代に刊行された『玉堂尺牘彙書』、日本で刊行された『尺牘諺解』『書簡啓発』（本書は『玉堂尺牘彙書』を踏まえる）などに大きな影響を与えている。それぞれの詳細については別に述べる。

［補説］「雅称」について

『尺牘双魚』では、一般名の下には「雅称」が示されている。この用語は、『尺牘式補遺』（大典顕常著）に「儀物雅

称」（下一丁オ）とある条にならったが、これは、古今の故事を踏まえながら、やわらかく主件を提示する表現方法である。実際の尺牘では、殊に贈り物の授受に関する場合、具体的な品物名を避けて雅称を用いることが多い。そのため、尺牘解説書では、こうした形で雅称を教える。但し、雅称やその用法は、授受者間の教養や品位等に負うところが大きい。場合によっては、授受の間に理解の不足・不能、あるいは、表現の過剰・不足といった齟齬をきたすこともある。つまり、雅称とは、客観的な認定条件をもって定められたものでなく、その範囲も決まっているわけではない。社会的に通用される、雅な称呼をもって「雅称」というのである。従って、尺牘解説書が用意できるところもおのずから限界があり、解説書によって取り上げる雅称にも多寡や出入りの差異がある。

『尺牘双魚』には、先に掲出した他、範例文にも助数詞・雅称が見えている。これを「参考」として収集しておく。底本は、⑴東洋文庫蔵の九巻・二冊本である（金閶葉啓元梓）。但し、助数詞はともかく、雅称は、これがそうだと書いてあるわけではない。雅称的表現と見られるところを収集する。

［参考1］

巻之六、「餽受《きじゅ》」（贈り物の贈答）の条に見える助数詞・雅称をあげる。〇印は、原文における標題を意味する符号である。なお、底本の第二七丁は脱丁しているので、これを東京大学東洋文化研究所蔵仁井田文庫本で補う。

範例文では、標題か贈状かに品物が見え、贈状に助数詞が見える。贈状・答状のいずれかに、または、双方に雅称が見える。これを次のような形式で示す。但し、送り仮名・合符等を省く。

「品物」―「助数詞（を含む文言）」―［雅称（を含む文言）］（標題、所在）

「名花」（牡丹カ）―「分一株献上」―［姚黄 魏紫］（「〇餽受花木」、一六丁ウ）
「牡丹」―「謹以一本奉献」―［名冠花王］［國色 天香］（「〇送牡丹」、一六丁ウ）
「芍薬」―「謹献数本」―［武陵之嘉］（「〇送芍薬花」、一七丁オ）

「瑞香」―「〈ナシ〉」―［紅錦薫籠 香雲入夢 玉肌 丹唇］（「○送瑞香」、一七丁オ）

「茉莉」―「〈ナシ〉」―［玉掻頭 水晶毬 清香］（「○送茉莉」、一七丁オ）

「海棠」―「敢奉一本」―［塗抹新紅］（「○送海棠」、一七丁ウ）

「月桂」―「〈ナシ〉」―［〈ナシ〉］（「○送月桂」、一七丁ウ）

「菓品」―「粗菓幾盤」―［〈ナシ〉］（「○餽受菓品」、一七丁ウ）

「梅子」―「敬奉一篚即一盒」―［紅肥 黄熟］（「○送梅子」、一八丁オ）

「桃子」―「謹奉数枚」―［緗核 紫紋］（「○送桃子」、一八丁オ）

「李子」―「薦来数菓」―［鼠精 氷盤 房陵］（「○送李子」、一八丁ウ）

「蓮子」―「敬奉一筐」―［玉蛹］（「○送蓮子」、一八丁ウ）

「栗子」―「一筐奉献」―［汝水湾中 充籩禮賢］（「○送栗子」、一九丁オ）

「柑子」―「謹献数顆」―［隋珠 金顆玉漿 香霧］（「○送柑子」、一九丁オ）

「葡萄」―「敬奉一盤」―［馬乳 龍鬚］（「○送葡萄」、一九丁オ）

「石榴」―「（耑份）」―［金楧朱實 玉房紅膚 玉瑩珠駢］（「○送石榴」、一九丁ウ）［「份」は承応刊本「价」］

「蓮藕」―「数莖」―［白蒻 玉井蓮根 雪藕］（「○送蓮藕」、一九丁ウ）

「西瓜」―「敬奉数枚」―［水晶 氷玉 蜜筩 青門五色種］（「○送西瓜」、二〇丁オ）

「菱角」―「奉献数顆」―［水菓 水中佳菓］（「○送菱角」、二〇丁オ）

「雪梨」―「敬奉数顆」―［百菓之宗 大谷 朐山］（「○送雪梨」、二〇丁ウ）

「甘蔗」―「奉献数枝」―［漸入佳境 糖霜］（「○送甘蔗」、二〇丁ウ、「枝」字の旁は「土」の下に「又」）

「笋」―「咀嚼数莖」―［籜籠 龍児龍孫 竹胎 犢角］（「○送笋」、二一丁オ）

「茶」―「(二碗)(六碗)」―［霜華 露液 破悶通霊 驚霜莢 新茗 龍鳳團］(「○送茶」、二一丁オ)
「米」―「〈ナシ〉」―［白粲 玉粒］(「○送米」、二一丁ウ)
「酒」―「敬奉五斗(一石五斗)」―［竹葉 黎花 麯生之味］(「○送酒」、二一丁ウ)
「家鴈」―「敬将数翼奉献義厨」―［雪翎 紅掌］(「○送鵞」、二二丁オ)
「家鵞」―「其味堪賞 涓貢数翼」―［緑頭公子］(「○送鴨」、二二丁オ)
「鶏」―「奉献一隻」―［五母(五母鶏)徳禽］(「○送鶏」、二二丁ウ)
「魚」―「水梭花数尾」―［水懸花 弾鋏而歌 汝南之魚］(「○送魚」、二二丁ウ)
「牛肉」―「〈ナシ〉」―［犢背 大牢］(「○送牛肉」、二三丁オ)
「羊肉」―「〈ナシ〉」―［柔肋 肪(肥カ) 羜 藜藿菜園踏破］(「○送羊肉」、二三丁オ)
「琴」―「〈ナシ〉」―［高山流水 焦桐 絲桐］(「○送琴」、二三丁ウ)
「棋」―「〈ナシ〉」―［吐経於龍 帯便局 方圓動静］(「○送棋」、二四丁オ)
「書」―「近得某書一帙一套」「三萬軸」(割書)―［牙籤萬軸 孫氏書楼］(書架の雅称「鄴架」)(「○送書」、二四丁オ)
「紙」―「〈ナシ〉」―［剡藤 玉版佳名 楮封耀彩 蔡侯之幅 麥光］(「○送紙」、二四丁オ)
「筆」―「〈ナシ〉」―［毛穎 管城子 中書君］(「○送筆」、二五丁オ)
「墨」―「〈ナシ〉」―［墨松使者 龍賓 客卿］(「○送墨」、二五丁オ)
「硯」―「小硯一枚」(「玉蟾蜍一枚」)―［端方 鳳味 久朋 石卿侯 郅支馬肝 玉蟾蜍］(「○送硯」、二五丁ウ)

注：「鳳味」につき、東京大学東洋文化研究所蔵仁井田文庫本(仁井田-集-N4021)は「鳳味(鳳味美硯)」、承応本は「鳳尾(鳳-尾ハ美-硯)」(「尾」字は「尸」の中に「乇」と見える)とある。同東洋文化研究所蔵『(新鐫時用通式)翰墨全書』(子類書96)、巻七、「硯」の条に「石墨一研為レ鳳尾ヲ〈或ハ作レ鳳味東坡カ詩ニ三蘇子一

一見名二鳳味一坐シテ悉レ龍尾羞レ朱後〉」（一三丁ウ）と見える。

「香」—「謹狃数袋」—［芝蘭之室］（「○送香」、二五丁ウ）

「扇」—「〈ナシ〉」—［條融　九華（九華扇）嘉箑］、「仁風」（贈られた扇）（「○送扇」、二六丁オ）

「剣」—「〈ナシ〉」—［呉鈎　紫電　白虹］（「○劍送」、二六丁オ）

「炭」—「敬献数簍」—［烏薪　烏金　勝錦上花］（「○送炭」、二六丁ウ）

「官暦」—「新書数冊」—［玉暦］（「○送官暦」、二六丁ウ）

「柬帖」—「鸞箋一色」—［鸞箋　薛濤箋　浣鶏頭］、［五鳳楼手］（文詞の好い人）（「○送柬帖」）［仁井田本、二七丁オ］

（補）

「巾」—「敬奉一頂」—［林宗（林宗巾）章甫］（「○送巾」）［仁井田本、二七丁オ］

「裘」—「羊裘一領」—［狐白（狐白裘）美裘］（「○送裘」）［仁井田本、二七丁オ］

「鞋」—「雲履一雙」—［雲履　圯橋之献　華履］（「○送鞋」、二八丁オ）

「襪」—「小襪一雙」—［佳襪］（「○送襪」、二八丁オ）

「傘」—「奉金陵絨傘一把」—［金陵絨傘　傾蓋］（「○送傘」、二八丁ウ）

［参考2］

次は、巻之七「家書」「情書」「関書」、巻之八「請帖式」などに見える助数詞をあげる。

聘儀

禮書鴛緘　禮銀幾錠　金釵壱偶　金耳環雙

金花幾樹　銀花幾樹　禮緞幾端　色紬幾端

啓篚壱封　司箋壱封　礼物多寡随人添減但要成對成雙

（巻之七、二八丁ウ、「○過聘書」）

「聘儀」とは、婚礼の儀式、婚儀のことである。「禮書鴛緘」の「書」につき、承応刊本は「禮緞鴛緘」とある。

「禮銀幾錠」は、銀塊をいう。「錠」につき、承応刊本に『禮銀幾樹（ママ）』とあるのは誤刻である。「金釵」は、こがね造りのかんざし、「壱偶」は一双に同じ。「樹」は、樹木を数える助数詞で、後掲の『翰墨琅琊』には「金花弐朶」（参考の条）とも見える。「金花」「銀花」は、金・銀を用いて細工した花飾り。

末尾に「礼‐物多‐寡随テレ人ニ添‐減ス但要二成レ對ヲ成一レ雙ヲ」（承応刊本）とあるように、こうした書面を作成する場合には「凡ソ写二此ノ書ヲ一行要レ成レ双ヲ字要レ成レ對ヲ」（同）云々と説かれる。

なお、この書式の末尾に「皇明崇禎某歳某／月穀日　忝眷生某人再頓首」と見える。「崇禎」とは、明の思宗、荘烈帝、朱由検の年号（一六二八～一六四四年）。

禮書鴦緘　禮緞幾端　色緞幾端　赤金頭袋
金簪幾枝　色衣壱領　雲履壱雙　寶籍壱冊
兎穎十枝　松煙壱匣　啓篚壱封　司箋壱封
（巻之七、二八丁ウ（一行目）・二九丁オ（二、三行目）、「〇回聘書」）

また、次のようにも見える。

「隴頭一枝」「袖汗衫一領」（巻之七、「情書類」、「〇寄叙別懐」、一三丁オ）
「玉環一枚」「亂絲一絇 文竹茶碾子一枚」（巻之七、「情書類」、「〇寄玉環絲竹束」、一四丁ウ）
「束脩幾両」（巻之七、「関約類」、「〇挙業学関」、一五丁オ）
「房室幾間」（巻之七、「契約類」、「〇当屋契」、二三丁オ）
「房幾間家火幾件」（巻之七、「契約類」、「〇賃房契」、二三丁オ・ウ）
「山一片／園一所」（巻之七、「契帖類」、「〇売墳地契」、二三丁ウ）
「馬一匹」「驢一頭」（巻之七、「契帖類」、「〇売驢馬契」、二五丁オ）
「民船一隻」（巻之七、「契帖類」、「〇雇船契」、二五丁ウ）

「菲儀壱封」、「賀文壱軸／毳酒弐事／金花弐樹／綵紅弐對／色緞弐端／　代銀幾星」、「大香一枝」（巻之八、「請帖類」の「賀儀帖式」など、一五丁ウ）

「微儀壱封」、「祭文壱軸／某物若干／某物若干／冥貲壱副／　代銀幾星」（同、「奠儀帖式」、一六丁オ）

これらの内、「代銀幾星」は、品物を金銭の形で差し出すものであろう（第二章、二五四頁参照）。

第五節　『翰墨琅瑙』

一、序

『翰墨琅瑙』は、陳翊九《ちんよくく》彙編の尺牘書（明末編か）である。四巻、一冊。縦二七cm、横一七cm。一面一〇行。寛文一一辛亥年（一六七一）、今井五兵衛房明が茘斎《れいさい》黙々子の跋と訓点（送り仮名・返り点）を付して梓行した（四知舘刊本の重刊）。茘斎の跋に、「三山陳氏所彙編翰墨琅瑙／四巻、帖式用類多、有便于初／学、尤簡牘之捷径也」云々とある（第四巻末）。巻一に格式を説き、巻二に招待状、巻三に送り状、巻四に冠婚葬祭、祝賀文、祭文などを説き、用語・例文等について解説する。書題に見える「琅」は美しい玉石、「瑙」はふばこの意である。茘斎とは、貞享・元禄期の京都の儒者熊谷茘墩《くまがいれいとん》（？〜元禄八年〈一六九五〉）である。『三体詩備考大成』二〇巻の著、『鼇頭四書大全《ごうとうししょたいぜん》』（宋朱熹撰）や『鼎鐫《ていせん》註釈解意県鏡千家詩』二巻（宋謝枋得編、明陳生商註）の校点などを行っている。

本書の刊本に、寛文一一年刊本、天明八年（一七八八）刊本、その後印本などがある。

大阪府立中之島図書館蔵A本、四巻・一冊本（234-24）は、寛文一一年刊の一本である。原表紙（薄青、無地）・外題に「翰墨琅瑙　「四巻合本」」（簽、後、左、双）とあり、この上に鞘表紙（茶）を付して外題に「翰墨琅瑙」（簽、後、左、双）とある。扉題には大字で「翰墨琅瑙」とあり、この右傍に「脩詞軌範　古今事類　欄門新語／品物称呼　名家詩

選　百家可聯」、左傍に「新刻名公精輯全備捷用　　四知舘梓」とある。また、内題に「鼎鐫漱石山房彙編註釈士民便観雲箋東一巻」（「雲箋《うんせん》」とは、手紙の美称）と見え、この次の行に「精選名公／尺一彙言」（郭あり）・「三山　陳翊九　彙編／富沙　　剞劂」とある。「富沙」とは、彫師で、「剞劂《きけつ》」とは彫刻刀で木版を彫ることをいう。各巻の尾題は、「一巻終」「二巻終」「巻之三終」「雲箋四巻終」。もと四冊仕立であったものを一冊に綴じる。柱刻は「翰墨琅函一」（「目録」～「四」）とある。魚尾なし。本文漢字、送り仮字は片仮字。縦二四・三cm、横一六・八cm。丁数は、扉〇・五丁、目録八丁、本文の第一巻二三丁、第二巻二九丁、第三巻二一丁、第四巻一七丁、跋一丁である。丁付は目録～四巻までで、跋にはない。跋に「三山陳氏所彙編翰墨琅函／四巻帖式用類多有便于初／学尤簡牘之捷径也剞劂氏／欲鍥板請余訓点恐無所／逃於魯魚之誤暫応其求（以上、一八丁オ）／云雒之城南隠儒茘斎默々／子跋（以下空）」とあり、続いて次の刊記がある。

辛亥（一六七一）寛文仲冬日／　　今井五兵衛房明梓行　（第四巻、跋の丁のウ〈一八丁ウ〉の左半分）

印記「随平堂書庫」（朱分銅型印）、「大阪府立／図書館／蔵書之印」（朱方印）。

大阪府立中之島図書館蔵B本、四巻・一冊本（223.9-3）も寛文一一年刊の刊記をもつ。石崎文庫。初めから一冊に仕立てられた一本である。原表紙（汚れているが、もとは縹色か。編目押型）・外題に「翰墨琅函」（簽、原、左、双）とあり、右に同じ扉がある。扉題の右肩部に鯉魚ヵなどの朱印がある。縦二六・六cm、横一八・七cm。題簽は縦不詳（欠損あり）、横三・三cm。本文匡郭縦二〇・三cm、横一二・五cm。丁数、刊記等は右に同じ。小口下「翰墨琅函全」（墨）。印記「大阪府立／図書館／蔵書之印」（朱方印）。

関西大学総合図書館には、『翰墨琅函』の刊本三点が所蔵されている。

その内のA本は、四巻・一冊本（L23-D6555）で、後表紙（茶）・外題に「翰墨琅函　全」（直、後、左）とある（外題全体に枠〈手書〉を付す）。扉題（「翰墨琅函」）以下、跋・刊記まで、大阪府立中之島図書館蔵A本に同じといってよいが、表紙裏と扉裏とに「翰墨琅函」と大書し、寸法は、縦二四・八㎝、横一四・八㎝である。丁数は、扉〇・五丁、目録四丁、本文の第一巻二三丁、第二巻二九丁、第三巻二二丁、第四巻一七丁、跋一丁である。即ち、目録は「二巻」の途中までしかなく、その後から「三巻」「四巻」の目録（四丁分）を欠く。印記、「養素／丘園」（朱長方印、陰刻）、「心遠垞／自偏」（朱長方印）、「祖／快」（黒方印）。

B本は、もと四巻・四冊を一冊に仕立て直した一本（L23-D151）らしい。後表紙（茶）に外題は剥落してない。扉題（「翰墨琅函」）以下、跋・刊記、丁数など、大阪府立中之島図書館蔵A本に同じ。但し、扉題の右肩部に筆硯を握った鬼ヵと鯉魚ヵの朱印が捺されている。

C本は、四巻・二冊本（LH2-4.04-12-1~2）で、原表紙（薄茶、斜雷文押型文様）、外題に「翰墨琅函　乾（坤）」（簽〈刷物〉、原、左）とある。題簽の題字には隷書（乾冊）、草書（坤冊）を用い、全体に枠〈四隅に凹みあり〉を付す）。扉題（「翰墨琅函」）以下、跋・刊記の一部（年紀）、丁数は、大阪府立中之島図書館蔵A本に同じ。縦二六・三㎝、横一六・四㎝。印記「□(?)園書／籍館文庫」（朱長方印、「□」字は木偏）。表紙右肩に「泊園文庫」の四字を四隅に配したラベルに「辛第一六号／書目／翰墨琅函／函号／　三　／冊数／二ノ一（二）」とある。刊記は次のようにある。

辛亥（一六七一）寛文仲冬日／
皇都　四条通御幸町角　上坂勘兵衛梓行
（第四巻、跋の丁のウ〈一八丁ウ〉の左半分）

「皇都　上坂勘兵衛梓行」の一行は埋木による。

寛文一一年刊本は、この他、九州大学六本松図書館にも所蔵されており、波多野太郎編『中国語学資料叢刊』の『第三篇　尺牘篇』の『第一巻』に収める複製本も寛文一一年刊本である。

ところで、右『翰墨琅函』四巻は、天明八年（一七八八）大坂崇高堂河内屋八兵衛・同甚兵衛によって『尺牘通』の書名で出版されている。乾坤二冊仕立。この刊本は、早稲田大学図書館二本、新発田市立図書館、二松学舎大学、国立国会図書館、仏教大学、また、大阪府立中之島図書館蔵などに所蔵されている。

早稲田大学図書館逍遙文庫蔵の一本は二冊からなり（文庫6/1080-1~2）、原表紙（赤茶）・原題簽に「翰墨琅函尺牘通　乾（坤）」とある。縦二六cm。扉題に「尺牘通全部式策」、この右郭に「三山陳氏所輯翰墨琅函帖式用類尤便初学」云々（右肩部に大きな円印）、左郭に「大坂書房　崇高堂［朱方印］」とある。目録題は「翰墨琅函目録」、内題は「鼎鐫漱石山房彙編註釈士民便観雲箋柬一巻」、柱刻は「翰墨琅函」、第四巻の末の茘斎跋に「三山陳氏所彙編翰墨琅函／四巻、…」（右に同じ）とある。目録から跋までは寛文一一年刊本と同一であり、扉と刊記とだけが異なる。跋一丁（オ・ウ）は、版木一枚をもって刷られ、その一丁ウラ相当の左半分に寛文刊本の刊記が位置したが、この版木の左半分を切り取り、別の板を接いで次の刊記（三行）が彫られている。

天明八歳戊申十一月　／　大阪《ママ》書林　（心斎橋通南久宝寺町）河内屋八兵衛　／　同　甚兵衛　（第四巻、跋の丁のウラの左半分）

町名の中の「宝」字は、「宝」の下に「缶」とある。この後、蔵板目録一丁が添えられている。冒頭に「崇高堂蔵板目録（大阪心斎橋筋南久宝寺町）　河内屋八兵衛」とあって延べ三八点の書目が掲げられており、その内に次の一点の広告も見えている（〈〉内は、割書三行）。印記、「梨氏芳蘭亭記」「逍遙書屋」。

翰墨琅函〈尺牘ヲ学ブ簡便ノ書ナ／リ今長崎へ来ル清客／皆此書ヲ座右ニ置テ用式トス〉二冊」

早稲田大学図書館蔵本の他の一本も二冊本で（ヘ20／31-1~2）、右に同じ版である。市島春城旧蔵。

国立国会図書館蔵本二冊（837-65）は、原表紙（赤茶）・原題簽に「翰墨琅函尺牘通　乾（坤）」とある。縦二五・九cm、横一七・七cm、題簽匡郭は縦一七・七cm、横三・三cm、本文匡郭（四周単）は縦二一・〇cm、横一一・五cm。本書は、早稲田大学図書館逍遙文庫蔵本（文庫6/1080-1~2）に同じものである。印記、「青山文庫」（朱長方印、複郭、根岸武香の蔵書印）、「三餘／書院」（朱方印）、「帝国／図書／館蔵」（朱方印）など。根岸信輔氏寄贈。

仏教大学図書館蔵本二冊（乾、坤）も同版で、題簽に「翰墨琅函尺牘通」、縦二六cm。見返しに「四知舘梓」、天明八年、河内屋八兵衛・同甚兵衛の刊記がある。尾に「崇高堂蔵板目録」一丁。印記、「□貫大西氏蔵書」。

大阪府立中之島図書館蔵C本二冊（234-24②）は、原表紙（濃紺、鉤組文様）・外題に「翰墨尺牘通（朱引） 乾（坤）」（簽、原、左、双）とある。「尺牘通」の三字中央には＝線を引いて右傍に「琅琊」と手書する。当初からの二冊本で、巻一、二を乾、巻三、四を坤とする。縦二四・〇cm、横一六・七cm。題簽は縦一六・七cm、横三・三cm。本文匡郭縦二〇・三cm、横一二・六cm。見返や扉題はない。注意されるのは跋一丁が首に位置することである。丁数は、乾冊に跋一丁、目録八丁、第一巻二三丁、第二巻二九丁、坤冊に第三巻二一丁、第四巻一七丁である。跋は、寛文一一年刊本と同じである。だが、そのウラ面の右半分には、「天明八歳戊申十一月　／　大阪（ママ）書林 心斎橋通「（削除）」とあり、書肆名が削られている。後表紙の見返に左記がある。

「　　京三条通升屋町　　出雲寺文次郎
発行　同寺町通松原　　勝　村治右衛門
　　　同三条柳馬場　　堺　屋仁兵衛
書肆　（この間、七書肆名を略す）
　　　大阪心斎橋通北久太郎町河内屋喜兵衛
　　　同心斎橋通安土町北　　加賀屋善蔵板　」（「土」字は右肩に「丶」あり）

書肆は一二店を数える。略したのは、須原屋茂兵衛、須原屋新兵衛、須原屋伊八、岡田屋嘉七、永楽屋東四郎、美濃屋伊六、阪本屋喜一郎の七店である。印記「和田／蔵書」（朱方印）、「大阪府立／図書館／蔵書之印」（朱方印）、「和田義澄氏／寄贈之記」（朱長方印）。

さて、本書の随所に見える事項は、日本語研究上にも有益であるが、中でも第二巻の官職・九流・家庭・姻眷・官友・人事・文房・飛禽・走獣・酒筵などに関わる「称謂」「雅称」、また、第三巻の「餽送品物称謂」や第四巻の「聘書儀式」などに見える助数詞用法は注意される。次には、寛文一一年（一六七一）今井五兵衛重刊本を底本として、助数詞に関する用例を収集する。

二、助数詞用法

『翰墨琅琊』寛文一一年版（『中国語学資料叢刊』所収本）の第三巻の「餽送品物称謂」に、次のようにある。

《凡例》1、改行は底本に従う。底本は、四段に組まれているが、縦罫線はない。

2、i「鶏」「鴨」などの見出し語は、丸い円の中に表示される。その二字からなるものは双行割書きで「猪首」「牛肉」とあり、やはり、同大の円の中に表示されている。

ii見出し語の下の品物名・助数詞は、双行割書きで記されている。

・右につき、iは「〔鶏〕」「〔鴨〕」と翻字する。二字からなるものは「〔猪首〕」「〔牛肉〕」と翻字し、その改行部は表示しない。iiの双行割書きの部分は、改行部を／印で示す。

3、「幾」字の字体につき、「幾」と「兊」との二様が見える。このままとする。但し、「尺牘関係書―助数詞漢字索引」では、便宜的に「幾」に統一して示す。

［翻字］

（二丁ウ）

1 餽二送-品-物一ヲ称-謂

2 〔鶏〕窓禽／弐翼 〔鴨〕家鳧／弐翼 〔鶴〕齡禽／壱對 〔鴿〕哨禽／壱對

3 〔鵝〕家雁／弐掌 〔牛〕太牢／壱牽 〔羊〕小羊／壱牽 〔猪〕豢豕／壱牽

4 〔馬〕孫知／壱匹 〔鹿〕啣芝／双崢 〔猫〕家豹／壱口 〔猪首〕豚元／壱顆

5 〔猪腿〕[1] 豚肩／壱肘 〔猪肉〕彘肩／壱筐 〔羊首〕羝元／壱顆 〔羊肉〕柔肋／壱筐

6　〔牛肉〕犢肉／壱方　〔祭肉〕胙肉／壱方　〔魚〕鮮鱗／弐尾　〔鯉〕金鱗／幾尾
7　〔鰻〕海鰍／幾尾　〔塩〕海霜／壱盤　〔酒〕魯酒／壱尊　〔米〕玉粒／兇許
8　〔麥〕夏登／壱筐　〔麯②〕玉塵／壱筐　〔餅〕團酥／壱盒　〔粽〕角黍／兇枚
9　〔糍〕金飴／兇團　〔粿〕玉飴／兇團　〔饅首〕仙餌／兇團　〔包子〕團香／壱盤
10　〔茶〕龍芽／壱封　〔醋〕聚蚋／壱尊　〔蛋〕玉弾／兇拾　〔笋〕竹胎／兇對

（三丁オ）

1　〔蒜〕玉拳／兇枝　〔菜〕宿根／壱盒　〔瑞香〕紅錦／壱種　〔牡丹〕魁英／壱種
2　〔海棠〕酔春／壱種　〔杜鵑〕妍春／壱種　〔芍薬〕吐錦／壱種　〔蘭花〕国香／壱種
3　〔茉莉③〕玉馥／壱種　〔芙蓉〕天英／壱種　〔薔薇〕錦衣／壱種　〔杏花〕麗色／壱種
4　〔萱草〕忘憂／壱種　〔蕙花〕含英／壱種　〔蓮花〕浄友／壱種　〔榴花〕前紅／稍（ママ）
5　〔桂花〕天香／壱種　〔山茶〕宝珠／壱種　〔梅花〕東閣／壱種　〔菊〕徑英／壱種
6　〔梅子〕雪華／壱筐　〔桃〕仙卿（郷）／壱筐　〔李〕玉華／壱筐　〔杏〕金杏／壱筐
7　〔菱角〕水栗／壱筐　〔櫻桃〕珠櫻／壱筐　〔枇杷〕金丸／壱筐　〔蓮蓬〕蜂窠／壱筐
8　〔木瓜〕巒榴／壱筐　〔石榴〕吐玉／壱筐　〔梨〕玉實／壱筐　〔橘〕金團／壱筐
9　〔金橘〕洞庭／霜果　〔藕〕玉臂／壱筐　〔柑〕金嚢／壱筐　〔楊梅〕聖僧／壱筐
10　〔雪梨〕氷團／壱筐　〔西瓜〕陵種／弐團　〔蔗〕蜜汁／兇莖　〔龍眼〕金弾／壱筐

（三丁ウ）

1　〔茘枝〕紫嚢／壱筐　〔核桃〕胡桃／壱筐　〔榧子〕香實／壱筐　〔蓮子〕玉擘／壱筐
2　〔梧桐〕玉粒／壱筐　〔葡萄〕馬乳／壱筐　〔橄欖〕青菓／壱筐　〔白菓〕銀杏／壱筐

3 〔金〕楊沙／弐拾　〔銀〕朱提／幾百　〔筆〕兎穎④／弐枝　〔墨〕龍剤／弐笏
4 〔硯〕文池／壱副　〔紙〕玉版／弐刀　〔書〕宝籍／弐部　〔画〕丹青／弐幅
5 〔手硯（巻）⑤〕牙籤／壱巻　〔冊葉⑥（?）〕玉籍／壱函　〔劍〕龍泉／壱張（鞘）　〔簪〕玳峯／壱枚⑦
6 〔扇〕齊紈／幾握　〔拂〕玉麈／壱笏　〔篠簟〕湘水／壱鋪　〔蓆〕新簟／壱鋪
7 〔氈〕氈裀／壱陳　〔枕〕珊瑚／壱對　〔盞〕珀皿／壱槖　〔筯〕玉捶／弐雙
8 〔甌〕御覆／壱鋪⑧（?）　〔燭〕玉膏／弐對　〔手帕〕雲羅／壱刀（方）　〔汗巾〕絞綃／壱方
9 〔鞋〕革履／壱雙　〔緞鞋〕雲履／壱雙　〔蒲鞋〕蒲履／壱雙　〔襪〕足衣／壱雙
10 〔緞〕色緞／弐疋　〔絹〕素絹／壱疋　〔帯〕粗縧／□⑨絲　〔衣〕躰服／壱襲

［翻字注］

①（二丁ウ5）―底本の「猪腿」の下字には「辶」が付いていない。

②（二丁ウ8）―「麵」（「麪」の俗字）とありたいが、「麯」（「麴」に同じ）の形に見える。

③（三丁オ3）―「茉莉」の下字は、「莉」の下に「木」を有する字形である。なお、「玉馩」の下字につき、『玉堂尺牘彙書』では「玉馥」と見える。

④（三丁ウ3）―「兎穎」の語の下の余白に「鋭明（ママ）」との墨書書き込みがある。本書にも「鋭朋〈鋭朋筆也〉」（第二巻、二八丁オ）と見える。

⑤（三丁ウ5）―「手硯」の語の下の余白に「手巻」との墨書書き込みがある。

⑥（三丁ウ5）―仮に「葉（?）」と置いたが、字形は「薬」字（あるいは、「宀」冠か）のようにも見える。

⑦（三丁ウ5）―「簪」の助数詞に「枝」を用いる資料もあるが、ここは「枚」で見える。

⑧（三丁ウ8）―「〔甌〕御覆／壱鋪（?）」の「鋪」字は存疑。六行目（二カ所）の「壱鋪」の字形と異なり、偏は「金」、旁は「用」、または、「冂」の中に「未」を書いたような形に見える。

⑨（三丁ウ10）— 「□絲」の「□」は、今日の「数」字（新字体）のような形である。不審。

右における品物は、延べ一一六例である。この内、助数詞を伴うのは一一〇例、その助数詞は三七種である。助数詞を伴わない品物は六例である。「〔榴花〕前紅／稍（ママ）」（三丁オ4）、「〔金橘〕洞庭／霜果」（三丁オ9）などは、数量表現（数詞・助数詞）が見えない。「洞庭」「霜果」は、共にその雅称（雅名）である。「〔猪〕豢豕／壱牽」（二丁ウ3）の「豢」字は、やしなう、穀物で養われた家畜などの意味を有し、「豢豕」とは飼い豚のことをいう。『観智院本類聚名義抄』にも「豢 亠幻患養豕 豢豕 カヘルヰノコ」（佛下末、一一）と見える。だが、「〔猪〕秦豕一牽」（『翰墨双璧』上冊、一二丁オ3）という字を用いた例がある。あるいは、「秦」の誤字か。「〔剣〕龍泉／壱張」（三丁ウ5）は、誤字かと見られる。「龍泉」は、剣の美称。戦国時代楚国で欧冶子・干将が造った三剣の一に因む。もとは「龍淵」といったが、唐の高祖の諱を避けて「龍泉」となった。唐乾元二年（七五九）に龍泉県が置かれ、名剣を産する地として聞こえる。剣の助数詞として、明代には、「鞘」、もしくは、「柄」などが用いられる。ここは、編集の過程で他の助数詞用法と混同したのではなかろうか。本書と『尺牘双魚』との関係ははっきりしないが、『尺牘双魚』巻八には、「〔劍〕青萍／一鞘」（一八丁ウ9）の近くに、「〔篦〕粗篦／一張」（同8）と見える。あるいは、こうした資料を参看する内、「壱鞘」とすべきを「壱張」と誤記したのではなかろうか。「〔蒜〕玉拳／兊枝」（三丁オ1）、「〔手硯〕牙籤／壱巻」（三ウ5）も誤字かも知れない。「〔手帕〕雲羅／壱刀」（三丁ウ5）は、「方」字の誤字、あるいは、誤刻であろう。「〔帯〕粗縧／□絲」（三丁ウ10）の「絲」は、今、助数詞として扱ったが、正確なところは「□絲」字の読解を俟ちたい。「〔盞〕珀皿／壱橐」（三ウ7）の「橐」は、「橐《たく》」字の略字。字義は、ふくろ、ふご、もっこ。だが、『尺牘式補遺』には、「〔一橐〕足付ノ膳盆等ニツミタルヲ云」（食果類）と見える。

なお、右の「餽送品物称謂」の条に続き、こうした品物餽送の際の書式は示されている。次に一端（三式）を引く。

「餽　　謹具
　　窓禽肆翼　　池皃弍掌
送　豚蹄壱曲　　鮮鱗弍尾
　　犢肉壱方　　酥餅壱筐
時　時果壱盤　　魯酒壱樽
　　奉申
式　■（ママ）敬　　用紅箋（簽）
　　　　　通家侍教弟某頓首拝」　（第三巻、四丁ウ、付訓略）

餽送の場合には、受納（受ける「答受帖」、半ばを受ける「答半受」）、辞退（「答不受」）の三様の書式がある。また、右の「餽送品物称謂」（第三巻）以外の範例文の中にも雅名や助数詞の用法が見えている。今、多くは省略し、第四巻の「聘書帖式」（婚儀）に見える次の二式だけを引いておく。

［聘儀帖式］
「謹具
　鸞書弍緘　鳳帕弍幅　表裏弍端
　戒指成對　玉環成双　金花弍朶
　先春弍封　家雁弍掌　池皃肆翼
　窓禽捌翼　剛鬣壱圏　柔毛弍控（ママ）
　福果弍盤　池鱗肆尾
　時果弍盤　魯酒弍壜
　　奉申
　聘敬　　用紅箋（簽）
　　大明〇〇某年某月日　忝眷生某頓首拝」
　　　（第四巻、三丁オ、付訓略）

［回儀帖式］
「謹具

表裏弐端　金花弐朶
雲履壱双　綾襪壱双
皂靴壱双　羢襪壱双
髻袋壱項（頂）　絲絛壱副
小書壱部　石泓壱方
兎穎拾枝　龍劑十錠

右不揣菲薄藉使馳復幸乞
親慈　俯賜
鑒納　不宣
龍飛〇〇某年某月日
忝眷生某姓名端粛拝」
（第四巻、四丁オ、付訓略）

これらの品物の内、「戒指」は指輪、「玉環」はたまき、「剛鬣」は猪。「柔毛」はひつじで、「控」は「羫」とありたい。「石泓」とは硯のことで、第二巻に「石泓硯也」（二九丁オ）と見える。

三、小結

「餽送品物称謂」の条では、品物は、おおむね、禽獣（餚饌）、飲食、草花、菓品、珍宝、書器、衣服と分類、列挙されている。この分類順位やそれぞれの品物・助数詞、また、助数詞の中でも「種」「筐」の多い点などは、中国尺牘における実情に相応したものであろう。

助数詞とその対象語の内訳は次のようである（品物を（　）内に示す）。なお、「餽送品物称謂」の後に引いた三式における用例（助数詞と品物）には右傍に△印を付しておく。

(1)個体そのものを数える助数詞

①数を数える助数詞

(イ)単数……刀（紙）、副（硯、絲絛△）、匹（馬）、巻（手硯（巻））、口（猫）、圏△（剛鬣△）、團（糍、粿、饅首、西瓜）、壜△（魯酒△）、尾△（池鱗△）、崢（鹿）、尾（魚、鯉、鰻、鮮鱗△）、幅（画、鳳帕△）、掌（鵝、池鳧△、家雁△）、方（牛肉、祭肉、犢肉、手帕、汗巾、石泓）、曲（豚蹄）、握（扇）、朶（金花）、枚（粽、簪）、枝（蒜、筆、兎穎）、傘（牛、羊、猪）、疋（緞、絹）、種（瑞香、牡丹、海棠、杜鵑、芍薬、蘭花、茉莉、芙蓉、薔薇、杏花、萱草、蕙花、蓮花、桂花、山茶、梅花、菊）、笏（龍剤、拂）、絲(?)（帯）、緘（鸞書）、羫（柔毛）、翼（鶏、鴨、窓禽、池䲧）、肘（猪腿）、莖（蔗）、鋪（籐簟、蓆、甌）、錠（龍劑）、陳（氈）、鞘（劍）、頂（髻袋）、顆（猪首、羊首）

(ロ)複数

(a)定数……對（鶴、鳩、笋、枕、燭、戒指）、襲（衣）、雙（筯、鞋、緞、蒲鞋、襪、玉環、雲履、綾襪、皂靴、羢襪）

(b)不定数…槖（盞）、部（書、小書）

②量をはかる助数詞

［器物による］……函（冊葉(?)）、封（茶、先春）、尊（酒、醋）、罇（魯酒）、盒（餅、菜）、盤（塩、包子、福果、時果）、筐（猪肉、羊肉、麥、麪(麺)、梅子、桃、李、杏、菱角、櫻桃、枇杷、蓮蓬、木瓜、石榴、梨、橘、藕、柑、楊梅、雪梨、龍眼、茘枝、核桃、榧子、蓮子、梧桐、葡萄、橄欖、白菓、酥餅）

(2)個体の運動の回数を表す助数詞　…ナシ

この他、助数詞、あるいは、単位を伴わない品物に、「米」「蛋」「榴花」「金橘」「金」「銀」の六語が見え、単位として、「表裏弐端」（「聘書帖式」）が見える。

注意される用法として、「〔鵝〕家雁／弐掌」（「餽送品物称謂」）、「池䲧弐掌」（「聘書帖式」）がある。これは、「弐掌」でその一羽をいう。「〔鹿〕卿芝／双崢」（「餽送品物称謂」）も、同様、「双崢」でその一頭を意味する。「崢」は、もと、山高く険しいことを意味する字である。「掌」「崢」につき、劉世儒氏、叶桂郴氏、劉子平氏、その他の先学に言及はないようである。[1] 但し、劉世儒氏は、古代には、馬四千匹を「馬千駟」（『論語』、衛霊公）、同四〇匹を「馬十乗」（同、公治）、同五〇匹を「陸地牧場二百蹄」（『史記』、貨殖伝）、羊・彘《てい》（ぶた、いのこ）・牛など各二五〇頭を「……千足羊、沢中有千足彘……牛千足」（同）、馬二〇〇匹を「馬蹄躈千」（同）といった例があるとされている。[2]

注

（1）劉世儒著『魏晋南北朝量詞研究』（一九六五年六月、中華書局出版）。叶桂郴著『明代漢語量詞研究』（二〇〇八年八月、岳麓書社）。劉子平編著『漢語量詞大詞典』（二〇一三年一〇月、上海辞書出版社（量詞「巴掌」[bāzhang1]の用例が見えるが、別語であり、語形も意味も異なる）。

（2）注（1）文献、劉世儒著『魏晋南北朝量詞研究』、六一～六三頁。

第六節　『尺牘諺解』

一、序

『尺牘諺解《せきとくげんかい》』は、書牘に関する解説書で、延宝八年（一六八〇）の刊行、著者は不詳、上中下三巻からなるが、版本には一冊本と三冊本とがある。中、下巻の内題や上、中、下巻の尾題がなく、中、下巻の末尾下端に「中巻終」「下巻終」とあるのみだから、本来、一冊に仕立てたものであろう。巻上は、書翰を概説し、格式を解説する。巻中は、返信、副啓・単帖等について具体的に説き、巻下は、招待状の格式、その単札、餽送式の格式、その便条などについて解説する。波多野太郎編『中国語学資料叢刊』の『第三篇　尺牘篇』の『第一巻』によれば、本書は「完備した日本人の尺牘としては、極めて早いものであらう」とされる（「文献提要」、九頁）。

本書の版本の内、奥に「延宝八年」の刊記を有する場合、関係する書肆として、(イ)杦生五郎左衛門・文台屋次郎兵衛《ぶんだいやじろべえ》二名の場合と、(ロ)辻井吉右衛門・文台屋次郎兵衛二名の場合とがある。

井上隆明著『改訂増補近世書林板元総覧』（青裳堂書店、平成一〇年二月）によれば、杦生五郎左衛門（京醒井通五条上ル）は延宝八年（一六八〇）―享保九年（一七二四）の時期、また、辻井吉右衛門（京寺町通松原上ル）は、宝永六年（一七〇九）―天明三年（一七八三）の時期の、それぞれ出版活動が知られる。とすれば、(イ)は原版、(ロ)はその後版となろう。

二、版本

(イ)杦生五郎左衛門・文台屋次郎兵衛の版

これは、奥に次のような刊記のある版本である。

延宝八年歳次庚申仲春之吉刊行
杦生五郎左衛門
文臺屋次郎兵衛 蔵板
（下三二丁ウ）

○早稲田大学図書館には、本書が三本所蔵されている。その一点目は、逍遥文庫本、三巻、一冊（請求番号、逍遥文庫06/1082）で、外題に「書翰諺解 □（虫）」（簽、原、左、双、下端部破損）、内題（柱刻）に「尺牘諺解巻之上」とある。魚尾なし。寸法は縦二二・〇cm、横一四・六cm、題簽匡郭は縦一四・六（?）cm、横二・七cm、本文匡郭は縦一六・九cm、横一二・一cm。丁数、巻上は三五丁、巻中は三三丁、巻下は三二丁。一面一〇行。図あり。刊記は右に同じ。坪内逍遥の旧蔵書で、内題に下接して「逍遥／書屋」の印記（方形朱印、四字それぞれを小郭に収める）がある。後表紙見返しに墨筆花押があり（未判読）、小口に「書翰諺解」（朱筆）、背に貼り紙「書翰諺解」（墨書）がある。

上欄や行間等に墨書の書き入れがある（片仮名、返点などを含む）。これらの書き入れは、大典顕常著『尺牘語式』

から引いてきたものである。この具体例については『尺牘語式』（後述）の章において述べる。
○早稲田大学図書館蔵の二点目は、三巻、三冊（請求番号、ヘ20/390/1-3）で、当初からの三冊仕立てである。原表紙（焦茶色、文様なし）・外題に「書翰諺解巻之一（二、三）」（簽、原、左、双）、内題「尺牘諺解巻之上」とある。寸法は縦二二・五cm、横一四・五cm、題簽匡郭は縦一四・二cm、横二・六cm、本文匡郭は縦一六・九cm、横一二・〇cm。丁数、刊記は右に同じ。朱筆書き入れ（合点、圏点、傍点など）がある。小口下に「書翰諺解」（墨書）、背の下方に「共三」とある。印記「□□田氏記」「忠順珍賞」「醍醐蔵書」（醍醐忠順旧蔵書）、また、「東京専門／学校図書」（朱方形）。
○早稲田大学図書館蔵の三点目は、三巻、一冊（請求番号、ヘ20/2737）で、原表紙（藍色、文様なし）、原題簽は残片を留めるが、剥落（左、双）。当初からの一冊仕立てらしい。内題（柱刻）に「尺牘諺解巻之上」。寸法は縦二二・五cm、横一六・〇cm、本文匡郭は縦一六・九cm、横一二・一cm。丁数、刊記は右に同じ。受贈記「故菊地三九郎（晩香）大正十三年一月」（朱印）、小口下に墨書「尺牘諺解全」あり。
○姫路文学館金井寅之助文庫蔵A本　三巻、一冊（請求番号、八六四五）
原表紙（濃橙色、網目押型）・外題に「書翰諺解」（簽、原、左、双）、内題・柱刻に「尺牘諺解巻之上（中、下）」とある。魚尾なし。本文は漢字片仮名交じり文。寸法は縦二二・七cm、横一四・六cm。題簽匡郭は縦一四・三cm、横二・七cm、本文匡郭は縦一六・九cm、横一二・二cm。四周単辺。丁数、巻上は三五丁、巻中は三三丁、巻下は三二丁。一面一〇行。図あり。刊記は右に同じ。小口下「尺牘解《ママ》」（墨）。蔵書印等はない。
○筑波大学附属図書館蔵本　三巻、三冊（請求番号、ル185-27）
原表紙（深緑色、押型菱文様）の外題に「書翰諺解」（簽、原、左、双）、内題「尺牘諺解巻之上」、柱刻「尺牘諺解巻之上（中、下）」。寸法は縦二二・二cm、横一五・〇cm。四周単辺。丁数は、巻上は三五丁、巻中は三三丁、巻下は三二丁。一面一〇行。図あり。刊記は右に同じ。小口下「書翰諺解」。印記「辛夷堂図書印」。

○東京大学文学部国語研究室蔵本　三巻、三冊（請求番号26・159. L66548~66550. 書誌ID29154907）

原表紙（手擦れ）、原題簽はないが、表紙に直に「尺牘諺解　壱（弐、三）」（後筆、左）、内題「尺牘諺解巻之上」、柱刻「尺牘諺解巻之上（中、下）」とあり、寸法は縦二一・八cm、横一四・一cm、本文匡郭は縦一七・〇cm、横一二・一cm。丁数、刊記、その他は右に同じ。印記、「黒川真頼蔵書」（朱長方印）、「東京帝／国大学／図書印」（朱方印）、刊記の左下隅に「東京／大学」（朱丸印）。

○姫路文学館金井寅之助文庫蔵B本　三巻、六冊（請求番号、八四〇〇~八四〇五）

原表紙（黒、文様なし）・外題に「尺牘諺解巻之一（~六）」（簽、原、左、双）、内題は一、三、五冊目に「尺牘諺解巻之上（中、下）」とある。柱刻は一、二冊目は「尺牘諺解巻之上」、三、四冊目は「尺牘諺解巻之中」、五、六冊目は「尺牘諺解巻之下」とある。本文は漢字片仮名交じり文。寸法は縦二二・八cm、横一四・七cm。題簽匡郭は縦一四・三cm、横二・七cm、本文匡郭は縦一六・九cm、横一二・二cm。四周単辺。丁付（丁数）は一冊目以下、「乙（一）」~「十七」、「十八」~「卅五」、「乙（二）」~「十五」、「十六」~「卅三」、「乙（三）」~「十七」、「十八」~「卅二」である。一面一〇行。図あり。朱筆書入あり（語頭等に合点、〇印など）。刊記は右に同じ。蔵書印なし。

○京都大学附属図書館蔵（大惣本）　三巻を一冊に合する（請求記号、4-04/セ/9）

原表紙（黒色、文様なし）・外題に「尺牘諺解巻之一」（簽、原、左、双）、内題「尺牘諺解巻之上」、柱刻「尺牘諺解巻之上（中、下）」とある。寸法は縦二二・四cm、横一四・五cm、題簽匡郭は縦一四・三cm、横二・六五cm。丁数、刊記は右に同じ。表紙右肩「□三十六」（墨）。小口下「書諺全」、小口上と背の上部に「尺牘諺解」、背の下部に「深見」とある（共に墨筆）。印記、「京都／帝国大学／図書之印」（朱方印）、「明治・三二・四・三・購求〇／京大図」（朱二重丸印）。

○山口大学附属図書館棲息堂文庫蔵A本　三巻、三冊（請求記号、M813-S71/A1-A3）

原表紙（茶色、文様なし）・外題に「尺牘諺解巻之一（二、三）」（簽、原、左、双）、内題「尺牘諺解巻之上」とある。寸法は縦二二・一五cm、横一四・一cm、題簽匡郭は縦一四・五cm、横二・七cm、本文匡郭は縦一六・九cm、横一二・二cm。丁数、刊記は右に同じ。小口下「書諺一（二、三〇）」（墨）。印記、「憲藩／蔵書」（朱方印、陰刻）、「明治二十九年改済一徳／山一毛利家蔵書／第五百九十六番一共三冊」（朱長方印、複郭）、「寄／贈一毛利就挙」（朱長方印）、「山口大／学図／書之印」（朱方印）。

○山口大学附属図書館棲息堂文庫蔵B本　三巻、一冊（請求記号、M813-S71/B）

後表紙（黒色、文様なし）の外題に「尺牘諺解」（簽、後、左、双）、内題「尺牘諺解巻之上」とある。寸法は縦二二・〇cm、横一四・五cm。刊記は右A本に同じ。本書は、丁数・本文など、本来はA本と同じものであったと見受けられるが、綴糸が切れた折、丁数が錯雑し、脱丁も生じたらしい。現在、七六丁を数える。今、この一冊につき、初めからめくっていくと、大体、［①巻之中の第二四丁（副啓式）～第三三丁、②巻之下の第八丁（答不赴式）～第一三丁、③巻之上の第一八丁（即日第五）～第三〇丁、④巻之上の第一丁（内題、書式）～第一七丁、⑤巻之中の第一丁（神相方九）～第一五丁、⑥巻之下の第一八丁～第三二丁（下巻終）］のような小まとまりをなして①～⑥の順に綴じられている。整理すれば、かなりのところまで復元できるが、脱丁がある。本書には、上欄や行間にかなりの朱筆書入れがあり、この点、惜しまれる。印記、「明治二十九年改済一徳／山一毛利家蔵書／第八百十五番一共一冊」（朱長方印、複郭）、「寄／贈一毛利就挙」（朱長方印）。

○龍谷大学大宮図書館写字台文庫蔵本　三巻、一冊（請求番号926/16-W）

題簽は剥落し、内題に「尺牘諺解巻之上」とある。もと三冊であったものを古い時期に一冊に改装する。寸法は縦二二・五cm、横一六・一cm。刊記は右A本に同じ。刊記、その他は右に同じ。小口下に「尺牘諺解　全」、また、同じく右端に「二二三」とある。印記は首に「写字台／之蔵書」（朱長丸印）。

○祐徳稲荷神社中川文庫蔵本　三巻、一冊（請求番号6/2-4/239）

題簽はなく、表紙に直に「尺牘諺解」（左）とある。丁数、刊記、その他は右に同じ。印記は第一丁に「中川／文庫」（方印）、内題下に「十河」（長方印）とあり、表紙右肩に「第二百三十九番」（墨書）がある。［＊国文学研究資料館のマイクロフィルムによる。］

○波多野太郎編『中国語学資料叢刊』の『第三篇　尺牘篇』の『第一巻』に本書の複製を収める。この底本は延宝八年刊、枚生五郎左衛門・文台屋次郎兵衛蔵板で、寸法は縦二二・〇cm、横一四・五cmである。（未見）。

以上、延宝の版によるものである。琳琅書店の『琳琅満目』第一四一号（二〇一五年一〇月）に掲げる一本（一冊）もある。

(ロ)辻井吉右衛門・文台屋次郎兵衛の版

○鳥取県立図書館蔵本　三巻、一冊（請求記号、鳥取県立図書館4540）

原表紙の題簽（原、左）は破損しているが、内題（柱刻）に「尺牘諺解巻之上」とある。丁数は(イ)の版に同じ。刊記の「延宝八年歳次庚申仲春之吉刊行」「文臺屋次郎兵衛」「蔵板」の刻字は(イ)に同一だが、「枚生五郎左衛門」の名が「辻井吉右衛門」と代わっている（下三二丁ウ）。［＊国文学研究資料館のマイクロフィルムによる。］

○内藤記念くすり博物館蔵本　三巻、一冊（請求番号、43811-810）

原表紙（藍色）の原外題に「書翰諺解　巻之『一二三合本』」（簽、原、左、双、『　』内は朱筆）、内題「尺牘諺解巻之上」、柱刻「尺牘諺解巻之上（中、下）」。寸法は縦二二・一cm、横一五・七cm、題簽匡郭は縦一四・四cm、横二・七cm。丁数は、巻上は三五丁、巻中は三三丁、巻下は三二丁。木口下「書翰諺解」。

○矢口米三氏蔵本　三巻、一冊（請求番号、矢口丹波記念文庫／貴1040）

原表紙の原外題に「書翰諺解　全」（簽、原、左、双）、内題「尺牘諺解巻之上」、柱刻「尺牘諺解巻之上（中、下）」。寸法は、大体、縦二二・四cm、横一五・四cm、題簽匡郭は縦一四・五cm、横二・七cm。丁数は、巻上は三五丁、巻中

は三三丁、巻下は三二丁。刊記は右に同じ。印記は書頭と・末尾に「泉碩」(香炉型印、横書)とある。[＊国文学研究資料館のマイクロフィルムによる。]

○香川大学附属図書館神原《かんばら》文庫蔵本　三巻、一冊(請求記号、816.6)

もとの三冊を一冊に改装し、後表紙に朱筆で「尺牘諺解　上中下」(直、左)とある。丁数、刊記は右に同じ。印記は巻首に「小森家蔵書」(朱長方複郭印)、「神原家図書記」(黒長方印)、「香川大学附属図書館」(朱方形印)、後表紙見返に「義真蔵」(朱長方印)とある。

以上の他、(イ)、(ロ)いずれか不詳のものがある。

○東京都立中央図書館加賀文庫蔵本(加賀文庫6810)

上巻一冊だけの零本である。表紙(原、瑠璃色、文様なし)に題簽は剥落し(もと左)、新補表紙(濃灰色)・新題簽に「尺牘諺解」、内題(柱刻)に「尺牘諺解巻之上」とある。寸法は縦二一・九cm、横一四・二cm、本文匡郭縦一六・九cm、横一二・一cm。丁数は見返し(新補)○・五丁、本文三五丁。印記は、内題下に「加賀文庫」(朱長方印、郭なし)、「東京都立日比谷図書館/昭28、1、10和/094807」(黒印)、「東京都/立図書/館蔵書」(朱方印)、前表紙(原)に墨筆あり(算用数字で引き算二、三題が書かれている)。

なお、国文学研究資料館の調査によれば、この他、駒沢大学永久文庫以下一一点の所蔵本が知られる。

また、写本として左記がある。これは右の刊本を手写したものである。但し、その旨を記した識語・奥書類はない。

○蓬左文庫蔵本　一冊(堀―一〇〇七)

原表紙(素紙)・外題に「尺牘諺解」(直、原、左)とある、江戸中期、堀田之仲写。寸法は縦二六・三cm、横一八・七cm。袋綴、楮紙。墨付三七丁。一面一八行。漢字片仮名交じり文。片仮名付訓あり。丁寧な筆写本であるが、ここに問題とする「巻之下」の「物儀第二」の条(三〇丁ウ)に関しては、段の取り方、本文漢字、付訓や清濁点の有無などに若干の誤脱があって正確な写しとは言い難い。今、この詳細は省く。

三、助数詞用法

「巻之下」の「物儀第二」の条に次のような助数詞が、その対象語と共に列挙されている。「物儀」とは、進物の意である。以下に、右『中国語学資料叢刊』の『第三篇　尺牘篇』、『第一巻』所収の複製によって翻字する。

《凡例》1、改行は底本に従う。
2、「氿」(「幾」の異体字)は「几」と翻字する。「幾」「團」「双」「剤」などの字体は底本のままとする。
3、多く用例の前後を略す。中略する場合だけには当該部に…印を置く。
4、情況により、改行部を／印で示すことがある。
5、二字一訓の傍訓は、「香飴《モチ》几團」のように、一字目に偏った位置に付される傾向があるが、今、適当に按配した。

[翻字]
(一六丁ウ)

物儀第二
家鳧《カモ》二翼　家雁《アヒル》二掌　窓禽《ニハトリ》二翼
鮮鱗幾尾　魚鮓《スシ》幾餅　白粲《シラゲ》一筐幾斗
玉塵《ウドンノコ》一筐　香飴《モチ》几團　仙餌《マンヂウ》几團
玉粒《コメ》一嚢　夏登《ムギ》一筐　角黍《チマキ》几粽
魯酒一樽　豆乳《タウフ》一盤　龍團《チヤ》一封

（一七丁オ）

1　竹胎《タケノコ》一盤　宿根《ナ》一盒　雪華《ムメ》一筐
2　仙郷《モヽ》一筐　水團《ナシ》一筐　楊菓《ヤマモヽ》一筐
3　金丸《ビハ》一盤　馬乳《ブダウ》一盒　香實《カヤ》一筐
4　金團《ミカン》一筐　綺羅《ウスモノ》一疋　手帕《フクサ》一方
5　色絹几疋　色緞《ドンス》一疋　玉膏《ラフソク》几十
6　縐紗《シヤ》一端　暑絡一疋　絲帯《ヲヒ》一副
7　色衣一領一襲　汗巾《アセヌグヒ》一幅　足衣《タビ》一双
8　昆吾《コカネ》几星両　朱提《シロカネ》几星両　青蚨《セニ》几百
9　寶籍《ショモツ》一部　丹青《エ》一副(幅)　蔡珍《カミ》一刀
10　毛穎《フテ》幾枝　龍剤《スミ》一笏　文池《スヽリ》一｜副

（一七丁ウ）

1　仁風《アフキ》一握　氷鑑《カヽミ》一｜團(圓)　烏銀《スミ》一｜簍
2　檀香《センカウ》一束　龍涎《カウ》几片一瓣一枝　合香《タキモノ》一盒

右の「物儀」に見える語群は品物の雅称である。雅称を理解しておかなければ助数詞も理解できない。雅称の左傍にあるのは、その語釈・訓注である。一般的、日常的な日本語で意味が示されている。

四、小結

品物は、大体、禽獣、飲食、菓品、絹・緞類、(玉膏)、衣服、珍宝、書・文房、扇・鏡・香と分類、列挙されている。この分類順位は、先の『翰墨双璧』が形式的・理念的であるのに対し、かなり現実的である。品物は、延べ五一語であり、助数詞(単位を含む)は延べ五六語である。品物により、助数詞を二つ持つもの(四語)、三つ持つもの(二語)、持たないもの(一語)がある。

これらの品物・助数詞のおおよそは、前節の『尺牘双魚』を引いたものらしい。まず、右の内、次の二九語は、その見出し語か品物の雅称かのいずれかを引いたもので、そのままの引用といってよい。

魚鮓幾餅　白粲(一筐)幾斗　玉塵一筐　香飴几團　仙餌几團　豆乳一盤　龍團一封　竹胎一盤　雪華一筐
仙郷一筐　馬乳一盒　香實一筐　綺羅一疋　手帕一方　玉膏几十　縐紗一端　暑絡一疋　絲帯一副
色衣一領(一襲)　汗巾一幅　昆吾几星両(「星」のみ)　朱提几星両(「星」のみ)　青蚨几百　寶籍一部　丹青一副(幅)　蔡珍一刀
毛穎幾枝　文池一副　氷鑑一團(圓)　(二九語、付訓を省く)

このほとんどは雅称を用いているが、「手帕一方」「汗巾一幅」は見出し語による。「幾」字三例は、『尺牘双魚』に「几」、「仙郷」は同じく「卿(郷)」となっているが、不問とする。

次の六語は、一部(—部)が相異する(『尺牘双魚』の見出し語を除く)。やはり、同書を踏まえたものであろう。下段が『尺牘双魚』である。「粽」「樽」「足衣」「烏銀」などは、日本人に分かりやすく変えたのであろうか。

角黍几粽　—[粽]角黍几器
魯酒一樽　—[酒]魯酒一尊
楊菓一筐　—[楊梅]楊果一盤
色絹几疋　—[絹]色絹一疋
足衣一双　—[暑襪]足衾一双

烏銀一箑　―［炭］烏金几箑

通計すると、『尺牘双魚』が関係する品物は、大体、六九パーセントとなる。

また、次は、『翰墨双璧』（明万暦四一年〈一六一三〉）との関わりが考えられる（下段が『翰墨双璧』）。

家皃二翼　―［鴨］家皃二翼

家雁二掌　―［鵞］家鴈二掌

窓禽二翼　―［鷄］窓禽二翼

夏登一筐　―麥　夏登一盒

金丸一盤　―［枇杷］金丸一筐

色緞一疋　―［緞］色緞二端

見出し語を別とすれば、―部が異なるが、もし、引用関係があるとすれば、『翰墨双璧』は、本書『尺牘諺解』の刊行（延宝八年〈一六八〇〉刊）以前に輸入されていたことになる。

これら以外の「鮮鱗幾尾」「玉粒《コメ》一嚢」「宿根《ナ》一盒」「水團《ナシ》一筐」「龍剤《スミ》一笏」「仁風《アフキ》一握」「檀香《センカウ》一束」「龍涎《カウ》几片一瓣一枝」「合香《タキモノ》一盒」などにつき、類似例の見える資料もあるが、定かなことはいえない。

『尺牘双魚』『翰墨双璧』等には、魚や鳥ばかりでなく、猪・豚、羊などに関する肉食関係の品物も見えている。その内、本書は、鳥・魚の関係は引き、猪・豚、羊などの関係を引いていない。この点については、中日間の食生活の差異、あるいは、著者自身の生活環境・食習慣といった問題を考えてみなければならない。本書の著者は不詳とされるが、先行書を案配し、取捨選択するのも、それなりの読者層を念頭にしてのことであろう。本書は、日本人によって執筆された日本人のための著作であり、その趣旨をもって書肆の版行するところともなったのであろう。

なお、本書は、大典顕常の『尺牘語式』に大きな影響を及ぼしている。助数詞、付訓などに若干の相異はあるものの、一致するところが大きい。

第七節　『玉堂尺牘彙書』

一、序

『玉堂尺牘彙書』三冊（また、一冊）は、陳太士《ちんたいし》の著に蔡九霞《さいきゆうか》の注を付し、康熙壬戌冬新編、刊行された（集賢居刊）。「康熙」は、清代の年号であるが、実質的には明代の尺牘書といってよい。康熙壬戌二一年は、日本の天和二年（一六八二）である。この五年後、貞享四年（一六八七）五月、訓点を付し、京都の林五郎兵衛から重刊された。

本書は、上冊から下冊途中（八五丁、三分の二）まで要件に沿って尺牘範例（往復）を示し、その中の要語について「註解」（蔡方炳）を付す。下冊末部（三分の一）は、各種の帖式をあげる。尺牘の表現法、語彙・雅称などを学習するためのもので、扉にいうように、旧来の「腐談」「蕪辞」を排し、実用性を重視した編書のようである。

蔡方炳（字九霞）は、康熙年間の人で、明陸応陽著『広輿記』を増訂した『大清広輿図』二四巻、また、『新鐫尺牘青銭広編』（元禄一三年古川参郎兵衛重刊、正続一冊）の選定などがある。

貞享四年刊本について、架蔵の一本は、原装三冊本で、原表紙（縹色、無地）の外題に、中冊を例にとれば、「尺牘彙書　中　」（簽・原、左、単）とある。上冊は、扉題に「玉堂尺牘彙書」、目次の首に「玉堂註釈尺牘彙書新編目次」、内題に「新鐫註釈玉堂尺牘彙書」、内題の次に「古越陳　晉太士纂著／平江蔡方炳九霞註釈」とある。柱刻は、「尺牘彙書」（上冊の一丁〈目一〉～下冊の二四丁までの八五丁に通して丁数が付される）・「玉堂帖式」（下冊後半の一一丁に新たに丁数を付す）とある。魚尾なし。漢文、送仮名（片仮名）、返点、傍点などがある。寸法は縦二二・三cm、横一四・〇cm、題簽縦寸不詳（下端破損）、横三・三cm、本文匡郭縦一七・六cm、横一一・一cm。丁数は、上冊の扉〇・五丁、目次三丁、本文三〇丁〈丁付は「一～三十」〉、中冊（の本文）三二丁〈丁付は「中口 卅一～六一」〉、下冊（同）三五丁〈「下口 六二～八五」、「玉堂帖式」に「一～十一」〉、刊記〇・五丁である。一面一〇行。刊記は、「貞享四丁卯年／　五月吉祥日／（一行分空白）／　林五郎兵衛梓行」とある。この刊記半丁と下冊の「玉堂帖式」の第一一丁は、本体部の匡郭より僅かに大きい。上冊の表紙の右肩に「廿九　共三」（墨書）と書いた紙片が貼付され、各冊の巻尾に印記「南山／北坊」（朱方印）がある。高野山の清浄心院の旧蔵書。

扉には、三郭を設け、中央には大きく「玉堂尺牘彙書」、右郭内には「古越陳太士 平江蔡九霞二先生纂著」とある。左郭内には、「士庶家欲下修二往来之好一通中餽遺之誼上、大都借二毛生一以為レ舌、即二松卿一而代レ面、歴来箋《ノ》、素｜／坊刻何｜啻汗レ牛、然非二腐談満レ楮、則蕪辞穢レ目、且或可レ用二于貴一而不レ可レ用二于賤一、可レ通二之／智一而不レ可レ通二之｜愚一、均于二交際一無レ裨也、是｜集化レ俚為レ雅、易レ旧為レ新、言｜短而意｜長、詞｜浅而／情｜尽、洵《ニ》上下可二通｜行一而雅俗所二共賞一乎、予本｜蔵《シテ》作二家秘一因二友人過一而許レ之、力請伝レ世／因付レ之梓以公二天下一　集賢居梓行」とある（読点私意）。「毛生」「松卿」は、筆、墨の雅称である。この三郭全体を双郭で括り、その上欄外に「康熙壬戌冬新編」（右から左へ横書）とある。

貞享四年刊本につき、次のような諸家所蔵本があり、波多野太郎編『中国語学資料叢刊』の『第三篇　尺牘篇』の『第一巻』にも複製（貞享四年刊本）が収められている。

東京大学総合図書館蔵本（E40・46南）は、原表紙をとどめるものの一冊本に改装され、刊記もないようである。縦二一・六cm、横一三・七cm、表紙は黄土色、丁数は目次三丁、「尺牘彙書」八五丁、「玉堂帖式」一一丁である。

国立国会図書館蔵本（請求番号、131-221）は、今は一冊に合冊され、鞘表紙（帝国図書館の押型紋あり）が付されている。もとは三冊本で、それぞれ紺色の無文の表紙に新題簽（一四・九cm、二・二cm）に「尺牘彙書　上（中、三）」（左、双郭、手書）とある。寸法は縦二二・八cm、横一五・七cm。上冊の目次の首に「玉堂註釈尺牘彙書新編目次」、内題に「新鐫註釈玉堂尺牘彙書」、柱刻は「尺牘彙書」。上冊は、扉○・五丁、目次三丁、次に「玉堂帖式」（一二丁）があり、次に「尺牘彙書」の本文が位置して「一〜三十」と丁付され、中冊は、同本文が「中口 卅一〜六一」、下冊は、同じく「下口 六二〜八五」とある。刊記の丁はない。「玉堂帖式」が前置されている点は、左の三原市立図書館蔵本と同じである。印記は、各冊巻首に「東京／図書／館蔵」（朱方印）、同巻尾に「源廣長」（朱長方印）とある。後者は、松前広長（享和元年〈一八〇一〉歿、享年六五歳）の蔵書印である。広長は、松前藩第六代藩主邦広の六男で、同藩家臣（家老）となり、『福山秘府』『松前年歴捷径』等を著わした人物である。

上田図書館花月文庫蔵本は一冊本（詩39、ID1001003439）で、刊記の丁を欠く。扉題、内題は架蔵本に同じ。扉○・五丁、目次三丁、本文一〜八五丁、次いで「玉堂帖式」の本文一二丁である。

刈谷市立図書館村上文庫蔵本は一冊本で（3.192/1/3丙四）、外題は、「□《破》牘彙書」（簽、原、左、単）、扉題・内題・柱刻、丁付、刊記などは架蔵本に同じ。

三原市立図書館蔵本は三冊本で（826.6-C-1（1〜3））で、外題（原表紙）は、上冊を例にとれば、「尺牘彙書上」（簽・原、左、単）とある。上冊の扉題・目次の首（「玉堂註釈尺牘彙書新編目次」）・内題・柱刻、刊記は架蔵本に同じである。但し、三冊の編成・綴じ方は異なる。即ち、上冊は、扉○・五丁、目次三丁、次に「玉堂帖式」（一二丁）があり、次に「尺牘彙書」の本文が位置して「一〜二十」と丁付され、中冊は、同本文が「廿一〜五三」、下冊は、同じく「五四〜八五」と丁付されている。中、下の冊の第一丁は、架蔵本のように「中口 卅一」「下口 六二」とあるべきである。なお、表紙右肩のラベルに「楢崎文庫／昭和五年十二月十日／楢崎憲蔵氏寄贈／900/4/339/3冊」とある。

大阪府立中之島図書館蔵本は三冊本で（235.8-68）で、原表紙（黒、蔓草・押型菱文様）、外題に「尺牘彙書　上（中、下）」（簽、後、左、複〈三本〉）とある。上冊の扉題・目次の首（「玉堂註釈尺牘彙書新編目次」）・内題・柱刻、刊記は架蔵本に同じである。但し、三冊の編成・綴じ方は異なる。即ち、上冊は、扉○・五丁、目次三丁、次に「玉堂帖式」

（一一丁）があり、次に「尺牘彙書」の本文が位置して「一〜二十」と丁付され、中冊は、同本文が「廿一〜五三」、下冊は、同じく「五四〜八五」と丁付されている。この点、三原市立図書館蔵本に同じである。印記「大平／蔵書」（朱方印）、「今□（？）氏／図書印」（朱長方印）、「和田／蔵書」（朱方印）など。「和田義澄氏／寄贈之記」（朱長方印）。

浄照坊蔵（大阪府）蔵本は、上冊のみの一冊本（シ4）である。外題（原表紙）に「尺牘彙書上　李」（簽・原、左、単）とあり、以下、扉題・目次の首（「玉堂註釈尺牘彙書新編目次」）・内題・柱刻は架蔵本に同じである。扉〇・五丁、目次三丁、本文三〇丁からなる。架蔵本の上冊に同じである。

この他、実践女子大学・宮城県立図書館・二松学舎大学・東北大学・禅文化研究所（花園大学内）などにも所蔵がある（以上の上田図書館花月文庫蔵本、刈谷市立図書館蔵本、三原市立図書館蔵本、浄照坊蔵蔵本の四本は、国文学研究資料館のマイクロフィルムによる。）

さて、右の貞享四年刊本の「玉堂帖式」第七丁オモテから第九丁オモテにかけての下半分に、それぞれ四段構えで、品物を餽送する際の雅称と数量表現（数詞・助数詞等）が列挙されている。これらの用例は、「果品稱呼」「餚饌稱呼」「書器稱呼」「衣服稱呼」「珍寶稱呼」「花木稱呼」「禽獣稱呼」の順に七類に分たれ、この語群毎に罫線で大区分されている。だが、一部（九丁オ）を除き、各行、また、各段には基本的には罫線が付されていない。

列挙されている用例（見出語・雅称・数量表現の一連）の合計は一六五語である。後述のように、これらは『尺牘双魚』の影響を受けたものらしく、その内の一四三語が『尺牘双魚』に見える（約八七パーセント）。それに見えない、本書独自の用例は二二語（約一三パーセント）である。『尺牘双魚』には一九九語を収める。その一四三語とは、その七二パーセントに当たる。

二、助数詞用法

『玉堂尺牘彙書』貞享四年版の下冊、「玉堂帖式」の部の下層に次のように見える（七丁オ〜九丁オ）。これは、餽送品物を「果品稱呼・餚饌稱呼・書器稱呼・衣服稱呼・珍寶稱呼・花木稱呼・禽獣稱呼」の七類に分け、その雅称と数量表現とを説くものである。以下に、架蔵本を底本とし、これを翻字する。

《凡例》1、改行は底本に従う。

2、見出し語には、基本的には郭や罫線などの符号は付されていないので（例外的に、九丁オモテの見出し語の一部は、それぞれ小郭に入れられている）、ここでも符号を付けない。

3、見出し語に続く品物の雅称と助数詞は、〈 〉内に示す。その改行部は／印で示す。

4、見出し語でも、二字からなるものは、やや小字で横書きとなっている。その改行部は、一々示す要はないので、ここでは省く。

5、「幾」「几」、「圓」「員」、「対」、「疋」「匹」、「双」、「寶」「宝」などの字体はそのままとする。

［翻字］

（七丁オ）

1 ○果品稱呼

2 米〈白粲／幾斗〉 麪〈玉塵／一筐〉 餅〈香飴／几團〉 粽〈角黍／几盤〉

3 糍〈金飴／几團〉 粿〈玉飴／几團〉 包〈團香／一盤〉 茶〈細茗／几礶〉

4 笋〈竹胎／一盤〉 茘枝〈茘紅／一筐〉 龍眼〈魁圓／一筐〉 桃〈仙桃／一筐〉

5 橄欖〈青子／一筐〉 白菓〈艮（銀）杏／一器〉 西瓜〈水晶／一筐〉 棗〈紅棗／一筐〉

6 柿餅〈柿霜／一盤〉 梅子〈雪華／一筐〉 李〈玉華／一筐〉 梨〈玉實／一筐〉

7 杏〈紅錦／一筐〉 枇杷〈盧橘／一筐〉 瓜子〈瓜仁／（ママ）筐〉 雪梨〈氷團／一筐〉

8 石榴〈天漿／一盤〉 藕〈玉臂／一筐〉 蓮子〈提珠／一筐〉 柑〈朱橘／一筐〉
9 栗〈圓栗／一筐〉 楊梅〈圣（聖）僧／一筐〉 甘蔗〈蜜汁／几茎〉 菱角〈水栗／一筐〉
10 ○餚饌稱呼

（七丁ウ）

1 猪〈剛鬣／一圏〉 猪首〈豚元／一顆〉 猪腿〈祿豚／一肘〉 火腿〈烟豚／一肘〉
2 羊〈柔毛／一羫〉 羊首〈羊元／一顆〉 羊腿〈羊肩／一肘〉 猪肚〈綸（?）肚／一盤〉
3 牛肉〈犢背／一方〉 酒〈魯酒／一樽〉 鶏〈徳禽／双翼〉 鵞〈家鴈／二掌〉
4 鴨〈家鳧／几隻〉 水蛙〈皷吹／全部〉 鱉〈坐魚／一筐〉 魚〈鮮魚／一盤〉
5 鰱魚〈錦鰱／几首〉 鱔魚〈錦鱔／一盤〉 艮（銀）魚〈艮（銀）魚／一盤〉 蝦米〈蝦米／一盤〉
6 鱘〈福鱘／一盤〉 鯉〈金鯉／一盤〉
7 ○書器稱呼
8 琴〈絲桐／七絃〉 棋〈手談／一局〉 書〈宝籍／一部〉 畫〈丹青／一幅〉
9 紙〈蔡珍／一刀〉 筆〈毛錐／几管〉 墨〈青煙／几笏〉 硯〈文池／一枚〉
10 箋〈鸞箋／一束〉 官暦〈新書／几冊〉 香〈息香／百枝〉 合香〈合香／一袋〉

（八丁オ）

1 肥皂〈玉容／一匣〉 扇〈軽箑／一握〉 拍〈玉板／一副〉 枕〈籐枕／一対〉
2 簾〈粗簾／一鋪〉 鏡〈氷鑑／一員（圓）〉 針〈綉針／一包〉 骰子〈彩骰／一副〉
3 骨牌〈骨牌／一副〉 雙陸〈博陸／一副〉 梳〈牙梳／一副〉 篦〈粗篦／一副〉
4 劔〈青萍／一鞘〉 弓〈麟膠／一把〉 拜盒〈拜盒／一枚〉 箭〈豹牙／十枝〉

5 簫〈玉簫／一枝〉　笛〈竹笛／一枝〉　箸〈牙箸／一副〉　茶匙〈茶匙／一副〉
6 圍屏〈錦屏／全架〉　香炉〈香鼎／一口〉　茶壺〈茶礶／一口〉
7 ○衣服稱呼
8 紬〈粗紬／一端〉　緞〈雲緞／一端〉　絹〈色絹／一疋〉　紗〈縐紗／一端〉
9 羅〈綺羅／一疋〉　梭布〈梭布／一疋〉　葛布〈夏絹／一疋〉　巾〈元服／一頂〉
10 絲條〈絲帶／一副〉　衣〈色衣／一件〉　被〈粗衾／一床〉　帳鈎〈帳鈎／一副〉
（八丁ウ）
1 帳〈紫絹／一頂〉　靴〈革履／一双〉　鞋〈雲履／一双〉　手帕〈雲羅／一方〉
2 汗巾〈絞綃／一條〉　護領〈領絹／一方〉　手巾〈粗巾／一條〉　荷包〈香嚢／一枚〉
3 毛毯〈花毯／一陳〉　氈帽〈氈帽／一頂〉　氈襪〈氈襪／一双〉　氈條〈毯茵／一陳〉
4 襪〈足衾／一双〉　護膝〈膝圍／一双〉　坐褥〈坐褥／一方〉　卓圍〈卓圍／一対〉
5 女鞋〈綉鞋／一双〉　女襪〈膝衣／一副〉　綸帶〈綸帶／一條〉　裙〈下裳／一套〉
6 ○珍寶稱呼
7 金〈昆吾／几星〉　銀〈朱提／几星〉　錢〈青蚨／几百〉　珠〈焰乗／几枚〉
8 玉〈荊璞／一枚〉　釵〈金釵／一対〉　銀爵〈鼎爵／特晋〉　珀墜〈珀陞／一枚〉
9 環〈玉環／一双〉　簪〈或玉或金或瑪瑙或／珀或臘金倶ニ依レ寔寫〉
10 ○花木稱呼
（九丁オ）
1 蘭〈清香／一種〉　菊〈霜傑／一盆〉　芙蓉〈天英／一種〉　牡丹〈天香／一種〉

2 芍薬〈吐錦／一種〉 瑞香〈世英／一種〉 茉莉〈玉馥／一種〉 海棠〈酔春／一種〉
3 山茶〈宝珠／一種〉 石榴〈火珠／一種〉 蓮花〈浄友／一種〉 薔薇〈錦衣／一種〉
4 杏花〈麗色／一種〉 蕙花〈含英／一種〉 桂花〈仙友／一種〉 梅〈東閣／一種〉
5 ○禽獣稱呼
6 鶴〈仙胎／一対〉 鸂鶒〈緑衣／一対〉 鴿〈飛奴／一対〉 鳩〈錦翼／一対〉
7 鵲〈報喜／一対〉 鷺鷥〈霜衣／一対〉 鶯〈金鶯／二翼〉 孔雀〈南禽／二翼〉
8 鴛鴦〈匹鳥／一対〉 馬〈駑駘／一乗〉 馿馬〈蹇馿／一頭〉 騾〈小騾／一疋〉
9 兎〈狡兎／一隻〉 鹿〈唧芝／一隻〉 猫〈家猫／一口〉 犬〈小獒／一口〉
10 山猫〈玉面／一隻〉 牛〈大牢／一乗〉
（九丁ウ）
1 ○時令稱呼
2 正月〈端月／孟春〉 二月〈花月／仲春〉 三月〈桐月／季春〉
3 （以下、省略）

［翻字注］

（七丁ウ2）「猪肚〈綸《(?)》肚／一盤〉」の「猪肚」は、豬《ぶた》（猪）の胃袋。「綸肚」はその雅称と覚しいが、版が不鮮明で判読できない。『居家必用事類』壬集・巻一七「衛生」の条に、「猪肚生方　治下老人脚気煩熱脚腫入レ膝万悶上」として「猪肚〈一枚　細切作二生肥者一〉」を用いるとある（寛文一三年和泉掾、松栢堂刊。一九八四年一二月、中文出版社、三六〇頁）。

（七丁ウ5）「鰱魚」は、魚のタナゴ。

三、熊寅幾編『尺牘双魚』（東洋文庫蔵九巻・二冊本）との比較

右に、『玉堂尺牘彙書』に見える助数詞用法を引いた。これらの用法は、窺うに、先の明末熊寅幾編輯『尺牘双魚』巻八の「果品」以下を踏まえたものらしく、両者間に密接な関係が認められる。以下に『尺牘双魚』東洋文庫蔵九巻・二冊本（整理番号：Ⅳ－5－17）と比較してみよう。

但し、ここに用いた『玉堂尺牘彙書』の底本は、貞享四年林五郎兵衛訓点重刊本である。これが、康熙二一年の新編本と全同であるとは限らない。正しくは、その原本（あるいは、然るべき刊本）をもって検討すべきである。だが、今、原本の所在を知らない。ここでは貞享四年刊本（以下、本書という）をもって先の『尺牘双魚』と比較する。

まず、本書の餽送品物につき、その分類項目、及び、その項目順は次のようになっている。

「〇果品稱呼」「〇餚饌稱呼」「〇書器稱呼」「〇衣服稱呼」「〇珍寶稱呼」「〇花木稱呼」「〇禽獸稱呼」

この点につき、『尺牘双魚』では、次のようになっている。

「〇果品」「〇餚撰」「〇書器」「〇衣服」「〇珍寶」「〇禽獸」「〇花木」

共に項目標示に「〇」印を用い、項目名や順序は、かなり通ずる。だが、本書は、それぞれの項目に「稱呼」の語を付け、また、『尺牘双魚』の方の第六、七位を入れ替えている。その理由は分からないが、あえて推測すれば、餽送に用いる品物として「禽獸」を用いることは少ないから、これを末尾に移したのではなかろうか。

各項目の中の品物の出現順序は一致しない。本書が『尺牘双魚』を参看したとしても、語の取捨選択、語順などは自ら按配したようである。

次に、各項目につき、『尺牘双魚』と比較し、両者間に一致、不一致があるものを検討する。但し、字体の「幾」

「几」、「寶」「宝」、「對」「対」、「雙」「双」、「圓」「員」、「銀」「艮」、「漿」「将」、「驢」「駈」、「凫」「凫」の差異を不問とする。だが、「疋」「匹」、「麺」「麪」、「劔」「劍」、「蜜」「密」、「箒」「菷」、「雁」「鴈」、「床」「牀」、「啣」「銜」、「樽」「尊」は差異ありとする。差異ある部分に右傍線を付す。

(1)、「○果品稱呼」（延べ三二語）—この三二語に関し、その全てが『尺牘双魚』（五四語）のいずれかと関係する。

(i)、品物名・雅名、数量表現等の同じもの（一一語）。〈『尺牘双魚』の用例略す〉

「米〈白粲幾斗〉」「餅〈香飴几團〉」「糍〈金飴几團〉」「粿〈玉飴几團〉」「白菓〈艮（銀）杏一器〉」「柿餅〈柿霜一盤〉」「梅子〈雪華一筐〉」「梨〈玉實一筐〉」「石榴〈天漿一盤〉」「藕〈玉臂一筐〉」「菱角〈水栗一筐〉」

(ii)、品物名・雅名が異なるもの（一七語）〈—線の上に本書、下に『尺牘双魚』の用例を示す〉

「麺〈玉塵一筐〉」—「〈麪〉玉塵一筐」
「包〈團香一盤〉」—「〈包子〉團香一盤」
「茶〈細茗几礶〉」—「〈細茶〉龍團一封」
「笋〈竹胎一盤〉」—「〈新笋〉竹胎一盤」
「茘枝〈茘紅一筐〉」—「〈茘枝〉紫嚢一筐」
「龍眼〈魁圓一筐〉」—「〈龍眼〉驪珠一筐」
「桃〈仙桃一筐〉」—「〈桃子〉仙卿（郷）一筐」
「橄欖〈青子一筐〉」—「〈橄欖〉青果一筐」
「棗〈紅棗一筐〉」—「〈紅棗〉赤棗一盤」
「李〈玉華一筐〉」—「〈李子〉玉華一筐」
「杏〈紅錦一筐〉」—「〈杏子〉紅錦一筐」
「瓜子〈瓜仁一筐（ママ）〉」—「〈瓜仁〉瓜仁一封」
「蓮子〈提珠一筐〉」—「〈蓮子〉玉擎几包」
「柑〈朱橘一筐〉」—「〈柑子〉金嚢一盒」
「栗〈圓栗一筐〉」—「〈栗子〉員（圓）栗一筐」
「楊梅〈圣（聖）僧一筐〉」—「〈楊梅〉楊果一盤」
「甘蔗〈蜜汁几莖〉」—「〈甘蔗〉密汁几莖」

(iii)、数量表現（数詞・助数詞・単位等）の異なるもの（一〇語）〈右に重出するものを含む〉

「粽〈角黍几盤〉」—「〔粽〕角黍几器」
「茶〈細茗几罐〉」—「〔細茶〕龍團一封」
「西瓜〈水晶一筐〉」—「〔西瓜〕水晶几團」
「棗〈紅棗一筐〉」—「〔紅棗〕赤棗一盤」
「枇杷〈盧橘一筐〉」—「〔枇杷〕盧橘一盤」
「瓜子〈瓜仁筐《（ママ）》〉」—「〔瓜仁〕瓜仁一封」
「雪梨〈氷團一筐〉」—「〔雪梨〕氷團几圓」
「蓮子〈提珠一筐〉」—「〔蓮子〕玉擎几包」
「柑〈朱橘一筐〉」—「〔柑子〕金嚢一盒」
「楊梅〈圣《（聖）》僧一筐〉」—「〔楊梅〕楊果一盤」

(iv)、本書にあって『尺牘双魚』に見えない語はない。

(v)、『尺牘双魚』の五四語の内、次の二二語は本書に関与しない。

「〔塩〕海霜几盤」「〔糕〕粉蒸几器」「〔櫻桃〕櫻花一筐」「〔豆粉〕豆粉一器」
「〔饅頭〕仙餌几團」「〔閩笋〕閩笋一筐」「〔荸薺〕野薺一筐」「〔荻笋〕荻笋一盤」
「〔木耳〕廣耳一盤」「〔核桃〕胡桃一器」「〔黒棗〕揮棗一盤」「〔柿子〕軟柿一盤」
「〔蘋苗〕蘋苗一器」「〔榧子〕香實一筐」「〔林檎〕文林一筐」「〔薯〕山薯一盤」
「〔梧桐〕玉粒一筐」「〔葡萄〕馬乳一盒」「〔柑橘〕洞庭顆《（ママ）》盤」「〔蓮蓬〕蜂窠一盤」
「〔米糖〕玉錫一盤」「〔豆腐〕豆乳一盤」

本書は、『尺牘双魚』をそのまま引くこともあるが(i)、右からすれば、果実類に添える接尾辞「ー子」を削り、「細茶」「新笋」などの修飾語を削って「茶」「笋」と改める(ii)、同じく「紅棗」「黒棗」を「棗」に改める(iii)・(v)、また、他の助数詞を「筐」に改める(iii)などの加除を行なっている。修飾語を削る傾向は他にも認められる(以下には、(2)で「鮮魚」を「魚」に、(4)で「暑襪」を「襪」に、(5)で「銅錢」を「錢」に改めている)。

(2)、「○餚饌稱呼」(二二語)—この内、一五語が『尺牘双魚』(二一語)のいずれかと関係する。

(i)、品物名・雅名、数量表現等の同じもの(六語)。〈『尺牘双魚』の用例略す〉

「猪〈剛鬣一圏〉」「猪首〈豚元一顆〉」「火腿〈烟豚一肘〉」「羊〈柔毛一羫〉」「羊首〈羊元一顆〉」
「牛肉〈犢背一方〉」

(ii)、品物名・雅名が異なるもの（四語）〈—線の上は本書、下は『尺牘双魚』〉

「猪腿〈禄豚一肘〉」—「〔猪腿〕豚肩一肘」　「鵞〈家鴈二掌〉」—「〔鵞〕家雁二掌」
「羊腿〈羊肩一肘〉」—「〔羊肉〕柔肋一肘」　「魚〈鮮魚一盤〉」—「〔鮮魚〕玉尺几尾」

(iii)、数量表現（数詞・助数詞等）の異なるもの（六語）〈右に重出するものを含む〉

「酒〈魯酒一樽〉」—「〔酒〕魯酒一尊」　「魚〈鮮魚一盤〉」—「〔鮮魚〕玉尺几尾」
「鶏〈徳禽双翼〉」—「〔雞〕徳禽几翌（翅）」　「艮（銀）魚〈艮（銀）魚一盤〉」—「〔銀魚〕銀魚一筐」
「鴨〈家鳧几隻〉」—「〔鴨〕家鳧几翼」　「蝦米〈蝦米一盤〉」—「〔蝦米〕蝦米一封」

(iv)、本書にあって『尺牘双魚』に見えないもの（七語）

「猪肚〈綸（?）肚一盤〉」「水蛙〈皷吹全部〉」「鱉〈坐魚一筐〉」「鰱魚〈錦鰱几首〉」
「鱔魚〈錦鱔一盤〉」「鱘〈福鱘一盤〉」「鯉〈金鯉一盤〉」

(v)、『尺牘双魚』の二二語の内、次の六語は本書に関与しない。

「〔猪肉〕豚肉一方」「〔猪蹄〕豚蹄一屈」「〔蛋〕玉弾几十」「〔鱣魚〕鱣魚几斤」
「〔魚鮓〕魚鮓几鉼」「〔海蜇〕海蜇一筐」

右では、助数詞に「盤」を用いる傾向がある。

(3)、「○書器稱呼」（三五語）—この内、三三語が『尺牘双魚』（五一語）のいずれかと関係する。

(i)、品物名・雅名、数量表現等の同じもの（一二語）。〈『尺牘双魚』の用例略す〉

「琴〈絲桐七絃〉」「書〈宝籍一部〉」「紙〈蔡珍一刀〉」「官暦〈新書几冊〉」「肥皀〈玉容一匣〉」

「扇〈軽箑一握〉」「骰子〈彩骰一副〉」「骨牌〈骨牌一副〉」「梳〈牙梳一副〉」「弓〈麟膠一把〉」
「笛〈竹笛一枝〉」「茶匙〈茶匙一副〉」

(ii)、品物名・雅名が異なるもの（一四語）〈―線の上は本書、下は『尺牘双魚』〉

「棋〈手談一局〉」―「〔碁〕手談一局」　「簾〈粗簾一鋪〉」―「〔簾〕粗席一鋪」
「筆〈毛錐几管〉」―「〔筆〕毛穎几枝」　「針〈綉針一包〉」―「〔鍼〕引線一包」
「墨〈青煙几笏〉」―「〔墨〕青烟几笏」　「雙陸〈博陸一副〉」―「〔雙陸〕博六一副」
「箋〈鸞箋一束〉」―「〔箋帖〕鸞箋一束」　「劔〈青萍一鞘〉」―「〔劍〕青萍一鞘」
「香〈息香百枝〉」―「〔息香〕息香百枝」　「箭〈豹牙十枝〉」―「〔箭〕狼牙十枝」
「拍〈玉板一副〉」―「〔笏〕玉板一握」　「簫〈玉簫一枝〉」―「〔簫〕鳳簫一枝」
「枕〈籐枕一対〉」―「〔枕〕藤枕一對」　「圍屏〈錦屏全架〉」―「〔圍屏〕圍屏一架」

(iii)、数量表現（数詞・助数詞・単位等）の異なるもの（九語）〈右に重出するものを含む〉

「畫〈丹青一幅〉」―「〔畫〕丹青一副（幅）」　「鏡〈氷鑑一員（圓）〉」―「〔鏡〕氷鑑一團（圓）」
「筆〈毛錐几管〉」―「〔筆〕毛穎几枝」　「篦〈粗篦一副〉」―「〔篦〕粗篦一張」
「硯〈文池／一枚〉」―「〔硯〕文池一副」　「拝盒〈拝盒一枚〉」―「〔拝盒〕拝盒一枝」
「合香〈合香一袋〉」―「〔合香〕合香几袋」
「拍〈玉板一副〉」―「〔笏〕玉板一握」　「圍屏〈錦屏全架〉」―「〔圍屏〕圍屏一架」

(iv)、本書にあって『尺牘双魚』に見えないもの（三語）

「箸〈牙箸一副〉」「香炉〈香鼎一口〉」「茶壺〈茶礶一口〉」

(v)、『尺牘双魚』の五一語の内、次の一九語は本書に関与しない。

「〔字帖〕銀鉤一副」「〔手巻〕牙籤一巻」「〔冊策〕玉籍一函」「〔簪〕花簪一枝」
「〔抿子〕抿刷一副」「〔刀〕青犢一柄」「〔盞〕白（珀）皿一槖」「〔筯〕玉揷几副」
「〔甌〕甆甌几十」「〔炭〕烏金几簍」「〔護書〕護書一枚」「〔皮箱〕皮箱一枚」
「〔攢盒〕桌（卓）盒一副」「〔爆竹〕爆竹几十」「〔燭〕玉膏几十」「〔拂〕玉麈一柄」
「〔香〕龍涎几束」「〔藤簟〕湘水一鋪」「〔氈〕毡裀一陳」

右の内、(iv)の「箸〈牙箸一副」は、(v)の「〔筯〕玉揷几副」と関係するかも知れない。

(4)、「○衣服稱呼」（三二語）—この内、二七語が『尺牘双魚』（三一語）のいずれかと関係する。

(i)、品物名・雅名、数量表現等の同じもの（一五語）。〈『尺牘双魚』の用例略す〉

「紬〈粗紬一端〉」「絹〈色絹一疋〉」「紗〈縐紗一端〉」「羅〈綺羅一疋〉」「梭布〈梭布一疋〉」
「巾〈元服一頂〉」「帳鈎〈帳鈎一副〉」「靴〈革履一双〉」「鞋〈雲履一双〉」「手帕〈雲羅一方〉」
「護領〈領絹一方〉」「手巾〈粗巾一條〉」「荷包〈香嚢一枚〉」「毛毯〈花毯一陳〉」
「坐褥〈坐褥一方〉」

(ii)、品物名・雅名が異なるもの（七語）〈—線の上は本書、下は『尺牘双魚』〉

「葛布〈夏絹一疋〉」—「〔葛布〕暑絡一疋」　「氈襪〈氈襪一双〉」—「〔毡襪〕毡襪一双」
「絲縧〈絲帶一副〉」—「〔絲帶〕絲帶一副」　「氈條〈毯茵一陳〉」—「〔毡條〕毡裀一陳」
「帳〈紫絹一頂〉」—「〔帳〕紫綃一頂」　「韈〈足衾一双〉」—「〔暑韈〕足衾一双」
「氈帽〈氈帽一頂〉」—「〔毡帽〕毡帽一頂」

(iii)、数量表現（数詞・助数詞・単位等）の異なるもの（五語）〈右に重出するものを含む〉

「衣〈色衣一件〉」—「〔衣〕色衣一領」　「被〈粗衾一床〉」—「〔被〕粗衾一牀」

「汗巾〈絞綃一條〉」―「〔汗巾〕絞綃一幅」　「卓圍〈卓圍一対〉」―「〔桌《卓》圍〕桌《卓》圍几幅」

「護膝〈膝圍一双〉」―「〔護膝〕膝圍一對」

(iv)、本書にあって『尺牘双魚』に見えないもの（五語）

「緞〈雲緞一端〉」「女鞋〈綉鞋一双〉」「女襪〈膝衣一副〉」「綸帯〈綸帯一條〉」

「裙〈下裳一套〉」

(v)、『尺牘双魚』の三一語の内、次の四語は本書に関与しない。

「〔絲條〕絲縧一條」「〔皮金〕皮金一張」「〔綾襪〕綾襪一双」「〔褐〕毛布一匹」

本書の「絲條〈絲帯一副〉」(ii)は、『尺牘双魚』の「〔絲帯〕絲帯一副」(ii)の他、「〔絲條〕絲縧一條」(v)にも関わるのかも知れない。また、「毡」字は「氈」字に改める。「毡」字は、「氈」の俗字。

(5)、「○珍寶稱呼」（一〇語）―この内、七語が『尺牘双魚』（八語）のいずれかと関係する。

(i)、品物名・雅名、数量表現等の同じもの（二語）。〈『尺牘双魚』の用例略す〉

「金〈昆吾几星〉」「銀〈朱提几星〉」

(ii)、品物名・雅名が異なるもの（三語）〈―線の上は本書、下は『尺牘双魚』〉

「錢〈青蚨几百〉」―「〔銅錢〕青蚨几百」　「環〈玉環一双〉」―「〔鐶〕耳鐶一双」

「珠〈焰乗几枚〉」―「〔珠〕照乗几枚」

(iii)、数量表現（数詞・助数詞・単位等）の異なるもの（二語）〈右に重出するものを含む〉

「玉〈荊璞一枚〉」―「〔玉〕荊璞一匣」　「釵〈金釵一対〉」―「〔釵〕金釵一副」

(iv)、本書にあって『尺牘双魚』に見えないもの（三語）

「銀爵〈鼎爵特晋〉」「珀墜〈珀墜一枚〉」「簪〈或玉或金或瑪瑙或珀或臘金倶ニ依レ寔寫〉」

(v)、『尺牘双魚』の八語の内、次の一語は本書に関与しない。

「〔瑪瑙〕瑪瑙一匣」

右の(iv)の「簪〈或玉或金或瑪瑙或珀或臘金倶ニ依レ寔寫〉」は、「簪」に関する注釈である。唯一の注釈で数量表現ではないが、(v)の「〔瑪瑙〕瑪瑙一匣」、また、先の「〔簪〕花簪一枝」(3)の(v)等と関係するかも知れない。

(6)、「○花木稱呼」（一六語）—この全てが『尺牘双魚』（一九語）のいずれかと関係する。

(i)、品物名・雅名、数量表現等の同じもの（一一語）。〈『尺牘双魚』の用例略す〉

「菊〈霜傑一盆〉」「芙蓉〈天英一種〉」「牡丹〈天香一種〉」「芍薬〈吐錦一種〉」「瑞香〈世英一種〉」

「海棠〈酔春一種〉」「山茶〈宝珠一種〉」「蓮花〈浄友一種〉」「薔薇〈錦衣一種〉」「杏花〈麗色一種〉」

「蕙花〈含英一種〉」

(ii)、品物名・雅名が異なるもの（五語）〈—線の上は本書、下は『尺牘双魚』〉

「蘭〈清香一種〉」—「〔蘭〕義香一種」　「桂花〈仙友一種〉」—「〔桂〕天香一種」

「茉莉〈玉馥一種〉」—「〔茉莉〕玉馪一種」　「梅〈東閣一種〉」—「〔梅花〕東閣一種」

「石榴〈火珠一種〉」—「〔榴花〕火珠一種」

(iii)、数量表現（数詞・助数詞・単位等）の異なるものはない。

(iv)、本書にあって『尺牘双魚』に見えないものはない。

(v)、『尺牘双魚』の一九語の内、次の三語は本書と関係しない。

「〔荼蘼〕玉蘂一種」「〔杜鵑〕妍春一種」「〔萱草〕忘憂一種」

本書の一六語の掲出順は、『尺牘双魚』のそれに従う。但し、その間における右三語(v)は外れる。この「○花木稱呼」の助数詞は「種」ばかりである。

(7)、「○禽獣稱呼」（一八語）―この内、一四語が『尺牘双魚』（一五語）のいずれかと関係する。

(i)、品物名・雅名、数量表現等の同じもの（四語）。〈『尺牘双魚』の用例略す〉

「鶯〈金鶯二翼〉」「鴛鴦〈匹鳥一対〉」「馬〈駑駘一乗〉」「犬〈小獒一口〉」

(ii)、品物名・雅名が異なるもの（七語）〈―線の上は本書、下は『尺牘双魚』〉

「鶴〈仙胎一対〉」―「〔鶴〕齢禽几對」

「鸚鵡〈緑衣一対〉」―「〔鸚鵡〕隴客二翼」

「鴿〈飛奴一対〉」―「〔鴿〕哨禽几對」

「孔雀〈南禽二翼〉」―「〔孔雀〕南客二翼」

「馿馬〈蹇馿一頭〉」―「〔驢〕蹇馿一頭」

「鹿〈啣芝一隻〉」―「〔鹿〕銜芝双崢」

「猫〈家猫一口〉」―「〔猫〕家豹一口」

(iii)、数量表現（数詞・助数詞・単位等）の異なるもの（七語）〈右に重出するものを含む〉

「鶴〈仙胎一対〉」―「〔鶴〕齢禽几對」

「鸚鵡〈緑衣一対〉」―「〔鸚鵡〕隴客二翼」

「鴿〈飛奴一対〉」―「〔鴿〕哨禽几對」

「騾〈小騾一疋〉」―「〔騾〕小騾一匹」

「兎〈狡兎一隻〉」―「〔兎〕狡兎一匹」

「鹿〈啣芝一隻〉」―「〔鹿〕銜芝双崢」

「牛〈大牢一乗〉」―「〔牛〕大牢一牽」

(iv)、本書にあって『尺牘双魚』に見えないもの（四語）

「鳩〈錦翼一対〉」「鵲〈報喜一対〉」「鷺鷥〈霜衣一対〉」「山猫〈玉面一隻〉」

(v)、『尺牘双魚』の一五語の内、次の一語は本書に関与しない。

「〔雉〕華虫二翼」

この「禽獣」の項目は、禽類と獣類とからなる。『尺牘双魚』では獣類を前に、禽類を後に配置するが、本書ではこれを逆にする。本書は、助数詞に「隻」を用いる傾向も認められそうである。

以上、両者を比較した。本書の餽送品物は『尺牘双魚』の影響を受けているとみてよかろう。(ii)の条件として、「麵」「麪」、「劔」「劍」、「蜜」「密」、「箒」「菷」、「雁」「鴈」、「啣」「銜」それぞれを別字とし、(iii)でも「床」「牀」、「樽」「尊」を別字としたが、それは字書的な問題であり、編纂者の頓着するところではなかったかも知れない（但し、「疋」「匹」は別問題）。とすれば、(i)の数値はもっと増えることになる。

四、小結

助数詞研究上、(iii)の分析が俟たれる。本書では、「筐」「盤」「隻」などを用いる傾向、また、数量表現に関しては、『尺牘双魚』の「几」（「幾」）字を「一」字に改める傾向がある。(iv)、(v)の分析は、資料それぞれの編纂意図にも関わる。それなりの出典についての調査も必要である（「鷺鷥〈霜衣一対〉」（禽獣稱呼）は『翰墨双璧』に見える）。

分析は、更に多くの関連資料を調査し、これらを視野において検討していかなければならない。明代語から清代語へという言語的推移の反映、貞享四年刊本における日本的変質・変容など、通時的、共時的な問題の認められる可能性もある。

本書は、尺牘の実際的な範例文をあげるものである。上冊から下冊三分の二までにおいて、数量表現（助数詞や単位類）は多くは認められず、せいぜい、「一樽」（一杯酒）、「一封」（音信）、「一酌」（萸酒）など若干を見る程度である。「送受往復類」（下冊）の段では、「小硯一枚」「玉蟾蜍一枚」（硯）、「三百顆」（柑子、橘）、「一器」（梅子）、「七碗」（茶）、「五斗」（酒）、「一襲」（新衣）、「一端」（粗給）、「数歩」（蒼蝿飛）などの用例がよく見えているようではあるが、しかし、多用されているわけではない。下冊の末部の「玉堂帖式」でも、範例文による限り、この傾向は変わらないようである。一般的な尺牘類においては、総じて数量の表現は多用されないということであろう。この点、事務的な帳簿類の場合と相異する。

第二項以下に、「果品稱呼・餚饌稱呼・書器稱呼・衣服稱呼・珍寶稱呼・花木稱呼・禽獸稱呼」として説かれる数量表現と雅称を見てきた。これらは、尺牘作法として適切な運用の期待される、教養人のための表現法であり、格別の配慮をもって類聚されたものである。他資料との比較、また、日本における諸方面への影響の実態調査が俟たれる（「第一〇節　書簡啓発《しょかんけいはつ》」の条参照）。

なお、本書の「尺牘彙書」「玉堂帖式」の範例の中には、注意される雅名・助数詞などが見えている。多くは省略せざるを得ないが、「玉堂帖式」の一部、「納采礼帖」「須胙帖式」「奠儀帖式」に見える用法を参考として引いておく。

［参考］

［納采礼帖］

謹テ具フ二

婚書雙函

啓書成封

龍燭雙輝

梹(檳)榔成盒一

奉ルレ申二

已下ノ物件逐テレ一寫スレ之

此レ礼帖也別具フ二名帖一

納采之敬一

嫺弟姓名頓首拝

（玉堂帖式、一ウ）

［須胙帖式］

謹　具二

猪　胙　幾　觔

羊　胙　幾　觔

饅　頭　幾　員（圓）

祭　品　幾　色一

奉レ申二

哀敬一　　　孝子稱呼

（玉堂帖式、一一オ）

［奠儀帖式］

謹　具二

牲　儀　幾　星

冥　資　肆　事一

奉レ申二

奠敬一

自稱呼

（玉堂帖式、一一ウ）

婚姻に際しての書面（聘書）は、あらかじめ排定し、行は双をなすように、また、餚饌は対をなすように認《したた》めることとされる（『尺牘双魚』承応刊本、巻一〇、一八オ）。「龍燭」は、結婚式用の特別の蝋燭。助数詞「雙輝」の用例は多くない。「成封」「成盒」のような「成」字の使い方にも注意される（大典顕常著『尺牘式補遺』）。「梹（檳）榔」は、檳榔樹の実。疲労回復、滋養強壮作用があるとされ、南アジア・東南アジアの地方などでは、今日でも嗜好品としてこれをキンマの葉に包んで噛む習慣がある。「幾星」は、金、銀（金銭）の数量表現である。「饅頭幾員《（圓）》」につき、「員」は「圓」字の省文と見られる。とすれば、「饅頭」に「圓」を用いた例となるが、『尺牘双魚』、その他では「饅頭（饅首）」に「團」という助数詞を用いている。あるいは、誤字（誤植）かとも考えられるが、今はこのままとする（別途、「索引」篇にもこの形で掲出する）。なお、「婣弟」は、「姻弟」に同じ（むこの弟）。

第八節　『尺牘集要』

一、序

『尺牘集要《せきとくしゅうよう》』は、明代尺牘書の一つで、謝君度編、邵文聘刊、四巻（四冊）からなる。但し、原刻本は未見であり、ここでは、貞享元年（一六八四）八月、京都の文台屋治郎兵衛刊、首に董其昌の序一丁を有する覆刻訓点本を用いる。

本書の内容につき、波多野太郎氏によれば、次のようである。

先づ各種の署名書式に入り、次に往信十八の構成、返信十七の構成、称呼、具名語、次に往信十八の活套形式に従つて用例を挙げ、次に往信返信の例文を示した。情書の往復、商人、夫婦間の書信の例文が収められ開放的である。巻二は、招待状の文例、巻三は送り状、八つの活套形式、用語、文例、そして推薦状、貸借状、依頼状、悔み状に勧戒状等。返信も附けてある。巻四は、成人の祝ひへの招待、婚礼、喪礼、祭礼等。全篇都て華妍に流れず、枯簡に堕せず、生活の実際に則して居る。四庫全書に収める翰苑新書や上海古籍近刊の宋人佚簡を繙いても、書翰の活套が宋代に豊かに形成せられて居ることを知る。尚ほ中国文学語学資料集成第三篇尺牘礼賛参照。

（同氏編輯『中国語文資料彙刊』、『第四篇』の『第一巻』、五頁）

末尾に示される「尺牘礼賛」では、中国における尺牘の歴史、宋代に始まり、明代に安定したその格式について述べられている（同氏編輯『中国文学語学資料集成』の『第三篇』、二二九頁）。

右は中国語文資料からの解説であるが、日本尺牘史上から本書の内容・特色等について述べたものに橘豊氏『書簡作法の研究』がある（昭和五二年一月、風間書房、三四八〜三五九頁）。

二、版本

本書の版本としては、右貞享元年八月、文台屋治郎兵衛蔵板しか知らない。この版本として実見したのは次である。

○　国立国会図書館蔵本　四巻・二冊（202/189）

原四巻・四冊を今二冊に合綴している。二冊には、「帝国図書館」の文字を押し出した新しい表紙（茶色）を付し、その題簽に「尺牘集要　一、二」（二冊目は「尺牘集要　三、四止」）とある。原表紙（紺色、無文）には、題簽外題に「尺牘集要　一（二、三、四大尾）」、内題・目録題は「新刻古今尺牘集要」、序首・尾題は「尺牘集要」とある。

本文は漢文であり、その傍らに片仮名で送り仮名・返読符・音合符が付されている。図あり。一面一〇行、一行二〇字である。原表紙の寸法は縦二五・四㎝、横一七・八㎝、原題簽は縦一七・七㎝、横三・三㎝、本文匡郭（天地左右双郭）は縦二〇・七㎝、横一四・六㎝である。柱刻はなく、ただ、「巻之一（〜四）」とあり、丁数がある。丁数は、巻之一は三九丁（序一丁、目録七丁、本文三一丁）、巻之二が本文三二丁、巻之三が同三〇丁、巻之四が同二〇丁（第二〇丁ウに刊記）である。各巻の内題の左下に次のようにある。

武林　仲黄　謝君度　纂著

書林　望川　邵文聘　繍梓

「武林」は、広西省向都県の東（元代）、または、広西省平南県の東南（南朝宋代）の地、「謝君度」「邵文聘」については未勘である。また、奥（巻之四、二〇丁ウ）の刊記は、次のようにある。

貞享元年甲子八月吉日

文臺屋治郎兵衛蔵板

下の小口に「尺牘集要」（墨書）とある。

なお、文台屋治郎兵衛《ぶんだいやじろべえ》は、京都の書肆（営業時期寛永二一年〈一六四三〉～文政元年〈一八一八〉頃）、臨泉堂と称し、『禅林僧宝伝』『実語経童子教』などを版行している。

○　刈谷市刈谷図書館村上文庫蔵本　四巻・一冊（函号二四四五）

四巻を一冊に仕立て、原表紙の外題に「尺牘集要　完」（原題簽、左、単）とある。内題・目録題、また、序首・尾題、刊記、柱刻、表紙の寸法、丁数などは、右に同じである。醍醐侯爵寄贈本。

○　姫路文学館金井寅之助文庫蔵本　四巻・二冊（整理番号八二二八・八二二九）

二冊とも原表紙（薄茶、文様なし）をとどめるが、一冊目の題簽は破損しており、二冊目の外題に「尺牘集要　二」（簽、原、左、双）とある。柱刻なし。魚尾あり（黒、単）。寸法は縦二五・六cm、横一七・四cm、題簽匡郭は縦一七・七cm、横三・七五cm、本文匡郭（天地左右双郭）は縦二〇・五cm、横一四・五cmである。丁数は、一冊目は序一丁、目録七丁、「巻之一」三二丁、「巻之二」三二丁、二冊目は「巻之三」三〇丁、「巻之四」二〇丁である。巻之四、二〇丁ウに右と同じ刊記がある。版にややかすれがある。首に朱方印（陰刻）、後表紙表に「小林／氏家《（？）》／蔵印」（朱方印、二冊共）がある。

この外、波多野太郎氏編輯『中国語文資料彙刊』の『第四篇』の『第二巻』に収められた一本がある。右と同版であるが、四巻を二冊に仕立てる。外題は、それぞれ「尺牘集要　一『乾』」「尺牘集要　二『坤』」とある（『』内は墨書）。表紙の中央に「仲黄　謝君度著」、見返しに「太素堂蔵」と墨書され、印記に「相州波／多野□／縁□蕪□／堂蔵書」（方印、陰刻、各巻首）、「相州波多／野氏望湖／楼図書記」（方印、陰刻、刊記の右下）、その他がある。

三、助数詞用法

尺牘の作法を説くこの書にも餽送《きそう》関係の部が設けられている。「餽送」とは、贈り物の意である。古来、品物の贈答には書翰なり目録なりの書札を添えるのが礼儀である。そうした場合の然るべき品物の称呼法とその数量表現法を、ここで教えるのである。

品物《ひんぶつ》の称呼には、それぞれの雅称（雅名）が用いられる。また、品物毎に、数量表現法も定まっている。これは、中世から近世における日本語数量表現、助数詞用法にも密接な関係を有するものである。

本書巻之三の冒頭の「餽送門」は「禮帖ノ總式」で、陳奉、物儀、用伸、敬意、伏冀、笑納、勿却、栄幸の八類にわたって尺牘用語（類語）が列記されている。その二番目の「物儀類語」（一丁ウ）に、次のようにある。国会図書館蔵本を底本として翻字する。

《凡例》1、各行の上部に私に丁数と行数とを付す。
　2、各語句の頭部に私に算用数字で出現順を付す。

［翻字］

（一丁ウ）

2　物-儀類-語

3　1羔酒即チ羊-酒也　2羜酒酒即チ猪-酒也　3羽儀鶏鵞鴨也　4羔儀（ママ）

4　5小猪一-口　6家鴈四掌　7徳禽四鳴　8鮮魚幾ク尾

5　9魯酒幾樽　10羔羊一‐腔①　11家鴈四翼　12豕肉一‐方
6　13豚扇②(肩)一‐肘　14豚蹄一‐屈　15時菓幾品　16角黍幾粽
7　17仁‐風幾握　18檀香幾束　19兎管幾枝　20松煙幾定
8　21某書幾冊　22團酥幾事　23雲履一‐雙　24色緞幾疋
9　25暑襪一‐雙　26汗‐帕幾幅　27白金若干　28尺‐素一‐緘
10　已‐上《ノ》物儀如《ハ》レ賀《スルカ》二人生《ノ》‐日《ヲ》一則酒《ヲハ》曰《フ》二壽‐酒《ト》一麺《ヲハ》曰二壽‐麺一

[翻字注]①「一腔」は、ふつう、「羫」の字形で見える。同じ文字であるが、今、このままとする。
②「豚扇」は、「肩」字の誤字か誤刻かであろう。

四、小結

右に見る品物の称呼方法と助数詞（量詞）用法は、中国明代のそれと見られる。日本の助数詞の用法を考察する上で、これも参看しなければならない。但し、一部に不審を覚える例も見えている。そこで、まず、関連資料の説くところと比較してみよう。

参看する資料は左記である。○印は明国（及び、清国）側の資料（日本の重刊書を含む）、＊印は日本側の著述である。『』内に略称を示す。

A：明代日用類書資料（資料の詳細については第四章に述べる）

○『五車』―『五車抜錦』は明徐三友（字紹錦）校正、鄭世魁（字雲斎）梓行、万暦二五年（一五九七）刊。

○『三台』―『三台万用正宗』は三台館山人余象斗編纂・刊行、万暦二七年（一五九九）刊。

○『万書』―『万書淵海』は、『万書全書』（徐企龍編輯・積善堂刊）をもって清白堂楊欽斎刊行、万暦三八年（一六一〇）刊。

B：明代尺牘関係資料

○『双璧』―『翰墨双璧』、明王世貞著、万暦四一年（一六一三）刊。

○『全書』―『翰墨全書』、明王宇編、陳瑞錫注。天啓六年（一六二六）成立、寛永二〇年（一六四三）田原仁左衛門重刊。

○『双魚』―『尺牘双魚』、明陳継儒輯・原注、熊寅幾増補較正、明金閶葉啓元梓。（承応三年の重刊あり。）

○『琅珚』―『翰墨琅珚』、陳翊九編（明末か）、寛文一一年（一六七一）今井五兵衛重刊。

＊『諺解』―『尺牘諺解』、著者（邦人）不詳、延宝八年（一六八〇）刊。

○『彙書』―『玉堂尺牘彙書』、陳太士著、清康熙二一年（一六八二）刊、貞享四年（一六八七）林五郎兵衛訓点重刊。

＊『啓発』―『書簡啓発』、高嶋清著、安永九年（一七八〇）刊。

これらの資料には、本書『尺牘集要』と同じく、品物の称呼方法とその助数詞（量詞）用法を説く条がある。以下がそれである。冒頭に本書の用例を掲げ、―線の下にそれらの資料におけるところを述べよう。

①比較してみると、本書は、『三台』と一致することが多いようである。次がそれである。

8鮮魚幾ク尾―『三台』に「鮮魚幾尾」とある。但し、『五車』『双魚』などにも類例がある。

9魯酒幾樽―『三台』に「魯酒一樽」。『五車』『諺解』＊『啓発』＊にも類例あり。『双魚』『琅珚』に「魯酒一尊」。

11家鴈四翼―「家鴈」とあるのは鴨《かも》の謂いか。『五車』『三台』『万書』に「家鴈四翼」。『五車』に「鴨曰家鳧二翼」ともある。但し、他資料に類例あり。なお、鶏、鵞、雉などにも「掌」を用いる。

15時菓幾品―『三台』に「時菓幾品」「某菓幾筐品」とあり、『五車』に「時果幾品」、『全書』に「時果幾品」とある。

17仁-風幾握―『三台』に「仁風二握」、『諺解*』に「仁風一握」とある。

19兎管幾枝―『三台』に「兎管幾枝」とある。

22團酥幾事―『三台』『五車』に「團酥幾事」とある。

28尺-素一-緘―『三台』だけに「尺素一緘」とある。

右の他、これらに準ずる例として次の三例がある。

6家鴈四掌―『三台』に「家鴈二掌」。但し、『五車』『双璧』『双魚』『琅琊』、その他にも類例がある。『三台』には「草鵝幾掌」「草鴨幾掌」との例もある。「家鴈」は鵞（ガチョウ）をいう。これらの対象物は二隻、三隻、…の個体数を「ー四掌」「ー六掌」ということがあったようである。助数詞は、基本的には確述的な数量表現を担うものである。だが、尺牘の類においては、雅語の使用にも見られるように、優雅な遊びの部分もある。本書は、『三台』の如きをあえて「ー四掌」と改変したのではなかろうか。事情は異なるかも知れないが、古代には「史記二牧馬二百蹄注二五十匹也」「史記二牛蹄角千注二百六十七頭」と書いた例がある（岡田挺之著『物数称謂』、動物一九丁オ）。『史記』貨殖伝に見える用例である。

10羔羊一-腔―「腔」は「羫」（正字）の俗字・通字という。『新編事文類要啓劄青銭』の「后集」の『目録』に「送人羊腔」（飲食門）との用字が見える。他方、『三台』に「羔羊一羫」と見え、『五車』『万書』、その他に類例がある。

12豕肉一-方―『三台』は「豚肉幾方」とある。『万書』に「豕肉一方」、また、『五車』『双魚』に「豚肉一方」とある。

「豚」と「豕」、即ち、漢字の肉月の有無による相異であるが、右に準ずる例といえなくはない。

なお、関連して、本書と『三台』との間に、語群とその掲出順との類似した箇所がある。

1羔酒即チ羊酒也　2兟酒即チ猪酒也　3羽儀鶏鶩鴨也　4羔儀（ママ）——『三台』に、「羔酒即羊　兟酒即猪　羽酒（ママ）即鶩雞類　羔儀即羊」とある。

双方共に冒頭部に位置する語群である。字句は全同ではないが、二資料の間の影響関係のあろうことを推測させる。

②他方、『三台』に見えない例もある。次である。

13豚扇（肩）一肘——『五車』『双璧』『双魚』に「豚肩一肘」、『琅琊』に「豚肩壱肘」と見える。なお、「肘」は「豚蹄」「羊肩」にも用いられる。

14豚蹄一屈——「屈」の用例は『双魚』だけに「[猪蹄] 豚蹄一屈」とある。

16角黍幾粽——『諺解』*だけに「角黍几粽」とある（「几」は「幾」に同じ）。

18檀香幾束——『諺解』*だけに「檀香一束」とある。

21某書幾冊——目下、同一例が見当たらない。但し、『双魚』に「[官暦] 新書几冊」とある。

23雲履一雙——『双璧』『双魚』『琅琊』『彙書』『啓発』に「雲履一雙」（「双」字不問）とある。

24色緞幾疋——『琅琊』に「色緞弐疋」、『諺解』*に「色緞一疋」とある。他に類似例あり。

25暑襪一雙——『双魚』だけに「[暑襪] 足袞一双」とある。

26汗帕幾幅——目下、「汗帕」の例が見当たらない。但し、『双魚』『諺解』*などに「汗巾一幅」の例がある。

27白金若干——『万書』に「白金若干」とある。単位・助数詞は添えない。

『五車』『万書』『双魚』『諺解』*なども注意されるが、しかし、直接的な引用関係にあるか否か、即断は出来ない。

また、『三台』に見えないといっても、これは本書の「物儀類語」（一丁ウ）を『三台』の当該の条と比較しただけである。この他の箇所にこうした用例が見えないとは限らない。

③問題と見られる例もある。明代の称呼・数量の表現方法といっても単純一様ではなかろうが、同時代の関係資料に照らす時、違和感が認められる。

5小猪一丨口

7徳禽四鳴

20松煙幾定

まず、「小猪一丨口」につき、猪に「口」を用いた類例が見当たらない。『五車』に「猪曰小猪一牵」、『三台』に「小猪一圏」と見える。「牵」は、「羊」「牛」にも用いられる（『五車』『双璧』『双魚』『琅琊』）。「圏」は、家畜を飼うかこい・檻《おり》をいい、「猪」とその雅称「剛鬣」（「鬣」はたてがみの意）に用いられる（『五車』『三台』『全書』『双魚』『琅琊』など）。「口」は、猫・犬を対象として用いられる。とすれば、右の「小猪一口」は「圏」字の誤記（あるいは、誤写）であろうか。あるいは、意図的に「口」を用いたのであろうか。その「口」字の字形からすると、「口」（国構え）の中の字画を省いたようにも見えない。もし、後者であれば、これは明代の用法を誤ったものとなる。

「徳禽四鳴」も、未だ類例を得ない。「徳禽」とはニワトリのことで、他には「窓禽」とも見え、これは「一翼二翼」と数え、「掌」は用いない。『双魚』には「［雞］徳禽几翌」と見える。「翌」は「翊」「翼」に同じ。右は、ニワトリが時をつくるところに因むものらしいが、果たして、これは中国における用法であろうか。

「松煙幾定」の「松煙」は墨の雅称である。「定」は「錠」字の省文であろうか。とすれば、『五車』の「漆黒一錠墨」、『琅琊』の「龍剤十錠」、及び、『三台』の「白金幾錠」、『双魚』の「礼銀幾錠」などが参照される。しかし、尺牘（書）は礼を尊ぶ。礼は社会規範であり、それ故に細かな文言の差異にこだわる。省文は、こうした尺牘書にも用いられたのであろうか。

第九節　『尺牘筌』

一、序

『尺牘筌《せきとくせん》』小一冊は、明和五年（一七六八）七月木煥卿纂・序、門人富永行子健校（内題下）、明人や邦人の尺牘の中から套語を抄出し、門人に便したものである。「筌」は、筌蹄（案内書）の意。

『尺牘筌』の刊本につき、国文学研究資料館の「日本古典籍総合目録」（二〇一一年六月二八日現在）によれば、次の三本があがっている。

1　弘前市立弘前図書館蔵本（W816-68）記載著者名：木煥卿／（鈴木／兵卿）、形態：一冊、小、

2　駒沢大学図書館永久文庫蔵本（永久5388）記載著者名：鈴木／煥卿／（壇州）編、井上／立元／（金峨）閲、出版事項：千鐘房〈江戸〉、衡山堂〈江戸〉、明和六年、形態：一冊、三三丁、二二cm、

3　東京大学文学部国語研究室蔵本（27·346·L67379）出版事項：天明二年、形態：一冊、

木煥卿の序は明和五年七月の執筆になるから、2永久文庫蔵本は、その翌年に刊行された初版本であろうか。千鐘房は江戸の須原屋茂兵衛、衡山堂は同じく小林長兵衛の堂号である。3東京大学文学部国語研究室蔵本は、天明二年（一七八二）の後版らしい。1弘前市立弘前図書館蔵本は、刊記がないか、破損したかの一本であろう。

波多野太郎編『中国語学資料叢刊』『第三篇』の『尺牘篇』の『第一巻』（一九八六年六月、不二出版）所収の一本は、明和五年七月序刊、刊行書肆不詳（刊記なし）で、縦一六・〇cm、横一一・〇cmとされる。

東北大学附属図書館狩野文庫蔵本（第4門/14342/1）は、三巻一冊本で、原表紙（網目押型文様）・外題に「尺牘筌」（簽、原、左、双）とある。扉の三郭の中央に「尺牘筌　完」（大字）、右郭に「澶州先生纂不許翻刻千里必究」、左郭に「金峩先生

閲青藜閣梓」とある。巻頭に「題尺牘筌首」（井純卿）二丁、自序（明和戊子〈五年〉秋七月／澶州　木煥卿）二丁、次いで本文が三二丁である。内題「尺牘筌」の左下に「澶州（ママ）　木煥卿子煥　纂／門人　富長行子健　校」とある。刊記の丁（表紙裏側）は、前半に「　頓悟詩伝　六冊　出来／　詩学小成　四冊　出来／　四声韻選　二冊　出来／文草小成　十冊　出来／　同続　　未刻／千葉茂右衛門著　」（前六行）と広告があり、後半に「　天明六年丙午九月／東都書林　浅草茅町二丁目 須原屋伊八蔵版」（後二行）とある。

但し、どういう事情か、尾題（三二丁ウ末行）とこの丁との間に広告一枚（半丁分、蔵版目録）が挟まっており、この文面には「頭書図解四書略解　蘭渓先生著　全十冊　／世に俗語《ぞくご》にて経典《けいてん》を解《とく》の書多し然共未《いまだ》一も童蒙初学《どうもうしよがく》／の為に其要《えう》を得《うる》ものなし（中略）／書林文苑閣　江戸日本橋北通十軒店 播磨屋勝五郎蔵版」とある。（同文庫マイクロフィルムによる）。

右に「須原屋伊八蔵版」とあるが、須原屋伊三郎の名でも版行されたようで、後に言及する国文学研究資料館蔵『尺牘琅函』三冊（ヤ9/62/1~3）〈本書は、青藜閣須原屋伊三郎の版行（文化五年〈一八〇八〉の後刷）になる〉の奥の蔵版目録「青藜閣蔵版書目録―　江戸浅草茅町二丁目 須原屋伊三郎」にも次のように見える。

和漢諸尺牘ヨリ初学日用ニ便／ナル語ヲ採摘《トリツミ》（合字）シテ和解ヲ附ス語ヲ求ルニ甚速ナリ　（蔵版目録、四丁オ）

尺牘筌　鈴木澶洲先生著　小本 全一冊

木煥卿（生歿、正徳五年〈一七一五〉～安永五年〈一七七六〉、享年六二歳）は、本名を鈴木吉明、字を子煥、煥卿、通称嘉蔵、号を澶洲《せんしゆう》と称する。著書に、『学庸彙考』『経史摘語』『形容字考』『助語字訳文』『助語訣』『尺牘筌』『澶洲山人文集』『漫画随筆』『撈海一得』、その他がある（小川貫道著『漢学者伝記及著述集覧』、一九七〇年二月、名著刊行会、二六七頁）。

二、助数詞用法

本書の助数詞表現につき、東北大学附属図書館狩野文庫蔵本によって用例を拾えば、次のようである。

［用例］

華製《クハセイ》各色墨《カクショクボク》二餅（一九丁ウ）…「華製」の左傍訓「ワタリノ」、「各色墨」の左傍訓「イロ〳〵スミ」、「餅」の左傍訓「チヤウ」

石城紙二千張（一九丁ウ）…「石」の左傍訓「イワ」、「張」の左傍訓「マイ」

来麪《ライメン》五嚢《フクロ》（二〇丁オ）…「来麪」の左傍訓「コムギノコ」

乾栗子《カンリツシ》一篋《ハコ》（二〇丁オ）…「乾栗」の左傍訓「ウチグリ」（「ウチ」は打つの意）

乾柿《カンシ》一篋（二〇丁オ）…「乾柿」の左傍訓「クシカキ」

香《カウ》菰《コ》一籃《カゴ》（二〇丁オ）…「香菰」の左傍訓「キノコ」

魚一籃（二〇丁ウ）

所《ル》レ恵《マキ》貴邦《ホウノ》物産二件《ケン》（二〇丁ウ）…「貴邦物産」の左傍訓「オクニノメイフツ」、「件」の左傍訓「シナ」

拙作《セツサク》一首（二二丁オ）

滄溟集《ソウメイシウ》一本見《ンル》レ返《サ》又《タ》一本換上（二二丁オ）…「滄溟集～又一」の左傍訓「ナニ〳〵ノ書オカヘシナサレマタトリカヘテツキヲ上ル」

三、小結

本書は小品である。それだけに便利に利用されたのではないかと思われる。

右の左傍訓も、意味注である。例えば、「華製」とは、舶来の、との意味で左傍に「ワタリノ」とある。「各色墨」とは、各種の色彩という意味でなく、種々の墨という意味で左傍に「イロ〳〵スミ」とある。「餅」は、銀や金、墨など、餅の形に固めたものに用いる助数詞（量詞）。「鉼《へい》」に同じ。「錠」とも同じだが、左傍の「チヤウ」は、日本で通用の助数詞「挺」（あるいは、「丁」）の音「チヤウ」を指していよう。「石城紙二千張」の左傍訓「マイ」（枚）、「貴《キ》邦《ホウノ》物産二件《ケン》」の「件」の左傍訓「シナ」（品）についても同様である。紙の助数詞「張」は、古代・中古にも使用されているが、近世においては、「枚」の方が通常の助数詞であり、それも、もはや、表記漢字も必要でないほどに「マイ」が日常的な口頭語として通用していたのであろう。「件」は、具象・抽象の双方に用いる後代的な助数詞のようである。松沢老泉著『品物名数抄』にも見えない。日本人には理解しにくい言葉であり、これを分かりやすく「品」に置き換えたのであろう。種類の意である。

右においては、「鉼」「張」「件」は文章語、「挺（丁）」「枚」「品」は日常的な口頭語といった関係ともなる。この関係は、もちろん、対象物によって成り立つもので、対象によっては成立しないこともある。

なお、「鉼」「笏」「錠」につき、『通雅』に次のように見える（本文左の傍線、波線は原文のまま）。

> 銀謂二之鉼一、亦謂二之笏一、猶二今之錠一也。　周礼職金注：「祭二五帝一則供二鉼金一。」鉼音餅、公紹解為二金釵一、非也。三国志：「魏郭修刺二費禕一、賜二其子銀千鉼一。」水経注：「嶺南林水石室有レ銀、有レ奴竊二其三鉼一帰、即死。」墨荘漫録曰：「崇寧中、米芾為二太常博士一、詔以二黄庭小楷一作二千文一、以献、賜二白金十六笏一。」江休復曰：「令狐揆托序、献二李彝庾一、彝庾使レ送二銀二笏一。」智按今閩甌湖南皆傾レ銀作レ鉼、此即鉼之遺也、他処皆傾作レ錠。今之一錠、猶二古之一金一也、古一金以二一斤一、制レ幣雖レ未三必実重二一斤一、然定有二常形一、如二今之錠一。唐人所レ云吉字挺、正如レ錠耳。後世分両漸改、錠有二大小一、相沿遂以二一両一為二一金一矣。韓滉「擔夫、与二白金一版一」、版猶レ鉼也。
>
> （『通雅』、巻四〇）(2)

要約すれば、銀を「鉼」といい（数え）、また、「笏」という、今の「錠」のようなものだ。……私が按ずるに、今、閩甌（福建省）・湖南では皆、銀で「鉼」を作る（銀を溶かし注いで小塊を作る）。これは以前の「鉼」の名残である。よその地方では皆「錠」という。今の「一錠」は昔の「一金」というに同じだ。昔は「一金」を「一斤」とした。貨幣の制といっても必ずしも正確な一斤ではなかったが、それなりの決まった形を定め、今の「錠」のように用いた。唐人のいうところの吉字金挺は、まさに「錠」に同様だ。後世、分両が次第に改まり、「錠」に大・小ができた。これらは事情を経て最後は「一両」が「一金」となった、となろう（「」印は私意）。

注

（1）高山大毅「『滄溟先生尺牘』の時代―古文辞派と漢文書簡―」、『日本漢文学研究』（二松学舎大学21世紀COEプログラム）、第六号、二〇一一年三月、七四頁。

（2）『通雅』、巻四〇、『方以智全書』、第一冊、一九八八年九月、上海古籍出版社、一二二五頁。

第一〇節 『書簡啓発』

一、序

『書簡啓発《しょかんけいはつ》』は、中国語に通暁した東都田中江南（高島清）の著した尺牘指南書で、上中下三巻から成る。江南は、名を応清、菊満、字を子纓、通称三郎右衛門、号を江南という。「荻生徂徠の大内熊耳の門人で、古代中国の遊戯である投壺を復興し、普及させようとした人物である。」と紹介され、本書は、「漢文尺牘と候文書簡とを対比させること」を特徴とし、候文書簡の常套句とそれと同義の尺牘の「常語」を挙げ、初学者にはいきなり李王の尺牘を学ばせるのでなく、本書に集めた尺牘の「常語」に先ず習熟させることを編纂主旨とする。[1] 著書に『優遊社漫筆』『投壺指揮』、その他がある（小川貫道著『漢学者伝記及著述集覧』、昭和四五年二月、名著刊行会、二九六頁）。

刊本に、安永九年（一七八〇）刊本、文政三年（一八二〇）求版刊本などがある。前者には、波多野太郎編『中国語学資料叢刊』の『尺牘篇　第四巻』（一九八六年六月、不二出版）に複製・所収の刊本がある。この底本は波多野氏の所蔵本で、縦二二・五cm、横一六・〇cm、一面八行、巻下の奥の尾題と刊記は次のようにある。

書簡啓発巻之下終
安永九年子孟春
　　　　寺町通松原上ル町 菱屋治兵衛　板
「皇都書林　二条通柳馬場東へ入 林　伊兵衛
　　　　寺町通五條上ル町 梅村宗五郎　元」（巻下、二五丁ウ）

「皇都書林…」の三行は、幅広の一郭（四行分相当）内に収める。

文政三年求版刊の一本に、東北大学附属図書館狩野文庫蔵本三巻（狩／第4門／14325／1冊）がある（同付属図書館狩野文庫マイクロフィルムによる）。原表紙・外題に「書簡啓発　完」（原、左、単）とある。本文と刊記の「安永九年…」の行までは右に同じであるが、その次行以下は、郭を改め、次のように彫り変えられている。

文政三年庚辰十一月求版
浪華書林　心斎橋通 加賀屋善蔵梓

住所の「…通」の下辺にも文字があったようだが、削り取られたらしい。「加賀屋…」の行の左側に不自然な空白があるが、ここにも文字（店名）があったらしく、削除された跡の字画の片鱗が見える。従って、この一本は、実際には文政三年より後の版行になる可能性がある。

なお、この後、「浪華書林吉田松根堂蔵版書目　心斎橋通安土町北へ入 加賀屋善蔵梓」と題する蔵版目録四丁分が位置し、ここに「四書集註」（一〇冊）や「尺牘清裁」（一冊）、「書簡啓発」（三冊）などの広告も見えている。

さて、本書『書簡啓発』の巻下、「珍寳」の条に左記のような一覧表が見える。尺牘に用いる「珍寳」の名称（雅名）を示し、併せてその助数詞用法を示すものである。

なお、この末尾に「予別ニ異名考有リ」との言葉がある。この「異名考」とは書名であろうか。興味を惹かれるが、『国書総目録』や『古典籍総合目録』にも見えない。遺憾ながら未詳とせざるを得ない。

二、助数詞用法

『書簡啓発』巻下、「珍寳」（二三丁ウ〜二五丁ウ）の条における助数詞を翻字する。

《凡例》1、改行は『中国語学資料叢刊』の複製に従う。

2、底本の一丁は、表・裏とも八行で、罫線があり、文字の版行は、次のようになっている。

i「金」「銀」などの見出し語は、左傍訓共に陰刻である（黒い地に白抜きの文字）。

ii その下の名称・助数詞は、「昆玉／几星」「朱提／几星」のように双行割書きの陽刻となっている（白地に黒い文字）。

右につき、iの陰刻の文字を［　］内に示す。iiの双行割書きの部分は、改行部のみを／印で示す。

3、双行の右行、または、左行が空白の場合は、そのまま空白二字分を置く。

4、字体は、できるだけ底本に従う。「雙」「双」「几斗」（「几」は「幾」の異体字）等も底本のままである。

5、行頭に行数を付す（私意）。

［翻字］

（二三丁ウ）

1　珍寳

（二四丁オ）

1　［金］昆玉（吾）／几星［銀］朱提《シ》／几星［銭］青蚨／凡百［珠］炤乗／几枚［玉］荊璞／一枚［釵］金｜／一對

2　［珀墜《オシメ》］珀陞／一枚［簪］玉｜／一枚

3　［緞《トンス》］雲｜／一端［羅］綺羅／一疋［紗］縐｜／一端［絹］色｜／一疋［紬］粗紬／一端［梭］梭布／一端

4　［葛布］夏絹／一疋［巾《ツキン》］元服／一頂［帯］絲條《シユキン》／一副［衣］色衣／一件［被］粗衾／一床［帳］

5　紫絹／一頂［靴《クツ》］革履／一雙［手巾］粗巾／一條《スシ》［汗巾］絞綃／一條［毛毯《モフセン》］花毯／一陳

6　［氈帽《ラシヤツキン》］｜｜／一頂［氈襪］｜｜／一雙［襪《タヒ》］足衾／一双［坐褥］｜｜／一方［卓

7　圍］（ママ）／一對［鞋］雲履／一双［女鞋］綉鞋／一双［女襪］膝衣／一副［綸帯《オヒ》］

8　（ママ）／一條［裙《ハカマ》］下裳／一套［獲膝《マヘタレ》］（護カ）膝圍／一双［獲領《ハラカケ》］（護カ）領絹／一方［荷包《キンチヤク》］香嚢／一枚

（二四丁ウ）

1　［琴］絲桐／七絃［棋］手談／一局《メン》［書］寶籍／一部［畫］丹青／一幅［紙］蔡珍／一刀《ソク》［筆］毛遂（錐カ）／几管

2　［墨］青煙／几笏［硯］文池／一枚［箋《イロハンギリ》］鸞｜／一束［暦］新暦（ママ）／几冊［香］息香／百枚［合香］

3　（ママ）／一袋［扇］軽箑／一握［枕］藤｜／一對＊［簾］粗｜／一鋪［鏡］氷｜／一員（圓）［針］綉｜／一包［梳《クシ》］

4　牙《サフゲノ》｜／一副［劍］青藻（萍）／一鞘［弓］麟膠／一把［箭］豹牙／十枚［拝盒《カフバコ》］（ママ）／一枚［簫］玉｜／一枚

5　［笛］竹笛／一枝［箸］牙箸／一副［圍屏《ヘヤウブ》］錦屏／全架［茶匙《シヤク》］（ママ）／一副［香爐］

6　香鼎／一口［茶壺］茶礶／一口

7　［酒］魯｜／一樽［魚］鮮｜／一盤《オリ》［鯉］金｜／一盤［鴨］家梟／几隻［米］白粲《ハクマイ》一斗［餅《タンコノルイ》］香飴／几圍（團カ）

8　［糍］金飴／几團［粿《クワシ》］玉飴／几團［茶］細茗／几嚢［筝］竹胎／一盤＊［桃］仙桃／一筐《カコ》＊＊［西瓜］水晶／一筐

（二五丁オ）

1　［棗］紅｜／一筐［柿餅《カキモチ》］柿霜／一盤［梅子］雪華／一筐［李］玉錦／一｜（筐）［梨］玉實／一｜（筐）

2 [杏]紅錦／一丨(筐) [枇杷]盧橘／一丨(筐) [藕]玉臂／一丨(筐) [蓮子]提珠／一丨(筐) [柑《ミカン》]朱橘／一丨(筐)
3 [栗]圓栗／一丨(筐) [楊梅]経僧(聖)／一丨(筐) [甘蔗《サトウ》]蜜汁／几匣(莖カ) [菱]水栗／一筐
4 [鶴]仙胎／一羽(對カ) [鳩]錦翼／一對 [鷺]霜衣／一丨 [鶯]金丨／二翼 [孔雀]南禽／二翼 [鴛
5 鴦]匹鳥／一對 [馬]駑胎(駘)／一乗《ヒキ》 [兎]狡兎／一隻 [鹿]喞芝／一隻 [猫]家猫／一口 [犬]小獒／一口
6 [牛]大牢／一乗《ヒキ》 [蘭]清香／一種《ウ》 [菊]霜傑／一盆 [芙蓉]天英／一種 [牡丹]天香／一種
7 [芍薬]吐錦／一丨(種) [瑞香]世英／一丨(種) [海棠]酔春／一丨(種) [山茶(茶カ)]寶珠／(一種)
8 [石榴]火種(珠カ)／(一種) [杏花]麗色／(一種) [蕙《ラン》花]含英／(一種) [桂花]仙友／(一種)

(二五丁ウ)

1 [梅]東閣／(一種) [水仙]玉盞／(一種) 一右何レモ己自ヨリ称ス其異名ノ称／呼ハ予別ニ異名考有リ
2 (この行、空白。次行以下は省略)

[翻字注](二四丁オ1)「朱提《シ》／几星」の「提」の字の右肩辺に片仮名「シ」がある。先の『尺牘筌』に「○朱提《シ》」(20丁オ、左傍訓「ギンス」)とある。

(二四丁オ1)「青蚨／凡百」の字は、「凡」の筆写体「凢」の形である。他は、多く「几」の形である。

(二四丁オ1)「[綸帯《オヒ》]」の一字目は「彳」偏(行人偏)で見えるが、糸偏で翻字した。

(二四丁オ8)「獲領《ハラカケ》」の左傍訓は「ヱリカケ」とあるべきか。諸橋轍次著『大漢和辞典』巻一〇に「護領《hu ling》」は「㊀かぶとのしころ。㊁半襟。」(六〇六頁)とあるが、これらは古用か。被注字の「獲」字は「犭」偏だが、「護領」の謂であろう。上接語も「護膝」とあれば、わかりやすい。

(二四丁ウ3)「箒*」の左傍訓は不鮮明で、文字の形をたどると「トムシロ」のようである。戸の筵の意か。

被注字は、竹の席《むしろ》、竹を編んだ敷物をいい、また、竹床、竹の寝イスの類をもいう。

（二四丁ウ5）「圍屏」の左傍訓は「ヘヤウブ」のように見える。

（二四丁ウ5）「茶匙《シヤク》」の「茶」の左傍には仮名文字がないようである。

（二四丁ウ6）「[茶壺]茶礶／一口」の字の偏は、「尸」の中に「口」を書いたように見える。

（二四丁ウ7・8）「香飴／几圑《(團カ)》」「金飴／几團」「玉飴／几團」の字は、「凡」字の中の「、」が右横に移動して末画の上に位置する形である。

（二四丁ウ8）「桃*」の左傍に仮名文字があるのかないのか、はっきりしない。

（二四丁ウ8）「西瓜**」の左傍に白い点が見えるが、仮名文字の片鱗か。はっきりしない。

（二五丁オ3）「経《(聖)》僧」の「経」は「聖」字の誤り。「聖」字を略して「圣」のように書く資料があるが、これを「経」と誤ったのであろう。

（二五丁オ6）「一種《ウ》」のの左傍訓は「ウ」とのみ見える。

三、小結

本書の品物の延べ語数は一一八語である。これらは、先の『玉堂尺牘彙書』（陳太士著、蔡九霞注、康熙二一年新編）の一六五語の内から抜いてきたものらしい。小異はあるものの、よく一致する。

これらの語彙は尺牘用語で、「何《いず》レモ己自《こちら》ヨリ称ス」る「異名」であるという。この「異名」とは、単なる別称でなく、尺牘用の雅称のことである。こうした資料では掲げる品物に多寡や偏りがあって、それぞれを特徴付けている。「雙」の字は、初め正字体で見えるが、後には「双」の字体となっている。「双」は省文に準ずる扱い方で、当時、こうした用字意識があったとすれば、これらを一様に「雙」一字で翻字することはできない。「筐」「種」など、省記したところもある。
本書でも語彙は分類されている。だが、各項目名はなく、全体の冒頭に「珍寶」とあるだけである。『玉堂尺牘彙書』の分類項目とその順序は次のようになっていた。

〇[1]果品稱呼　〇[2]餚饌稱呼　〇[3]書器稱呼　〇[4]衣服稱呼　〇[5]珍寶稱呼　〇[6]花木稱呼　〇[7]禽獣稱呼

この項目名を借りれば、本書の語彙構成は次のようになる。右肩の数字は右の順序、（　）内はそれぞれの語彙数である。

[5]珍寶稱呼（8）[4]衣服稱呼（29）[3]書器稱呼（29）[2]餚饌稱呼（4）[1]果品稱呼（22）[7]禽獣稱呼（12）[6]花木稱呼（14）

全体の冒頭に「珍寶」とある点につき、本来、この語は、冒頭部の金銀類の項目だけにかかるものである。あるいは、「衣服」以下の項目名は、紙幅の都合か何かで削除したのであろうか。それとも、意図して「珍寶」を総見出し語としたのであろうか。また、『玉堂尺牘彙書』と違って、本書は、珍宝・衣服・書器を上位に置き、禽獣・花木などは下位とする。餚饌の項目では、酒・魚・鯉の品物が首位にある。花木の項には数量表現の省記も見られ、省記符号「|《（種）》」をも省くことがある。また、花木の最末尾に「[水仙]玉盞」とある。これらからすると、本書は、多分に日本的な価値観で編纂されているのかも知れない。

さて、本書の語彙（一一八語）につき、『玉堂尺牘彙書』と照合してみよう。

(い)、『玉堂尺牘彙書』から引いたと見られる用例（九八語）（『玉堂尺牘彙書』の方の用例は省く）

（珍寶稱呼）[金]昆玉《（吾）》几星　[銀]朱提几星　[錢]青蚨几百　[珠]炤乘几枚　[玉]荊璞一枚
[釵]金|一對　[珀墜《オシメ》]珀陛一枚
（衣服稱呼）[緞《トンス》]雲|一端　[羅]綺羅一疋　[紗]縐|一端　[絹]色|一疋　[紬]粗紬一端
[葛布]夏絹一疋　[巾《ツキン》]元服一頂　[衣]色衣一件　[被]粗衾一床　[帳]紫絹一頂

[靴《クツ》]革履一雙　[手巾]粗巾一條《スシ》　[汗巾]絞綃一條　[毛毯《モフセン》]花毯一陳　[氈帽《ラシヤツキン》]丨丨一頂

[氈韈]丨丨一雙　[韈《タビ》]足衾一双　[坐褥]丨丨一方　[卓圍]　一對　[鞋]雲履一双

[女鞋]綉鞋一双　[女韈]膝衣一副　[綸帯《オヒ》]　一條　[裙《ハカマ》]下裳一套　[獲(護カ)膝《マヘタレ》]膝圍一双

[獲(護カ)領《ハフカケ》]領絹一方　[荷包《キンチャク》]香嚢一枚

（書器稱呼）[琴]絲桐七絃　[棋]手談一局《メン》　[書]宝籍一部　[畫]丹青一幅　[紙]蔡珍一刀《ソク》

[筆]毛遂(錐カ)几管　[墨]青煙几笏　[硯]文池一枚　[箋《イロハンギリ》]鸞丨一束　[合香]　一袋

[扇]軽箑一握　*[簾]粗丨一鋪　[鏡]氷丨一員(圓)　[針]綉丨一包　[梳《クシ》]牙《サフゲノ》　丨一副

[弓]麟膠一把　[拝盒《カフバコ》]　一枚　[笛]竹笛一枝　[箸]牙箸一副　[圍屏《ヘヤウブ》]錦屏全架

[茶匙《シャク》]　一副　[香爐]香鼎一口　[茶壺]茶礶一口

（餚饌稱呼）[酒]魯丨一樽　[魚]鮮丨一盤《オリ》　[鯉]金丨一盤　[鴨]家鳧几隻

（果品稱呼）[餅《タンコノルイ》]香飴几圍(團カ)　[糍]金飴几團　[粿《クワシ》]玉飴几團　[笋]竹胎一盤　[桃]仙桃一筐《カコ》

[西瓜]水晶一筐　[棗]紅丨一筐　[柿餅《カキモチ》]柿霜一盤　[梅子]雪華一筐　[梨]玉實一丨(筐)

[杏]紅錦一丨(筐)　[枇杷]盧橘一丨(筐)　[藕]玉臂一丨(筐)　[蓮子]提珠一丨(筐)　[柑《ミカン》]朱橘一丨(筐)

[栗]圓栗一丨

（禽獣稱呼）[鳩]錦翼一對　[鶯]金丨二翼　[孔雀]南禽二翼　[鴛鴦]匹鳥一對　[馬]駑胎(駘)一乗《ヒキ》

[兎]狡兎一隻　[鹿]啣芝一隻　[猫]家猫一口　[犬]小獒一口　[牛]大牢一乗《ヒキ》

（花木稱呼）[蘭]清香一種《ウ》　[菊]霜傑一盆　[芙蓉]天英一種　[牡丹]天香一種　[芍薬]吐錦一丨(種)

[瑞香]世英一丨(種)　[海棠]酔春一丨(種)　[杏花]麗色(一種)　[蕙花《ラン》]含英(一種)　[桂花]仙友(一種)

[梅]東閣(一種)

(ろ)、同じく引用したとみられるが、品物名・雅名の一部に小異がある場合（一〇語）（―の下は『玉堂尺牘彙書』）

[帯]絲條《シユキン》一副　―絲條〈絲帯一副〉
[暦]新暦（ママ）几冊　―官暦〈新書几冊〉
[枕]藤ー一對　―枕〈籐枕一対〉
[剣]青藻（萍）一鞘　―劍〈青萍一鞘〉
[楊梅]経（聖）僧一ー（筐）　―楊梅〈圣（聖）僧一筐〉

[李]玉錦一ー（筐）　―李〈玉華一筐〉
[菱]水栗一筐　―菱角〈水栗一筐〉
[鷺]霜衣一ー（對）　―鷺鷥〈霜衣一対〉
[山茶（茶カ）]寶珠　―山茶〈宝珠一種〉
[石榴]火種（珠カ）　―石榴〈火珠一種〉

(は)、同じく引用したとみられるが、数量表現（助数詞・単位等）が異なる場合（八語）（―の下は『玉堂尺牘彙書』）

[梭]梭布一端　―梭布〈梭布一疋〉
[香]息香百枚　―香〈息香百枝〉
[箭]豹牙十枚　―箭〈豹牙十枝〉
[簫]玉ー一枚　―簫〈玉簫一枝〉

[米]白粲《ハクマイ》一斗　―米〈白粲《ハクマイ》幾斗〉
[茶]細茗几嚢　―茶〈細茗几罐〉
[甘蔗《サトウ》]蜜汁几匣（莖カ）　―甘蔗〈蜜汁几莖〉
[鶴]仙胎一羽（對カ）　―鶴〈仙胎一対〉

(に)、『玉堂尺牘彙書』に依拠しなかったと見られる場合（二語）（―の下は『玉堂尺牘彙書』）

[簪]玉ー一枚　―簪〈或玉或金或瑪瑙或珀或臘金倶ニ依寔寫〉

[水仙]玉盞（一種）

右につき、(い)は、そのまま『玉堂尺牘彙書』から引いたと見られる用例である。(ろ)・(は)は、若干の違いのあるものであるが、意図的に手を入れたにせよ、誤写にせよ、『玉堂尺牘彙書』を踏まえるものであろう。就中、(ろ)の「経（聖）僧一ー（筐）」の「経」字は、『玉堂尺牘彙書』に「圣僧」と見える文字を、下の「僧」に引かれて「経」と解したものらしい。(は)では、助数詞「枝」を「枚」に改める傾向が認められる。

(に)の「[簪]玉ー一枚」に関しては、『玉堂尺牘彙書』に「簪〈或玉或金或瑪瑙或／珀或臘金倶ニ依レ寔寫〉とある条が関係しよう。これを踏まえながら、作為したのではなかろうか。「[水仙]玉盞（一種）」は、一連の花木の末尾に、このように見える。本書に先行するところを知らない。この一語だけは、私に加筆したのかも知れない。

本書は、『玉堂尺牘彙書』をよく踏まえ、明・清代助数詞を日本に紹介しようとした点で評価される。若干、『玉堂尺牘彙書』と異なるところがあり、また、「羊」「猪」「牛」などの獣肉関係も外しているが、これらは日本人社会に分かり易い形を意図したためのようである。助数詞の付訓には、「一條」をヒトスジ、「一局」をイチメン、「一刀」をイッソク、「一盤」をヒトオリ、「一筐」をヒトカゴ、「一乗」をヒトヒキ、「一種」をヒトウのように、和語、あるいは、日常的な言葉が用いられている。

注

（1）高山大毅「『滄溟先生尺牘』の時代―古文辞派と漢文書簡―」、『日本漢文学研究』（二松学舎大学21世紀COEプログラム）、第六号、二〇一一年三月、七四頁。

第二節　『尺牘彙材』

一、序

『尺牘彙材《せきとくいさい》』（五巻・二冊）は尺牘の指南書で、戸崎允明《とざきみつあき》の宝暦壬午（一七六二）春二月の叙、寛政元年（一七八九）夏の門人中敬之の跋を有する。巻一・巻二は、彙材の上・下（叙懐、存問、過訪、会面以下に分けて用語句を集める）、巻三は、尺牘の布置（例文を挙げて形式を示す。国字文（草体）を併せ示し、雅俗の異なりを示す。付、書束箋式〈書翰書式・封書式〉。巻四は、歴代名家尺牘（中国の王羲之、袁粲、白居易、韓愈、柳宗元など）、巻五は、日本の諸家尺牘〈物茂卿〈徂徠〉、南郭、春台、山縣周南等の単翰〉を例示する。門人が収集したものに允明が目を通し、監修したものらしい。允明〈生歿、享保九年〈一七二四〉～文化三年〈一八〇六〉、行年八三歳〉は、常陸の人、字は子明、哲夫、号は淡園、浄巌、平野金華に師事して徂徠学を修め、陸奥守山藩松平家〈水戸徳川家支藩〉の藩校養老館教授、後、家老に任じた。『周易約説』『箋注 唐詩選』などの著がある。

波多野太郎氏によれば、文化五年に須原屋伊八が刊行した、但し、文化五年版の刊記には「寛政元年己酉夏発行／文化五年戊辰春求版」とあるから、まず、寛政元年版が発行され、後、この版木を求めて文化五年に再発行が行われたとされる。[1] 江戸時代の中、後期には多種多様な尺牘指南書が流行したが、その掉尾を飾るものとされる。[2]

『尺牘彙材』の刊本につき、国文学研究資料館編『日本古典籍総合目録』(二〇一一年六月二八日現在)により、その刊行年次をもって分類すれば、およそ次のような四類となる(［］内は形態、出版事項など)。

(1)寛政元年刊本 ①盛岡市中央公民館蔵本三冊(南部2517)、②盛岡市中央公民館蔵本三冊(757)［雁金屋伊兵衛］、③群馬大学附属図書館蔵本三冊(新田、N816.6 To97)［須原屋伊八］、④駒沢大学図書館蔵本一冊(永久5387)［雁金屋伊兵衛、二八丁、二七丁、一三丁、二四丁、一五丁、二二cm］、⑤石川県立図書館蔵本一冊(饒石、82-13)［須原屋市兵衛、一九cm］、⑥静岡県立図書館蔵本一冊(葵、K214-12)［雁金屋伊兵衛］

(2)寛政九年刊本 ⑦岐阜大学附属図書館蔵本三冊(926-5.1～3-2193)［雁金屋伊兵衛］

(3)文化五年刊本 ⑧国文学研究資料館蔵本三冊(ヤ9-62-1～3)［青藜閣蔵版書目録、須原屋伊三郎、中本、印記「半沢蔵書」「半沢図書」「殿杏家蔵図書」］、⑨市立弘前図書館蔵本一冊(w816-34)［須原屋伊八、中本］、⑩宮城県立図書館蔵本三冊(伊達、D816.6-セ2)［青藜閣、須原屋伊八、大和田安兵衛、一九cm、印記「伊達伯観瀾閣図書印」］、⑪駒沢大学図書館蔵本一冊(永久5386)［須原屋伊八、二二cm］、⑫金沢市立玉川図書館蔵本二冊(村松、21.8-33)［須原屋伊八、二〇cm、中巻欠］、⑬金沢市立玉川図書館蔵本三冊(蒼龍、20.8-19)［須原屋伊三郎、二〇

cm〕、⑭刈谷市立刈谷図書館蔵本三冊（村上、3202/3/3丙四）〔大和田安兵衛、須原屋伊八〕、⑮大阪天満宮御文庫蔵本三冊（近、47-17）〔須原屋伊八、近藤南州旧蔵寄贈本〕、⑯ノートルダム清心女子大学附属図書館蔵本三冊（佐藤、702）〔須原屋伊八、刊記「寛政元年己酉夏発行／文化五年戊辰春求版」、見返「東都書肆青藜閣梓」、中本〕、⑰山口大学附属図書館蔵本三冊（棲息、M816 T21 A1-A3）〔須原屋伊八、一九cm〕、⑱山口大学附属図書館蔵本三冊（棲息、M816 T21 A1b-A3b）〔須原屋伊八、一九cm〕、⑲高知大学附属図書館蔵本三冊（小島、919.07-O10-1~3）〔須原屋伊八、B6（判）〕

(4)刊行年不詳刊本　⑳三康文化研究所附属三康図書館蔵本三冊（五　六四六）、㉑新潟大学附属図書館蔵本三冊（佐野、38）、㉒滝学園図書館蔵本二冊、（書誌ID：2101066）〔巻四・五欠、中本〕

以上の内、寛政元年刊本には〈須原屋伊八の刊行〉とするものが見えている（波多野氏も同様か）。この中には文化五年刊本が混じっているかも知れない。左記のように、伊八（二代目）は文化五年に当版を求版し、「蔵板」として出版した。須原屋伊三郎は、文政九年『石立擲碁国技観光』以下の出版を行なっているが、反町茂雄著『紙魚の昔がたり　明治大正篇』の中で田中菊雄氏（田菊書店）が言及されている「松成伊三郎」[3]なる人物に同じであろう。

さて、『尺牘彙材』の刊本は、右におけるところが全てではないようで、後に触れる東北大学附属図書館狩野文庫蔵本、学習院大学図書館蔵本、島根県立図書館蔵本などがここには漏れている。各地に所蔵される刊本は、今後にも報告されるであろうが、次には、筆者の窺い得た若干の刊本につき、述べておきたい。

(1)寛政元年刊本

○新潟大学附属図書館佐野文庫蔵本（38-45）は、五巻三冊本で、外題に「尺牘彙材　上（中、下）」（簽、原、左、双）とある。内扉（三郭）の中央に「尺牘彙材」（大字）、この右に「淡園先生鑒定」「千里必究／許翻刻」（郭あり）、左に「東都書肆 衡山堂 申椒堂 梓」とある。「尺牘彙材叙」（宝暦壬午春二月、埼允明）二丁、目次（二丁）、本文、また、下冊（一五丁ウまで）の巻末の跋「蓋寄文削牘用品大焉組繍其／頬舌金玉其手指……／寛政改元夏　中敬之謹誌／■□（印影陰陽）」（一六丁ウ）、販売書目四点（『訓訳示蒙』『日本地名箋』『文章小成』『書翰式』）の広告があり、その左に次の刊記がある（一七丁オ）。

寛政改元己酉夏*

　　小石川伝通院前白壁町
　　雁金屋　伊兵衛

東都書肆

　　日本橋室町弐丁目
　　須原屋　市兵衛

＊印の「夏」字は、本字〈篆〉の方が用いられており、後の岐阜大学蔵本以下が「夏」字（今日通行の字体）を用いる点と異なる。本書は、当初に版行された寛政元年版と見られる。

雁金屋伊兵衛については、享保～天保の前後の出版活動が認められる。「衡山堂」は、その堂号。須原屋市兵衛は、元禄頃～文化年間の活動が見られるが、林子平著『三国通覧図説』（天明五年成）を出版し（同六年）、これが寛政四年幕命によって絶版、重過料の処分を受けた。「中椒堂」は、須原屋市兵衛の堂号。［＊国文学研究資料館蔵マイクロフィルムによる］

○東北大学附属図書館狩野文庫蔵本（狩／第4門／14333/3冊）は、五巻三冊本で、外題に「尺牘彙材　上（中、下）」（簽、原、左）とある。扉はない。この点以外は右新潟大学附属図書館佐野文庫蔵本に同じ。柱に「尺牘彙材」とあり、丁付がある（上冊の叙の第一丁には「序」「絳雪館蔵」とある）。本文は漢字、付訓は片仮名、画あり。原題簽・原外題あり。「尺牘彙材叙」（宝暦壬午春二月、埼允明）二丁、目次（一丁）、本文の「巻之一」二七丁を収め、中冊は「巻之二」二七丁、「巻之三」一三丁（図あり、草体の書状案等あり）を収め、下冊は「巻之四」二四丁、「巻之五」一五丁を収める。巻末に跋「蓋寄文削牘用品大焉組繍其／頬舌金玉其手指（中略）／寛政改元夏　中敬之謹誌／■□（印影陰陽）」一丁分がある。跋の次（○・五丁）に販売書目四点（『訓訳示蒙』『日本地名箋』『文章小成』『書翰式』）の広告があり、その左に右同様の刊記がある。「狩野亨吉氏寄贈」印あり。［狩野文庫マイクロフィルムによる］

○岐阜大学附属図書館蔵本（926-5,1~3-2193）は、五巻三冊本で、原表紙・外題に「尺牘彙材　上（中、下）」（簽、原、左、双）とあり、上冊の叙、目次、本文・柱刻などから下冊の「巻之五」の末の跋までは東北大学附属図書館狩野文庫蔵本（狩／第4門／14333）や学習院大学図書館蔵本（三三二―一一一）に同じ。刊記は次のようにある。

寛政改元己酉
　夏五月
　　　小石川伝通院前
東都　　雁金屋　伊兵衛発行

東北大学附属図書館狩野文庫蔵本より後の版行であろう。

なお、国文学研究資料館編『日本古典籍総合目録』には、この版本は寛政九年刊とある。寛政元年刊本の後刷りの可能性はあるが、寛政九年と記載する理由は分からない。［＊国文学研究資料館蔵マイクロフィルムによる］

○盛岡市中央公民館蔵本（757）は、五巻三冊本で、外題に「尺牘彙材　上（中、下）」（簽、原、左、双）とあり、表紙に貼紙して「尺牘彙材五　三／　寛政元刊／　女学　書簡」（墨）とある。上冊は巻一、中冊は巻二、三、下冊は巻四、五を収める。序（「尺牘彙材叙」）から刊記まで、岐阜大学附属図書館蔵本に同じ。［＊国文学研究資料館蔵マイクロフィルムによる］

○静岡県立中央図書館葵文庫蔵木（K214-12）は、五巻一冊本である。マイクロフィルムによる限り、表紙以下の状や原態のほどがはっきりしないが、題簽はなく、外題は直に「尺牘彙材」（左）と墨書されている。巻之一から同五までの本文は、そのまま（途中に何の介在物もなく）一冊に綴じられている。これが当初の形態であるのか、後に合綴したものか、定かでない。墨筆訓点が付されているが、序（「尺牘彙材叙」）から刊記まで、岐阜大学附属図書館蔵本に同じである。外題の下方に「千田書屋」（墨筆）がある。

巻之五冒頭の本文は、「物茂卿／　與猗蘭侯」と題して「恭接《クス》二尺一一。字‐字飛‐動《ス》。則知二（後略）」と始まるが、その「侯」字の下に「侯者先生高弟本多伊豫守忠統也宝暦七年二月廿九日卆年六十七／葬深川灵巌寺」と割書で書込みがある。「本多伊豫守忠統《ただむね》」は、本多忠恒《ただつね》（所領河内国錦部三郡に一万石）の二男として元禄四年（一六九一）六月に生まれたが、兄仙千代の早世により世子となった。第五代将軍徳川綱吉の小性を経て、享保一〇年（一七二五）六月若年寄となり第八代将軍吉宗の治世（享保の改革）に参与した。同一七年四月伊勢神戸《かんべ》に移住し、延享二年（一七四五）五千石加増され（都合一万五千石）、仰せによって城を築いた（神戸藩初代藩主）。歿年は右の通り。儒学、書画、茶道（号宗範）等にも名の聞こえた文化人でもあり、字は大乾、猗蘭《いらん》、拙翁と号した。(4) 次代の忠永、その子忠憲（其香）も俳諧、好学の人として知られる。［＊国文学研究資料館蔵マイクロフィルムによる］

(3) 文化五年刊本

○学習院大学図書館蔵本（三三二―一一一）は、五巻三冊本で、外題は表紙（原表紙、縹色）に「尺牘彙材　上（中、下）」（簽、原、左、双）、内扉（三郭）の中央に「尺牘彙材」（大字）、この右に「淡園先生鑒定」「千里必究／許翻刻」（郭あり）、左に「東都書肆　青藜閣梓」とある。柱に「尺牘彙材」とあり、丁付がある（上冊の序の第一丁には「序」「絳雪館蔵」とある）。本文は漢字、付訓は片仮名、画あり。縦一八・二cm、横一二・七cm、題簽匡郭は縦一二・九cm、横二・一cm、本文匡郭は縦一五・八五cm、横一〇・五cm。上冊は、扉〇・五丁、「尺牘彙材叙」（宝暦壬午春二月、埼允明）二丁、目次（二丁）、本文の「巻之一」二七丁を収める。中冊は「巻之二」二七丁、「巻之三」一三丁（図あり、草体の書状案等あり）を収め、下冊は「巻之四」二四丁、「巻之五」一五丁を収める。巻末に跋「蓋寄文削牘用品大焉組繍其／頬舌金玉其手指……／寛政改元夏　中敬之謹誌／■□（印影陰陽）」（一丁分、二六丁相当、柱刻に「跋」ともある）、また、次の刊記がある（二七丁オ、一葉全面、柱に「尺牘彙材」。今、後表紙裏に貼付されているが、本来のものであろう）。印記に、「立花種忠寄贈」（朱長方印）、「学習／院図／書印」（朱方印）、収書記に「学習院図書館／2200／明治卅八年六月二日」（楕円形朱印）とある。

寛政元年己酉夏発行
文化五年戊辰春求版
東都書肆　浅草茅町二町目　須原屋伊 八 版

須原屋伊八は、慶元堂、青藜閣、文淵堂と号した。初代は文化元年四月、七二歳で歿した(5)。この「求版」者は二代目によるものであろう。

○弘前市立弘前図書館蔵本（W816-34）は、五巻一冊本で、内扉（三郭）、「尺牘彙材叙」、下冊の跋文、刊記等、右学習院大学図書館蔵本に同じである。但し、跋文と刊記との間に「青藜閣蔵版書目録　江戸浅草茅町二丁目　須原屋伊八」という目録九丁が位置している。印記、上巻首に「岩田蔵」（朱長方印）、蔵版目録の末尾の郭外左下に「岩田伊太郎」（同上）、刊記末に「岩田伊太朗《（ママ）》」（同上）とある。［＊国文学研究資料館蔵マイクロフィルムによる］

○大阪府立中之島図書館蔵本三冊（235.8-64）は、五巻三冊本で、表紙・題簽外題、扉、仕立方、寸法、刊記など、右学習院大学図書館蔵本と同じである。印記「和田／蔵書」（朱方印）、「和田義澄氏／寄贈之記」（朱長方印）、「大阪府立／図書館／図書之印」（朱方印）。

○波多野太郎編『中国語学資料叢刊』の『尺牘・方言研究篇』『第一巻』には、右学習院大学図書館蔵本と同じ版本（但し、二冊仕立て）の複製が収められている。

○国文学研究資料館蔵本三冊（ヤ9-62-1~3）は、原表紙（縹色）・原題簽に「尺牘彙材」（左、双）とある。表紙・外題以下は，学習院大学図書館蔵本（文化五年刊）に同じ。但し、次のような差違がある。

まず、刊記であるが、学習院大学図書館蔵本における、その「須原屋伊八版」は「須原屋伊三郎版」となっている。窺うに、「八」字を削って「三郎」二字を埋めたのであろう。次に、本書には、下冊末、刊記の前に蔵版目録がある。標題に「青藜閣蔵版書目録―江戸浅草茅町二丁目 須原屋伊三郎」とあり、「四書集註」以下、九丁にわたり延一〇二点の出版書名、及び、その解説が挙げられている。その四丁オには、本書につき、次のように見える。

尺牘彙材　淡園先生著　小本 全三冊／諸大家ノ良材ヲ選ミ叙懐存問餞別／慶賀時候其余数ケ条ノ部門ヲ分チ／大成シテ（合字）
国字ヲ附ス且ツ写式ト和俗漢／雅ノ作例ヲ対照シテ（合字）変化自在ノ妙用ヲ知ラシム

印記、「半沢蔵書」「半沢図書」「殿杏家蔵図書」。

○島根県立図書館蔵本（816/92/1~3）は、五巻三冊本で、外題は表紙（原表紙、縹色）に「尺牘彙材　上（中、下）」（簽、原、左、双）、内扉の中央に「尺牘彙材」（大字）、この右に「淡園先生鑒定」「千里必究／許翻刻」（郭あり）、左に「東都書肆　青藜閣梓」とある。柱刻に「尺牘彙材」とあるが、上冊の序の第一丁には「序　一一絳雪館蔵」とある（魚尾、単、下向）。本文は漢字、付訓は片仮名、画あり。縦一九・〇cm、横一三・〇cm、題簽匡郭は縦一三・〇cm、横二・一五cm、本文匡郭は横一六・〇cm、横一〇・七cm。仕立て、また、下冊の跋文までは学習院大学図書館蔵本に同じ版である。但し、末尾の刊記の一部が異なり、跋文と刊記との間に広告文三丁が挿入されている。

刊記は、次のとおりである。「大傳馬町二丁目／大和田安兵衛……須原屋　伊　八／蔵　板」の五行は埋木によるものらしく、従って、こちらは学習院大学図書館蔵本の後刷り本であろう。大和田安兵衛は、寛文~天保の頃の書肆。

寛政元年己酉夏発行
文化五年戊辰春求版
大傳馬町二丁目

大和田安兵衛
東都書肆　下谷池之端仲町　須原屋伊八
蔵板

広告三丁は、刊記の前に位置する。この本文の匡郭は小さくなっていて、縦一三・四cm、横九・四cmである。版心には、単に「長一」「長二」（第三丁には「長三」とない）とある。一部を翻字する。

「真方人参長寿円《にんじんちやうじゆゑん》　一剤八匁○半剤四匁○小箱入二百銅○百銅／　（広告第一丁オ、1行目）

（中略）

本家調合所　書物薬種　江戸日本橋南一町目須原屋茂兵衛
弘所　同下谷仲町須原屋伊八」　（同第二丁ウ、11行目）

「御薬種。丸散丹円。御香具。朝鮮大人参。諸合薬。唐線香。砂糖漬類品々　（同第三丁オ、1行目）
○書物薬種　旧来《むかしより》売弘り遂日《ひましニ》繁昌仕候間諸合薬等薬品《やくひん》格別相撰《ゑらミ》
製法極入念《ごくねんいれ》調合仕差上申候間先々御用被仰付可被下候
○家伝順気散《じゆんきさん》婦人血の道の薬　男女頭痛ニよし　（下略）／

（中略）

御薬調合所　江戸日本橋南壱町目　須原屋茂兵衛
弘所　仝下谷仲町　須原屋伊八
大坂売弘所心斎橋筋安堂寺町　秋田屋市兵衛
江戸并諸国取次所出シ置候間其御もよりの方ニ而御調可被下候」　（同第三丁ウ、13行目）

右の広告三丁は、内容上、前二丁分（第一・二丁）と後一丁分と、それぞれ完結しているようである。丁付からしても、二種の広告を取り合わせたものではなかろうか。当時、書肆が薬屋や屑麦《わりむぎ》屋を兼業していたことについては先にも言及した[6]。

○刈谷市立刈谷図書館村上文庫蔵本（302/3/3丙四）は、五巻三冊本で、本文など、また、刊記は、右の島根県立図書館蔵本に同じである。但し、蔵版目録（跋文と刊記との間にある）は八丁もあり、この標題は「青藜閣蔵版書目録江戸東叡山池之端仲町　須原屋伊八」とある。国文学研究資料館蔵本にも「青藜閣蔵版書目録」があるが、標題の文言も内容も全同ではない。こちらの掲載書目は延一二六点（種）にも及び、「四書集註」以下、一致するものもあるが、異なるものもあり、また、掲出の順序や文字の大きさ（こちらがやや太字）なども相異する。この蔵版目録は、国文学研究資料館蔵本のそれとは別途の刷り物である。［＊国文学研究資料館蔵マイクロフィルムによる］

○早稲田大学図書館蔵A本一冊（イ13 01045）は、外題に「尺牘彙材　下」とある。もと三冊本だが、今は「巻之四」と「巻之五」だけの一冊であり、この限りでは右学習院大学図書館蔵本と同じであり、刊記も全同である。但し、本文末と刊記の間に蔵版目録「青藜閣蔵版書目録江戸東叡山池之端仲町　須原屋伊八」（標題）がある。この丁付は「一」～「八」とあるが、何故か、その第四丁の一丁を欠き、今、掲載書目は「四書集註」以下、延一一四点（種）を数える（八丁揃っておれば、延一二六点となるか）。この四丁オに本書「尺牘彙材　淡園先生著　小本全三冊／諸大家（後略）」の広告があり、文言は先の国文学研究資料館蔵本と同一であるが、行取り（改行の位置）が異なるから、新に版を刻んだものである。印記「笠原／書蔵」（朱方印）、「赤錦／之印」（朱方印、陰刻）。花房直三郎寄贈書。

本書は、早稲田大学図書館に、もう一点（B本）所蔵されている。五巻・三冊本（へ20 02837）。東都書肆、浅草茅町、青藜閣、文化五年求版とされる。印記「高田蔵書」、「半峰書屋図書之印」。高田早苗旧蔵書。

○山口大学附属図書館棲息堂文庫蔵A本（M816/T21/A1-A3）は、五巻三冊本で、原表紙・原題簽・原外題は島根県

立図書館蔵本に同じ（寸法も同じ）。扉題なし。本文以下、また、刊記、蔵版目録（跋文と刊記との間に八丁）などは、右の刈谷市立刈谷図書館蔵本に同一である。版が磨り減っているように見える。上冊の奥や中、下冊の前表紙見返にやや大きく「就右用」（墨書）、小口下に「尺牘彙材上（中、下）」（墨書）とある。印記、「寄／贈｜毛利就挙」（朱長方印）、「山口大／学図／書之印」（朱方印）。

○山口大学附属図書館棲息堂文庫蔵B本（M816/T21/A1b-A3b）は、五巻三冊本で、原表紙・原題簽・原外題は島根県立図書館蔵本に同じ（寸法も同じ）。本文以下、また、刊記なども同じで、この限りでは山口大学附属図書館棲息堂文庫蔵A本に同一となる。だが、扉題はなく、また、跋文と刊記との間の蔵版目録もない。後刷り本のようである。印記、「明治二十九年改済｜徳／山｜毛利家蔵書／第二百四十六番｜共三冊」（朱長方印、複郭）、「寄／贈｜毛利就挙」（朱長方印）、「山口大／学図／書之印」（朱方印）。

二、助数詞用法

東北大学狩野文庫蔵本を底本とし、助数詞用法に関する語句を収集する。但し、仮名や文字、符号などが不鮮明である場合は、学習院大学蔵本、その他を参照する。状況によって名詞・助数詞の別が判別しにくいところがある。

《凡例》1、一部に度量衡の単位を含む。

2、傍訓中の助数詞は採らない。例、「三《タヒ》換《カフ》二裘葛《ヲ》一」（尺牘彙材、巻二、四ウ）の「タヒ」。

3、底本における合符は省略する。

4、合字「〆」は「シテ」、「ヿ」は「コト」と翻字する。

［用例］

某一介之使奉《シテ》レ書《ヲ》至《ル》矣（巻一、八丁ウ）…「一介」の左傍訓「ヒトリ」。

一介ヲ（巻一、九丁ウ）…「一介」の左傍訓「ツカヒ」。
魚一籃㆒ヲ（巻一、一九丁オ）…「籃」の左傍訓「カゴ」。
雲牋一套㆒ヲ（巻一、一九丁ウ）…「雲牋」の左傍訓「モヤウアルカミ」。
詩扇一握。画一幀。（巻一、一九丁ウ）…「一握」の左傍訓「イッホン」、「幀」の左傍訓「フク」。
時果一籃㆒ヲ（巻一、一九丁ウ）…「時果」の左傍訓「トキノナリモノ」、「籃」の左傍訓「カゴ」。
新茶一觔《キン》（巻一、二〇丁オ）
凡絹帛二端ヲ曰㆓一両㆒ト。曰㆓一匹㆒ト。四端ヲ曰㆓一屯㆒ト。五疋ヲ曰㆓一束㆒ト。衣服二ヲ曰㆓一称㆒ト。（巻一、二〇丁ウ、双行割書き）。
筆百枝（巻一、二二丁ウ）…「筆」の左傍訓「フテ」。
紙十幅百張（巻一、二二丁ウ）
扇十柄（巻一、二二丁ウ）
墨十笏（巻一、二二丁ウ）
進㆓陽関一曲㆒ヲ。（巻一、二二丁オ）…「陽関」の左傍訓「ワカレノウタ」。
数行之字。（巻一、二二オ）

充㆓行庖一饌㆒ニ。（巻一、二三丁オ）…「行庖」の左傍訓「ドウチウノリヤウリ」。
某ノ書二本。（巻一、二四丁オ）
某ノ書幾本。（巻一、二四丁オ）…「幾」の右下に「□」（片仮名か）。不詳。
昨取テ㆓先後ノ稿㆒ヲ。大ニ芟洗シテ得㆓若干首㆒ヲ。（巻一、二四丁オ）…「芟洗」の左傍訓「ギンミスル」。
某ノ書幾本。（巻一、二四丁ウ）
拙和一章附上（巻一、二四丁ウ）
奉和二首。（巻一、二四丁ウ）
呼㆑酒ヲ尽㆓ス三大斗㆒ヲ。（巻一、二五丁オ）…「三大斗」の左傍訓「ヲ、サカツキサンハイ」。
篋中集四冊。（巻一、二五丁ウ）…「篋中」の左傍訓「ハコノウチ」。
愚撰ノ某ノ書若干巻。（巻一、二五丁ウ）
拙稿壱篇。（巻一、二五丁ウ）
絶句数首。（巻一、二五丁ウ）
近詩数紙。（巻一、二六丁オ）…「近詩」の左傍訓「チカコロノシサク」。

近詩数首。（巻一、二六丁オ）

三人輪会以校《ス》二某書《ヲ》一。（巻一、二六丁オ）…「輪会」の左傍訓「マハリニクハイシ」。

酔中《ニ》口占《ス》写《ス》二一首《ヲ》一（巻一、二六丁ウ）…「口占」の左傍訓「クチスサミ」。

一首尤精確（巻一、二六丁ウ）

偕《ノ》示《サル》二某三《ノ》幅図《ヲ》一（巻一、二七丁オ）

一代《ノ》辞宗（巻一、二七丁ウ）…「一代辞宗」の左傍訓「タウセイダイ、チノブンジン」。

括二摠《シ》百家《ヲ》一。馳二騁《ス》千載《ニ》一。（巻一、二七丁ウ）…「括摠」の左傍訓「スベク、リ」。

銀鉤鐵画。龍蛇婉然。意《[?]》其《ニ》将《スル》レ入《シト》レ石《ニ》者幾寸邪《ソヤ》。（巻一、二七丁ウ）…「銀鉤鐵画」の左傍訓「シヨハウノヨキヲイフ」、「婉然」の左傍訓「ウコキハシルカタチ」、「意」の右傍訓不詳、あるいは、「オモフニ」か。

命《シテ》レ酌《ヲ》尽《シ》二一斗《ヲ》一。（巻二、一丁オ）

十二年于茲《コヽニ》一（巻二、四丁ウ）…「十年」には音合符もある。

絶壁千尺。孤峯入レ漢《ニ》。（巻二、五丁オ）…「漢」の左傍訓「アマノカハ」。

喬松数株。脩竹千竿。（巻二、五丁オ）

水光千頃。荷香十里。（巻二、五丁オ）…「荷香」の左傍訓「ハスノハナノニホヒ」。

請《フ》買二紅杏千株《ヲ》一。以為《ナサン》二此君《ノ》寿《ヲ》一（巻二、七丁ウ）…「紅杏」の左傍訓「アンズ」、「株以」の左傍辺りに「ヤクレイ　ノコト」。

扇頭《ノ》詩一首（巻二、一〇丁ウ）…「扇頭」の左傍訓「アフキニカキタル」。

千載《ノ》一遇也。（巻二、一一丁オ）…「千載一遇」の左傍訓「ネンコロニモテナスコト」。

復《スル》二某《ナル》者《ニ》一書一套。（巻二、一三丁ウ）…「一套」の左傍訓「イツフウ」。

聊復別《ニ》写《ス》二数紙《ヲ》一（巻二、二四丁ウ）

外《ニ》具《ス》二十条《ヲ》於別幅《ニ》一。就《テ》煩《ハシテ》二来使《ヲ》一。面稟《ス》。更有《ニ》二一条一。（巻二、一五丁ウ）…「面稟」の左傍訓「チキタンニウケ玉ハル」。

鉤二摭微細《ヲ》一毛二挙数事《ヲ》一（巻二、一八丁オ）…「鉤摭」の

左傍訓「カキイタシヒロヒ」、「毛挙」の左傍訓「コマカニアツメル」。

濁酒一盃。弾琴一曲。（巻二、一八丁ウ）

損餉六種。（巻二、二五丁オ）…「損餉」の左傍訓「シヨクモツノヲクリモノ」。

作《ン》二一盂飯《ヲ》一。奉レ待。却《テ》有二絶品《ノ》茶数種一可レ試《ロム》。（巻四、四丁ウ）

可《ヤ》三来燔《テヤク》二一炷香《ヲ》一否《ヤ》。（巻四、六丁オ）…「一炷香」の左傍訓「ヒトタキノカウ」。

故餉一合。并《テ》建茶両斤。（巻四、七丁オ）…「一合」の左傍訓「イチジウ」。

長歌十絶句。（巻四、八丁オ）

某不レ能レ為《コト》二一介絮酒之《ノ》使《ヲ》一（巻四、一二丁ウ）…「絮酒」の左傍訓「クヤミノコト」。

却《テ》致《ス》二腊《｜》二十箇。秋石二両。握把《ノ》秦帰一斤《ヲ》（一）。（巻四、一四丁ウ）

為《メニ》二五斗米《ノ》一。罄二折道傍《ニ》一。（巻四、一六丁オ）…「五斗米」の左傍訓「スコシノアテカヒ」、「罄折」の左傍訓「コシヲオリ」。

昨《フ》理《ヲサメ》レ髪《ヲ》得二三十莖許《ハカリ》白者《ヲ》一。（巻四、一九丁オ）…「莖」の左傍訓「スジ」。

就《テ》二山僧《ニ》一乞《コヒ》二蔵経《ヲ》一。読《コト》一遍《シテ》足《ル》矣。（巻四、一九丁オ）…「足」の左傍訓「ヲモヒカタリタル也」。

広荘及《ヒ》瓶花集詩《ノ》各《く》一冊。（巻四、二三丁ウ）…「広荘」の左傍訓「シヨノナ」（「広荘」は、袁宏道著『広荘』か）。

宋画一幀。通典四本。附上《ス》。二幀繫二留案《ス》上《ニ》一。（巻五、一丁ウ）…「二幀繫留案上」の左傍訓「ニマイハツクヱノウヘニトメヲク」。

和筆一管。（巻五、二丁ウ）…「一管」の左傍訓「カタ〳〵」。

一服《ノ》清涼散（巻五、六丁オ）

一朶《ノ》白雲（巻五、六丁ウ）…「一朶」の左傍訓「ヒトツノ」。

以二一枝《ノ》春色《ヲ》一。（巻五、七丁オ）

紅魚一尾。（巻五、一三丁ウ）…「紅魚」の左傍訓「タイ」。

右の左傍訓は、意味注を担当している。その中には、助数詞を次のように言い換えたものがある（改めて列記する）。

一介　ヒトリ　　一合　イチジウ（汁）
一籃　（ヒト）カゴ　　三十茎　（サンジフ）スジ（ヂ）（筋、條）
一握　イツホン（本）　　二幀　ニマイ（枚）
一幀　（イッ）フク（幅）　　一管　カタ〳〵（隻）
一套　イツフウ（封）　　一朶　ヒトツ
一炷　ヒトタキ（炷）

いわば、本文中の助数詞は文章語、意味注におけるそれは口頭語的日常語ということになろう。「一本《ほん》」「一幅《ふく》」「一封《ふう》」「一汁《じふ》」「二枚《まい》」などは、外来の漢語系助数詞であるが、もはや字音語も和語もない、通常の生活に用いる言葉こそが口頭語的性格の強い日常語であったということになろう。「一幀」は、対象物によって「一幅《ふく》」とも「二枚《まい》」とも言い換えられている。「一握」「一合」「一管」などでも同様、対象物によっては異なる助数詞が示される可能性がある。「ヒトリ」（一介）「（ヒト）カゴ」（一籃）「ヒトタキ」（一炷）「（サンジフ）スジ《ヂ》」（三十茎）「ヒトツ」（一朶）などは意訳である。

なお、「昨理《フヲサメ》レ髪《ヲ》得二三十茎一許《ハカリ》白者《ヲ》。」（巻四、一九オ）の句につき、絶海中津（一三三六〜一四〇五）の詩文集『蕉堅藁《しょうけんこう》』に、一本一本の髪の毛を「鬢糸嗟二我茎々白一」と詠んだ例がある（七言律詩、「次韻栢樹心」）。

三、小結

本資料は、こと改めて助数詞の用法を説くことはない。しかし、実際的な範例文をもって右のような用法が示されている。また、範文中の華語（唐語）については左傍に注を添え、教育的な配慮が加えられている。華語については、左記に付記するところもある。
本資料の場合、用例は多くはない。だが、「詩扇一握。画一幀」「筆百枝」、「紙十幅百張」「扇十柄」「墨十笏」、その他、範文中における用例である点に注意したい。

注

(1) 波多野太郎編『中国語学資料叢刊』『第三篇　尺牘篇』の『第二巻』、一九八六年六月　不二出版、一二頁。
(2) 高山大毅「『滄溟先生尺牘』の時代—古文辞派と漢文書簡—」、『日本漢文学研究』（二松学舎大学21世紀COEプログラム）、第六号、二〇一一年三月、七五頁。
(3) 反町茂雄著『紙魚の昔がたり　明治大正篇』、一九九〇年一月、八木書店、一九七頁。
(4) 編集顧問高柳光寿、他『新訂寛政重修諸家譜』、第一一、一九六五年五月（一九九一年第六版）、続群書類従完成会。二四六頁。なお、本多忠統は、荻生徂徠に師事した。「猗蘭」は、蘭の一種というが、『猗蘭操』という琴曲は、孔子が自ら時に逢わないのを傷んで詠じた作といわれる（諸橋轍次著『大漢和辞典』、巻七、七一一頁）。
(5) 井上隆明著『改訂増補近世書林板元総覧』、一九九八年二月、青裳堂書店、三八五頁。
(6) 小著『藤原明衡と雲州往来』、二〇〇六年一一月、笠間書院、三一二頁。小著『日本語の助数詞—研究と資料—』、二〇一〇年二月、風間書房、一七一頁、一八三頁。

［補説］華語（唐語）について

『尺牘彙材』巻之一の「餽遺類」の末尾には、一群の華語（唐語）語彙が列挙されている。この一群は、本文に出てきた語彙を中心にまとめたもののようで、大体、衣帛・染色・食品・鳥類・魚類・貝類・野菜類・文具の順に類集されている。「餽《き》」（祭のために糧食を贈ること）は、贈り物を意味し、「遺《ゐ》」も贈る、贈り物を意味する。尺牘は、縁者・知人等の間における贈答に伴うことが多い。そのため、この末尾にそうした品物に関する語彙を一括し、学ばせようとしたものらしい。

これらの語彙は助数詞研究の上でも重要である。次にこの段を翻字し、助数詞研究のための一助としたい。

《凡例》1、この段の語句は、大体、布帛、衣服の色、食品、文房の順となっているが、標目は示されていない。

2、底本の行末で改行する。但し、語句そのものは次行にわたることがある。

3、双行割書は、本文同大字で〈　〉内に翻字する（／印は改行）。

4、行頭に行数を付す。

［翻字］

（二〇丁オ）9　袱《フクサ》　綿紬《ツムキ》　布《モメン》　曬白《サラシ》　漂白《サラシ》　葛布《サラシ》　綾《リンス》　花《モン》

（二〇丁ウ）1　綾《リンス》　紬《サヤ》　花紬《モンシヤ》　素紬《リウモンサヤ》　綾機紬《サリン》　段子《トンス》　緞《トンス》　紗《シヤ》

2　機紗《ロシヤ》　漏地紗《モンシヤ》　秋羅《ロ》　縐紗《チリメン》　皺紗《チリメン》　花縐紗《モンチリメン》

3　紵絲《シユス》　天鵝絨《ヒロウト》　哆羅呢《ラシヤ》　羢毯《マウセン》　光絹《ハフタヘ》　蕉紗《バセウフト》

4　緆布《チ、ミ》　滑綾《ヌメ》　涼衫《カタヒラ》　〈凡絹‐帛二‐端ヲ曰二一‐両ト一。曰二一‐／匹ト一。四‐端ヲ曰二一‐屯ト一。五‐疋ヲ曰二一‐／

5　束ト一。衣‐服ヲ二／曰二一‐稱ト一。〉△大紅《ゴクコウ》　絳色《キイロナルコウ》　木紅《スハウソメ》　燈紅《テリカキ》　粉紅《ウスカウ》

6　深桃紅《コキモ、イロ》　銀紅《シロミアルコウ》　〈燈紅／之類〉　金紅《スコシキナルコウ》　金黄《キノカチタルコウ》　真紫《ホンムラサキ》　淡《ウス》

7　紫《ムラサキ》　鵝黄《ウスキ》　淡黄《ウスキ》　牙色《タマコイロ》　松花色《ウスカキ》　醤色《ヒハタ》　沈香《トノチヤ》

8　色　茶褐色《クロチヤ》　玄色《クロチヤ》　鐵色《カチンウスイロ》　鼠色　莎藍《チクサイロ》　純青《ハナイロ》

9　羊絨色《アイネツミ》　水絨色《アイネツミ》　天藍《ハナイロ》　翠藍《コキアサキ》　真青《コンイロ》　石青《ソライロ》

（二一丁オ）

1 油緑《ミルチヤ》 △佳茗《ヨキチヤ》 奇茗《ヨキチヤ》 烟酒《タハコ》 烟草《タハコ》 醇酒《ヨキサケ》 索《ソウ》

2 麪《メン》 線麪《ソウメン》 豆麩《トウフ》 豆腐《トウフ》 腐皮《ウバ》 麪筋《フ》 魚醢《シホカラ》

3 鲞魚《ヒサカナ》 風魚《シホヒキノルイ》 鴨《カモ》 野鴨《コカモ》 水皃《マカモ》 水鶩《マカモ》 水鴨《マカモ》

4 家鴨《アヒル》 家皃《アヒル》 水葫蘆《コカモ》 栗鴨《クロカモ》 鵠《ハクテウ》 野雞《キジ》 鶉《ウツラ》

5 鷂鶉《ウツラ》 鯔魚《ボラ》 鰦魚《ボラ》 鯯魚《ボラ》 華臍魚《アンコウ》 石首魚《イシモチ》

6 黄魚《イシモチ》 鱸魚《スヽキ》 大口魚《スヽキ》 鯧鯿《マナカツホ》 馬鮫魚《サハラ》 比目魚《カレイ》

7 鰈《カレイ》 師魚《フリ》 海鷂魚《エイ》 銀魚《シラウヲ》 鰌《ドチヤウ》 泥鰍《ドチヤウ》 海鰌《クジラ》

8 海鰍《クシラ》 海鰻《ハモ》 鰻鱺《ウナキ》 明浦《スルメ》 海参《ナマコ》 鰒魚《アハヒ》 石《ア》

9 決明《ハヒ》 海扇《ホタテカヒ》 沙蛤《ミルカヒ》 海蛇《クラケ》 牡蠣《カキ》 魁蛤《アカヽカヒ》 文蛤《ハマクリ》

（二一丁ウ）

1 蚶子《サルホウ》 海螺《サヽヒ》 竹蟶《マテ》 △香蕈《シヒタケ》 竹萠《タケノコ》 蘿蔔《タイコン》 嘉《ヤ》

2 蔬《サイ》 珍果《ナリモノ》 乳糖《コホリサトウ》 △筆《フテ》〈百枝／　〉紙〈十幅／百張〉扇〈十柄／　〉

3 墨〈十笏／　〉

この一群は、留意すべき華語（唐語）として、わざわざ取りまとめられたものであり、衣裳語彙、色彩（染色）語彙、食果語彙など、語彙史上にも貴重な資料となろう。

華語には、舶来品の名称としてのそれと、日本在来物の中国名のそれとがある。「段子《トンス》 緞《トンス》」は華語、「天鵞絨《ヒロウト》 哆羅呢《ラシヤ》」はポルトガル語の宛字とされるから、これらは前者の類となる。ただ、江戸時代前期には、既にそれらの日本製も出回っており、黒川道祐著『雍州府志』（貞享三年〈一六八六〉刊）には、「近世西陣倣二中華之巧一而金襴緞子繻子細綾縐紗紋紗無レ不レ織レ之又倣二阿蘭陀製一而天鵞絨羅紗及木綿織物悉織レ之」云々と見える[1]。

華語の左傍の意味注はことに注意される。例えば、「大紅《ゴクコウ》」「粉紅《ウスカウ》」（二〇丁ウ5）につき、顕常著『学語編』には「大紅《コキベニ》　二紅《スコシウスベニ》」（巻下、三五オ）と見える。『雑字類編』には「大紅《ホンコウ》〈二《ウス》／紅《カウ》〉真紫《ホンムラサキ》」（巻一、27ウ、ホ部、采色）とある。(2)「大紅」は、濃い紅色（赤色）をいう。「ゴクコウ」とは、極紅、即ち、深紅、正真の紅色　の意であろう。「鐵色《カチンウスイロ》」（二〇丁ウ8）につき、『学語編』に「鐵色《カチン》」（巻下、三五オ）、『雑字類編』に「銕色《カナイロ》《カチン》・醤水」（巻二、28ウ、カ部、采色）とある（巻一、27ウ、ホ部、采色）。こうした華語それぞれを、当時、どのように理解していたか、この資料で初めて知り得るところもある。

関連する資料として、後にも触れる顕常編『学語編』がある。やはり、華語をあげ、その左傍に意味注を付したものである。色彩（染色）語彙などのそれは、右と必ずしも一致しない。これは、かえって幸いである。諸資料を集め、いろいろな解説を重ね併せることにより、その色彩の実態が、あるいは、微妙な色彩感が理解できるであろう。

注

(1)『雍州府志』巻七、土産門下（服器部）、『続々群書類従』第八、一九七〇年四月、続群書類従完成会、二〇六頁。「傚二阿蘭陀製一」と見えるのは、寛永一六年（一六三九）にポルトガル舟の来航が禁止され（鎖国完成）、この当時、滞日西洋人はオランダ人しかいなかったからであろう。

(2) 藁科勝之著『雑字類編〈影印・研究／索引（別冊）〉』（全二冊、一九八一年二月、ひたく書房）による。

第一二節『尺牘粋金』

一、序

『尺牘粋金《せきとくすいきん》』、小一冊、藤田久道著。国立国会図書館蔵本（一冊、特33-442）を底本とする。波多野太郎編『中国語学資料叢刊』の『尺牘・方言研究篇』の『第一巻』に複製を収める。明治一一年（一八七八）四月出版、二書堂刊。明治一一年三月、岳陽増田貢の叙がある。縦一八・五cm、横一二・〇cm。尺牘の小辞書のような書物である。刊記の刊行年次は次のようにある。

明治十一年二月十三日版権免許

同　五月　出版　定価十八銭

次いで、「著并出版人　藤田久道」「発兌　角松久次郎／同　金幸堂」（以上、三九丁オ）、また、「東京／書林」として柳原喜兵衛（大阪）、須原屋茂兵衛、山城屋佐兵衛、雁金屋清吉、須原屋伊八、和泉屋市兵衛、和泉屋孝之助、丸屋善七、須原屋新兵衛、和泉屋吉兵衛、出雲路万次郎、和泉屋金右衛門、浅倉屋久兵衛（以上、三九丁ウ）、岡村屋庄助、万屋忠蔵、紀伊国屋源兵衛、紀伊国屋梅次郎、椀屋喜兵衛、袋屋亀次郎、伊勢屋安兵衛、島屋平七、山口佐七、磯部太郎兵衛、山口屋藤兵衛、藤岡屋慶次郎、森屋治兵衛（以上、四〇丁オ）の計二六店が列挙されている。久道には、『漢文内国史略』五冊（明治一二年、東西館蔵版）、『家事経済論』二冊（同一五年、教育書房）などの編著もある。

二、助数詞用法

小本であるが、次のような用例が拾われる。

[用例]

宋画一幀。通典四本、附上二幀繋ニ留案上一、（四丁ウ）…

「（二）幀」の左傍訓「フク」、「繫留案上」の左傍訓「ツクエノウヘニトメヲク」。これは物徂徠の尺牘の語句で、『尺牘彙材』（巻五、一丁ウ）にもある。

幸ニ有ニ龍舌ノ一瓶一、以潤スニ詩喉之渇ヲ龍舌茶名一、（五丁ウ）

垂レ釣ヲ、得ニ湖鯿一頭ヲ一、長可ニ一尺ノ米一、（六丁ウ）

村醸一卮、（一二丁ウ）…「村醸」の左傍訓「イナカサケ」。
泉醪一甓（一二丁ウ）
啜ハ二一二杯ヲ一茶、（一二丁オ）
詩扇一握、画一幀、（一二丁オ・ウ）…「一握」の左傍訓「イッホン」。
敬上二一枝ヲ一以助二横掃疾書之興ヲ一筆（一二丁ウ）…「一枝」の左傍訓「イッホン」、「横掃」の左傍訓「ジヲ カクコト」。「横掃」に関し、昔から中国には「横掃千軍」と銘する長鋒（四羊毫）が作り伝えられてきた。杜甫の七言古詩「酔行歌」の「詞源倒流三峡水 筆陣独掃千人軍」に因む銘とされる。
遺二毛穎数輩ヲ一就二役文房ニ一筆（一二丁ウ）…「毛穎」の左傍訓「フデ」。
呈二楮葉一刀ヲ一紙（一二丁ウ）
敬呈二一口ヲ一以資二衛防ニ一剣（一二丁ウ）…「一口」の左傍訓「ヒトフリ」。
鉛刀一割君其試レヨ焉剣（一三丁オ）
因写シテ二一本ヲ一呈レ之書籍（一三丁オ）
單衣一領、（一三丁ウ）
紬繒一匹、（一三丁ウ）
与二豆三斛ヲ一（一四丁オ）
以二折腰之五斗ヲ一餉スレ之米（一四丁オ）
此呈二一瓶ヲ一（一四丁オ）…「一瓶」の左傍訓「ヒトカメ」。
一枝ノ春色（一四丁オ）
此ノ君ハ風流高人所レ餉ス好、敢分二数竿ヲ一植二侍ス尊庭ニ一竹（一四丁オ）…「此君」の左傍訓「タケヲイフ」。
幸ニ有二便人一折二一枝ヲ一呈餉スレ之（一四丁オ）…「便人」の左傍訓「タヨリ」。
昨フ獲二一種ノ奇花ヲ一（一四丁ウ）
鳳咮一枚、端方堅潤、（一四丁ウ）…別に「鳳咮之副（中略）鳳咮硯名」（一二丁ウ）とも見える。
雲丹蠟子二種、極是奇品難レ得（一七丁オ）
有二寒梅一株一、未レ開レ花、（一九丁オ）
梅花一枝、（一九丁ウ）
昨承二妙剤ヲ一方ニ一服ス、（二五丁ウ）
拙稿一本附上ス（二七丁ウ）
拙序脱スレ稿ヲ　先録シテ二一通ヲ一求脱スレ教（二七丁ウ）
得二大著ヲ一吟咏千百遍大著述ヲエテイクヘンモヨム（二八丁ウ）

熱湯一盆解レ痒ヲ（三三丁ウ）
苦茗数杯解レ渇ヲ（三三丁ウ）
箕踞一榻（三三丁ウ）
豊山多二白雲一、安得三為レ吾贈二一片一乎、（三四丁オ）
欲レ糊ント二此数口一ヲ、（三四丁ウ）
被テ二山中数聲ノ木魚ニ消磨セ一殆トク尽（三四丁ウ）
箴言一通写ス上、（三五丁ウ）
自レ別二虎渓ニ一数月、（三六丁ウ）

三、小結

『尺牘粋金』（明治一一年出版）の助数詞について見てきた。左傍訓は、ここでも、意味注を担当している。その中には、助数詞を次のように言い換えたものがある。

一幀（イツ）フク（幅）　　一口　ヒトフリ
一握　イツホン（本）　　一瓶　ヒトカメ
一枝　イツホン（本）

こうした関係については、先にも見てきた。中国語では、それぞれ対象ごとに言い分けるのであるが、日本語では、そうもいかず、扇の「一握」も筆の「一枝」も「イツホン（本）」という。これは、更に大きな流れとなって今日の「本」へと繋がっていく。

本文に、「剣」を対象として「一口」とあり、この左傍に「ヒトフリ」とある。中世の辞書類・近世の書札礼では、この用法の「一口」を「ひとふり」と読んだものはないようだが、「一振」と書いた場合は、これを「ひとふり」と付訓している。従って、右の左傍訓「ヒトフリ」は、本文「一口」の読み方（訓）ではなく、やはり、意味注であろう。当時、—明治一一年といっても、江戸時代の言葉遣いは未だそのまま行われていたはずであるが、「劔」「太刀」の助数詞には、普通、「一振」、「一腰」等が用いられ、「一口」は、古い助数詞となっていたようである。『童訓集』

（寛文一二年版）には、「太刀《たち》一腰《よう》　劔一振《ふり》　長刀《なぎなた》一振《ふり》」と見える。『書札調法記』（元禄八年版）には、「太刀《たち》　刀《かたな》　脇指《わきざし》一腰《こし》　劔《つるぎ》　長刀《なぎなた》一振《ふり》」と見える。「太刀」「刀」「脇指」は「一腰《こし》・一腰《よう》」、「劔」（「長刀」も）は「一振《ふり》」と数えている。

なお、「一口」につき、『書言字考節用集』（槙島昭武著、元禄一一年成立、宝永五年以前刊）に「太刀」を「一口《いっく》」と数え、これを引いた『都会節用百家通』（高安蘆屋著、寛政一三年・文化八年等版）に「一口《いっこう》」、同じく『いろは節用集大成』に「一口《いっく》」と見える。だが、『都会節用百家通』でも、「万対名之事《よろづついみやうのこと》」の条には「太刀《たち》。刀《かたな》。〈一腰二ー〉脇指《わきざし》。〈一ー二ー〉」とあるだけである。

第一三節　伝統的な助数詞との比較

近世における助数詞は、書記の場で用いるものから口頭の世界で用いるものまで多様であろうが、その前者については、当時の書札礼や調法記などによっても窺うことができる。これらは、奈良時代から当代まで、それなりの推移や変化はあったにしても、全体としては、一往、書記生活の場で安定的に用いられ、伝えられてきたものであり、いわば、日本の伝統的な助数詞と称することができる。

今、本章に見てきた「明代（及び、清代）尺牘関係資料」の助数詞は、これとどのように重なり、あるいは、異なるのであろうか。双方共に見えていても、異なり語数や延べ語数の差異、また、用法上の質的な差異などがあるのであるが、今後の見通しを得るためにも多少の比較を行ない、およそのところを探っておく必要があろう。そこで、次には、①右に取り上げた「尺牘関係資料（一一点）」と②「近世の書札礼・調法記など」の、それぞれにおける助数詞の比較を行なう。

①については、単一資料に見える場合（助数詞）は安定性を欠くので、「二資料以上に共通して見える助数詞」と条件を付ける（『翰墨双璧』の節で言及した『物数称謂』は、『翰墨双璧』の引用部を取り上げただけであるので、ここでは

除外する）。②については、先に、近世の書札礼・節用集などにおける助数詞として左記の資料二〇点を取り上げ、綜合的に検討したので[1]、ここではその調査結果を利用する。この中には、『新板用文章』（東書文庫蔵、江戸後期刊）のように、既に尺牘関係資料の影響を受け、一部にその助数詞を収めたものもある。不都合な点もあるが、今はそのままを用いる。

1、『両仮名雑字尽』、寛文七年（一六六七）版

2、『童訓集』、寛文一二年（一六七二）版、他、「衣類道具気形之科書状」

3、『礼式書札集』、延宝三年（一六七五）版、「物之数書様」「進上目録の書き様」、他

4、『書札調法記』、元禄八年（一六九五）版、「衣服并魚鳥詞づかひ」「折紙目録書様」、他

5、『文林節用筆海往来』、享保四年（一七一九）版、「物の数書様之事」「進物并祝言結納目録調様の図」（天明七年版）、他

6、『永代重宝記』、天明七年（一七八七）版、「数量門」

7、『大諸礼集』、東京都立中央図書館蔵本（無刊記、寛延二年〈一七四九〉頃刊か）、「樽ひふつ（美物）書状にかき加る様体之事」「注文書様の事」「馬道具書状に可調之事」、他

8、『字林用文筆宝蔵』、安永八年（一七七九）版、「諸物異名」「目録調やう」、他

9、『万物用文章』、安永年間成立、「対名字□《尽》」、他

10、『万代用文字宝大全』、一八世紀後半刊、「折鳥目等目録書様」「目録調やう」、他

11、『都会節用百家通』、寛政一三年（一八〇一）版、文化八年（一八一一）版、「万対名之事」「書札認め方心得の事」「数量」門

12、『女文通宝袋』、文化一五年版、「対名の事」

13、『弓勢為朝往来』、文政六年（一八二三）版
14、『大成筆海重宝記文章蔵』、寛政九年（一七九七）版、「物数書法」「目録認めやう并樽の事」
15、『御家書札大成』、弘化二年（一八四五）版跋文、「都て物の員をしるすに心得の事」、他
16、『新増用文章』、江戸後期刊、「万対名之事」
17、『新板用文章』、江戸後期刊、「諸品物名数」
18、『永代節用無尽蔵』、明和七年（一七七〇）版、宝暦二年（一七五二）版、他、「言辞」「数量」門、嘉永二年（一八四九）版の「数量」門
19、『大新増節用無尽蔵』、安永二年（一七七三）版
20、『いろは節用集大成』、文化一三年（一八一六）版

(イ) 尺牘関係資料の方だけに見える助数詞

事　蓮藕、団酥、瓮酒
函　冊策、婚書
刀　紙、楮葉
匣　瑪瑙、玉、甘蔗
品　李、時果
嚢　玉粒、来麪、茶
圏　猪
圓　鏡、餅、卵、石榴、雪梨
套　裙、雲箋、書
屈　豚蹄
崢　鹿
幀　画、宋画
床　粗衾
掌　鵞
方　手帕、護領、坐褥、牛肉、豚肉など
星　昆吾、朱提、代銀

槖　盞
牽　牛、猪、羊
瓣　香
瓫　菊、熱湯
盒　麦、馬乳、合香、柑子など
盤　綵、豆乳、鯉、笋、柿餅、塩、包子、木耳、
　　紅棗、枇杷、石榴、薯、柑橘など
簍　炭
籃　香菰、時果、魚
粽　角黍

絃　琴
緘　鸞書、礼状、尺素
鉼　魚鮓
羫　羊
肘　猪腿、豚肩
輩　棋（黒白）、毛穎（筆）
遍　（読経）、吟詠
鋪　簾、藤簟
錠　礼銀、龍剤
鞘　剣

この一群は、尺牘関係資料に見えて、日本側に見えない助数詞である。『尺牘式補遺』は、「一刀」に注して「唐ニテ専ラ帋ヲイフ……日本ノ帋ニハ斟酌シテ用ユベシ」という。こうした中国（明代）的用法が、このグループである。「品」「遍」「鋪」など、実際には日本でも用いられているが、今の「書札礼・節用集の二〇種」という条件下では見えないことになる。一定条件下で見えないのも、それなりの意味があろう。「掌」は、「一掌」でその「一隻」を意味する。「嚢」「盤」などは、『尺牘双魚』に多くの用法が示されている。

なお、右では、「二資料以上に共通して見えるもの」と条件付けしているが、これを「一資料」でもよいとした場合、②の側に見えない助数詞として、「介」「偶」「割」「匝」「卮」「器」「鳴」「壜」「大斗」「定」「座」「引」「所」「札」「根」「榻」「樹」「淪」「煎」「牀」「牋」「瑞」「甌」「甓」「甕」「盂」「研」「碗」「礶」「稱」「箇」「箱」「篆」「篋」「篚」「紙」「絇」「緉」「編」「縷」「總」「繫」「翊」「腔」「臠」「菓」「觔」「載」「輝」「頃」「餅」「饌」などがある。

「器」は、『尺牘双魚』に目立って多い。尺牘関係資料でも性格は一様ではないが、今後の調査の展開により、ここから右へ移行するものが出てこよう。

(ロ) 双方に見える助数詞

・中の上段に①尺牘関係資料の、下段に②日本近世資料の助数詞を、それぞれ用法（対象語）をもって示す。
・対象語の多い場合は一部を省略する。また、対象語の明瞭でない場合は（ ）印を付して私に補う。
・両者の間に用例数の多寡、また、用法の広狭などの問題がある。主観が入るが、試みに、尺牘関係資料によく用いられているものはその右に波線を、他方、日本資料によく用いられているものは━線を付す。
・便宜上、「疋」は「匹」の次に、「樽」は「尊」の次にあげる。

	① 尺牘関係資料	② 日本近世資料	備考
乗	馬、牛	車	用法差あり、①では〈馬〉〈牛〉と見える。
件	物産、色衣	文字	①の方の用法が広い。
両	昆吾、朱提、絹帛	金子、白銀、轄、薬	①②共、単位に使うが、②に〈轄〉（『新板用文章』）が見える。
冊	宝籍、官暦など	書物、書	①②共、同じ。
副	帯、女襪、硯、骰子、梳、箸、茶匙、汗巾、釵、首飾	石帯、掛物	①の方の用法が広い。
包	針、蓮子	粉薬、薬、銀子	①に〈針〉、②に〈薬〉の用法差がある。
匹	馬、驢、騾、兎、絹帛、褐	馬、絹、布	用法差あり、①に〈驢〉〈騾〉〈兎〉など。

疋	騾、羅、絹、梭、葛布、緞	羽二重、縮、紬、馬、（馬具関係）、牛、獫、兎、猫、銭、針など	②の方の用法が広い。
巻	書、手巻	（絹織物）、書籍、経	②の方の用法が広いか。
口	猫、犬、香爐、茶壺、剣	犬、猫、鞍、鐙、轡、鐘、鍋、釜、皿、壺、太刀、工匠など	①②共、動物・器物などに使うが、②では〈工匠〉にも使う。
團	糍、粿、糖、西瓜、茶、饅頭など	数有物の一所に丸ー也 一團	①では個体に、②では集合体に用いる。
封	茶、瓜仁、白金、書など	銀子、書状など	用法差あり、①では〈茶〉を対象とすることが多い。
尊	酒、醤、醋	佛像	用法差あり。①は「樽」の同じ。②は佛像に用いる。
樽	酒	酒、海月	②では〈海月〉にも用いる。
對	孔雀、鶴、鴿、鴛鴦、釵、燭、枕、護膝、喜盒など	筆、行器、錫、花瓶、装束、袴など	用法差あり、①は婚礼の贈物に見える。②では〈筆〉以下の器物などに用いる。
尺	（度量衡）	鮭、鰤、鱧、（度量衡）など	用法差あり、②では魚類に用いる。鳥類には用いない。
尾	魚	鯛、鱸、魚、鷹尾	①②共、魚類に使うが、②では〈鷹尾〉にも用いる。
局	圍棋、棋	碁	①②共、同じか。
帙	某書、書籍	書物	①②共、同じ。
幅	牋紙、紙、名画、寿帕、汗巾、卓圍	掛物、絵、布、絹	用法差あり、①では布帛の製品が、②では生地が示される。
張	篦、紙、皮金、琴など	弓、蚊帳、簾、提灯、弦、紙、皷、琴など	①では〈弓〉〈蚊帳〉〈提灯〉〈皷〉などにも用いる。
把	弓、傘	綿、索麺、木、昆布、松明、紙	用法差あり、①では人のニギル物に用い、②では〈綿〉〈索麺〉他、人が束ねた物によく用いる。
握	扇、笏	笏、扇	②の〈扇〉（『新板用文章』）は①の影響か。
斗	米、酒	（米）	—

斛	明珠、豆	五穀	①では〈明珠〉にも用いる。
斤	茶、秦帰、鱣魚《（コヒ）》	茶、薬、実綿、伽羅	—
曲	豚蹄、弾琴	曲物に入たるを	用法差あり、②では器物称量法に用いる。
服	清涼散、妙剤	薬、茶	①②共、同じか。
本	牡丹、蘭花、紅梅、瑞香、某書、通典、字帖	扇、筆、鑓、策、笄、鰤、鱧、鰻、鱈、茶筅、昆布、大鷹など	①では草本によく用いる。②では器物・魚類・昆布、また、鷹狩の〈大鷹〉などに広く用いる。
朶	祥雲、白雲	草花	用法差あり。
束	香、綵、絹帛、箋帖、竹胎	紙、柴、松明など	①では〈香〉〈絹帛〉にも用いる。
杯	餞別、苦茗	（酒）	
枚	珠、簪、荷包《キンチヤク》、硯、箭、香、拝盒《カフバコ》、簾、護書など	毛氈、香盆、干鯛、干鱧、屏風、金子、銀子、紙など	共に広く用いられるが、②では薄いものに用いる。
枝	筆、簪、箭、梅花、甘蔗、笛、龍涎、大香	筆、銚子、簾、箭、行器、葛籠	用法差あり、①では個体に、②では個体、また、〈行器〉〈葛籠〉の片枝に用いる。
架	囲屏	屏風、長持	②では〈長持〉の一棹にも用いる。
柄	扇、払、刀	團扇、扇、長刀、剣、銚子、太鼓など	用法差あり、②では〈銚子〉〈太鼓〉にも用いる。
株	芍薬、菊、喬松、寒梅など	木	用法差あり、②では〈木〉とのみ見える。
條	手巾、汗巾、倫帯	火縄、腰帯、帯、裾、糸、道、川など	①では〈手巾〉〈綸帯〉の類、②では細長い種々のものに用いる。
炷	香	香	①②共、同じ。
片	龍涎、白雲、山	南鐐、薬、絹・布	②は〈薬〉に「一片《ひとへぎ》」、〈絹・布〉に「一片《ひときれ》」という。
種	牡丹、芍薬、薔薇、芙蓉、菊、花、桂、蓮、蘭など	肴	用法差あり、①では広く花木に、②では進物の〈肴〉に用いる。
章	（詞章）	文章、楽	②では〈楽〉にも用いる。
端	緞、紗、紬、葛布など	絹、紬、布、木綿など	—

竿	竹	鷹之鶉、鷹之鳥	用法差あり、①では〈竹〉、②では鷹狩りの獲物。
笏	墨、拂	墨	②の〈墨〉は『新板用文章』、及びその後の節用集に見える。
筐	麺、龍眼、桃、蓮子、橄欖、柿、楊梅、柑子、枇杷など	籠に入たるを	①では〈麺〉や贈物の時果などに多用する。
管	筆	筆、笛、簫、篳篥	②では〈笛〉〈篳篥〉などの楽器も見える。
翼	鶏、鴨、鶯、孔雀、雉など	諸鳥	①では鳥類に多用する（日本では「羽」を常用する）。
聲	爆竹、木魚	声、皷	
色	茘枝（菓品）、鸞箋	（品種）	①②共、品数に用いる。
茎	蕉、笋、髪	鳥羽	用法差あり。
袋	合香	道明寺	用法差あり。
襲	衣、色絹	革袴、上下、衣類	①では〈衣〉に、②では〈革袴〉〈衣類〉に用いる。
軸	書籍、賀文、祭文	手本、掛物、御経	
部	四書、（五経）、書、紙	経（仏典）、書物など	①では〈紙〉にも用いる。
里	（度量衡）	（度量衡）	—
陳	氈、毛毯、毡條	氈、席、藺席	①②共、敷物に用いる。
隻	鴨、兎、鹿	船、鮭、諸鳥	②の諸用法は『新板用文章』に見える。
雙	鞋、靴、襪、足衣、護膝、璧、耳環	韐、韈、足袋、剃刀、屏風、鷹など	用法差あり、①に〈璧〉〈耳環〉、②に〈剃刀〉〈屏風〉〈鷹〉が見える。
頂	冠、巾、帳、氈帽、毡帽	袈裟、座具	①では頭上に掛けるもの、②では僧の六物か。
領	色衣、単衣、羊裘	装束、狩衣、上下、襖、鎧、具足など	①では衣の類に、②では〈装束〉〈襖〉〈鎧〉などに広く用いる。
頭	犬、驢、湖鯿	鹿、牛、馬、猪、諸鳥、人数、烏帽子、頭巾、冠、甲、冑など	用法差あり、②では動物・鳥、人数の他、〈烏帽子〉〈冠〉〈冑〉などに広く用いる。

顆	饅頭、梨、茘枝、龍眼、桃子、石榴、猪頭、羊首など	鞠、砥、数珠、珠玉	用法差あり、①では食品関係に、②では〈鞠〉〈砥〉〈珠玉〉などに用いる。
首	鰱魚、絶句、近詩、拙作	詩哥	用法差あり。

双方に見えるものをあげた。このほか、尺牘関係資料が「一資料」でもよいとすれば、次があがってくる。

壺	白酒	薫物	用法差あり。
帖	玉麈、麺	紙、幕、畳など	用法差あり。
瓶	茶	花、酒、壺	両者の間で容器が異なるか。
盃	濁酒	蛸、蛤、(酒)	用法差あり。
箱	財	蝋燭、的、干鯛、鰑	用法差あり。
聯	詩	詩律、鷹	用法差あり。

多くの場合、用いる頻度や用法が、両者同じということはあり得ない。「件」「副」「團」「尊」「對」「握」「曲」「枚」「枝」「條」「筐」「翼」「隻」「雙」「頂」「顆」などは、尺牘関係資料の方の特徴的な助数詞であり、先の(イ)に次ぐ一群ともいえよう。特に、「副」「團」などの使い方には注意される。「副」は、元代の『新編事文類要啓箚青銭』(后集巻之八)では、「茶具」「弓箭」「弓矢」「綵」などにもよく用いられている。「對」「雙」は、慶事の書信によく用いられ、「礼-物多-寡随《テ》レ人《ニ》添-減《ス》但要二成レ對《ヲ》成一レ雙《ヲ》」(『尺牘双魚』、巻之七、二九丁オ、「△過聘書」)と説かれる。

「把」「曲」「本」「枚」「枝」「株」「條」「片」「竿」「頭」「顆」などは、用法上、両者間で差異がある。尺牘関係資料と日本資料と、いずれかによく用いられているものに波線・傍線を付したが、これも、用法によっては逆転することがある。鮭の「尺」、鷹詞の「尾」「本」「竿」「雙」などは、日本独自の用法(和語助数詞)である。「對」「張」「本」「疋」「襲」「領」「頭」の用法の拡大も日本側の特徴であろう。中国側で「筐」「籃」「篋」、「翼」を多用するところ、日本では「籠」や「羽」を常用する傾向がある。

(ハ) 近世の書札礼・調法記などの方だけに見える助数詞

次の類である。その読み方を（ ）内に示したが、多くは和語助数詞として見える。(2) 字音語助数詞の場合、渡来語であっても明代前後には用いられなくなったものもある。用法の詳細については前著に委ねるが、これらは、おおむね日本資料の側に特徴的な助数詞ということになる。

丁（ちやう、てい）　琴、鼓、鉏、鍬、紙かず、駕輿、籠など
俵（へう）　五穀
刎（はね）　甲
刺（さし）　刺鯖
合（がふ）　折、長櫃
喉（こう）　魚
固（こり）　紬、絹、木綿…（梱包した荷）
基（き）　石灯台、枕、几帳
壮（さう）　灸
居（すへ、もと）　鷹
懸（かけ）　泥障、力革、鍬、鐙
手（て）　剃刀、的矢
折（をり）　鯛、昆布、鳥など
指（さし）　鞢、指鯖
振（ふり）　長刀、鈒
掛（かけ）　押懸、鞍覆、鯛、掛鳥など
揃（そろひ）　箸
桶（をけ）　海月、弦
棹（さほ）　長持、箪笥
牙（げ）　獫、猪
番（つがひ）　鴨、白鳥、鶏
竿（さほ）　（鷹の獲物）
筋（すぢ）　帯、手拭、手綱、火縄、鑓、矢、的
矢、弦
筒（から）　太鼓
箇（こ）　茶筅、柄杓、荷物
籠（かご）　蛤など

組（くみ）　重箱、道具　　足（そく）　鐙、足袋、木履、鞠など
羽（は、はね）　鳥数　　重（かさね）　呉服、小袖、織物
耳（みみ）　兎　　間（けん）　羅沙、猩々緋、鼻革、はつな、和琴
脚（きやく）　机、床几、脇息　　飾（かざり）　冠、菖蒲冑、台子
腰（えう、こし）　太刀、脇指、箙、胡籙　　駄（だ）　荷
蓋（かい、がい）　笠

右にも鷹詞が見える。「箇（こ）」は、「茶筅《ちやせん》　一箇」（『都会節用百家通』）・「柄杓《ひしやく》　一箇」（『女文通宝袋』）と見える。「固（こり）」は、「荷物《ニモツ》　一箇《ひとこほり》」（『永代節用無尽蔵』）とも見える。「行李」（名詞）に出る言葉らしい。

次も、日本側資料（近世）によりよく用いられているようで、右に準ずるものとなろう。

丸（まる、ぐわん）　鞠、絹糸　　行（かう）　状、文字、文章、禽獣、袴
串（くし、くわん）　（鷹の獲物）、念珠　　躯（く）　仏像
挺（ちやう）　鉄炮、墨、蝋燭、三味線、乗物など　　軒（けん）　家
畳（でふ）　畳、席　　連（れん、もと）　串貝、するめ、鰹節、念珠、鷹
献（こん）　肴、酒　　面（めん）　琵琶、硯、碁盤、鏡など

尺牘関係資料では、「玉膏几十」「青蚨几百」のように助数詞を添えない表現がある。だが、日本側資料では、ロウソク（蝋燭）に「挺」（や「箱」）を、また、銭に「貫」「文」「疋」などを用いる。これらも日本的な助数詞用法といえよう。

関連して、日本側に「一箇《ひとつ》」「一箇《いつこ》」という用法（『都会節用百家通』『いろは節用集大成』）がある。これは個数を意味する用法で、尺牘資料に「腊廿箇」（『尺牘彙材』）と見え、また、明代日用類書に「紅棗二個」（『三台万用正宗』）・「大

雄鼠一箇」（『万書淵海』）と見える。日用類書では「個」が多用されているが、『尺牘式補遺』に「〔一箇—一枚〕大小何ニテモイクツト云ニ用ユ（後略）」と説く。「箇」「個」いずれかを用いるかは、資料による偏りもあるようである。

注

（1）小著『日本語助数詞の歴史的研究　近世書札礼を中心に』、二〇〇〇年一月、風間書房。比較には、「助数詞索引」（三七三～四五八頁）参照。

（2）小著『木簡と正倉院文書における助数詞の研究』、二〇〇四年一月、風間書房。小著『日本語の助数詞—研究と資料—』、二〇一〇年一月、風間書房。

第一四節　おわりに

本章では、中国明代（元代～清代）の尺牘資料における助数詞を考察した。明代の言語が近世の社会・文化に及ぼした影響については、これまで俗語・白話、また、唐通事・唐話などをもって考究されてきた。(1) だが、数量表現・助数詞語彙に焦点を絞った研究は、まだ、管見に入れない。

前代からの日明貿易では、明銭（永楽洪武・宣徳通宝）、生糸・絹織物、書籍・画帖・骨董品などが輸入されている。(2) 衣類や敷物、調度や美術品、食品などの世界では、「唐物」と称される舶来品が珍重された時代であるが、輸入書は、また、邦人の手による重刊や復刻によって、更にはその再編や注釈等によって増幅され、社会の種々層に広められた。政治・思想、学術・宗教、交易などに関わる層だけでなく、広く出版物に触れ、彼の地の文化・芸術を摂取し、明という文明国と価値観を共有し、これを至福とする人々がこうした情勢を支えていったように見受けられる。

本章では、明国側の尺牘資料（六点）と日本側の尺牘資料（五点）をもって、助数詞の検討を行った。尺牘資料を通じて伝えられた明代（元・明代）の助数詞用法は、日本の伝統的なそれとは多分に異なる。明国と日本と、それぞれの社会文化・生活様式の歴史的経緯によるものであろうが、それなら助数詞表現だけを、即ち、言葉だけを輸入しても定着するとは思われない。明代の助数詞が、当時の社会においてどのように広まっていったか、あるいは、消えていったか、当時の古文書や記録類によって追跡調査してみなければならない。これは近世の中国語学習史の問題でもあり文化史上の問題でもある。

本章では、「雅称」について触れることも多かった。雅称は、物事の普通一般の名称ではない(3)。尺牘資料においては、助数詞は、「雅称」とは密接に連動しており、切り離して対処することはできないからである。

雅称は、元代の『新編事文類要啓箚青銭』（泰定元年〈一三二四〉重刊）、陳元靚《ちんげんせい》撰『纂図増新群書類要事林広記』（至元六年〈一三四〇〉鄭氏積誠堂刊、北京大学図書館蔵本、庚集巻下(4)）などにも見えている。これらは「雅称」という用語は見えないが、後者を日本で復刻した『新編群書類要事林広記』（元禄一二年〈一六九九〉、中野五郎左衛門・山岡市兵衛板行(5)）では、雅称を「綺語門」の用語のもとに掲出している。「綺語」とは、ややもすれば否定的に「十悪の一」（仏教語）とされ、「巧みに表面だけを飾った言葉(6)」、「真実にそむいて、言葉を巧みに偽り飾ること(7)」などと説明される。だが、本来は、肯定的な「美しく飾ったことば(8)」の意と解される。つまり、尺牘の使命は、先ず、心を尽くし、相手をおもんばかることであろう。その作法として、直接的・具体的表現を避け、時には故事や逸話等を踏まえ、悠揚として迫らない、奥ゆかしい、含みのある表現方法が必要とされたのであろう。「雅称」をもって、先方に優雅・典雅な情感がもたらされるとすれば、これは広義の待遇表現にも関わる言葉といってよい。唐・宋代、また、元・明代から清代にかけての雅語については、総合的に細かく検討していく必要がある。

注

（1）青木正児著「岡島冠山と支那白話文学」、『青木正児全集』、第二巻、一九七〇年、春秋社。
石崎又造著『近世日本に於ける支那俗語文学史』、一九四〇年、清水弘文堂書房。

香坂順一「《海外奇談》の訳者―唐話の性格―」、『人文研究』、一四巻七号、一九六三年。

香坂順一著『白話語彙の研究』、一九八三年、光生館。

奥村佳代子著『江戸時代の唐話に関する研究』、二〇〇七年三月、関西大学出版部。

なお、資料集の一つに、古典研究会編輯『唐話辞書類集』（全二〇集、一九六九～一九七六年、汲古書院刊）がある。
（2）中村質「唐船舶載品と流通価格の形成」、『九州史学』、第八一号、一九八四年一〇月。
大庭脩著『江戸時代における唐船持渡書の研究』（関西大学東西学術研究所）、一九六七年、関西大学出版会。特に第二章、第四章。

大庭脩編著『舶載書目』、上下二冊（宮内庁書陵部蔵本の複製）、一九七二年、関西大学東西学術研究所。

大庭脩編著『漢籍輸入の文化史―聖徳太子から吉宗へ―』、一九九七年一月、研文出版。

大庭脩著『長崎唐館図集成―近世日中交渉史料集六―』（関西大学東西学術研究所）、二〇〇三年一一月、関西大学出版会。

松浦章著『江戸時代唐船による日中文化交流』、二〇〇七年八月、思文閣出版。
（3）「雅称」と「異称」「異名」とは全同ではない。前者は、後者に包摂される語彙である。
異称については、明の明余庭璧編・胡文煥校『事物異名』（「新校事物異名」、延宝二年〈一六七四〉、前川茂右衛門刊、二巻一冊）、清の厲荃撰（原輯）『事物異名録』（四〇巻、一九九一年一二月、岳麓書社出版）、荒井公履編『事物異名類編』七巻（安政五年〈一八五八〉如月、須原屋茂兵衛・河内屋和助、他）などが参看される。
（4）『纂図増新群書類要事林公記』（元至元六年〈一三四〇〉鄭氏積誠堂刊）は、北京大学所蔵本である。宮内庁書陵部蔵本と同じ。『事林公記』（一九九九年二月、中華書局出版）に収める（前半部）。
（5）『新編群書類要事林公記』（元禄一二年〈一六九九〉版、中野五郎左衛門・山岡市兵衛板行。「貞享元年〈一六八四〉六月遯菴由的序」）は、『事林公記』（一九九九年二月、中華書局出版）、また、長沢規矩也編『和刻本類書集成』第一巻（汲古書院）に収める（後半部）に収める。但し、この一本は、南宋刊本の流れを汲むもので、内閣文庫蔵至順本（至順年間〈一三三〇～一三三三〉刊）にもない古い記事を有することがある。「綺語門」という言葉が、陳元靚祖本や前至元本、至順原本などにあった可能性はなくはない。

なお、『事林公記』の刊本については、森田憲司「『事林公記』の諸版本について―国内所蔵の諸本を中心に―」（『宋代の知識人』、一九九三年一月、汲古書院）参照。

（6）久松潜一監修『訂改 新潮国語辞典 現代語古語』、一九七四年三月、新潮社、四六二頁。

（7）松村明編『大辞林』、一九八八年一一月、三省堂、五八〇頁。

（8）上田万年、他編著『新大字典（普及版）』、一九九三年三月、講談社、一八〇七頁。

［補説］『尺牘異瑞』について

『尺牘《せきとく》異《い》瑞《ずい》』一巻は、貞享四年（一六八七）に著述、刊行された比較的短編の尺牘書である。著者は、はっきりしない。日本の禅僧であろうか。助数詞の用法について述べるところがあるが、その助数詞群は、やや気になる。

本書の版本は、国立国会図書館、東北大学附属図書館狩野文庫、浄照坊（在大阪市天王寺区の真宗寺院）などに現在している。国立国会図書館蔵本によれば、その書誌は次のようにある。

題簽はなく、外題に朱筆で「尺牘異瑞　全」（直、後、左）とある。一巻・一冊。内題「尺牘異瑞」（二丁オ）。柱刻「尺牘」と丁数。魚尾・書口なし。製版。本文漢字・漢文、返り点・送り仮名（片仮名）あり。絵なし。寸法、縦一七・四cm、横一一・六cm。本文匡郭（四周単）縦一一・八cm、横九・二cm。表紙は原態、藍色。紙数九〇丁。一面五～六行。上欄外に墨筆書入。蔵書印「帝国／図書／館蔵」（朱方印）。

首に次のような貞享四年の序文がある（東北大学蔵本による。訓点略、／印は改行部）。

尺牘異瑞叙／凡尺牘者以筆代舌、宛如面譚、／且如无涯千里徒労夢魂、是此／片楮数行、為慰飢渇、然乏事実、／浅文学、則如夜途之無燭、朦然／不得下筆也、今此種也、芸林学／圃之套語、採玉於崑山、擇金於／荊州、以為尺牘之梯航者也、童／子操觚之間、捨之而何求乎哉、／龍飛貞享四丁卯歳四月二旬／□□（陰陽刻印）（二丁オ・ウ）

「套語」は、常套語、決まり文句の意、「操觚」は、竹・木簡を手にして詩文・文筆（文書）に携わること。刊記に「貞亨四丁卯歳端午日／　京極第五橋書圃／　梅村弥右衛門版」とあり、この後に尾題として「尺牘異瑞終」とある（九〇丁ウ）。刊記の「梅村弥右衛門」は、京都洛陽京極通五条上ル町の書舗である。

東北大学附属図書館狩野文庫蔵本は、後補簽題に「尺牘異瑞　完」（簽、後、左）とある。墨筆で、前表紙裏に「安政（一八五八）戊午六月得／於燈火一閲加朱／了　大谷木季良」と書かれている。後表紙表に「純堂凡夫（?）」、後表紙表に「安政戊午年夏／五日得之於西ノ／久保天徳寺門前／　大谷木季良」と書かれている。後表紙内側全面には同人の手で「□（楚カ）人卞和楚ノ荊山ニテ一ツノ璞《アラタマ》ヲ得テ楚ノ厲《レイ》王ニ奉ル厲王玉人ヲ／シテ相《ミ》セシムルニ石也ト云厲王詐《イッハ》レリトシ卞和左《カリ》之足ヲ刖《アシキ》ル楚ノ／武王位ニ即テ卞和又武王ニ奉ル玉人又石也ト云（後略）」という貞士卞和《べんか》の故事（『韓非子』〈和氏篇一三〉、『史記』、『蒙求』〈卞和泣璧〉）が書かれている。内題下に印記「大谷木純堂」（朱長方印、単郭）、また、「荒井泰治氏ノ寄附金ヲ／以テ購入セル文学博士／狩野亭吉旧蔵書」（朱長方印、双郭）、「東北帝／国大学／図書印」（方形、単郭）。狩野亭吉《かのうこうきち》氏寄贈になる一書である。「大谷木純堂」は、幕臣大谷木《おおやぎ》季良の印記である（「醇堂」とも書く）。季良は、昌平黌（松崎柳浪）に学び、同黌准博士となって幕末を迎えた。名は季純、後、季良、字忠醇、通称源太郎。毒舌家で知られる。天保九年（一八三八）生まれ、明治三〇年（一八九七）歿。行年六〇歳。「西ノ久保天徳寺門前」は、東京都港区虎ノ門に位置した西久保《にしのくぼ》天徳寺門前町。

浄照坊蔵本の本文は、右二本に同じ版である。国文学研究資料館にマイクロフィルムを蔵する。

さて、本書の本文は、「天文門」「節序門」「人物門」「交際門」の四部から構成される。その「○交際門」の内に「品数式」という、次のような一章（一八行）が見える。原文では、数量関係の文言は細字割書となっているが、今、この部分を〈　〉印に包んで翻字する。／印は、原文に改行。

○箋紙〈幾葉〉　○墨〈幾笏／或ハ匣〉　○筆〈幾管或ハ／十枝一帖〉
○硯〈一‐方〉　○書〈幾‐部或ハ冊／或ハ帙①〉　○簡〈一‐通或ハ緘／或ハ方〉」（80丁ウ）

○詩〈一-閿或《ハ》章／或韻歌同〉
○琴〈一-床〉
○扇〈幾-柄或《ハ》握／或《ハ》陣〉
○剣〈一-柄或《ハ》／一-匣〉
○線香〈幾-束或《ハ》／般或《ハ》縷〉
○碎香〈一-炷／片香同〉
○燭〈幾-炬／或《ハ》對〉
○香燭〈一-具或《ハ》／一-事〉
○布帛〈幾端或／段〉
○表□②〈一-襲〉
○単衣〈一-綢③〉
○手帕〈幾方或／聯〉
」（81丁オ）
○帽〈一-頂〉
○手巾〈幾-條〉
○鞋〈一-對〉
○襪〈一-具或事／靴同〉
○帯〈一-鉤或《ハ》／一-環〉
○珠〈幾-顆或／粒〉
○銭〈幾-文或《ハ》貫／或《ハ》緡〉
○方金〈幾-星〉
○紋銀〈幾-銭〉
○筯〈幾束〉
○酒〈幾罇或《ハ》／罍或《ハ》罌〉
○羊〈幾脛或《ハ》／牽〉
○猪〈四-蹄或／幾-對〉
○猪肉〈一-方或《ハ》／一-腿〉
○雞〈幾-翼／或《ハ》翅〉
」（81丁ウ）
○鵞〈幾掌／或《ハ》對〉
○鴨〈幾-翼／或頭〉
○鹿及《ヒ》免〈幾-頭／或《ハ》對〉
○魚〈幾-尾／或《ハ》丙〉
○魚千④〈一-筯〉
○蟹〈幾-筐或《ハ》／数-□⑤数-枚〉
○鼈〈数裙〉
○牛肉〈一-臠〉
○果〈幾-色或《ハ》品或《ハ》／盤或《ハ》盛《ルヲ》 幾-筐〉
○果《ノ》大《ルヲ》〈幾顆／或《ハ》丸〉
○花〈幾-本／或《ハ》色〉
○木〈幾章〉
○炭〈幾-簍〉
○凡物盤《ニ》盛《ル》〈幾／筐〉
○凡物袋《ニ》貯《ルヲ》〈幾-／橐⑥〉
」（82丁オ）
○凡物瓶《ニ》貯《ル》〈幾罌〉
○凡物籃《ニ》貯《ル》〈幾筐〉
○凡物不レ多〈少許〉
」（82丁ウ）

右につき、字形不詳の文字がある。①は、偏は「巾」、旁は「夬」とある。②□は、「巫」（この中央線は上に突き出る）の下に「衣」を書く。③は、旁の筆画未詳。「綢《ちゅう》」（まとう）字か。④「千」は「干」の謂いか。⑤は、「殻」の下に「虫」を書く。不審。「螯《ごう》」（カニのはさみ）、あるいは、「敖」の下に「足」を書く字（上同）のつもりか。⑥は、上から「士」、「冖」（冠）、

「石」、「卄」を重ねる形。「槖《たく》」（ふくろ）字か。

さて、右の助数詞（量詞）群を一見して注意される点が三つある。第一は、文房四宝（書器）を首位に掲げ、果品などは従としている点である。第二は、この他の尺牘書が掲げたような「雅称」を示していない点である。これらからすると、本書は、文章の品位や優美さなどよりも実質的な尺牘作法を教えようとしたものらしい。第三は、他の明代尺牘書の場合に比べると、助数詞の趣が異なるようである。

右の助数詞につき、後掲の「尺牘資料・日用類書―助数詞漢字索引」に照らせば、そこに見えないものとして次がある。改めて列記する（例、「〇羊〈幾脛或《ハ》／牽〉」の場合、「牽」は見えるが「幾脛」は見えないので、後者だけを挙げる）。

墨―或《ハ》匣	単衣―一綢③	筋―幾束	蟹―幾筐、或《ハ》数□⑤、
筆―一帖	手帕―或聯	酒―幾樽、或《ハ》罍、或《ハ》	数枚
簡―或《ハ》方	鞋―一對	罌	鼈―数裙
詩―一闋、或韻、歌	襪―一具、或事、靴	羊―幾脛	牛肉―一臠
同	同	猪―四蹄、或幾對	果《ノ》大《ルヲ》―幾顆、或《ハ》丸
琴―一床	帯―一鉤、或《ハ》一環	雞―或《ハ》翅	花―幾本、或《ハ》色
扇―或《ハ》陣	珠―幾顆、或粒	鵞―或《ハ》對	木―幾章
剣―或《ハ》一匣	銭―幾文、或《ハ》貫、或《ハ》	鴨―或頭	凡物盤《ニ》盛《ル》―幾筵
線香―或《ハ》般	緡	鹿及《ヒ》免―幾頭、或《ハ》對	凡物袋《ニ》貯《ルヲ》―幾槖⑥
香燭―一具、或《ハ》一事	方金―幾星	魚―或《ハ》丙	凡物瓶《ニ》貯《ル》―幾罌
表□②―一襲	紋銀―幾銭	魚千④―一筋	

右の内でも、「襪―一具｜或事／靴同」「珠―幾顆、或粒｜」「凡物盤《ニ》盛《ル》―幾筵」、また、「銭―幾文｜、或《ハ》貫｜、或《ハ》緡｜」「方

金―幾星」「紋銀―幾銭」などは判断に窮するもので、ここに外してよいのかも知れない。対象（語）のズレやその語形の問題もあり、単純な比較はできない。明代諸資料等でも他を探せば類例がみつかり、右から脱けていく例もあろうが、それにしても右は少ない数ではない。「匣」「事」「具」「頭」「對」「般」、「罍」「罌」「罋」などといった助数詞の使い方、あるいは、「墨」「筆」「簡」「琴」「帯」「扇」「剣」「線香」「香燭」、「蟹」「鼈」「牛肉」「羊」「猪」「雞」「花」などに添えられた助数詞は変わっている。明代尺牘資料といえば、多分に故実を尊重するのであるが、ここでは、その傾向は薄いようである。こうした状況を窺えば、これは、①近世前期の尺牘書における日常的、現実的情況を映したもの、あるいは、②その俗語的用法を映したもの、または、③いずれかの地の方言的情況を反映したものなどといった推測が可能となろう。だが、どう理解すべきか、当惑の他はない。大典顕常著『尺牘式補遺』には、「器物類」の助数詞「一事」に注釈して「此モ物ノ数ヲ通シテイフ往古朝鮮ヨリノ別幅ニ多ク見ユ」（七丁オ）とある（二七二頁）。右を解釈するには、時代、また、朝鮮・明国、日本といった各方面の尺牘様式を参考にしなければならない。もとより、『尺牘異瑞』著者の拠って立つところ（身分、地方、立場など）を探索することも必要であろう。

なお、本書は、橘豊著『書簡作法の研究』(1)において、「尺牘範例」の一点として言及されている。即ち、その国立国会図書館蔵本をもって、本書は、意義分類体の漢字辞書といった観を呈すること、家族関係・親族関係に対する配慮が濃厚であることなどが指摘されている。だが、本書の成立事情・著者、書簡史上における位置付けなどについての発言はなく、延いては、多くの関係資料の内から本書を取り上げられた理由も明瞭でない。

注

（1）橘豊著『書簡作法の研究』（一九七七年一月、風間書房）の「第六章　書状法式集（二）」、「第六節　尺牘範例」の条で、『滄溟《そうめい》尺牘』『尺牘集要』『尺牘異瑞』の三点を取上げ、それぞれの内容、性格、意義等について解説されている（三五九～三六二頁）。

第二章　『尺牘式』における助数詞

第一節　はじめに

日本語の助数詞は、――ことに書記言語における助数詞は、多く古代中国語（量詞）の影響のもとに成立した。その用法は、古くは朝鮮半島を介して伝えられたと推測される。『魏志倭人伝』によれば、女王卑弥呼の国書（別幅）にも助数詞が使われているが、推古朝（七世紀前半）くらいまでの文書は、中国語に通じた渡来人・帰化人たちが担当していたようである。

乙巳《いっし》の変（大化元年〈六四五〉六月一二日）により、国体は一新され、初めて年号（「大化」）が建てられた。翌年正月の改新の詔には、律令制度による中央集権的・官僚制的支配体制の樹立が意図されている。これは、国家経営の基本的手法を「文書主義」「文書行政」におくことを意味する。「文書行政」は、文字（漢字）や文書様式はいうまでもなく、〝数量表現の体系〟、即ち、統一・完備された単位表現（度量衡・助数詞）を不可欠とする。

律令体制下における公文書では、単位・助数詞の使用が義務付けられていた。七世紀後半から八世紀にかけての文字資料（木簡や「正倉院文書」等）には、既に、今日に見られるような助数詞のおおよそが見えている。以後、今日に至るまでの間、助数詞の変遷・派生、新出・衰退などの問題は認められるものの、日本語助数詞の大きな流れとしては、ほぼ継続的状況にあるといってよさそうである。

ところが、中世後半から近世にかけて、また、新たな助数詞群の導入されることがあった。それは、明国の当代的助数詞群、特に尺牘類に用いられる助数詞群であった。我が国と明国との交易については、勘合符による勘合貿易（一五世紀初〜一六世紀中葉）が知られている。だが、和寇問題、懐良《かねよし》親王の冊封、大内義弘の私貿易などが示すように、この時分、朝鮮半島や大陸沿岸部を行き来する私的交易船もあった。また、江戸時代には、将軍の代替わり・慶事などの折、朝鮮王から信使の派遣されることがあった（慶長一二年〈一六〇七〉〜文化八年〈一八一一〉）。この交渉の任に当たったのは対馬の宗氏であり、幕府の派遣する対州修文職《ついしゅうしゅうぶんしょく》であった。対州修文職は、京都五山の「碩学」から任じられ、景轍玄蘇（天文六年丁酉に出生）の開いた対馬府中（厳原町）扇原の禅寺以酊庵《いていあん》に輪住して外交文書の監察・起草、信使の接待、詩文の贈答などに従事した(1)。この折、日朝の間で使用される言語は華語である。対州修文職は、典例や公文書・尺牘の作法に通じ、外交能力・対話力・詩文の才を備えておかねばならなかった。

折しも、明国では学芸・文芸に秀でた人物の尺牘、また、彼らの創作する尺牘類が珍重され、その風雅の詞藻・表現、書法に学ぶという風が盛んであった。尺牘は、既に、唐・宋代には実用的存在を越え、創作的芸術作品の道を志向するジャンルを形成していた。宋代から元代にかけては、社会的要求に応え、各種の尺牘集や解説書・用語集などの編纂・出版も行われるようになった。日明貿易では、多くの書籍が輸入されているが、その内には、尺牘関係書も含まれ、その一例として、宋代の『聖宋千家《せいそうせんけ》名賢表啓翰墨大全』（天理大学図書館蔵）、元代の『新編事文類要啓箚青銭』（徳山毛利家旧蔵）、明代の『翰墨双璧』（前田尊経閣文庫蔵）などが挙げられる。明代には、日用的な生活百科全書（日用類書）も数多く編纂・出版されている。内容は、天文・地輿・官職・律令・文翰・啓箚・婚娶・喪祭・琴学・……算法・武備・養生・農桑・卜筮・法病、その他、諸般に及ぶものであるが、これらも日明貿易によって輸入され、尺牘作法は、ここで学ぶこともできた。

禅僧や学者・文人、交易関係者たちは、船来の書籍を求めては、新鮮な学術・芸術・技芸を習得し、言葉の礼法を学んだ。のみならず、それに並行し、その和刻本も出版され、次いで、日本人の手になる編著の類が出版されることとなった。こうした尺牘関係書の内に、明和六年（一七六九）大典顕常《だいてんけんじょう》の著わした『尺牘式《せきとくしき》』三冊がある。版本が諸家に所蔵されているから、仏教界はもとより、文芸家・文人達にもよく利用されたと推測される。明国当代の尺牘に関する専門的作法書であれば、助数詞（量詞）についての解説も丁寧である。明国通行の助数詞を、それまでの「伝統的な助数詞」に対する清新な数量表現法として、わが国に紹介しようとの意図もあったのかも知れない。

大典顕常については、「大潮元皓及び宇野明霞に就いて学んだ当代随一の文人僧であり、その学問は古文辞派の詩文研究の集大成といえる。広い学識に裏付けられた解説書の作成は、大典の得意とするところで、『尺牘式』にもそれは遺憾なく発揮されている。(2)」と紹介される。また、禅僧としての生涯につき、小畠文鼎著『大典禅師』(3)によれば、次のようである。

即ち、顕常は、俗名は今堀大次郎といい、享保四年（一七一九）五月九日、近江神崎郡伊庭郷に儒医東庵の子として生まれた。初め、父に従って龍安寺門前に寓し、黄檗山の華蔵院に入ったが、京師臨済宗相国寺独峰秀和尚に従って剃度した。延享二年（一七四五）独峰和尚に嗣いで慈雲庵に住し、寛延元年（一七四八）結制、本寺において秉払式を行い、諸山・十刹の公帖を領した。その後、著作を専らとしたようだが、安永六年（一七七七）相国寺住職（第一一三世）となり、翌年七月五山碩学に推され、対州修文職に任じられた。天明元年（一七八一、六三歳）より同三年七月まで以酊庵輪番僧として対馬に住した。同八年正月、京師祝融の大災により、本寺・子院、及び、その什宝典籍を類焼せしめ（七〇歳）、ために、その余生は、一山の復興に捧げることとなる。仏乗、経史に該通し、兼ねて文章詩歌に達した。法諱は顕常、道号は梅荘《ばいそう》。号を大典、蕉中、東湖、淡海、不生主人、また、竺常と号した。居は小雲棲、書院は北禅書院、書斎は自牧斎という。享和元年（一八〇一）二月八日慈雲庵にて示寂した。世寿八三歳、法臘七二歳。

また、跋文を書いた聞中《もんちゅう》浄復は、宝暦七年（一七五七）、隠元第五世雷巌音の法を嗣ぎ、翌年顕常の門に入った

（二〇歳）。その後、祖山黄檗の都寺《つうす》兼監寺《かんず》を務めて殆ど半生を過ごしたという。また、江州の正宗寺に閑居し、及び、伊勢の法泉寺に住職した。豊かな文才をもって顕常の諸集の多くを彩り、後、詩仙堂に隠棲した。文政一二年（一八二九）九月一六日、九一歳をもって寂した。詩仙堂に葬り、かつ、真牌を安ずる（同『大典禅師』、三九〇頁）。

第二節　『尺牘式（尺牘語式・尺牘写式）』

『尺牘式』（三冊）は、江戸中期、明和六年己丑春二月、五山の一つ相国寺の大典顕常の著述になり（五一歳）、安永二年（一七七三）九月に梓行された（五五歳）。『尺牘式』とは、この書籍一部の名称（総名）で、これは、『尺牘語式《せきとくごしき》』上巻・下巻の二冊と『尺牘写式《せきとくしゃしき》』一巻・一冊とからなる。但し、『尺牘語式』二巻の題簽には「上」「中」とあり、『尺牘写式』一巻には「下」とある。

以下に述べる版本の内には、一冊目「尺牘語式　上」の表紙見返しに「大典禅師著　不許翻刻千里必究／尺牘式（大字）／書林　柳枝軒梓」との扉題を有するものがある。この書題は、続く『尺牘式補遺』の書題の中にも見え、また、同『補遺』の序文にも「天明初元余在津島職掌鶏／林文東間使門徒学為則所／著尺牘式……」と見える。

『尺牘語式』は、往復する尺牘の格式、形式、用語を説く（定型表現・語彙）。上巻の「目録」には、

　書柬十八体類語（一八項）・答書十八体類語（一八項）・儀状八体類語（八項）・謝状体三通類語（三項）・請柬一二体類語（一二項）・答柬体三通類語（三項）・催状体類語（六項）

と見える。『尺牘写式』は、往復する尺牘の記写の様式（封書・宛名書等）を説く。その「目録」には、扣版帖面式（一張）・書柬具礼式（四張）・書柬散体式（二二張）・請人柬式（二五張）・弔慰柬式（二九張）・呈詩式（三〇張）・単帖諸式（三一張）の様式が揚がっている。

現存する刊本には、顕常の自序と門人聞中浄復の跋文とが添えられている。上・中・下三冊における自序と跋文

の位置、及び、その柱刻は、基本的には次のとおりである。

・上冊（語式の上巻）の首、序文

「学文之要在尓日用以其茂々／伝其恣々動無不如意而後／始可謂副墨之子也（中略）亦将何以／行之哉／蕉中題［竺］［常］（印刻二顆）」《この丁の柱刻「尺牘語式序」》

・中冊（語式の下巻）の尾、浄復の跋文

「蕉大師之有斯編也恵初学不／鮮浅乃有欲梓之広掩則師拒／以幺麟（中略）但／恐白地明光錦裁為負版袴尓／其誡之曰力以倭為華勿以華／為倭因識其言于尾　　／五瀬釈浄復謹識［浄］［復］（印刻二顆）」《この丁の柱刻「尺牘語式跋」》

・下冊（写式）の首、序文

「明嘉靖末士大夫始縁飾鴈魚／彩牋紅封競為華侈議者或非／之而観其所式本於礼義合於／人情（中略）乃今童蒙求我為／此瑣々択而用之其於雅道也／不無小補云／　竺常題［常］［不生］（印刻二顆）」《この丁の柱刻「尺牘写式」「序」》

・下冊（写式）の尾、浄復の跋文

「潘生所楽令之意錯綜成名藻／云雖才不才亦各言其志也孰／不欲標位之成然且難矣（中略）豈／独童蒙即者匠碩儒或所未識／不憚木災請与共之／明和己丑春二月／　釈浄復謹識［浄］［復］（印刻二顆）」《この丁の柱刻「尺牘写式跋」》

これらの序・跋は、基本的にはこのような形（順次）で位置する。だが、版本（所蔵本）によっては前後して綴じ込まれていることがある。これは、補修時の誤りによる場合もあろうが、出版時からそうなっていた場合もある。なお、『尺牘写式』の跋文は『世説新語』（文学第四）の潘岳・楽令の故事を踏まえたものである。この書は顕常の『尺牘式補遺』にも引かれており、彼の周辺に架蔵されていた一書のようである。

本章では、以下、この顕常の『尺牘式』（三冊）の版本について概観し、次いで所掲の助数詞について述べる。『尺牘式』の後、これを補完する続編として、天明四年（一七八四）に『尺牘式補遺』（別名「尺牘語式補遺」）二巻一冊が刊行されている。ここでは、助数詞の用法や助数詞と関わりの深い雅称についての註釈もなされている。この『尺牘式補遺』については、次章で取り上げる。

第三節　版本・写本

本書の写本・版本につき、「目録」類によれば、次のような項目下に左記のように見える。

［A］『国書総目録』第五巻（一九六七年、岩波書店、一三六頁。同書「補訂版」〈一九九〇年〉に変更なし）・『国書総目録』第八巻（一九七二年、岩波書店、七七七頁（「補遺」））。

尺牘語式《せきとくごしき》　→尺牘式

尺牘式《せきとくしき》　語式二巻写式一巻三冊　(類)書簡　(著)大典顕常　(成)明和六刊　(写)京大（語式上巻、猪飼氏旧蔵書二帙）(版)明和六版—静嘉・学習院・国学院（語式）・熊谷・米沢興譲（語式）・尊経・無窮織田・無窮真軒（一冊）・陽明（一冊）、［補遺］上田花月、安永二版—内閣・京大・教大・駒沢・滋賀大（語式、一冊）・早大（一冊）・東北大狩野・千葉（一冊）・徳島（写式）・日比谷加賀・金刀比羅・神宮（写式）・竜野・天理（語式、一冊）・天理古義堂、［補遺］竜谷、刊年不明—教大（語式）・徳島（一冊）（語式下巻、一冊）・刈谷（語式、一冊）・豊橋（語式）・高野山光台院（語式、一冊）・高野山金剛三昧院（語式、一冊）・神宮（語式）

尺牘式　一冊　(類)書簡　(著)田辺楽斎　(写)宮城小西（自筆）

尺牘式補遺《せきとくしきほい》　二巻一冊　(別)尺牘語式補遺　(類)書簡　(著)大典顕常　(成)天明四刊　(版)内閣・教大・駒沢・神宮・旧下郷

尺牘写式《せきとくしゃしき》　→尺牘式

右によれば、『尺牘式（語式・写式）』には、明和六年版、安永二年版、刊年不明の版、また、写本があると知られる。但し、明和六年版とされる版については問題がありそうである。『尺牘式補遺』については次章に述べる。

［B］『古典籍総合目録』第二巻（国文学研究資料館編、一九九〇年三月、二六頁）

＊ここには「(成)明和六刊」の「安永二版」七点と「その他」七点とが挙がっている（「㊢」と「(版)明和六版」の記載はなし）。二点を除けば次の［C］に挙げられているので、ここでは省略する。なお、その二点とは、「安永二年版」における「太宰府天満宮（「尺牘写式」一冊）」と「その他」における「太宰府天満宮（「尺牘語式」二巻二冊）」である。［「尺牘式補遺」については次章］

［C］国文学研究資料館の『日本古典籍総合目録』（http://base1.nijl.ac.jp/infolib/meta_pub/KTGSearch.cgi）

＊「尺牘式《せきとくしき》」で検索すると、ここには諸家に所蔵される版本三九点と写本一点が、左記の頭部の番号順に排列されている（二〇一一年六月二〇日現在）。今、これらを出版（刊行）年によって分類すれば、次のような三類となる（私意により、若干の筆を加える）。写本は末尾に置く。

［出版事項、明和六年］

14 早稲田大学図書館会津文庫、「尺牘式」三巻（「尺牘語式」二巻、「尺牘写式」一巻）、三冊（会津イ 21 553）、小本。

23 滋賀県立膳所高等学校、「尺牘語式」二巻・「尺牘写式」一巻の三巻、三冊（287）

24 滋賀県立膳所高等学校、「尺牘語式」上下二巻、二冊（288）

25 仏教大学図書館、「尺牘語式」上下二巻、二冊（国書 698 1~2）、一八㎝。左の僚巻らしい。

26 仏教大学図書館、「尺牘写式」一巻、一冊（国書 698/3）、一八㎝。右の僚巻らしい。出版に「津逮堂」「吉野屋仁兵衛〈京都〉」等が関与する。

38 竹田市立図書館（岡藩由学館図書）、「尺牘語式」二巻、二冊（写式欠）、中本。出版に「広文堂（蔵版）」が関与する。印記「樵渓」。

［出版事項、安永二年］

1　弘前市立図書館、「尺牘写式」一巻、一冊（W816-7）、中本。

3　宮城県立図書館、「尺牘語式」二巻・「尺牘写式」一巻の三巻、一冊〈原三冊〉（M816-セ1）、一八・四㎝。見返しに「尺牘式」。出版に京都の「柳枝軒小川多左衛門」等が関与する。

4　宮城県立図書館伊達文庫、「尺牘語式」二巻・「尺牘写式」一巻の三巻、三冊（D816.6-セ1）、一八・八㎝。出版に京都の「柳枝軒小川多左衛門」等が関与する。印記「伊達伯観瀾閣図書印」。

9　駒沢大学図書館永久文庫、合綴の内（1）（「尺牘式业補遺」）（書誌ID2201130. 永久5469）。出版に「柳枝軒」「小川太佐《（ママ）》衛門〈京都〉」等が関与する。

10　玉川大学図書館、「尺牘語式」二巻・「尺牘写式」一巻の三巻、三冊（W916.5-セ、書誌ID809290）、一九㎝。出版に「田原勘兵衛」が関与する。

15　新潟大学附属図書館佐野文庫、「尺牘語式」二巻・「尺牘写式」一巻（書誌ID198403. 佐野　38）（「尺牘補遺」二巻と）合綴の内（1）。

16　石川県立図書館、「尺牘式」上中下三巻、三冊（饒石、81-14）、一九㎝。出版に「柳枝軒／広文堂」「桝屋治兵衛〈京都〉」等が関与する。＊萩市立図書館A本（三冊）に同じものであろう。

17　金沢市立図館蒼龍文庫、「尺牘写式」一巻、一冊（三三丁）（蒼龍、20.8-37）、一九㎝。出版に「田原勘兵衛」等が関与する。

19　石川県立歴史博物館、「尺牘写式」一巻、一冊（大鋸、816.6-3）、一八・〇㎝×一二・三㎝。出版に「小川多左衛門／秋田屋平左衛門」他が関与する。

20　石川県立歴史博物館、「尺牘語式」二巻・「尺牘写式」一巻の三巻、三冊（大鋸、816.6-4）、一九・〇㎝×一三・〇㎝。出版に「小川多左衛門／秋田屋平左衛門」他が関与する。

21 小浜市立図書館酒井文庫、「尺牘語式」二巻・「尺牘写式」一巻の三巻、三冊、中本、印記「酒井家文庫章」。

22 刈谷市中央図書館村上文庫、「尺牘語式」二巻・「尺牘写式」一巻の三巻、一冊（3203/1/3丙四）。出版に「桝屋治兵衛／秋田屋平左衛門／小川太左衛門」が関与する。［マイクロフィルム、30-500-4］

28 龍谷大学図書館写字台文庫、「尺牘語式」二巻・「尺牘写式」一巻の三巻、三冊（926-34-3）、出版に「桝屋治兵衛／秋田屋平左衛門／小川太左衛門」が関与する。

31 島根大学附属図書館海野文庫、「尺牘語式」二巻・「尺牘写式」一巻の三巻、三冊（816.6）。出版に「桝屋治兵衛〈京都〉」等が関与する。

32 萩市立図書館、「尺牘語式」二巻・「尺牘写式」一巻の三巻、二冊（和漢古書、3甲1-81）＊「尺牘語式」上で一冊、同下と「尺牘写式」一巻とで一冊とする。

33 山口大学附属図書館棲息堂文庫、「尺牘語式」二巻・「尺牘写式」一巻の三巻、三冊（M816.8 D03 A1-A3）、一九cm。出版に「吉野屋仁兵衛〈京都〉」が関与する。

34 高知大学附属図書館小島文庫、「尺牘語式」二巻・「尺牘写式」一巻の三巻、三冊（919.07-O8-1~3）。出版に「小川太左衛門〈京都〉」他が関与する。

35 福岡県立伝習館高等学校対山館文庫、「尺牘語式」上下二巻、一冊（対山、五-一〇五）、中本。出版に「柳枝軒」が関与する。印記「郷土」「郷土文庫」「伝習館郷土文庫」あり。

36 福岡県立伝習館高等学校対山館文庫、「尺牘写式」一巻、一冊（対山、九-七〇）、中本。出版に「小川太左衛門〈京都〉」他二名が関与する。印記「郷土」「郷土文庫」「伝習館郷土文庫」あり。＊刊記に「小川太左衛門」他、二名が見えるとあれば、これは刈谷市中央図書館村上文庫本（三巻一冊）・萩市立図書館B本（二冊）に同じ版かと推測される（後述）。また、右の一点には「柳枝軒」（扉）と見える。これらの二点（35・36）は僚巻と認められる。書題が異なるので別書と目され、別置されたのであろう。
39 浜松市立内山真龍資料館琴詩亭文庫、「尺牘語式」一巻の三巻、一冊（合冊）、出版（見返）に「江戸　須原屋茂兵衛／大坂　加賀屋善蔵／尾張　永楽屋東四郎／　小川太左衛門／京都　野田嘉助／　吉野屋仁兵衛」が関与する。＊本書は、山口大学附属図書館棲息堂文庫本（三冊）に同じ版本であろう。
［出版事項、刊年不明］
2 弘前市立図書館、「尺牘語式」二巻、二冊（W816-114）、半本。
5 茨城県立歴史館、「尺牘語式」二巻、二冊（長谷川家文書、和 11-9）。
6 茨城県立歴史館、「尺牘語式」二巻、二冊（中島家文書、278）
7 群馬大学附属図書館新田文庫、「尺牘語式」一冊（N816.6 D28）、下巻存。
8 駒沢大学図書館永久文庫、「尺牘語式」二巻、一冊（永久 5465）、（上）三三丁、（下）四四丁、二二cm。
11 玉川大学図書館、「尺牘語式」二巻、二冊（W916.5-セ、書誌 ID809303）、二三cm、語式（上下）存。
12 早稲田大学図書館服部文庫、「尺牘語式」二巻、二冊（イ17 942 1~2）、中本。
13 早稲田大学図書館服部文庫、「尺牘写式」一巻、一冊（イ17 943）、中本。
18 金沢市立図書館蒼龍文庫、「尺牘語式」下一巻、一冊（四四丁）（蒼龍、20.8-38）、一九cm。
27 仏教大学図書館、「尺牘語式」二巻・「尺牘写式」一巻の三巻、三冊（国書 1112）、一九cm。出版に「津逮堂」「吉野屋仁兵衛〈京都〉」が関与する。「尺牘式補遺」一巻一冊（国書、1113）も一緒である。
29 陽明文庫、「尺牘語式」二巻・「尺牘写式」一巻の三巻、一冊（セ 42）。［マイクロフィルム、55-429-3］
30 大阪女子大学附属図書館、「尺牘語式」二巻・「尺牘写式」一巻の三巻、三冊（816. J）、中本。明和己丑春二月釈浄復謹識。

37　佐賀県立図書館鍋島文庫、「尺牘語式」二巻・「尺牘写式」一巻の三巻、三冊（鍋991　1786）、一八㎝。出版に「津逮堂」が関与する。

［写本］

40　宮城県図書館小西文庫、「尺牘写式」一巻、一冊（KN090-セ　1）、田辺匡敕抄（自筆）、二一㎝。印記「飯川氏図書」あり。

以上が、国文学研究資料館の『日本古典籍総合目録』の版本三九点・写本一点である。

これらの他にも版本・写本の存在が知られている。今後にも新しい所蔵本が得られようが、まずは、次に調査の及んだ、あるいは、新たに事情を知り得た版本・写本について概要を述べよう。本書がどのように利用されたか、本書の性格、価値などにつき、どのように整理されるか、その一端でも把握できれば幸いである。

［明和六年（一七六九）版］

明和六年に出版された版本は、未だ確認できない。その「尺牘写式」（三冊目）の浄復の跋文に「明和己丑（六年）春二月」云々と記されているが、実際の版行本（刊記）にこの年次を有するものがない。跋文の執筆年次と刊行時（刊記）とは、一致しないこともある。明和六年に出版された版本はないのであろう。なお、検討したい。

［安永二年（一七七三）版］

「安永二年」の刊記を有する版本は、以下の通りである。数種類があるのは、その後刷り本を含むためである。

○山口大学附属図書館棲息堂文庫蔵本　三冊（M/816.8/D03/A1-A3）

一冊目は、原表紙（黄緑色）の原題簽（左、双郭）に「尺牘語式　上」とある。内扉に「大典禅師著　／尺牘式全三冊／平安書肆　津逮堂蔵版」、目録題に「尺牘語式上巻目録」、内題に「尺牘語式巻上」（尾題同）、柱刻は、本文部に「尺牘語式上　一（〜三十八）」（丁付は、序に「序　一」、目録に「上目　一（〜四）」）とある。縦一八・三㎝、横一二・五

cm、題簽の縦一一・五cm、横二一・三cm。紙数は扉〇・五丁、序一丁、目録四丁、本文三八丁。有界九行。序文は「学文之要……」、印記は、「徳藩蔵書」（朱方印の中央の郭、左右の郭には竜の図を陰刻）、「寄贈 毛利就孝」（朱印）、「明治二十九年改済／徳山／毛利家蔵書／第二百四十五番／共三冊」（朱印、数字のみは墨筆、この墨筆は二、三冊目にはない）、「山口大学附属図書館・文理学部分館／77709（第二冊には77710、第三冊には77711）」（横楕円形青スタンプ）、帙あり。

二冊目は、原表紙・原題簽は右に同じ。原題簽に「［（破損）］語式　中」とあり、目録題に「尺牘語式下巻目録」、柱刻は、本文部に「尺牘語式下　一（～四十四）」（目録には「目」）とある。紙数は目録三丁、本文四四丁、跋一丁。跋文は「蕉大師之……」とある。印記は、右四顆の他、「山口大／学図／書之印」（朱方印）あり。

三冊目も、原表紙・原題簽は右に同じ。原題簽に「尺牘写式　下」、柱刻は、本文部に「尺牘写式　一（～三十三）」（跋文には「跋」）とある。本文、送り仮名・返点など、また、書状案に彩色（藍色・朱色）などがある（後掲、九州大学蔵本に同じ）。紙数は序一丁、目録一丁、本文三三丁、跋一丁、刊記〇・五丁。序文は「明嘉靖末士大夫始縁飾鴈魚……不無小補云／　竺常題［（印刻二顆）］」、跋文は「潘生所楽……」とある。印記は、右二冊目の五顆の内、「明治二十九年…」がない。刊記は次の通りである。蔵版目録等はない。

刊記

安永二年癸巳九月
江戸　須原屋茂兵衛
大坂　加賀屋　善　蔵
尾張　永楽屋東四郎
小川太左衛門
京都　野田　嘉　助
吉野屋仁兵衛

「津逮堂」とは、京都の書肆吉野屋仁兵衛（後述）の雅号である。この刊記では、「小川太左衛門」の名は「太」字で見えるが、「多」字による刊本もある（後述）。

なお、「ＮＩＩ（国立情報学研究所）書誌詳細」によれば、次の二点の所在が知られる。これらの出版・頒布事項の欄には、右に同じく、安永二年、須原屋茂兵衛以下、六書肆の名が示されている。二点共、山口大学附属図書館棲息堂文庫本に同じ版本と見てよかろう。

○仏教大学図書館蔵本　三冊（天性寺二七八）

三冊の内、上・中冊は『尺牘語式』（登録番号272882・272883）、下冊は『尺牘写式』（同272884）。縦一八・二cm、横一二・六cm。刊記は右に同様。印記「天性寺蔵書記」、上冊後表紙見返しに「堅恭蔵本」の墨書あり。

○関西大学図書館蔵Ａ本　一冊（L24**21-676）

『尺牘写式』の一冊（登録番号210384662）で、縦一八cm、多色刷り。刊記は右に同様。印記「田邨蔵書」。原本未見。

○東京都立中央図書館加賀文庫蔵本　三冊（加賀文庫6737/1~3）

一冊目は、原表紙（薄茶）の外題に「尺牘語式　上」（簽、原、左、双）とある。目録題は「尺牘語式上巻目録」、柱刻は「尺牘語式上」とある。魚尾なし。縦一七・五cm、横一二・七cm。題簽匡郭は縦一一・〇cm、横二・二cm。四ツ目袋綴。紙数は、序文一丁、跋文一丁、目録四丁、本文三八丁。本文匡郭は四周単辺、縦一四・七cm、横一〇・五cm。有界九行。「齊氏／印」（朱方印、上冊は塗消）、「東京都立／日比谷図書／館蔵書印」（朱方印）の蔵書印、「東京都立日比谷図書館／昭28 1 10和／090086」の収書印あり。後表紙の表に「高畑」（墨書）、同見返しに「正木氏」（墨書）がある。他本と異なるのは、上巻の序文（「学文之要……」）と「目録」との間に跋文「蕉大師之有…」（浄復）の一丁が位置することである。

二冊目は、外題に「尺牘語式　中」（同右）とある。目録題は「尺牘語式下巻目録」、柱刻は「尺牘語式下」、紙数は、目録三丁、本文四四丁である。収書印は同様（番号は090087）、後表紙表に「高畑」（墨書）とある。跋文はない。

三冊目は、原表紙外題に「尺牘写式　下」（同右）、目録題は「尺牘写式目録」、柱刻は「尺牘写式」とある。紙数は、序文一丁、跋文一丁、目録一丁、本文三三丁。刊記〇・五丁。挿絵に彩色あり。収書印は同様（番号は090088）、後表紙表に「高畑」（墨書）とある。序文「明嘉靖末……」と跋文「潘生所楽……」は首部に位置している。

刊記・蔵版目録は次のようにある（罫線はない）。

刊記　安永二年癸巳九月
　　　　近江屋庄右衛門
　　　　桝　屋　治兵衛

大典禅師著
　　　　秋田屋平左衛門
尺牘式補遺出来　小川　太左衛門
小雲棲稿　同　田原　勘兵衛
同　手簡　同

安永二年版の後刷になる。蔵版目録の『小雲棲手簡』全六冊は安永六年（一七七七）五月に（序は安永五年）近江屋庄右衛門から、『尺牘式補遺』は天明四年（一七八四）正月田原勘兵衛・升屋治兵衛等から刊行されている。

〇架蔵A本　三冊（二六一八）

本文、刊記、その他、右に同版である。一冊目は、原表紙（薄茶）の外題に「□牘語式　上」（簽、原、左、双）とある（□部は文字剥落）。扉に「大典禅師著不許飜刻千里必究／尺牘式（大字）／書林平安全伍堂江戸崇文堂梓」、目録題に「尺牘語式上巻目録」、柱刻は「尺牘語式上」とある。縦一八・四cm、横一二・六cm、題簽匡郭は縦一一・〇cm、横二・二cm、本文匡郭は四周単辺、縦一四・七cm、横一〇・四cm、原表紙・薄茶、紙数は扉〇・五丁、序文一丁、目録四丁、本文三八丁。一面は有界九行。表紙の右肩に墨筆で「共三」、右下に同筆で「松阜」（三冊共）、「石刕／とうふや／大田」（巻尾、三冊共、径三cm）の円形焦げ茶色印、また、旧蔵者の朱印、墨書等がある。

二冊目は、外題に「尺牘語式　中」（同右）、目録題は「尺牘語式下巻目録」、柱刻は「尺牘語式下」、紙数は、目録三丁、本文四四丁、跋一丁である。「石刕…」の円形印を墨消（後人）。

三冊目は、原表紙外題に「□牘写式　下」（同右）、目録題は「尺牘写式目録」、柱刻は「尺牘写式」とある。紙数は、序文一丁、目録一丁、本文三三丁、跋文一丁、刊記〇・五丁。挿絵に彩色あり。

扉の左欄に「書林平安　全伍堂／江戸　崇文堂梓」とある、「全伍堂」とは、京の書林吉野屋仁兵衛で、明霞著・大典補『文語解』（全五巻・五冊）の扉にも見えている。但し、仁兵衛の名は、この後刷本では消えている。「崇文堂」は、先述来の江戸の前川六左衛門（営業時期明和七年～天保一一年〈一八四〇〉頃）の雅号で、唐本（明）・和本、仏書、石刻などを扱った。

「石刕…」の捺印は、貸本屋のものであろう。石州大田は、石見銀山で知られたそれ（今の島根県大田市の一部）である。薬や屑麦《わり》を売る店が本屋を兼業した例があるから、[4]豆腐屋が本屋を兼業していても不思議でない。

○筑波大学附属図書館蔵本　三冊（ル一八五―三七八）

東京都立中央図書館加賀文庫蔵本に同版である。一冊目は、原表紙（薄茶）の外題に「尺牘語式［（破）］」（簽、原、左、双）とある。序文（「学文之要……」）に次いで上巻目録がある。寸法は縦一八・八cm、横一二・八cm、四周単辺、内匡郭は縦一四・八cm、横一一・〇cm、有界、紙数は、序文一丁、目録四丁、本文三八丁。印記に「竹亭書」（陰刻朱印）、「昭和14925／洋々塾寄贈」（朱スタンプ印）、「岡倉文庫」（青スタンプ印、岡倉由三郎氏旧蔵）、「東京文理／科大学附／属図書館／図書之印」（朱方印）あり。

二冊目は、原表紙外題に「［　］《（虫損）》牘語式　中」（同右）とある。首に下巻目録があり、尾題の後に跋文（「蕉大師之……」）がある。紙数は、目録三丁、本文四四丁、跋文一丁。印記は右に同じ。

三冊目は、原表紙外題に「尺牘写式　下」（同右）とあり、序文（「明嘉靖末……」）に次いで写式目録がある。尾題の後に跋文（「潘生所楽……」）がある。紙数は、序文一丁、目録一丁、本文三三丁、跋文一丁。挿絵に彩色あり。刊記は、右東京都立中央図書館加賀文庫蔵本に全同である。印記は右に同じ。

○姫路文学館金井寅之助文庫蔵本　一冊（整理番号八六四四）

もと三冊であったものを合綴し、原表紙（薄茶、網目押型）・外題に「尺牘語式　上」（簽、原、左、双）とある。一冊目の原表紙（薄茶、網目押型）を前後に用いたもので、二冊目、三冊目の前・後の表紙等はない。縦一七・八㎝、横一二・七㎝、全体の柱刻と丁数につき、順を追って記すと、「尺牘語式」の「序」（「学文之要…蕉中題□□《（印影）》」）一丁、同「上目」（上巻目録）四丁、同「上」（本文）三八丁、同「下目」（下巻目録）三丁、同「下」（本文）四四丁、同「跋」（「蕉大師之…五瀬釈…□□《（印影）》」）一丁、「尺牘写式」の「序」（「明嘉靖末…竺常題□□《（印影）》」）一丁、同「目」（写式目録）一丁、同「一」～「三十三」（本文）三三丁、同「跋」（「潘生所楽…□□《（印影）》」）一丁、刊記○・五丁である。刊記も右の東京都立中央図書館加賀文庫蔵本に同じ。朱筆の庵点、丁付、○印など、墨筆の付訓、返点、頭注、丁付などがある。小口下「語式全」（墨）。

○たつの市立龍野歴史文化資料館蔵Ａ本　一冊

表紙中央のラベルに「和書古文書古記録／第一集／語学　三九号／龍野文庫」「小西文庫／大正十五年七月寄贈／第一集八号／全三冊／龍野図書館」とある。三巻を一冊に綴じる。蠹害甚しい。本文、刊記などは東京都立中央図書館加賀文庫蔵本に同版である。一冊目は、原表紙（薄茶、無地）の外題に「尺牘語式　上下《（ママ）》」（簽、後、左、双）と手書する。扉題なし。目録題に「尺牘語式上巻目録」とあり、以下、序文「学文之…」一丁、（上冊の）上巻目録四丁、本文三八丁、(続いて下冊の)下巻目録三丁、本文四四丁、(続いて写式の)目録一丁、本文三三丁、跋文「蕉大師之有…」一丁、続いて「明嘉靖末……」(序文)一丁、跋文「潘生所楽……」一丁、刊記〇・五丁となっている。前表紙見返しに墨書「大蔟正夾鐘二姑洗三(中略)無-射九月」あり。刊記の紙面の裏に「西播龍城之男子/小西兵之助/小西(ママ)」、後表紙にも「龍城鳥ケ随(存疑)/小西(ママ)」との墨書、小口下に「尺牘語式」の墨書がある。印記に「小西蔵書章」(朱長方印)、「好古文庫」(同上)とある。

○龍谷大学大宮図書館写字台文庫蔵本　三巻、三冊(請求番号926/34-W)

原表紙(薄茶)あり。一、三冊目の題簽は剥落しているが、二冊目のそれに「尺牘語式　中」(簽、原、左、双)とある。扉は「大典禅師著　不許飜刻 千里必究/(中央に大字)尺牘式/書林 平安 全伍堂 江戸 崇文堂 梓」、柱刻は、一、二冊目に「尺牘語式　上(下)」、三冊目に「尺牘写式」とある。寸法は縦一八・五㎝、横一二・六㎝。丁数は、一冊目に序「学文之要…蕉中題□□(印影)」一丁、上巻目録四丁、本文三八丁、二冊目に下巻目録三丁、本文四四丁、跋「蕉大師之…五瀬釈…□□(印影)」一丁、三冊目に「尺牘写式」の序「明嘉靖末…竺常題□□(印影)」一丁、写式目録一丁、本文三三丁、跋「潘生所楽…□□(印影)」一丁、刊記〇・五丁である。刊記は次のようにある。

刊記

安永二年癸巳九月
桝　屋　治兵衛
大典禅師著　秋田屋平左衛門
尺牘式補遺出来　小川　太左衛門
小雲棲稿　同
同　手簡　同

この刊記には不自然な空白行がある。この刊記は、東京都立中央図書館加賀文庫蔵本の刊記から、「近江屋庄右衛門」「田原勘兵衛」の書肆を削除したものらしい。印記は首に「写字台／之蔵書」（朱長丸印）とある。

○国立公文書館内閣文庫蔵A本　四冊（207-129）

原表紙（薄茶、無地）、外題は、一冊目以下に「尺牘語式　上」（原題簽、左、双郭）、「尺牘語式　中」（同）、「尺牘写式　下」（同）、「尺牘式補遺　全」（原題簽、左、単郭）とある。縦一八・二cm、横一二・七cm、題簽匡郭は縦一一・六（〜一一・二）cm、横二・七（〜二・三）cm、本文匡郭は四周単辺、縦一五・二cm、横一〇・二（〜一〇・七）cm。本書には扉（扉題）がなく（補修時の欠損であろう）、この点を除けば、紙数・内容構成は一〜三冊目まで右龍谷大学大宮図書館写字台文庫蔵本に同じであり、三冊目の刊記も同様である。四冊目は、（扉なし）、序文一丁、目録二丁、本文三八丁（内、上一八丁、下一七丁、刊記は三八丁ウ）。一面の行数は一〜三冊目は九行、四冊目は八行。印記、「□《（未詳）》章堂／図書記」（朱長方印）、「茜□《（未詳）》」（朱長方印）、「子／義□《（未詳）》」（朱方印）、「大日本／帝国　／図書印」（朱方印）、「日本／政府／図書」（朱方印）、「明治十三年購求」（朱長方印）、その他。四冊目の刊記は、「天明四年辰正月／（罫線欄二行空白）／　平安書林　小川多左衛門／秋田屋平左衛門／伊勢屋庄助《（ママ）》／升屋治兵衛」とある。天明四年より後の版らしい（二行空白部に位置した「浅井庄右衛門／田原勘兵衛」の二書肆を削る）。

○内藤記念くすり博物館蔵A本　一冊（43224-810）

「尺牘写式」の一冊である。原表紙（茶）に題簽は剥落してない（左肩部にその跡を留める）。縦一八・五cm、横一二・六cm。序「明嘉靖未…竺常題□□《（印影）》」一丁、目録「尺牘写式目録」一丁、本文三三丁、跋文「潘生所楽……明和…」一丁、刊記〇・五丁。挿絵（彩色）。奥に右龍谷大学大宮図書館写字台文庫蔵本に同一の刊記がある。

○萩市立図書館蔵B本　二冊（部門三甲一／番号八一／冊数二）

一冊目は、原表紙（薄茶）に直に「尺牘語式　上」（左肩、後筆）と墨書する。目録題に「尺牘語式上巻目録」、柱刻「尺牘語式上」とある。縦一八・一㎝、横一二・九㎝、紙数は序一丁、目録四丁、本文三八丁。序文は「学文之要……」、二冊合わせて書背に「尺牘語式」と墨書する。印記に「小林作平氏寄贈」(朱印)、「萩図書館／明治卅旧年四月十四日／第　号／領収」(朱長方印)、「萩図書／館蔵書／之印」(朱方印)あり。

二冊目は、後補表紙に直に「尺牘語式　下」(左肩、後筆)と墨書する。だが、本冊は、「尺牘写式」一冊(後半部)をも一書に綴じ込んだものである。勿論、後人の手による。以下、これを前半部・後半部に分けて述べる。

[前半部]　目録題「尺牘語式下巻目録」、柱刻「尺牘語式下」。紙数は目録三丁、本文四四丁、跋文一丁。跋文は「蕉大師之有斯編也恵初学……」とある。印記は、首部に、一冊目に見える三顆の他、「小林家／蔵之記」(朱長方印、陰刻)あり。なお、本来あったはずの後表紙は存在しない。

[後半部]　本来あったはずの「尺牘写式」の前表紙は存在しない。右に続いて直ちに「尺牘写式」の序文「明嘉靖末士大夫始縁飾鴈魚……」があり、以下、「尺牘写式目録」一丁、同本文三三丁、同跋文「潘生所楽……」の一丁、刊記○・五丁となっている。挿絵に彩色あり。印記は「小林家／蔵之記」(巻尾、朱長方印、陰刻)、前半部・後半部が合冊された折、または、その後に押印されたのであろう。この後半部の末尾に、右龍谷大学大宮図書館写字台文庫蔵本に同一の刊記がある。

○たつの市立龍野歴史文化資料館蔵B本　三冊

表紙中央のラベルに「国書古文書古記録第一集／語学 第八ノ一号～三号／龍野文庫」「本間文庫／大正十四年十月寄贈／全三冊／龍野図書館」とある。上冊は、原表紙(薄茶、無地)の外題に「尺牘語式　上」(簽、原、左、双)、扉に「大典禅師著」「尺牘式」の扉○・五丁、序文「学文之…」一丁、目録題「尺牘語式上巻目録」四丁、本文三八丁、中冊は、原表紙に「尺牘語式　中」(同右)、跋文「蕉大師之有…」一丁、下巻目録三丁、本文四四丁、下冊は、原表紙に「尺牘写式　下」(同右)、序文「明嘉靖末……」一丁、目録(尺牘写式)一丁、本文三三丁、跋文「潘生所楽

……」一丁、刊記〇・五丁である。本文は東京都立中央図書館加賀文庫蔵本に同版であるが、刊記は龍谷大学大宮図書館写字台文庫蔵本に同じ。本文に書込みあり。また、上冊の後表紙見返しに「文化二丑年十月十三日調／本間貞喬」、中冊の同所に「本間氏」、下冊の跋文末尾に「本間貞喬」、小口下に「尺牘語式上（中、下）」などの墨書がある。印記に「精間／居士」（朱方印）、この左に「本間」（朱丸印）とある。

〇早稲田大学中央図書館蔵A本　三巻一冊（へ 20/611）

本文等は東京都立中央図書館加賀文庫蔵本以下に同じ。もとは上中下の三冊で、それぞれ薄茶色無地の原表紙を有するが、三冊を綴じて一冊に改装する。一冊目の外題は「尺牘語式［　］（破損）」（簽、原、左、双）とある。寸法は縦一八・二cm、横一二・四cm、簽題は縦一一・〇cm、横二・三cm、扉に「大典禅師著　不許翻刻千里必究／尺牘式（大字）／書林　柳枝軒梓」とある。扉〇・五丁、序文「学文之要……」一丁、上巻目録四丁（柱刻は「尺牘語式　上目　一（～四）」）、本文三八丁（三八丁ウ末に尾題「尺牘語式巻上」）、後表紙（見返しに落書あり）、二冊目の外題は「尺牘語式　中」（簽、原、左、双）、見返し白、目録三丁（目録題「尺牘語式下巻目録」）、本文四四丁（一～四十四、内題・尾題「尺牘語式巻下」）、跋文「蕉大師之有…」一丁、後表紙、三冊目の外題は「尺牘写式　下」、序文「明嘉靖末…」一丁、目録〇・五丁、見返し白、本文三三丁（内題「尺牘写式」）、跋文「潘生所楽…」一丁。刊記（「安永二年癸巳九月」）と広告は龍谷大学大宮図書館写字台文庫蔵本に同じ。印記は、序文の首に「塩治氏／所蔵記」（朱長方印）、内題上に「早稲田／大学／図書」（朱方印）、同下に「明治三十八年二月二十三日／加藤栄吉氏寄贈」（朱長方印）。紺布帙箱あり。

〇東北大学附属図書館狩野文庫本　三巻三冊（第4門/28768/3）［＊同大学狩野文庫マイクロフィルムによる］

三冊共、外題は剥落する。一冊目の扉、序文、目録、本文、二冊目の目録、本文、跋文、三冊目の序文、目録、本文、跋文、また、刊記は、龍谷大学大宮図書館写字台文庫蔵本に同じ。印記「東北帝／国大学／図書印」（方印）。

〇刈谷市中央図書館村上文庫蔵本　三巻一冊（3203/1/3/丙四）［＊国文学研究資料館蔵マイクロフィルムによる］

本文等は東京都立中央図書館加賀文庫蔵本以下に同じ。三冊を綴じて一冊に改装する。一冊目の外題は「尺牘語式「　」」(破損)(簽、原、左、双)とある。扉に「大典禅師著　不許飜刻 千里必究／尺牘式(大字)／書林 柳枝軒 梓」とある。扉以下の次第は、扉〇・五丁、序文「学文之要……」一丁、上巻目録四丁、本文三八丁、すぐに下巻の目録三丁、本文四四丁、跋文「蕉大師之有…」一丁、すぐに写式の序文「明嘉靖末…」一丁、本文三三丁、跋文「潘生所楽…」一丁、となっており、これに続いて、次の伝得識語と安永の刊記(見返し)がある。

　文化二乙丑閏仲秋需之／　若耶之散人／　呼牛斎宰[印]」(墨書)

刊記、及び、広告は、右の龍谷大学大宮図書館写字台文庫蔵本に全同である。なお、「柳枝軒」とは、書肆小川太左衛門(京都、営業時期寛政一二年〈一八〇〇〉～明治三年〈一八七〇〉頃)、同彦九郎の雅号である。小川太(多)左衛門は、禅宗関係書の出版版元で知られる。

○波多野太郎編輯『中国語学資料叢刊』『第三篇 尺牘篇』の『第一巻』に、「尺牘語式」二冊(また、「尺牘式補遺」一冊〈天明四年刊〉)の複製を収める。底本の所蔵元ははっきりしない。

一冊目の外題は「尺牘語式　上」(原題簽、左、双)とあり、扉は右の刈谷市中央図書館村上文庫蔵本と同じ、以下、序文、目録、柱刻も同じ。二冊目の外題は、表紙に直に「[　　]　中」(左、後の手筆)と墨書されているが、写り(図版)が悪く、文字の読めないところがある。以下の目録、本文も刈谷市中央図書館蔵本に同じであるが、跋文一丁がない。刊記、及び、広告は、先の龍谷大学大宮図書館写字台文庫蔵本に全同である。

　この複製の底本は不完全本であり、「尺牘写式」一冊を欠く。これが存在したならば、この外題には「尺牘写式下」とあったであろう(上中下の三冊で一揃い)。当『資料叢刊』の底本としては不適格である。

○島根大学附属図書館海野文庫蔵本　三冊(816.6/Se41/1~3)

一冊目の外題「尺牘語式　上」(原題簽、左、双郭)、目録題「尺牘語式上巻目録」、内題・尾題「尺牘語式巻上」、柱刻「尺牘語式上」、扉に「大典禅師著 不許飜刻 千里必究／尺牘式（中央に大字）／書林 柳枝軒 梓」、本文は漢字、及び、漢字片仮名文。付訓は片仮名、図あり、縦一八・八cm、横一二・七cm、題簽匡郭の縦一一・一cm、横二・二五cm、四周単辺、内匡郭の縦一四・六cm、横一〇・五cm、原表紙・薄茶、紙数は扉〇・五丁、序一丁、目録四丁、本文三八丁、一面九行、序文は「学文之要在……」、蔵書印「海氏／蔵書」（方形朱印）、「島根大学図書」（233428～233430）の登録印あり。「受贈年月日／昭和49年11月7日／寄贈者氏名／山岡栄市」（朱印）。

二冊目の外題「尺牘語式　中」（原題簽、左、双郭）、目録題「尺牘語式下巻目録」、柱刻「尺牘語式下」、表紙・蔵書印は右に同じ、紙数は目録三丁、本文四四丁、跋文一丁。跋文は「蕉大師之有斯編也恵初学……」とある。

三冊目の外題「尺牘写式　下」（原題簽、左、双郭）、目録題「尺牘写式目録」、柱刻「尺牘写式」、絵に淡彩あり（三丁オ・ウ、四丁オ、三〇丁オ、三三丁ウ）、表紙・蔵書印は右に同じ、紙数は序一丁、目録一丁、本文三三丁、跋一丁、刊記及び蔵版目録一丁（但し、このウラ半丁は空白）。序文は「明嘉靖末……」、跋文は「潘生所楽……」とある。挿絵に彩色あり。刊記・蔵版目録とは左記である。

刊記

安永二年癸巳九月			
尺牘語式補遺	一冊	湖亭沙筆	四冊
尺牘道標	二冊	小雲楼（ママ）手簡	二冊
尺牘奇掌	四冊	尺牘双魚	四冊
舜水朱子談奇	四冊	京六角通御幸町西入 小川	多左衛門
漢字和訓	二冊	秋田屋平左衛門	
授幼難字訓	三冊	桝屋治兵衛	

（下段は「尺牘双魚」の行と「小川…」の行との間に罫線がある。）

「小雲楼手簡」の文字は、「樓」の異体字（旁は「口」「二」「口」を重ねて「｜」で貫き、下に「女」を書く）である。この刊記では、先の「小川太左衛門」の「太」字が「多」字で見える。大典の著作が列記されているが、その著者名が明記されていない。この点からしても、この版は先の版の後刷りと推測される。「尺牘双魚　四冊」は、その承応三年（一六五四）版の後刷り本（四冊仕立て）であろう。

○国立公文書館内閣文庫蔵B本　三冊（207-138）

原表紙（薄茶、無地）、外題（原題簽、左、双郭）は、上冊に「尺牘語式　上」、中冊は題簽剥落、下冊に「尺牘写式　全」（朱筆で「全」字を抹消して右に「下」と書く）とある。印記、「浅草文庫」（朱長方印、双郭）、「日本／政府／図書」（朱方印）。内題以下、書誌、本文、刊記・蔵版目録等は、右島根大学附属図書館海野文庫蔵本に全同である。

○早稲田大学中央図書館蔵B本　一冊（へ20/3418）

「尺牘語式」全三冊の内の三冊目のみの零本である。薄茶色無地の原表紙に外題「尺牘写式　全」（後補題簽、左、双郭、手筆墨）、目録題「尺牘写式目録」、内題「尺牘写式」、絵に淡彩あり。寸法は縦一八・八cm、横一二・八cm、題簽匡郭の縦一一・八cm、横一・八cm、四周単辺、内匡郭の縦一四・七cm、横一〇・四cm、原表紙・薄茶、紙数は見返し（扉）なし、序文一丁、目録一丁、本文三三丁、跋文一丁、後表紙に見返しに刊記・蔵版目録がある。一面九行、一行一九～二二行。刊記・蔵版目録は、右島根大学附属図書館海野文庫蔵本に全同で、「安永二年癸巳九月／……小川多左衛門／秋田屋平左衛門／桝屋治兵衛」とある。蔵書記は、後表紙に「佐藤了翁／蔵書」（墨書）、また、「高知縣／高知中／学校印」（朱方印）、「高知縣／安藝中／学校印」（朱方印）、「日本イス／ラム協会／図書之印」（朱方印）、「早稲田／文庫」（朱方印）、跋文末尾に「高知市本町一丁目角／書林開成舎支店」（朱長方印）、なお、下の小口に「尺牘語式」（墨書）あり。

○関西大学図書館蔵B本　一冊（L23**800-6087）

『尺牘写式』の一冊で（登録番号208092072）、同大学図書館図書情報に「安永2.9［1773］［刊］」、「形態：1冊：18.5cm」、「出版者：小川多左衛門・桝屋治兵衛等3肆」、「挟みもの：書店販売箋1枚」とある（原文横書）。本書は、刊記によれば、右島根大学附属図書館海野文庫蔵本・早稲田大学中央図書館蔵B本に同じか、あるいは、次の萩市立図書館蔵A本に同じか、と推測される。原本未見。

○萩市立図書館蔵A本　三冊（826/セ2/1~3）

＊本書三冊は、外題に従って「1~3」の整理番号が付されている。だが、二、三冊目は表紙を取り違えている。以下は、本書構成上、正しい形に直し、1、3、2の順に述べていく。

一冊目（826/セ2/1）は、原表紙（薄茶）の原題簽（左、双郭）に「尺牘語式　［（破損）］」とある。内扉に「大典禅師著 不許飜刻 千里必究／尺牘式（中央に大字）／書林 柳枝軒 広文堂 仝梓」、目録題に「尺牘語式上巻目録」、柱刻「尺牘語式上」とある。縦一八・二cm、横一二・五cm、題簽匡郭の縦（不詳）、横二・二五cm。紙数は扉（見返し）○・五丁、序一丁、目録四丁、本文三八丁。序文は「明嘉靖末……」。下小口に「尺牘　上（二、三冊目には中、下）」と墨書する。

二冊目（826/セ2/3）は、原表紙（薄茶）の原題簽（左、双郭）に「尺牘写式　下」とある（これは三冊目の表紙とすべきものである）。目録題「尺牘語式下巻目録」、柱刻「尺牘語式下」。紙数は目録三丁、本文四四丁、跋文一丁、蔵版目録兼刊記○・五丁。跋文は「潘生所楽……」とある。刊記・蔵版目録は、次のようにある。これは、先の島根大学海野文庫本に類似しているが、彼の「秋田屋平左衛門」の箇所が「楠見甚左衛門」となっている。

刊記

安永二年癸巳九月	
尺牘語式補遺　一冊	湖亭沙筆　四冊
尺牘道標　二冊	小雲楼（ママ）手簡　二冊

尺牘奇掌	四冊
舜水朱子談奇	四冊
漢字和訓	二冊
授幼難字訓	三冊
尺牘双魚	四冊
京六角通御幸町西入 小川	多左衛門
楠見	甚左衛門
桝屋	治兵衛

（下段は「尺牘双魚」の行と「小川…」の行との間に罫線がある。）

三冊目（826/セ2/2）は、原表紙（薄茶）の原題簽（左、双郭）に「尺牘語式　中」とある（これは二冊目の表紙とすべきものである）。目録題「尺牘写式目録」、柱刻「尺牘写式」、題簽匡郭は、縦一一・一㎝、横二・三㎝。紙数は序文一丁、目録一丁、本文三三丁、跋文一丁。挿絵に彩色（藍、朱）あり。序文は「学文之要在……亦将何以行之哉／蕉中題［(印刻二顆)］」、跋文は「蕉大師之……」とある。

本書（三冊）には、表紙・外題の綴じ間違い、また、一冊目の序文「明嘉靖末…」、二冊目の跋文「潘生所楽…」、三冊目の序文「学文之要…」と跋文「蕉大師之…」の位置などに混乱が認められる。これらは、書肆の売出し前、即ち、製本時におけるものかも知れない。検討を要する。

なお、「広文堂」とは、書肆楠見甚左衛門（京都、営業時期天明元年〈一七八一〉～文政一一年〈一八二八〉頃）の雅号である。日中の詩書・文芸関係書を出版している。

○小浜市立図書館蔵本　三冊（919/267）［＊国文学研究資料館「日本古典資料調査データベース」による］

一冊目は外題「尺牘語式上中」、内題「尺牘語式上」、扉に「大典禅師著不許飜刻千里必究尺牘式書林柳枝軒広文堂仝梓」、二冊目は外題「尺牘語式中」、内題「尺牘語式巻下（ママ）」、三冊目は外題「尺牘写式下」、内題「尺牘写式」とあり、刊記等は「安永二年癸巳九月尺牘語式補遺一冊尺牘道標二冊尺牘奇掌四冊舜水朱子談奇四冊漢字和訓二冊授幼難字訓三冊湖亭沙筆四冊小雲楼（ママ）手簡二冊尺牘双魚四冊京六角通御幸町西入小川多左衛門楠見甚左衛門桝屋治兵衛」、序・

跋は「崔中（ママ）（尺牘語式序）五瀬釈浄復（尺牘語式跋）笠常（尺牘写式序）明和己丑春二月釈浄復（尺牘写跋）」とある由である。紙数は、それぞれ全四三丁、全四七丁、全三六・五丁。印記「酒井家文庫章」「鹿野所蔵」あり。

＊本書は、刊記のあり方からして右に同版かと見られる。原本未見。

［刊年未詳］

「刊年未詳」とは、(i)出版時にその年月の付されなかったもの、(ii)出版当初には付されていたが、後にこれを破損して年次未詳となったもの、また、(iii)刊記を有する冊次（三冊目）を欠く零本のようなものなどをいう。

○静嘉堂文庫蔵本　三冊（九八二一、五五函－一九架）

一冊目は、原表紙（薄茶色）の外題に「尺牘語式　上」（簽、原、左、双）とある。見返しの扉（「大典禅師著　／尺牘式（大字）……」、○・五丁）はなく、直ぐに序文（「学文之要……」）一丁があり、目録「尺牘語式上巻目録」四丁、本文三八丁と続き、尾題に「尺牘語式巻上」（三八丁ウ）と続く。柱刻は、本文部に「尺牘語式上」（序には「序」、目録には「目」）とある。寸法は後の学習院大学本などに同じ。印記に「静嘉堂蔵書」「柳氏蔵」（共に朱方印）などがあり、下小口に「尺牘語式　上」、書背上部に「尺牘」とある（共に墨書）。

二冊目は、原表紙外題に「尺牘語式　中」（同右）、目録題に「尺牘語式下巻目録」とある。目録三丁、本文四四丁、跋文（「蕉大師之……」）一丁と続き、柱刻は、本文部に「尺牘語式上」とある。三冊目は、原表紙外題に「尺牘写式下」（同右）とある。序文（「明嘉靖末……」）一丁、目録一丁、本文三三丁、跋文（「潘生所楽……」）一丁と続き、次のような蔵版目録○・五丁（後表紙見返し）が付されている。柱刻は、本文部に「尺牘写式」、挿絵に彩色あり。

［蔵版目録］

萬徳雑書三世相 大本 壱冊	此書ハ人一代の……（広告文、全五行）
古文餘師 後集之部 四冊	此古文《こふん》ハ師《し》をもとめすして読易《よみやす》きやうに／平かなにて記し本文にハ注《ちう》をくハへて文句《もんく》のぎり／を……（広告文、全四行）
四書國字辨 十冊	片《かた》かなにて四書《ししよ》の注《ちう》さくをわかりやすくとき／て……（広告文、全三行）
古今倭歌集 大本校正 文政新版 二冊	文政新改にして惣《そう》じて古《こ》がなをもちひ又ハ／仮名《かんな》ちがひを正し異同《ゐどう》をかたハらにくハへて／歌人のもてあつかひやすからしむ
皇都書肆 津逮堂 吉野屋仁兵衛板	

この静嘉堂文庫蔵本は「明和六版」とされるが（『静嘉堂文庫国書分類目録』、『国書総目録』）、右の「古今倭歌集」の条には「文政新板」「文政新改」とある。従って、本書は文政期の、あるいは、文政以後の版行になろう。

「皇都書肆　津逮堂　吉野屋仁兵衛」は、私見では、文政（一八一八〜一八二九）から天保（一八三〇〜一八四三）の頃、及び、江戸末期にかけて出版活動をした書肆のようである。この点に関し、井上和雄著『慶長以来書賈集覧』（一九一六年九月発行、彙文堂書店発行、一九七八年六月復刻、言論社発行）には次のような記述がある。

同（吉野屋）　仁兵衛　大谷氏　津逮堂　文政—現代
京都三條通御幸町西南角

現在の家には『帝国地方行政学会』といふ看板を掲げて加除自在現行法規全書の発行を専業とす

先代仁兵衛は明治卅九年（一九〇六）十二月に歿し、新京極蛸薬師下ル善長寺に葬れり、初代仁兵衛の刊行せし襍土一覧（文政三年〈一八二〇〉）の奥書には御幸町通蛸薬師上ルとあり　（一〇三頁）

先の山口大学附属図書館棲息堂文庫蔵本は、安永二年（一七七三）の刊記をもち、「吉野屋仁兵衛」も名を連ねている。静嘉堂文庫蔵本や後掲の九州大学附属図書館碩水文庫蔵本・学習院大学図書館蔵本なども「吉野屋仁兵衛」の出版したものであるが、版行年次を記さない。これらは、安永二年版の後刷り本であろう。いずれも「明和六（一七六九）版」とされているが、それは「尺牘写式」の跋文「潘生所楽……／明和己丑春二月／　釈浄復謹識　[〈印刻二顆〉]」に見える年紀であり、版行年ではない。

静嘉堂文庫蔵本が明和六年の版行ではないとしても、これが直ちに明和六年版の存在を否定することにはならない。だが、現在、明和六年版の存在を積極的に証するものはないようである。

○早稲田大学中央図書館蔵C本　三巻三冊（会津文庫イ21/553/1-3. 書誌ID29143218）

三冊とも薄茶無地の原表紙を有し、題簽外題に「尺牘式　一」（原、左、双）とあり、寸法は縦一八・〇cm、横一二・四cm、題簽匡郭縦一一・七cm、横一・五cm、四周単辺、内匡郭の縦一四・七cm、横一〇・五cmである。一冊目の内扉に「大典禅師著　／尺牘式（大字）　全三冊／平安書肆 津逮堂蔵版」（「全三冊」の左脇に「昭和三十三年／十二月一日／購求」の朱印）、次に序文二丁（柱刻「尺牘語式序　一」）、次に「尺牘語式上巻目録」四丁分（柱刻「尺牘語式上目　一（〜四）」）、内題に「尺牘語式巻上」（柱刻は「尺牘語式上　一（〜三十八）」とある。二冊目は、題簽外題に「尺牘式　二」（原、左、双）、表紙見返し白、目録二丁、題に「尺牘語式下巻目録」、尾題に「尺牘語式巻下」、跋一丁。柱刻は、本文部に「尺牘語式下　一（〜四十四）」、目録には「目　一（〜三）」、跋文には「跋」とある。三冊目は、原表紙・原題簽に「尺牘式　三」（左、双郭）、目録題に「尺牘写式目録」、尾題に「尺牘写式」とある。柱刻は、巻頭の序に「尺牘写式　序」（「明嘉靖末……」）、本文部に「尺牘写式　一（〜三十三）」、巻末の跋に「尺牘写式　跋」（「潘生所楽……」）とある。巻尾、跋文の後に次の九州大学附属図書館碩水文庫蔵本に同じ刊記「諸書物類製本所／……／吉野屋仁兵衛板」がある。なお、印記は、一冊目の目録題下に「秋草／踏力」（朱方印）、内題下に「早稲田／文庫」（朱長方印）とあり、三冊の小口下に「尺牘式上（中、下）」とある。

○九州大学附属図書館碩水文庫蔵本　三冊（碩水文庫、セ／13）

一冊目は、原表紙（薄茶色）を有するが、題簽は剥落しており、題簽のあった左肩の位置に手書で「尺牘式　一」とある。内扉に「大典禅師著　／尺牘式（大字）　全三冊／平安書肆 津逮堂蔵版」、目録題に「尺牘語式上巻目録」、内題に「尺牘語式巻上」（尾題同）、柱刻は、本文部に「尺牘語式上　一（～三十八）」（序には「序　二」、目録には「目　一（～四）」）とある。寸法は縦一七・八cm、横一二・五cm、四周単辺、内匡郭の縦一四・八cm、横一一・〇cm、有界、一面九行、本文は漢字、また、一部に漢字交り片仮名文、片仮名の送り仮名・返点等あり。印記に「碩水／蔵書」（朱方印）、「九州帝／国大学／図書館」（朱方印）あり、帙あり。

二冊目は、表紙は右に同様で手書で「尺牘式　二」とある。目録題に「尺牘語式下巻目録」、尾題に「尺牘語式巻下」、柱刻は、本文部に「尺牘語式下　一（～四十四）」（目録には「目　一（～三）」、跋文には「跋」）とある。本文、送り仮名・返点などは右に同じ。

三冊目は、原表紙・原題簽に「尺牘式　三」（左、双郭）、目録題に「尺牘写式目録」、尾題に「尺牘写式」とある。柱刻は、本文部に「尺牘写式　一（～三十三）」とある。本文、送り仮名・返点などは右に大同だが、一部の書状案を図で示し、挿絵に藍色・朱色を施す。三冊目の巻尾、跋文は「潘生所楽……」とある。この巻尾、跋文の後に次の刊記がある。蔵版目録や広告の類は見えない。

刊記

「諸書物類製本所

皇都書林津逮堂
大谷　三條通御幸町角　吉野屋仁兵衛板」（後表紙の見返しに相当）

本書も明和六年の出版とされる（ＮＩＩ〈国立情報学研究所〉書誌情報）。

○学習院大学図書館蔵本　三冊（三三二―一一〇）

右九州大学附属図書館碩水文庫蔵本に同版と見られる。一冊目は、原表紙（薄茶色）の外題に「尺牘語式　上」（簽、原、左、双）とある。縦一七・七cm、横一二・四cm、題簽の縦一一・一cm、横二・三cm。見返しの扉（「「大典禅師著／尺牘（大字）式……」）〇・五丁、次に序文（「学文之要……」）二丁、目録「尺牘語式上巻目録」四丁、本文三八丁と続き、尾題に「尺牘語式巻上」（三八丁ウ）とある。柱刻は、本文部に「尺牘語式上」（序には「序」、目録には「目」）とある。印記に「『立花種忠』寄贈」（朱印、『　』内は手墨）、「学習院図書館／2199／明治卅八年六月二日」（楕円朱印）、「学習／院図／書印」（朱方印）とある。「立花種忠」は、筑後三池藩主立花種恭（学習院初代院長）の八男、父の跡を承けて子爵を襲い、貴族院議員となる（一九六三歿、行年八四歳）。

二冊目は、原表紙外題に「尺牘語式　中」（同右）、目録題に「尺牘語式下巻目録」とあり、以下、目録三丁、本文四四丁、跋文（「蕉大師之……」）一丁と続くが、この後に「明嘉靖末……」の一丁がある。これは三冊目の序文である。柱刻は、本文部に「尺牘語式下」（目録には「目」、跋文には「跋」）とあり、「明嘉靖末……」の一丁には「尺牘写式」とある。印記「学習／院図／書印」は同右。

三冊目は、原表紙外題に「尺牘写式　下」（同右）とある。扉、序文はない。「尺牘写式目録」一丁から始まり、本文三三丁、跋文（「潘生所楽……」）一丁と続く。柱刻は、「尺牘写式」とある。挿絵に彩色あり。跋文の次に九州大学附属図書館碩水文庫蔵本と同じ刊記がある（後表紙の見返し）。

この学習院大学図書館本も「明和六版」とされた一点である（『国書総目録』）。

○江馬寿美子家蔵本　三巻、三冊（9-112~114）

『岐阜県歴史資料館岐阜県所在史料目録』の第五八集、『江馬寿美子家文書目録』に、「尺牘語式上（中、下）」三巻、三冊が見える。刊年不詳であるが、上冊見返に「平安書肆・津逮堂蔵板《（ママ）》」とある由である。原本未見。

○前田育徳会尊経閣文庫蔵本　三巻一冊（一／一四／七一）

後補表紙に題簽を付し、「尺牘語式上下／尺牘写式　合冊」（後補題簽、左、双行書）と墨書する。もと三冊仕立てであったものを一冊に合綴し、包角を残す。縦一八・一cm、横一二・四cm、題簽の縦一一・九cm、横三・六cm。構成・紙数は、表紙見返し（新しい白紙）、序文「学文之要……」一丁、上巻目録四丁、同本文三八丁、これに続いて「下巻目録」三丁、同本文四四丁、跋文「蕉大師之有……」一丁、これに続いて「尺牘写式」の序文「明嘉靖末……」一丁、「尺牘写式目録」一丁、同本文三三丁、跋文「潘生所楽……」一丁、後表紙見返し（新しい白紙）となっている。「尺牘写式」の挿絵に彩色あり。印記あり。蔵版目録、刊記の類はない。

この尊経閣文庫蔵本も「明和六年刊」とされた一点である（『尊経閣文庫国書分類目録』、『国書総目録』）。

○陽明文庫蔵本　三巻一冊（近／セ／42）［＊国文学研究資料館蔵マイクロフィルム、紙焼写真による］

後補表紙・外題に「尺牘語式并写式」（直、左）とある。もと三冊仕立てであったものを一冊に合綴する（途中の表紙等はなく、本文のみ）。扉、刊記はない。一冊の次第は、序文「学文之要……」一丁、上巻目録四丁、本文三八丁、すぐに下巻の目録三丁、本文四四丁、すぐに写式の序文「明嘉靖末……」一丁、同目録一丁、本文三三丁、跋文「蕉大師之有…」一丁、更に跋文「潘生所楽……」一丁、となっている。印記、見返しに「陽明蔵」（大横印）。

なお、一冊に合綴する際、新たに表紙を付けるが、この折、下巻の跋文の位置を誤っている。

○茨城県立歴史館蔵本　二冊（長谷川家／和11／9）

「尺牘語式」上下巻の二冊で、「尺牘写式」一冊を欠く。扉、刊記等はない。

一冊目の外題は「尺牘語式巻上」（手書後筆、左）とある。以下、序文「学文之要…」一丁、上巻目録四丁、本文三八丁。表紙の図書ラベルに「長谷川家／和11／9-1」とあり、同見返しに「茨城県歴史館／第長谷川家二五四号（二冊目は二五五号）／昭和48.4」（スタンプ印）とある。二冊目の外題は「尺牘語式巻下」（同右）、目録三丁、本文四四丁、跋文「蕉大師之…」一丁。なお、国文学研究資料館の『日本古典籍総合目録』には「明和六刊」とある。

○架蔵B本　一冊（二六一七）

「尺牘語式」上巻の一冊である。原表紙（薄茶）はあるが、題簽剥落、外題を欠く。目録題「尺牘語式上巻」、内題・尾題「尺牘語式巻上」、柱刻「尺牘語式上」、扉に「大典禅師著 不許飜刻 千里必究（中央に大字）／尺牘式／書林 平安 全伍堂 江戸 崇文堂 梓」とある。縦一八・一cm、横一二・五cm、本文匡郭は四周単辺、縦一四・六cm、横一〇・五cm、原表紙・薄茶、紙数は扉〇・五丁、序文一丁、目録四丁、本文三八丁、一面九行、序文は「学文之要在……」、蔵書印「景暹（?）／之印」（方形朱印）、表紙右肩に墨書「月函共三」とある。版は、序文から尾題まで安永二年版の刈谷市中央図書館村上文庫蔵本や島根大学附属図書館海野文庫蔵本などに同じである。もとは、三巻・三冊で版行され、利用されていたらしい。

扉題の左欄、「書林」の下部の「平安 全伍堂 江戸 崇文堂 梓」についても架蔵のA本でも同じである。

○架蔵C本　一冊（二五八二）

「尺牘語式」下巻の一冊である。原表紙（薄茶）の外題に「尺牘語［　］（虫損）中」（簽、原、左、双）、目録題「尺牘語式下巻目録」、柱刻「尺牘語式下」とあり、巻尾に「蕉大師之……」の跋文を有する。縦一八・五cm、横一二・七cm、題簽匡郭の縦一一・一cm、横二・三cm、四周単辺、内匡郭の縦一四・七cm、横一〇・五cm。

○内藤記念くすり博物館蔵B本　一冊（39720-810）

原表紙（薄茶）の外題に「［　］（剥落）語式［　］（剥落）」（簽、原、左）、目録題「尺牘語式下巻目録」、柱刻「尺牘語式下」とあり、巻尾に「蕉大師之……」の跋文を有する。縦一八・五cm、横一二・七cm。目録三丁、本文四四丁、跋一丁。

○関西大学図書館蔵C本　一冊（L23**800-29）

『尺牘写式』の一冊で（登録番号207006466）、同大学図書館図書情報に、「[出版地不明]：[出版者不明]、[江戸後期]」（の版本）、「形態：1冊；18 cm」、「注記：套印本」とある。原本未見。

○名古屋大学附属図書館蔵本　三冊（816.6‖Ke10380003~5）

同大学の和図書情報によれば、三冊の外題（簽、原）に「尺牘語式 上」「尺牘語式 中」「尺牘写式 下」とある。魚尾なし。寸法は縦一八・〇cm、横一三・〇cm、本文匡郭は四周単辺、有界九行。内匡郭縦一四・九cm、横一〇・五cm。紙数は全一二七丁で、一冊目は序文（蕉中）一丁、目録四丁、本文三八丁、二冊目は目録三丁、本文四四丁、跋文（浄復）一丁、三冊目は序文（竺常）一丁、目録一丁、本文三三丁、跋文（浄復）一丁。印記「名古屋大学図書印」、他一顆、小虫損・濡損あり。原本未見。

○早稲田大学中央図書館蔵D本　三巻、三冊

服部文庫蔵本で、「尺牘語式」（二巻・二冊）の整理番号は服部文庫の「イ17/942/1-2」、「尺牘写式」（一巻・一冊）のそれは「イ17/943」となっている。二者は僚巻と認められるので、今、三巻・三冊本として扱う。

一冊目は、原表紙（薄茶色、文様なし）、外題に手書きで「尺牘語式　上」（直、後、左）とある。題簽はない。内題・尾題に「尺牘語式巻上」、紙質劣り、虫損甚だしい。寸法は縦二二・六cm、横一五・五cm、本文匡郭は四周単辺、縦一四・八cm、横一〇・五cm。丁数は見返し白、序文（「学文之要……」）一丁、目録四丁、本文三八丁。印記は内題の頭部に「早稲田／大学／図書」（朱方印、三・五cm方）、小口下に「尺牘語式上」（墨書）とある。

二冊目は、原表紙（薄茶色、文様なし）、外題に手書きで「尺牘語式　下」（同右）、内題・尾題に「尺牘語式巻下」とある。丁数は見返し白、目録三丁、本文四四丁、跋文（「蕉大師之……」）一丁と続く。刊記なし。印記は内題の頭部に「早稲田／大学／図書」（朱方印）、表紙右肩に「四十六／棚　四」（墨書）、小口下に「尺牘語式下」（墨書）とあ

る。

三冊目は、原表紙（薄茶色、文様なし）、外題に手書きで「尺牘写式　全」（直、後、左）とある。寸法は縦二二・六cm、横一五・五cm、本文匡郭は四周単辺、縦一四・八cm、横一〇・五cm。見返しなく、序文（「明嘉靖末……」）一丁、目録一丁、本文三三丁、跋文（「潘生所楽……」）一丁、刊記なし。画あり（薄い赤、茶色）。跋文の末行「釈浄復謹識［（印刻二顆《「浄」「復」》）］」に三行隔てて「大芝菴蔵梓」と刻まれている。印記に「早稲田／大学／図書」（朱方印）、小口下に「尺牘語式全」（墨書）とある。帙箱あり。

右の三巻・三冊は、当初から一セットのものとみてよい。ここで注意される点が二つある。第一点は、刊行年はないが、跋文の後方に「大芝菴蔵梓」と見えること、第二点は、他版に比して判型が大きいことである（本文匡郭は変わらない）。「大芝菴」は、書肆の堂号か雅号であろうか、未詳である(5)。判型につき、料紙一面（縦二二・六cm×横一五・五cm）の中に本文匡郭（縦一四・八cm×横一〇・五cm）が位置し、この天には六・五cm、左右の袖（綴じ代を含む）には四・五cmもの余白がある（地にもそれなりの余白がある）。他版の場合、料紙一面は縦一八・〇cm前後、横一二・五cm前後で、天の余白は二・五cm前後、左右のそれは一・五cm前後である。このような判型は、余白が大きすぎる。その点、不自然である。あるいは、本書の諸版の内、この版が一番遅いのではなかろうか。

○新潟大学附属図書館佐野文庫蔵本　三冊（38-46）

上冊（「尺牘語式　上」）は、「学文之要在…」（一丁オ）、「「尺牘語式上巻目録」（二丁オ）、以下に本文（三八丁ウ）、跋文「蕉大師之…五瀬…」、下冊は、「目録」、「尺牘語式巻下」の本文（四四丁ウまで）から成る。上冊首に印記「高井珍蔵」（墨書）、「佐野／蔵記」（朱方印）。

三冊目は「尺牘写式」で、序文（「明嘉靖末……」）一丁、目録一丁、本文三三丁、跋文（「潘生所楽……」）一丁（三四丁ウ）から成り、末尾に「大芝菴蔵梓」（同ウ）と刻む。［＊国文学研究資料館蔵マイクロフィルムによる］

○上田市立上田図書館花月文庫蔵本　三冊（語学62）
『花月文庫分類目録』（一九六二年、上田市立図書館刊）に見える一点で、書題は「尺牘語式　天地人」（「人」の書名は「尺牘写式」）、「明和6」刊、寸法は縦二二・四cm、横一五・三cm、――とある。原本未見。
これも明和六年刊とあり、判型は大きい。右の早稲田大学中央図書館D本に同じ版であろう。

以上、本書の版本について述べた。この他、写本としては左記がある。版本を手写したものである。

○京都大学附属図書館蔵本　写本、一冊（請求記号、10-01／イ／1）
「尺牘式」三冊の内、上冊だけの新写本で（中・下冊欠失）、他書と共に左記の帙に納める（猪飼氏旧蔵書第二一帙の中の第百六七冊）。新補表紙（薄茶）の外題（簽、新、左、双）と内題（原表紙〈素紙〉、直、中）に「尺牘語式　全」、目録題に「尺牘語式上巻目録／　書東十八體類語（以下略）」、尾題に「尺牘語式巻上」とある。寸法は縦一八・七cm、横一三・六cm。袋綴、薄い楮斐紙。丁数は序文一丁、目録四丁、本文三八丁、跋文一丁。一面九行。目録は有界、この他は無界。漢字片仮名交じり文、本文同筆で片仮名送り仮字・返点などあり。序文「学文之要在……蕉中題「笁」「常」（朱筆、□を付す）」、跋文「蕉大師之有斯編也……五瀬釈浄復謹識「浄」「復」（朱筆、□を付す）」。印記、「京都／帝国大学／図書之印」（朱方印）、「京／100361／43.9.20」（青スタンプ）。帙（函型）の背に「猪飼氏旧蔵書第二十一帙」、この右下に「作文率○敬所先生文稿漫／録○経解抄詩部○猪飼／敬所手簡○尺牘語式」、同左傍に「第百五十八冊至第百六十七冊」との墨書がある。本書は、版本をあるがままに丁寧に模写したものだが、序文末・跋文末の印刻部は朱筆で手写する。
○宮城県図書館小西文庫蔵本、書名「尺牘写式」、一冊（KN090-セ1）、二一cm。
内題に「尺牘写式」とある写本一冊で、釈顕常原著を田辺匡敕（楽斎）が抄（自筆）したものという。印記「飯川氏図書」（宮城県図書館編集『小西文庫和漢書目録』、一九八三年三月、六七頁）。

第四節　助数詞の用法

1、翻字

『尺牘式（尺牘語式）』の「上」の二六丁オから二七丁オにかけ、「第二物儀　シンモツ」の項目名のもとに、「対象語＋助数詞」の形で五八ヶ条にわたる助数詞の用法が列挙されている。「物儀」とは「シンモツ」のことであり、進物に添える書状に用いる助数詞の用法を列挙したものである。対象語は、おおむね、食品、果物、衣類、蝋燭、金子類、書・文具、扇・香・酒・どんす・箸・爐、金鯉・家禽類、祝い物、官服・法衣・風呂敷の順となっているが、正確に分類されたものではなさそうである。対象語の左傍には、多く、付訓がある。この助数詞を左記に翻字する。

また、この箇所以外にも随所に書状案が示され、そこに助数詞の見えることがある。右に続き、これらも翻字する。この場合、その冒頭部に・印を付すが、一連の形で見えるものは一行に翻字する（改行部に／印を付ける）。意訳と見られる「快読一過《イッペン》」（下五ウ）、また、「一《タヒ》開《ク》矣」（下八オ）・「一《タヒ》奉《ス》二顔色《ヲ》一」（下一〇オ）の類は対象から外す。

［翻字］

《凡例》1、『尺牘語式』上巻の「第二物儀　シ-ンモツ」（二六丁オ～二七丁オ）の条、及び、その他の若干の条における助数詞を翻字する

2、底本は、架蔵A本である。必要に応じて東京都立中央図書館加賀文庫蔵本、その他を参照する。

3、字体については、新字体を用いるが、情況によって正字を用いることがある。

また、以下の「几團」「几星」などは底本で「𠒂」の字体となっているが（底本には、別に「幾」字も見える）、印刷の都合上、「几〔jǐ〕」字に改める。

4、行頭に私に行数を付す。

（二六丁オ）

1　仙餌《マンヂウ》幾團　香餡《アンモチ》几團　玉糍《モチ》几團　玉 塵《ウドンノコ》一筐

2　白粲《ハクマイ》一筐　玉粒《ハクマイ》一嚢　夏登《ムギ》一筐　角黍《チマキ》几束

（二六丁ウ）

1　豆乳《トウフ》一盤　腐皮《ユバ》一筐　麪筋《フ》一盤　龍團《チヤ》一封

2　竹胎《タケノコ》一束　宿根《ナ》一籃　雪華《ムメ》一盒　仙郷《モヽ》一盤

3　水團《ナシ》一筐　金丸《ビワ》一盤　馬乳《ブドウ》一盆　香實《カヤ》一筐

4　金團《ミカン》一籠　手帕《フクサ》一方　色緞《ドンス》一匹　絲帯《シユキン》一副

5　腰帯《ヲビ》一條　汗 巾《アセテノゴヒ》一幅　足衣《タビ》一雙　玉膏《ラフソク》几十

6　昆吾《コガネ》几星箇　朱提《ギン》几星　青蚨《ゼニ》几佰　宝籍《シヨモツ》一部

7　丹青《エ》一幅　蔡珍《カミ》一刀　毛穎《フデ》几枝　龍剤《スミ》一笏

8　文池《スヾリ》一副　仁風《ヲヽギ》一幄（握カ）　合香《タキモノ》一盒　青州《サケ》一尊

9　綵緞《ドンス》一端　牙 筯《ザウゲノハシ》十全　宣 爐《セントクノロ》一座　金鯉二尾

（二七丁オ）

1　家雁二掌　野鴨二翼　喜 酒《イハフサケ》二壜　寿図一軸

2　鮮晃二隻　喜 盒《イハフヂウノウチ》 一對　喜 糕《イハフモチヒトカサネ》 二元　鼎爵一堂

3　花燭成對《ニチヤウ》　官帯一圍　吉服一襲　葛衫《カタビラ》一裁

4　法衣《ケサ》一縁　彩袱《フロシキ》一方

＊　右以外の条に見える用例

・某物几件（上二五丁ウ）
・拝《シ》レ一《ヲ》璧《ス》レ一《ヲ》〈一色ウケテ／一色モドス〉（上三〇丁オ）
・朱提一封／湖筆十枝／糖菓一筐（上三五丁ウ）
・聊效《ス》二一片《ノ》葵誠《ヲ》一（下一八ウ）
・当下蔵《シテ》二之《ヲ》十襲《ニ》一以時《ニ》珍玩《ス》上把玩之極十襲蔵《ス》レ之《ヲ》矣（下一九丁ウ）
・扣版帖面式一張（写式目録オ）
・昆吾弐星／京箑参柄／仙餌壱筐（写式一二丁オ）
・又金銀ノミヲ贈ルトキ節儀壱封賀儀壱封ソノ外贄儀賻儀等（略）（写式一三丁オ〜ウ）
・喜酒壱罇／玉粒一斗／白葛壱端已上代銀拾両（写式一四丁オ）
・寿詞壱章／寿菓壱筐（写式一四丁オ）
・寿酒壱樽／寿図壱幅／寿星壱包（写式一四丁ウ）
・蔡珍壱刀／春芽弐袋／漆箭十全（写式一五丁オ）
・副啓壱通（写式二二ウ）
・副啓　儀状弐通（写式二九オ）
・後漢書壱部（写式三一ウ）

これらの内、「拝《シ》レ一《ヲ》璧《（ヘキ）ス》レ一《ヲ》〈一色ウケテ一色モドス〉」（上三〇丁オ）の文字は、この条（「返璧　モドス」）に延七例あり、皆、上部に「辟」、左下隅に「王」を書く形で見えるが、これは「璧」字と解される。贈り物を受け取らないで、戻すことを「壁を反（返）す」という。『春秋左氏伝』僖公二三年の故事に出る。陳翊九《ちんよくく》皐編『翰墨瑯函』（明天啓六年〈一六二六〉序、寛文一一年〈一六七一〉重刊）に、「答レ不レ受類　返レ壁（壁）　全レ壁史　返レ錦左」（一巻、一四ウ）と見え（第一章の「第六節　尺牘諺解」の条参照）、木煥卿纂『尺牘筌《せきとくせん》』（明和五年〈一七六八〉）に、「○謹《ンテ》壁《ス》」（二字の左傍「オカヘシモウス」）、「○故《ニ》二敢《テセ》壁（壁）一耳《ノミ》」（五字の左傍「ソレユヘオカヘシモウサズ」）と見える（三〇丁オ）。

2、助数詞の解説

右に翻字した助数詞、及び、雅称については、今日、未だ十分に理解されておらず、漢語・中国語関係の辞典類にも適切な扱い方はなされていないようである。語意、用法などにつき、基礎的な研究が必要であろう。若干の解説を試みたい。但し、紙面の都合上、これを後に置くことにする。

第五節　先行書について

先に翻字した「物儀」の助数詞、及び、その用法は、先行する『尺牘諺解』（著者不詳、上中下三巻一冊、延宝八年〈一六八〇〉刊）を踏まえたものらしい。この尺牘書については、第一章で取り上げた。双方の助数詞を較べ、一致・不一致の様とその掲出順を見てみよう。

i、本書『尺牘語式』の助数詞（前掲）につき、出現順に番号を宛てる（想定）。1番から58番までである。

ii、『尺牘諺解』「物儀第二」の助数詞を、次のように線状（六段九行）に並べる（丁数・行数を省く）。

iii、本書『尺牘語式』の助数詞が右iiに一致する場合、その出現順位の番号をその頭部に付す。助数詞、または、左傍訓が異なる場合は、数字の右に—印を付す。『尺牘語式』に一致するものがない場合は出現順位の欄を空白とする。

＊『尺牘諺解』「物儀第二」の助数詞（一六丁ウ5〜一七丁ウ2）

家鳧《カモ》二翼　45家雁《アヒル》二掌　窓禽《ニハトリ》二翼　鮮鱗幾尾　魚鮓《スシ》幾餅　5|白粲《シラゲ》一筐幾斗
4玉 塵《ウドンノコ》一筐　2|香飴《モチ》儿團　1仙餌《マンヂウ》儿團　6|玉粒《コメ》一囊　7夏登《ムギ》一筐　8|角黍《チマキ》儿粽
魯酒一樽　9豆乳《タウフ》一盤　12龍團《チヤ》一封　13|竹胎《タケノコ》一盤　14|宿根《ナ》一盒　15|雪華《ムメ》一筐
16|仙郷《モ、》一筐　17水團《ナシ》一筐　楊菓《ヤマモ、》一筐　18金丸《ビハ》一盤　19|馬乳《ブダウ》一盒　20香實《カヤ》一筐
21|金團《ミカン》一筐　綺羅《ウスモノ》一疋　22手帕《フクサ》一方　色絹儿疋　23色緞《ドンス》一疋　28玉膏《ラフソク》儿十
縐紗《シヤ》一端　暑絡一疋　24|絲帯《ヲヒ》一副　色衣一領一襲　26|汗 巾《アセヌグヒ》一幅　27足衣《タビ》一双
29|昆吾《コカネ》儿両星　30|朱提《シロカネ》儿両星　31青蚨《セニ》儿百　32寶籍《ショモツ》一部　33|丹青《エ》一副（幅）　34蔡珍《カミ》一刀
35毛穎《フテ》幾枝　36龍剤《スミ》一笏　37文池《ス、リ》一副　38仁風《アフキ》一握　氷鑑《カ、ミ》一團　烏銀《スミ》一箑
檀香《センカウ》一束　龍涎《カウ》儿片一瓣一枝　39合香《タキモノ》一盒

ここで算用数字の記入されていない語句は『尺牘語式』に引かれていないものである（一五語句）。冒頭の「家鳧《カモ》二翼」は、『尺牘語式』の「46野鴨二翼」と、意味上の関連はあるが、引用関係はないと判断される。

算用数字を記入し、これに—線を付さない語句は、『尺牘語式』にそのまま引かれているものである（二一語句）。但し、1と35については「儿」「幾」、23については「疋」「匹」、27については「双」「雙」、31については「百」「佰」の差異、38については左傍訓「アフキ」「ヲ、ギ」の差異、また、左傍訓の仮名の清濁の問題があるが、大局に関わらないものとして不問とする。

算用数字に—線を付した内、(い)「13|竹胎《タケノコ》一盤」「15|雪華《ムメ》一筐」「16|仙郷《モ、》一筐」「19|馬乳《ブダウ》一盒」の四例は、『尺牘語式』に、「一束」「一盒」「一盤」「一盆」と見える。『尺牘諺解』の方の四例は、他の資料にも類例があるが、『尺牘語式』の方は、目下、それがない。とすれば、『尺牘語式』が『尺牘諺解』を変えたのではなかろうか。但し、(ろ)「8|角黍《チマキ》

几粽」「14宿根《ナ》一盒」「21金團《ミカン》一筐」「29昆吾《コカネ》几星両」（「両」の方）の四例は、『尺牘語式』に、「几束」「一籃」「一籠」「几一星箇」（「箇」の方）」と見える。これらは、双方共、他資料に類例が見えない。また、「33丹青《エ》一副（幅）」の一例は、「一幅」とある方が分かりやすい。『尺牘語式』が訂正した可能性はある。「30朱提《シロカネ》几星両」（「両」は『尺牘語式』に見えない）の「両」と「5白粲《シラゲ》一筐幾斗」の「幾斗」は『尺牘語式』に見えない。

同じく—線を付した内、「2香飴《モチ》几團」「5白粲《シラゲ》一筐幾斗」「6玉粒《コメ》一嚢」「24一副」「26汗巾《アセヌグヒ》一幅」「30朱提《シロカネ》几星両」は、左傍訓に差異があるものである（六語句）。但し、19については左傍訓「ブダウ」「ブドウ」の差異を不問とする。また、33についても、『尺牘諺解』に「エ」、『尺牘語式』に「ヱ」とあるが、今、問わない。

一方、『尺牘語式』にあって『尺牘諺解』に見えない語は、「3玉糍《モチ》几團」「10腐皮《ユバ》一筐」「11麪筋《フ》一盤」「25腰帯《ヲビ》一條」「40青州《サケ》一尊」「41綵緞《ドンス》一端」「42牙筯《ザウゲノハシ》十全」「43宣爐《セントクノロ》一座」「44金鯉二尾」「47喜酒《イハフサケ》二壜」「48寿図一軸」「49鮮鼉二隻」「50喜盒《イハフヂウノウチ》一對」「51喜糕《イハフモチヒトカサネ》二元」「52鼎爵一堂」「53花燭《ニチヤウ》成對」「54官帯一圍」「55吉服一襲」「56葛衫《カタビラ》一裁」「57法衣《ケサ》一縁」「58彩袱《フロシキ》一方」である（二一語句）。これらは、『尺牘語式』が諸書から個別に収集、補足したものらしい。ことに、四〇番目以下は、ほとんどそうである。

この内、「56葛衫《カタビラ》一裁」「57法衣《ケサ》一縁」については、方以智輯著・姚文燮較訂『通雅』巻四〇に「…衣為レ裁。袈裟為レ縁。…沈約有レ謝二葛衣一裁一。簡文帝云。蒙レ恵二袈裟一縁一。」（二八ウ）と見える。[6]「袈裟」を「法衣」と改めながらこれを引用したものであろう。その他の出典は未詳である。

『尺牘語式』は、『尺牘諺解』を引くにしても助数詞を按配している。「筐」「籠」「籃」「盤」（器物称量法）、「副」「幅」などの使い方は、むしろ、明代方式が崩れ、曖昧になってしまったかのようである。「角黍《チマキ》几粽」「竹胎《タケノコ》一盤」を「束」に代えたのは日本風に分かりやすくしたのであろう。

第六節　おわりに

江戸時代には、元・明・清代出版の尺牘書や類書類、文学・語学書などが輸入され、これらに訓点や注釈等を付した出版もよく行われた。中国語（唐語）は、中国・朝鮮との共通語であった。尺牘書や類書類は、特に文字言語（文章表現法、書式、文体、語彙、語法等）学習書として有効であり、また、中国百科辞書としても利用度は高い。禅門や留学僧はもとより、交易関係者、文人・知識人などの需要も少なくなかったであろう。右には、そうした内の一として、大典顕常の手になる『尺牘式』（三冊）を取り上げ、検討を行った。今日に遺る『尺牘式』の版本は、決して少ないものではない。これは、本書が如何に重用され、活用されたかを物語るものである。

『尺牘式』は、右に見たように、先行する『尺牘諺解』から大きな影響を受けて成立している。ところが、その『尺牘諺解』を学習するに際し、併せてこの『尺牘式』を参看することもあった。具体的には、早稲田大学図書館逍遥文庫蔵『尺牘諺解』三巻（逍遙文庫、6-1082）により、これが確認できる（第一章、第六節）。即ち、この版本には、上欄、行間（下欄）などに墨筆の書き入れがある。これは『尺牘式』（語式）に拠ったものである。次のようである。

先ず、上欄部における書き込みは、次の箇所に位置する。所在を列記する。

巻之上—二一丁オ、二二丁ウ、三〇丁ウ、三一丁オ、三三丁オ

巻之中—一丁オ、三丁オ、五丁オ、一一丁ウ・一二丁オ・同ウ、一三丁オ・同ウ、一四丁オ、一六丁ウ、一八丁ウ・一九丁オ

巻之下—二丁ウ、三丁オ、三丁ウ、四丁オ、四丁ウ、五丁オ、六丁オ、七丁ウ〜八丁ウ、九丁ウ・一〇丁オ、一七丁オ、一九丁ウ〜二一丁ウ

右につき、細かく検証する紙幅がないが、例えば、次のようである。

・巻之下、六丁オの「単帖式」の条の上欄外に、

佳宴 張筵／盛宴 良会／賓筵／雅集／盛筵

とある（／印は改行部を示す）。これは、『尺牘式』上冊の三四丁ウの「佳宴」の条からの引用である。

・巻之下、七丁ウの「催帖式」の条の上欄外に、

催帖類語／拱候 此ノ替リ／恭候 奉佇／耑俟 奉候 ／ 速降 此ノ替リ／蚤光、夙駕／命駕 早臨／
儀状略式／謹具二／ 朱提一封／湖筆十枝 糖菓一筐ヲ ／奉申 ／節敬ヲ一／
右謝略式／辱蒙二／珍貺敬ヲ一謹領ス ／謝 ／

とあるのは、同じく上冊の「〇催帖體類語」「〇儀状略體」「〇謝状略體」（三四丁ウ～三六丁オ）からの引用である。

・巻之下、一七丁オの「物儀第二」の条の上欄外に、

青州、酒也／几壜 同／喜盒《悦ノ重ノ内》 一對／喜糕《イハウモチ》二元《一重》／葛衫《カタビラ》一裁／法衣《ケサ》一縁／彩袱一方

とあるのは、多く、同じく上冊の「第二物儀」（二六丁ウ～二七丁オ）からの引用である。

・巻之下、二〇丁ウ～二一丁ウの「短札餽送式類」の上欄外に、

拝嘉／イタヾク／拝受／拝登／拝領／拝レ賜／登受／登勤（勤カ）／謹登／登ノ字者／左伝之下拝／（而脱）登受之語／
返璧 モドス／璧還／謹璧／還上／藉使帰／趙ス ／随手還璧ス／藉レテ紀謹璧（璧）ス／皆使者ニ俯（附）［（綴じ代にて判読困難）］シテ／モドス也
厚頒槩シテ／不二敢登一／ミナモドス／拝レ一璧レ一／謹登二一種一／餘珍附璧／秖登シ二一種一／餘貺藉／レ介返上

とあるのは、それに続く「〇謝状體三通類語」（二八丁オ～三〇丁オ）の条からの引用である。

行間（下欄）の書き入れは、次のように見える。

・巻之中、一四丁ウの「結尾第十八」「通用」の条の本文末に、

左格　後素　慎餘　左慎

とある。『尺牘諺解』の本文には「○慎餘 ○餘地 ○餘素 ○左地」とあり、『尺牘式』上冊二二丁オには、「謹空 左冲 左玉 左素 左潔 左地 餘玉 餘素 餘地 慎餘 左格 後素 左慎」とある。語彙は、後者の方が多いから（傍線部）、前者の不備をこちらから補ったらしい。但し、「慎餘」の語が重複している。誤認であろう。

・巻之中、一六丁ウの「瞻仰第三」「通用」の条、本文に「○方切ニナリ二停雲之望一ニ△雲ヲ望見《ミ》テハルカニソノ人ノ方ヲ思ヒシタフノ意也」と見えるが、この「停雲之望」の右傍に、「（線）「陶集出ス思友意」との書き入れがある。これは、『尺牘式』上冊二三丁オの「方切ニ也二停一雲之望ニ一 停雲ハ陶集ニ出ツ友ヲ思フ意ヲイフ」」を踏まえたものである。この条は、上欄にも書き入れがある。

・巻之下、五丁オの「仰祈第八」の本文末に「萬望 惟冀 耑望」、同「賁臨第九」の本文末に「賁然 降臨」、また、同「無任第十」の本文上部に「曷任」、同本文末に「□何限ソ」とある。

これらは、『尺牘式』上冊三二丁オ・ウの「第八仰祈」「第九寵臨」「第十無任」の語群から補入したものである。

・巻之下、五丁ウの「右啓第十二」の本文には「右啓 預啓／ 右ノ次第ヲ以テ各類ノ中ニテ見ハカライテ」云々とある。この「預啓」の下部に、「奉レ啓 敬啓 啓上 右稟 右上」とあり、この左傍にも「次行ノ上ノ字ヲ、ハブキテ啓上右上等ヲ書ツヾケル也」という書き入れがある。

これは、『尺牘式』上冊三三丁オの「第十二右啓」の条、「奉レ啓シテ敬啓ス啓一上右稟ス稟一上右上ル次行ノ上ノ字／ヲハフギテ啓上右上等ト書ツヾケルナリ」」を引いたものである（「ハフギテ」は誤刻）。

以上のように、二書間の引用関係は明白である。精確に一致するわけではないが、要目は、ほぼ全同であるといってよかろう。

右は、『尺牘諺解』の読者（利用者）が『尺牘式』によってその不足を補っている形であり、『尺牘諺解』『尺牘式』

それぞれの享受史上、注目されてよい。
本書『尺牘式』については、同じく顕常の著作になる『尺牘式補遺』一冊（天明四年版行）や『学語編』二冊（明和九年版行）などを併せ見なければならない。これらも助数詞や異名（雅称）、その他の語彙研究、ひいては、近世語諸般に関わる研究のためには重要な資料である。
なお、本章における助数詞は、後の「尺牘資料・日用類書―助数詞漢字索引」に、併せて掲出する。

注

（1）桜井景雄「禅宗秘話㈣　対州修文職について」（『禅文化』、第三九号、一九六六年一月）。後に同氏著『禅宗文化史の研究』（一九八六年一一月、思文閣出版）、第六章に収める。

（2）高山大毅「『滄溟先生尺牘』の時代―古文辞派と漢文書簡―」、『日本漢文学研究』（二松学舎大学21世紀COEプログラム）、第六号、二〇一一年三月、七三頁。

なお、大潮は、肥前松浦に生まれ、俗姓浦郷、名は元皓、字は月枝、号は大潮、魯寮子という。生歿は、延宝四年～明和五年八月、享年九三歳。宝寿院第三世、詩を好み、物（荻生）徂徠と交わり、著書に『松浦詩集』三巻、『西溟余稿』三巻、『明四大家文選抄』三巻、『魯寮文集』四巻、『魯寮尺牘』二巻、その他がある（小川貫道著『漢学者伝記及著述集覧』、一九七〇年二月、名著刊行会、二七八頁による）。

宇野明霞は、京都に生まれ、名は鼎、字は士新、通称三平、号は明霞軒という。生歿は、元禄一一年五月二〇日～延享二年四月一七日、享年四〇歳。学統は向井滄洲・僧大潮。経学は、初め徂徠学を敬慕し、後、折衷を主とし、漢魏以来の諸説を統一し、別に一家の説を立てた。文章をよくする。著書に『蘐園《けんえん》名公四序評』一巻、『語学解』六巻、『左伝考』三巻、『滄溟近体集解』、『唐詩集解』八巻、『唐詩正律』二巻、『明霞遺稿』四巻、『論語考』六巻、その他がある（同右、七八頁による）。

（3）小畠文鼎著『大典禅師』（一九二七年一〇月、同朋舎）。但し、今日、修正加筆を要するところも生じている。

禅師の著書には、『欧蘇手簡校』二巻、『学語編』二巻、『九族称呼図説』一巻、『議朝鮮使文』一冊、『金玉発揮唐明』二冊、『皇朝事苑』四巻、『金剛経注解』三冊、『詩語解』二巻、『舎利講式』一冊、『四書越俎』四巻、『初学文譚』一巻、『初学文軌』二巻、

『諸宗伝略』一巻、『諸説弁断』、『雛僧須知』後名雛僧要訓一冊、『世説匡謬』、『世説集成』六巻、『世説鈔撮』四巻、『小雲棲咏物詩』二巻、『小雲棲稿』一二巻、『小雲棲詩書鈔説』、『小雲棲手簡』二巻同二編二巻、同三編一巻、同四巻一巻、同五編、『小雲棲論語鈔説』、『尺牘式語式一、写式二、(この巻数不審)』三巻、『同補遺』一巻、『尺牘体法』、『禅学則』、『煎茶訣』一巻、『宋三大師尺牘校』二巻、『大典禅師伽陀』一冊、『唐詩解頤』七巻、『同補遺』一巻、『唐詩集註』七巻、『地蔵本願経和解』一巻、『茶経詳説』一巻、『朝鮮小記』一冊、『杜律発揮』三巻、『萍遇録』二巻、『文語解』五巻、『文語推敲』、『文体明弁粋鈔』四巻、『同附録』四巻、『北禅禅語』一冊、『北禅文章』四巻、『明詩擷英』、『李絶発揮』、『聯句式』一巻、その他がある（小畠氏の著書、また、右『漢学者伝記及著述集覧』、佐村八郎著『増訂第二版 国書解題』（一九〇四年四月、吉川半七発行、三三五頁、一一八二頁による）。なお、顕常の漢詩につき、末木文美士《すえきふみひこ》・堀川貴司編『江戸漢詩選』の第五巻「僧門　独菴玄光／売茶翁／大潮元皓／大典顕常」（一九九六年一月、岩波書店）が参照される。

（4）小著『藤原明衡と雲州往来』、二〇〇六年一一月、笠間書院、三一二頁。

小著『日本語の助数詞―研究と資料―』、二〇一〇年二月、風間書房、一七一頁、一八三頁。

（5）井上隆明著『改訂増補近世書林板元総覧』（一九九八年二月、青裳堂書店）にも見えないようである（オ部、タ部に見えない）。もっとも、「大芝菴（蔵梓）」は、書肆（堂号・雅号）ではない可能性もある。例えば、他ならぬ聞中浄復（あるいは、徳復、または、衎復とも）は、初め字は薬樹、名は浄王、別に小渓と号し、また、大芝と字した時代があるとされる（右小畠氏著『大典禅師』、三九〇頁）。即ち、顕常著『小雲棲稿』の九に「芝莽説」があり、ここに「五瀬聞中上座、余に従つて遊す、……請ふ師、吾莽に名づくる所以を命けよ、余乃ち繹思し、芝を以て之に命づく、聞中喜んで曰く、是ある哉、初め吾師我に字するに大芝を以てす、故あつて今の称に改む、芝の我に於ける、亦た以へある乎……」と見えるのが、その証であるという。「莽《あん》」は「菴」の古字、庵《いおり》の意であり（諸橋轍次著『大漢和辞典』、巻九、七七八頁）、ここに、「大芝菴蔵梓」とは聞中浄復の関与するものかとも考えられる。しかし、彼がその版権を有していたとも、実際に版行できたとも思われない。なお、勘えたい。

（6）『通雅』、巻四〇、「算数」。『和刻本辞書字典集成』、第七巻（一九八一年三月、汲古書院）所収、七四一頁。

『尺牘式』の助数詞の用法

第四節の「2、助数詞の用法」をここに検討する（二三五頁参照）。

助数詞は、表記漢字の部首順に排列し、解説する。一部に単位の類を含む。助数詞を伴わない用例は末尾に掲げる。

主な参考文献として左記の類を参看する。

・『新編事文類要啓箚《けいさつ》青銭《せいせん》』、元泰定元年（一三二四）刊、建安劉氏日新堂重刊、徳山毛利家旧蔵、一九六三年一〇月影印出版、古典研究会影印。（『啓箚青銭』と略称することがある）

・『翰墨双璧』、明王世貞著、万暦四一年（一六一三）刊、前田育徳会尊経閣文庫蔵。

・『尺牘双魚』、明陳継儒輯・原注、熊寅幾増補較正、承応三年（一六五四）刊本による。

・『翰墨琅琊』、陳翊九編（明末か）、寛文一一年（一六七一）今井五兵衛重刊。

・岡田挺之編『物数称謂』、寛政八年（一七九六）、尾張書肆永楽堂発行（『影印日本随筆集成』第六輯、一九七八年一〇月、汲古書店）。

・明代日用類書：『五車抜錦』『三台万用正宗』『万書淵海』など。本書の第四章参照。

・劉子平著『漢語量詞詞典』、一九九六年三月、内蒙古教育出版社発行。（拼音の声調符号は省く）

・諸橋轍次編『大漢和辞典』、修訂版全一二巻、一九八四〜一九八六年、大修館書店。

・羅竹鳳主編『漢語大詞典』上・中・下巻（三巻）、一九八六年、漢語大詞典出版社。

・大東文化大学中国語大辞典編纂室編『中国語大辞典』、上下、二冊、一九九四年三月、角川書店。

《凡例》1、冒頭に見出し字を掲げ、その下に用例を「　」を付して掲げる。用例が複数ある場合は出現順に掲げる。

2、用例の下の（ ）のなかに付すのは所在である。但し、本文の二六丁オから二七丁オにおけるものは略す。
3、それぞれの助数詞につき、＊印の下に私見を記す。

件

「某物几件」（上二五丁ウ）

＊「○儀状八体類語　音物ヲカキタテ、御受クダサレトイフ状ナリ」の項に「謹具《テヘ》二／　某物几件／　某物几件／某物几件ヲ／奉レ申一／（略）」と見える。進物の件数を数える。

元

「喜糕《イハフモチヒトカサネ》二元」

＊漢字の左傍に片仮名で「イハフモチヒトカサネ」とある。「糕」の音はカウ、『康熙字典』に「居労切。音羔。与餻同」（『集韻』を引く）とある。『尺牘式補遺』に、「大抵米麪豆ノ質ニテ製シタル菓子ハ糕ト称ス」（下、一丁ウ）とあり、「喜糕〈イワヒノモチ〉」（下、三丁ウ）とある。「喜糕」は、慶事のためのもち菓子である。

＊「元」は、餅一枚を数える単位で、「二元」を「ひとかさね」という。『尺牘式補遺』に、これを「【○二元】一カサネヲイフ　喜糕ーートアリ」（下、一三丁オ）と引く。「元〔yuán〕」は、正しく（本来）は「圓（円）」と表記する。丸い餅を「元」で数えたのであろう。『翰墨双璧』（明万暦四一年〈一六一三〉）に「餅　香餡《（もち）》幾圓」（上冊、九オ）と見え、岡田挺之編『物数称謂』もこれを引く。金・銀を「餅」で数えた例もある。

＊劉子平著『漢語量詞詞典』に、「圓〔yuán〕　1．古代墨与銭幣等円形物的計量単位：澄池一～一琉璃灯一～一御墨一量十二～。〔例〕凡商船出洋者、勒税番銀四百～。（清・魏源：《聖武記》巻八）　2．我国貨幣単位。亦簡写作〝元〟。十角為一圓：定価五十～一七～八角三分。〔例〕（略）」（二四〇頁）と見える。だが、「元」字の条には1の用法は示されていない。

全

「牙《ザウゲノハシ》筯十全」

・「漆筋十全」（写式一五丁オ）

＊「牙筋」の「牙」は象牙、「筋」は箸で食事用の象牙の箸をいう。「漆筋」は、いわゆる塗り箸。二例目は儀状の案文のなかに見えるので、付訓はない。

＊「十全」は、欠けたところのない玉、十に一つも欠けたところのないこと、などと説明されるが、今は当たらない。『尺牘式補遺』に、「【一具】一通リソロフタル物ヲ云／【一全】上ニ同シ 然トモ具ハナラベテ見テソロフタル意 全ハヨセテ見テソロフタル意ナリ 筋ナドモ几全トアリ」と見える（下、七丁オ）。

なお、『尺牘式補遺』には、「儀物数目」の条中に次のような用法も見えている。

凡数字ノ外ニ成ノ字ヲ用ルコトアリ 啓書成封 菓儀成封 時袍成領 時襪成双 燭臺成對ノ類コレナリ 宜ニ随テ用ユベシ 又全ノ字ヲ用ルコトアリ ハシタ物ニテナク ソロヒタル義也 色絹全匹 宝冊全部ノ類コレナリ 又器中ニ一盃イレタル類ヲモ全盒全瓶等トイフ 又古昔中華ヨリ来リシ品目ノ中ニ〈硃紅漆《シユヌリ》 黒漆《クロヌリ》〉戧金《チンキンノ》椀弐拾箇棗（以上、5丁ウ）全トアリ 此二十人前ノ椀具ニ 膳マデソロヘタルヲ云〈棗ハ足付ノ膳ナリ〉又硃-紅-漆《シユヌリ》戧-金《チンキン》宝-相-花摺-畳面《カラクサモヤウタ、ムタラヒノワク》-盆架弐坐鍍金《メッキノ》事件全トアリ 此面盆架ヲトリオキニシテ 其ニ就タル金物ヲソロヘタルヲ云 又魷燈-籠肆-對雲頭挑竿《クモカシラノカケサホ》全トアリ 此灯籠ヲ持《モッ》カケ竿トモノ義ナリ〈三件トモニ善隣国宝記ニイヅ〉全ノ字如レ是ニ用ルコトヲ知ベシ（以上、6丁オ）

『大漢和辞典』『中国語大辞典』には、これらの用法が見えない。

刀

「蔡珍《カミ》一刀」

・「蔡珍壱刀」（写式一五丁オ）

＊前者は、「丹青《エ》一幅」に次いで見える。文房四宝の紙を「一刀」と数える。「蔡珍」とは、後漢の蔡倫に因む言葉（雅称）であろう。『尺牘式補遺』に「蔡珍 霜楮〈通シテ紙ヲ云〉」とある（下、二丁オ）。『大漢和辞典』や『中国

語大辞典』には掲出がない。

＊「刀」につき、『尺牘式補遺』に「【一刀】唐ニテ専ラ帋ヲイフ 一タチニソロヘタル義ナリ 日本ノ帋ニハ斟酌シテ用ユベシ」（下、七丁ウ）、『尺牘粋金』に「○呈二楮葉一刀一ヲ敢待二縑帛之乏一ヲ紙」（一二ウ）、『書簡啓発』に「【紙】蔡珍／一刀《ソク》」（下、二四ウ1）と見える。「唐ニテ」とは明国、左傍「（一）ソク」とは一束の意である。

＊『物数称謂』に「○唐杜暹伝紙萬張通雅百張謂二之刀一ヲ五百謂二大刀一ト」（器財、一一ウ）とある。「唐杜暹伝」（『唐書』列伝第五一）については、「吏以紙萬番讟之、暹為受百番、」（堀正脩等校訂『和刻本正史 唐書（三）』、昭和四五年、汲古書院、一二二〇頁）と見えるが（『新唐書』〈一九七五年、中華書局、四四二一頁〉も同文）、『通雅』については、その巻三二に「造紙者謂二之抄一。紙幅謂二之番一○治レ楮（中略）今人以下折二成葉子一者上謂二之版一。其大者謂二之番一。百張謂二之刀一五百謂二（之ナシ）大刀一。」（器用、一四丁ウ）[1]。とある。「葉子」は、一枚ずつ綴り合わせた形態の書物、即ち、書冊のことで、唐代から出始めたという。劉子平著『漢語量詞詞典』には、「刀〔dāo〕 1. 紙張計量単位。通常以各種規格的紙張一百張為一刀：一～宣紙｜十～毛辺紙｜幾～草紙｜包装紙五～。〔例〕（略）」（三頁）とあり、「〔注〕目前紙張多論〝張〟、只有書画用宣紙之類有時論〝刀〟。」と注記されている。今の中国では、「刀」という数え方は、限定的な、やや古典的な表現となったようである。なお、「宣紙」とは、「宣州府（安徽省宣城・涇県産）の紙：檀《だん》木とワラで作る。書画家が珍重する。」（香坂順一編著『簡約 現代中国語辞典』、一九八六年、光生館、八七七頁）と説明される。日本の画仙紙に関連するものであろう。

副

「絲帯《シユキン》一副」

「文池《スヾリ》一副」

＊「絲帯《シユキン》」は、『尺牘双魚』に「〔絲帯〕絲帯一副」「〔硯〕文池一副」と見え、『尺牘諺解』にも同様にある。『尺牘式補遺』には「文池 文泓〈硯〉」（下、二丁ウ）とある。いずれも『大漢和辞典』『中国語大辞典』に所掲はない。

「緌帯《シユキン》」は、「リボン、絹製のレース」（『大漢和辞典』、第八巻）とされるが、左傍訓は「手巾《しゆきん》」（てぬぐい、手ふき）の意であろうか。硯の雅称としては、「墨池」「童池」「碧池」「玉池」などが知られている。

＊「副」につき、『尺牘式補遺』に「【一副】大抵物ニ添テ用ルモノヲ云 茶匙ーー牙筯ーー牙梳《クシ》ーー骰子《スコロクノサイ》ーー文池《スヾリ》ーー果盒《ジキロウ》ーートアリ 又捜神記ニ衣一襲被褥《ヨギフトン》一副トアリ 衣服ノ上ニ加ルト云意ナルベシ」（下、七丁ウ、器物類）、「【一副】緌帯ーートアリ 副ノ儀上ニ見ユ」（下、一一丁ウ、衣帛類）とある。また、劉氏著『漢語量詞詞典』では、「副〔fù〕」は、また、「付」に作るとされ、その用法の一つに「1.成対或成套的計量単位」と説明され、冬衣・袜・被褥・勧杯・甲馬鎧弓箭・耳杯・鞋帯・手套・護膝・水桶・犂杖・仮牙・香炉・象棋・漁網・漁具、その他を数えるとされる用法がある（二六二頁）。「成套」は、動詞で組を作る、一揃いになるの意、また、名詞で一揃いの意。

包・「寿星壱包」（写式一四丁ウ）

＊こうした「寿ー」字については、「又祝寿ノ贈ニハ皆寿ノ字ニテ書コトアリ」（写式一四丁オ）とある。祝寿の贈とは、長寿の人の誕生祝いの贈り物などであろう。「寿星」につき、『大漢和辞典』には、星座・星の名、また、現代語で子供の帽子の徽章、誕生日に当たる男子の尊称とある（巻三、二九八頁）。『中国語大辞典』でも、老人星（南極星、アルゴ座の一等星、長寿の象徴、老人の代名詞）を指す、長寿の祝いを受ける人を称する、云々とある。しかし、右の「星」は金子をいうのであろう。

＊「包〔bāo〕」は、「盛包東西的計量単位」で、薬・紅糖・茶叶・香烟・油炒面・小麦・炸薬など収め包んだ物を数える（劉氏著『漢語量詞詞典』、六二頁）。

匹　「色緞《ドンス》一匹」

＊「色緞」は、『尺牘式補遺』に「色緞〈ドンス〉」（下、三丁オ）とある。後に「彩緞一端」と見える。

囊　「玉粒一囊」

＊「玉粒《ハクマイ》」は、白米をいう。『啓劄青銭』に「㊟玉粒〈杜詩｜｜足晨炊〉（後略）」（巻五、后集、飲食門）、また、『尺牘写式』の方に「玉粒壱斗」（一四丁オ）、『尺牘式補遺』に「白粲 玉粒〈ハクマイ〉」（下四丁オ）と見える。『大漢和辞典』には、『北斉書』（文苑、顔之推伝）、杜甫の「茅堂検校収㆑稲詩」、蘇軾の「清遠舟中寄㆓耘老㆒詩」、黄庭堅の「戯詠㆓江南土風㆒詩」、陸游の「柯山道士作詩」、その他の用例が引かれている（巻七、八一三頁）。『中国語大辞典』に、書面語として「（極上の）コメ」とある。

圍　「官帯一圍」

＊『尺牘式補遺』に、「【〇一圍】官帯｜｜トアリ 常服ノ帯ニハイヒガタシ」（下、一二丁オ）とある。「〇」印は、「一｜」とはいうが、「二｜三｜」とはいわないことを意味するとある。この「一圍」は名詞的性格が強い。

＊なお、劉氏著『漢語量詞詞典』では、「圍〔wéi〕」の用法三様を示す。その一つに、「2．計量円周的約略単位。旧説尺寸不一、現多指両臂或両手的拇指与食指合囲的長度：木大二～｜十～之木｜（中略）｜将軍帯十～｜蛇大十余～。」（一二三頁）と説かれるものがある。「将軍帯十圍」の「圍」は助数詞で、大木の太さなどを計る場合に用いられる。「一圍」は、両手を広げて一抱えする太さ（長さ）。

團　「仙餌《マンヂウ》幾團」

「香飴《アンモチ》几團」

「玉糍《モチ》几團」

＊「仙餌」「香飴」「玉糍」は、『中国語大辞典』に所掲がないが、『尺牘式補遺』に、「仙餌〈マンヂウモチグワシノ類ヲスベテイフ〉」「玉糍 糍團〈モチ〉」とある（下、三丁ウ）。捏《こ》ねて丸めて作るモチの類（食べ物）である。

＊同じく『尺牘式補遺』に、「【一團】モ-チマ-ンヂ-ウ等ヲ数ニテ云」（下、一三丁オ）とある。わざわざ、量でな

く、数をいうとある。今は、進物用の書状用語を説くためか、食物の用例ばかりであるが、『物数称謂』によれば、『翰墨双璧』という資料にこの用例が多く見え、「糖幾團」「粿一團」「西瓜二團」「蓮蓬幾團」などの例が引かれている（第一章、第二節を参照）。劉氏著『漢語量詞詞典』には、「團（団）〔tuán〕」は「1．用于成団的東西」（八〇頁）とある（「東西」は、もの（物）の意）。

堂

「鼎爵一堂」

＊「鼎爵」は、（スズメを象った）三本足の酒器に因むのであろう。陶製（陶爵）・銅製（銅爵）などがあった。

＊「堂〔táng〕」は、「1．用于成套、成組或数量較多的東西：一～家具｜一～黒膝雕花高椅｜一～寿屏｜一～布景｜一～苹果。」（劉氏著『漢語量詞詞典』、二六九頁）と説かれる。「苹果」は、リンゴの木。

壜

「喜酒《イハフサケ》一壜」

＊「喜酒」は「イワヒノ酒」（『尺牘式補遺』下、三丁ウ）。

＊『物数称謂』は、「舜水文集」から「又豕脂一壜」（一九丁ウ）を引く（本書末「助数詞漢字索引」参照）。

封

「龍團《チヤ》一封」

・「朱提一封」（上三五丁ウ）

＊『尺牘写式』に「儀物ノ称（中略）又金銀ノミヲ贈ルトキ節儀壱封賀儀壱封ソノ外贄儀賻儀等何ニテモ当ル所ニ随テて称ス（中略）」（一三丁オ～ウ）とある。

＊「龍團（団）」とは、団塊状の団茶をいい、その茶を「｜団」と数える。欧陽脩著『帰田録』に、茶品は龍凰より貴いものはない、これを団茶という、大なるものは凡そ八餅、重さ一斤。慶暦中、蔡君謨、福建の転運使となり、初めて小品龍茶を造り、進る、その品精絶、これを小団という、凡そ二〇餅、重さ一斤、―と説かれる。だが、ここは、それに因む茶の雅称であろう。「餅」は、南北朝時代には専ら金・銀を称量する言葉であったが、形の相似

するところから、宋代には茶に用いられるようになった。(2)『啓箚青銭』に「茶（中略）龍團〈建州貢茶ー焙ー茶〉（後略）」（巻五、后集、飲食門）。「朱提」とは、銀子（「星」の条参照）のこと。

尊

「青州《サケ》一尊」

＊『啓箚青銭』に「酒（中略）青州従事〈世説好酒謂ーーーー（後略）〉」（巻五、后集、飲食門）、京都大学附属図書館蔵近衛文庫『新編事文類聚翰墨全書』に、「青州従事〈世説好レ酒謂ーーーー青州有斉郡（略）〉」と見える（一三冊、二二頁）。好酒（美酒）を「青州従事」（雅称）という（『大漢和辞典』、巻一二、一〇七頁）。『中国語大辞典』にも、四字を見出しとして「〔連〕美酒を指す」とある。『書翰初学抄』（江戸初期刊か）の「異名分類」の「酒」の条に「青州」の語が見える（下三五丁オ）。

＊尊〔zūn〕」には「1．猶〝杯〟。用于酒。」と説かれる用法がある（劉氏著『漢語量詞詞典』、三〇六頁）。『翰墨双璧』に、「酒（ママ） 絜酒一尊」「醤 脆醸一尊」と見え、『物数称謂』に、「翰墨双璧ニ醤油一尊」（八オ）と引く。

對

「喜盒一《イハフヂウノウチ》對」

「花燭成對《ニチヤウ》」

＊「喜盒」は「イワヒノ重ノ内」（『尺牘式補遺』下、三丁ウ）。「花燭」は、美しい蝋燭、華やかな灯火とある（『大漢和辞典』、巻九、五四三頁）。右は婚礼用の赤い大蝋燭の一対で、一方には鳳凰、他方には龍を刻んだものであろう。「燭一對」（『啓箚青銭』、巻五、続集、釈教門）。

＊「成對」の「成」につき、『尺牘式補遺』には、「数字ノ外ニ成ノ字ヲ用ルコトアリ 啓書成封 菓儀成封 時袍成領 時襪成双 燭台成対ノ類コレナリ 宜ニ随テ用ユベシ」（下、五丁ウ）とある（既出）。日本では、こうした場合の「封」「領」「双」「對（対）」は助数詞でなく、名詞として扱われるが、留意すべき用例である。なお、「成對」の左傍訓（意味注）に「ニチヤウ」とあるように、その「成對」とは一対＝二挺（丁）をいう。『啓箚青銭』には

「燭一對」（巻六、続集、釈教門、三八八頁）とも見える。

尾　「金鯉二尾」

＊「尾〔wěi〕」は、「用于某些有尾的動物或器物：一～魚一（中略）一江船百～。」と説かれる用法である（劉氏著『漢語量詞詞典』、一三七頁）。これは、宋代あたりから後の用法であろうか。

幅　「汗巾《アセテノゴヒ》一幅」

「丹青《ヱ》一幅」

・「寿図壱幅」（写式一四丁ウ）

＊「汗巾」につき、白居易の詩「贈二韋処士一六年夏大熱旱詩」を引き、「汗止めの布」と説明される（『大漢和辞典』、巻六、九一〇頁）。『尺牘式補遺』に「汗巾〈汗テノゴヒ〉」（下、二丁ウ）とある。「丹青」は、絵画、「寿図」は、長寿の誕生祝いの絵画の一幅。

＊右は、「幅〔fú〕1．布帛、呢絨、紙張、図画等的計量単位。普通話可儿化：数百～帆（後略）」と説かれる用法である（劉氏著『漢語量詞詞典』、二九六頁）。「呢絨」は、ウール、毛織物の総称。「儿化」は、儿化韻。

幄→**握**

座　「宣爐《セントクノロ》一座」

＊左傍訓に「セントクノロ（宣徳爐）」とある。「宣爐（炉）」とは、明の宣徳年中（一四二六～一四三六年）、勅命により鋳造された銅器、また、それに因む銅器をいう。多く炉を製したのであろうか、まま、「宣徳炉」「宣炉」として見える。

＊「座〔zuò〕」については、「多用于較大或固定的物体」と説かれ、建築物・宮殿から高炉・鍋炉房・礼堂・公園・塑像・神龕・大炮・迫撃炮・加農炮《（カノンホウ）》・銅鐘（鍾）などを数えるとされる（劉氏著『漢語量詞詞典』、二四九頁）。

正確には、物体そのものよりもそれを固定する場や座位、あるいは、据え方が重要となり、『尺牘式補遺』には「【一座】下ニ居置《スヘヲク》モノヲ捴テイフ 宣炉面盆架《セントクノカウロテアライノワク》ーートアリ 但細長キ物ニハイワス」（下、九丁オ）と説く。

張・「扣版帖面式一張」（写式目録オ）

*ここの「張」は、助数詞でなく、ページ数を示す序数詞である。参考例とする。同じ箇所に類例が六例ある。

握 「仁風一幄《ヲ、ギ》（握カ）」

*『尺牘式補遺』に、「仁風」とは扇の「雅称」とある（下、二丁ウ）。晋の袁宏が、餞として「一扇」を贈られ、「輒当下奉二揚仁風一、慰中彼黎庶上」と答えた故事に出る（唐房玄齢等撰『晋書』、巻九二、文苑、袁宏伝、中華書局、二三九八頁）。

*『尺牘式補遺』に、「【一握】扇團扇《ウチワ》如意拂子等ヲイフ」（下、八丁オ）と見える。劉氏著『漢語量詞詞典』は、「握」に言及するが（「一把為一握」）、扇に関する解説はない（二九三頁）。

掌 「家雁二掌」

*「家雁」につき、『大漢和辞典』は、『本草』（鵝）を引いて鳥の名、鵝（ガチョウ）の異名とするが（巻三、一〇二三頁）、ここは雅名としてのそれである。

*「掌」は、鵝（ガチョウ）・家雁（その異名、あるいはアヒル）を数える助数詞で、その一翼（一羽）を「二掌」という。『翰墨双璧』に「[鵝] 家鴈二掌」、『翰墨琅瑘』に「〔鵝〕家雁二掌」、『五車抜錦』に「鵞曰家鴈二掌即一隻」、また、『物数称謂』に「舜水文集 白鴈二掌」「翰墨双璧鵝二掌」と見える。婚礼の贈答目録などには吉祥を祈念して双数表現が好まれたのであろう。また、『翰墨全書』（明陳瑞錫釈著）に、「鵝酒」と題する尺牘を掲げ、「紅掌一對」（「紅掌詩二紅掌浴レ青一波」）とも見える（巻七、五ウ）。重箱（一重ね）を「一對」、花燭（二丁）を「一對」「成對」と書くのも同趣であろう。この「掌」について、劉氏著『漢語量詞詞典』に所説はない。

なお、『翰墨双璧』『尺牘双魚』『翰墨琅㻴』に「〔鹿〕啣芝双崢」と見える。

方　「手帕《フクサ》一方」

「彩袱《フロシキ》一方」

＊「手帕」につき、『大漢和辞典』には、「はんけちの類。又、ふくさ。手巾。明代、官界で相餽遺するに用ひた。〔紅楼夢、十九回〕用二手帕一托著送二与宝玉一。」（巻五、八四頁）とあり、「彩袱」については言及がない。『尺牘式補遺』に「手帕〈手ノゴヒ〉」とある。「彩袱」は、文字面からすれば、色美しい風呂敷のこととなるが、やはり、その雅称であろう。

＊右は、「方〔fāng〕1．方形物体的計量単位」とされる用法で、肉・草紙・香羅帛・図章・治印・硯台・石刻・石碑・白玉などを数える（『物数称謂』、また、劉氏著『漢語量詞詞典』、三九頁）。『尺牘式補遺』には「【一方】真四方クノ物ヲ云 フクサフロシキ坐ブトンノ類」（下、一二丁オ）と見える。

星　「昆吾《コガネ》几星箇」

「朱提《ギン》几星」

・「昆吾弍星」（写式一二丁オ）

＊「昆吾」の訓に「コガネ（黄金）」とある。『大漢和辞典』の「昆」字の条には多くの意味・用法が示されているが、右に該当する説明はない（巻五、七五四頁）。『中国語大辞典』にも、宝剣を指す、正午、といった語釈しかない。『尺牘式補遺』に「昆吾〈金子〉」（下、三丁オ）とある。『山海経』に、「昆吾之師所レ浴也〈昆吾古王者号。音義曰、昆吾山名、谿水内出二善金一。二文有レ異、莫レ知レ所二弁測一〉」（大荒南経）と見え、この昆吾（河南省濮陽県のあたり）からは良質の「金」を出したと伝える。また、『文選』の司馬相如「子虚賦」の「琳瑉昆吾」に、李善は「張揖曰、（中略）昆吾山名也、出美金、尸子曰、昆吾之金。」と注している。(3) こうして見える「金」とは、鉄・

鉄鉱石（昆吾鉄）を意味するようである。刀剣には抜群の材となり、黄金にも匹敵する価値を有するところから、〔昆吾＝コガネ（黄金）〕との表現が生まれたらしい。「朱提」は、『尺牘式補遺』に「朱提〈銀〉」（下、三丁オ）とあり、『通雅』（方以智輯著）に「下又云。朱提銀重八両為二一流一。直一千五百八十。它銀一流直千。是為二銀貨二品一。本八両銀矣。」と見える。『大漢和辞典』には言及がないが、『中国語大辞典』に書面語として「銀子の別称」とある。「几」は、いくら（幾）の意（翻字の凡例参照）。

＊「星」につき、『尺牘式補遺』に、「【一星】小金《イチブ》砕銀《コマガネ》ノ類」（下、一〇丁ウ）、また、『物数称謂』に、「程史ニ黄金百星」（一三ウ）と見える。羅竹鳳主編『漢語大詞典』によれば、「星〔xīng《広韵》桑経切、平青、心。〕」の語釈の⑱番目に、「⑱量詞。⑴用于金、銀。宋蘇軾《与子由書》之二：〝程徳孺言弟令出銀二百星見借、兄度手下尚未須如此、已辞之矣。〟金董解元《西廂記諸宮調》巻一：〝有白金五十星、聊充講下一茶之費。〟《儒林外史》第十八回：〝各位各出杖頭資二星。〟張慧剣校注：〝銀子一銭称一星、一両称一金。〟⑵用于細小之物。多与〝一〟連用。唐羅鄴《春夜赤水駅旅懐》詩：一星残燭照離堂、失計遊心帰渺茫。〝鄭振鐸《取火者的逮捕》三：他一声不響的向那一星紅光走去。〟」（中巻、三〇一八頁）とある。今は「⑱量詞」の⑴の用法となる。⑵の場合は、日本語では名詞的用法となる。なお、劉子平著『漢語量詞詞典』でも「星〔xīng〕1．古代的金銀計量単位。一銭為一星：黄金数百～一白金五十～一銀百～。」と説き、「程徳孺言…」（蘇軾『与子由書』）の例を引く（二〇一頁）。

なお、『通航一覧』巻一三二、朝鮮国部一〇八には、銀貨改鋳に関する対馬宗義真と朝鮮国との往復書簡を収め、ここに「八星旧貨」「六星銀」、あるいは、「元字標の銀貨」「宝字銀」などと見える。この場合の「星」は銀貨の成数（品位）をいう。朝鮮政府は、その純度によって銀貨を一〇成（星）から六成まで序列化し、「八星旧貨」は銀八〇《パーセント》の慶長銀を、「六星銀」は、銀六〇《パーセント》余の元禄銀をいう。「元字標の銀貨」とは、「元」字の刻印を有する元禄銀をいう。「宝字銀」は、宝永三年（一七〇六）以後に発行された、「宝」字の刻印を有する宝永銀（五〇《パーセント》）、永字銀（二宝字銀、四〇パーセント）、三宝銀（三二パーセント）、四宝銀（二〇パーセント）などをいう。改鋳の都度、品位は下がり、輸出入に不都合をきたしたので、宝永七年に人蔘代往古銀（八星、八〇パーセント）が特鋳された。(4)

束

「角黍《チマキ》几束」

「竹胎《タケノコ》一束」

＊「角黍」は、『大漢和辞典』に、『本草』（糉）『風土記』『書言故事』を引いて「ちまき。菰葉で黏米を包んで角の形に造る。粽子。糉。」（巻一〇、三五四頁）とあり、「竹胎」は、『説文』『本草』を引いて「筍の異名」（巻八、七三七頁）とある。『翰墨双魚』に「〔新笋〕竹胎一盤」（一七丁オ）、『玉堂尺牘彙書』（貞享四年版）に「笋〈竹胎一盤〉」（下、七丁オ）と見え、『書翰初学抄』の「異名分類」の条に「竹胎」の語が見える（下三四丁ウ）。

枝

「毛穎几枝」

・「湖筆《フデ》十枝」（上三五丁ウ）

＊「毛穎」は、筆の異名、雅名。穎は尖、筆の穂（毛錐子）。唐代の韓愈（政治家・文人）の「毛穎伝」の故事による。『書翰初学抄』の「異名分類」の「筆」の条に「毛穎」の語も見える（下三六丁ウ）。「湖筆」も筆の雅称。元代、浙江の湖州の憑応科が製した筆（無芯筆）は名筆と賞され、徽州の製墨と並んで「湖筆徽墨」と称された。

柄

・「京箑参柄」（写式一二丁オ）

＊「箑」は、扇のこと。『啓箚青銭』に「〔送人細扇〕洪箑若干柄」（巻七、后集、文物門）、『尺牘式補遺』に「軽箑仁風〈扇〉」（下、二丁ウ）と見える。応永一四年（一四〇七）四月、大内徳雄（盛見）が朝鮮国（議政府左右政丞閣下宛）に一切経を求めた文書の別副にも、「環刀　二十把／関王刀　十支／長鋒　十支／扇子　百柄（後略）」（山口県文書館蔵興隆寺文書二〇二、『山口県史 史料編 中世3』、三一一頁）と見える。

條

「腰帯《ヲビ》一條」

＊『尺牘式補遺』に「【一條】帯其外長《ナガ》ミノアル物ヲスベテイフ 手帕ナドモ一一トアリ」（下、一二丁オ）とある。

樽・「寿酒壱樽」（写式一四丁ウ）

＊「寿酒」は、長寿の人の誕生祝いに贈る酒か。『物数称謂』に、「貴耳集ニ蓬莱春酒百三十樽」（七ウ）と見える。

片・「聊効《ス》二一片《ノ》葵誠《ヲ》一」（下一八丁ウ）

＊「少表芹意」（寸志を述べる）の条に見える。「芹意」「芹敬」「葵誠」などは謙辞（芹菜・葵は野菜の意）。「効《いたす》」は申すの意。

盆　「馬乳一盆」

＊「馬乳《ブドウ》」とは、果物のブドウ（葡萄）をいう。『尺牘式補遺』に「馬乳〈ブダウ〉」（下、四丁オ）、また、『啓箚青銭』に「〔送人蒲萄〕架上蒲萄離々馬乳分献一盤」（巻四、后集、菓実門）と見える。『尺牘双魚』巻之六「餽受」の「送葡萄」に「馬-乳葡萄之《ノ》実 若《シ》馬之《ノ》乳」（一九丁オ）、同巻之八には「〔葡萄〕馬乳／一盆」（一七丁オ）とある（次条参照）。清原宣賢自筆『塵芥』の「蒲萄《フタウ》」の注に、「一名 馬《ニハ》-乳《ニウ》· 其実《ミノ》形《チ》・如二馬乳《ノノ》一也」云々と見え、韓愈の「蒲萄詩」から「若欲《ハ》三満(蒲)-盤推《ニ》(堆)二馬-乳《ヲ》一莫《レ》レ辞接《ヿ》(添)レ竹《ヲ》引《ヿヲ》二龍-鬚《ヲ》一」の詩句を引く（下19オ）。『翰墨全書』（明陳瑞錫釈著）にも「見《タリ》二龍-鬚満《チ》レ架《ニ》馬-乳堆《キヲ》レ盤《ニ》」（巻九、八丁オ）と見える。ブドウの長いつる（蔓）を「龍鬚」という。ブドウを馬乳というのは実の形が似るからだとあるが、やや不審ではある。ブドウの果汁は薄みどり色であり、馬乳（馬奶）は乳白色であるが、双方共に弱いアルコール飲料を作る。ブドウで造る酒（『史記』『続漢書』『博物志』など）と、馬乳で造る酒（『漢書』、礼楽志、『宋史』、外国六、高昌国伝）との関連もあろう。「蒲-桃《酒名也》我酌」（『文鏡秘府論』図書寮本延保四年点、地巻、九意・冬意）は、前者の例である。(5) なお、『中国語大辞典』の「馬乳」には、ブドウの語釈がない。

盒　「雪華《ムメ》一盒」

「合香《タキモノ》一盒」

＊「雪華」は、左傍に「ムメ（梅）」の訓がある。『玉堂尺牘彙書』（貞享四年版）に「梅子〈雪華一筐〉」（下、七丁オ）と見え、『尺牘式補遺』にも「雪華〈梅子〉」（下、四丁ウ）とあるから、ムメの実をいう。『中国語大辞典』にこの語釈はないが、『大漢和辞典』巻一二の「雪花」の項に、「㊀ゆきを花に喩へていふ。雪華。」「㊁雪のやうに白い花。杏花等の類。」「㊂銀をいふ。」の三様の意味が示され、また、「雪華」の条に、「雪花に同じ。㊀まつしろな花。」「㊁ゆきを花になぞらへていふ。」とあるのも（九頁）、今の用法とは直接的な関係はない。但し、「雪華」は「絹」の雅称としても用いられる。「絹（中略）雪華〈魏帝謂其縑白如ーー〉（後略）」（巻七、文物門、二七八頁）。「合香」は、香の入った容器。名詞としての「盒」は、蓋付きの容器をいう。先の「對」の条に「喜盒一對《イハフヂウノウチ》」とあったが、日本では、重なった重箱のような容器も「盒」といったかも知れない。

＊『尺牘式補遺』に「【一盒一一榼】食ロウ重バコ又蓋ギヤワン等ニ入タル物」（下、食果類、一二丁ウ）とある。助数詞「盒〔hé〕」の用法は、「用于盒装的物品。一般用儿化：一～儿飯—一～儿糕点—両～儿火柴—一～水彩—一～儿首飾—一～磁帯—几～去汚粉—一～儿丸薬—一～儿粉。」（劉氏著『漢語量詞詞典』、二七八頁）と見え、『翰墨双璧』に「麥《（ママ）》　夏登一盒」（上冊、八丁オ）、『物数称謂』に「翰墨双璧ニ麥一盒」（二〇ウ）と見える。

盤

「豆乳《トウフ》一盤」　「仙郷《モ、》一盤」

「麪筋《フ》一盤」　「金丸《ビワ》一盤」

＊「豆乳」は、大豆から作る豆腐。豆腐漿ではなく、にがりを用いた、今の豆腐に相当するものであろう。『尺牘式補遺』に「豆乳。菽腐〈トウフ〉」（下、四丁ウ）とある。「麪筋《めんきん》」は、『尺牘式補遺』に「麪筋〈フ〉」（下、四丁ウ）とある。『大漢和辞典』に、『通俗編』（飲食、麺筋）を引いて「細長い棒状となつた湯葉」とある（巻一二、九三一頁）。豆乳を煮立て、表面にできた薄い膜をすくい上げたもので、生湯葉と干し湯葉とがある。但し、左訓に「フ」

とあれば、これは小麦粉のグルテン（蛋白質）を練り固めた麩《ふ》（生麩・焼麩）を意味しよう。

「仙郷」はモモ（桃）。『尺牘式補遺』に「仙郷〈桃〉」（下、四丁ウ）とある。陶淵明（三六五～四二七年）の「桃花源記」に出るのであろう。モモは、五木の精で邪気を圧伏し百鬼を制するといい、「仙木」（異名）と称される。『中国語大辞典』には「仙境仏界」との語釈があるが、モモという語釈はない。「金丸」は、先の陸游の「柯山道士作詩」では「橘」の意であった。『翰墨双璧』には「枇杷　金丸一筐」（上冊、一〇丁ウ）、『尺牘式補遺』に「金丸〈枇杷〉金嚢。金團〈ミカン〉」（下、四丁ウ）とある。「金丸」につき、『大漢和辞典』には「③果実の黄色で小さいもの。桜桃、巴橘等にいふ。」云々とある（巻一一、四五六頁）。タチバナやビワ（の実）は、この種の果物として例示されたものであろうか。

＊「盤」は、『尺牘式補遺』に、「【一盤一盆】ハチニ盛タルモノ」（下、一二丁オ、食果類）、「【一盤】硯ブタ折敷等ニクミタル物」（下、一三丁ウ、同）とある。硯蓋は、仮初めの容器として用いることも許された。折敷は、ヘギ等を折り組んで作った容器をいう。「クミ」とは、組むの意で、同『補遺』に、「【全撞】重バコ一クミノ物／【全盒】カサネ食ロウ一クミノ物　但撞ハ食ロウ類ニモ通ズ」（下、一二丁ウ）と見える。「北斉李元忠、贈世宗蒲萄一盤」（『芸文類聚』、巻八七、「蒲萄」）。

章・「寿詞壱章」（写式一四丁オ）

＊「祝寿」の贈り物に添えた書面をいうのであろう。

端　「綵緞《ドンス》一端」

・「白葛壱端」（写式一四丁オ）

＊「綵緞」は、彩色された緞子《どんす》（『大漢和辞典』、巻八、一〇四頁）。緞子の美称、雅名と解される。

笏　「龍剤《スミ》一笏」

＊「龍剤」は、『啓劄青銭』に「［墨］（中略）龍剤〈唐明皇於御案見道士賜墨曰(?)ー香ーー(不鮮明)（後略）」（巻七、后集、文物門、二六七頁）、『尺牘式補遺』に「龍剤〈墨〉」（下、四丁ウ）とある。『大漢和辞典』『中国語大辞典』に掲出はない。

＊「笏《こつ》」は、墨を数える。中国の、遅くとも南宋時代から見られる助数詞（量詞）で、次のような例がある。

　陳惟定得蜀墨一笏于観音老僧磨試奇甚落刀中分賦此為贈
吾聞蜀道如天高、寸歩千嶮愁猿猱。蒼官老抛岷峨上、誰肆斬伐焚其膏。（中略）万古一筆定貶褒。為君且費千幅紙、鴉児大字書離騒。（南宋劉儗の七言詩、一行目はその詩題）

これは、宋陳起編『江湖小集』巻四九所収の作品で、今、陳新等補正『全宋詩 訂補』の巻末の「《全宋詩》漏収的詩人」による。[6]作者劉儗につき、「一名仙倫、字叔儗、号招山、廬陵人。孝宗淳熙間以詩名、詩風与劉過相近、同為岳珂歎賞。一生以布衣終。《江湖小集》中存《招山小集》一巻。」と解説されている。「淳熙」は、南宋孝宗の年号（一一七四～一一八九）で、日本の平安時代末・鎌倉時代初に相当する。

　香剤数笏皆魚胞万杵龍後双脊者第筆硯久荒不敢拝此賜（『啓劄青銭』巻七、后集、文物門、二七二頁）

　龍香墨弐拾笏　（『善隣国宝記』巻下所収、宣徳八年〈一四三三〉六月一一日付別幅）[7]

右は、明宣徳帝から日本国王足利義教并王妃宛の国書の別幅である。

この他、明代の王世貞著『翰墨双璧』（万暦四一年〈一六一三〉刊）に、「［墨］陳玄幾笏」（八丁オ）と見える。

＊日本では、江戸時代の槙島昭武《まきのしまてるたけ》著『書言字考節用集』（元禄一一年〈一六九八〉八月成、初刊行は享保二年〈一七一七〉以前）に「ー《イッ》（一）笏《コツ》〈又云ー挺○墨〉」と見え、『都会節用百家通』（寛政一三年〈一八〇一〉刊）、松沢老泉著『品物名数抄』（文化七年〈一八一〇〉刊）、その他に類例がある。[8]古代、金銀を鋳て笏形にしたものを「笏」で数え、後には、そうした笏形をした物も「笏」で数えた。後世の「錠」に相当する。『物数称謂』に、「翰墨双璧ニ墨幾笏」（一二丁オ）、「幽怪録ニ銀一笏」（一三丁ウ）などの例が見える。

劉子平著『漢語量詞詞典』には、「笏〔hù〕　1. 古代金銀的計量単位。鋳金銀為笏形、一枚〔五十両〕為一笏、相当于后世的〝錠〟：金半～｜銀一～。〔例〕〔略〕　2. 指成錠的物品。〔例〕禧乃検篋中、得筆二管、墨一～贈之。〔清・温睿臨：《南疆逸史・逸士伝・李天植》〕」〔二四四頁〕とある。また、羅竹鳳主編『漢語大詞典』中巻には、「②量詞。条、塊。用于金銀、墨等。南唐劉崇遠《金貨子雑編》巻下：〝吏人既失此歴……衆情危懼、共請主人、願以白金十笏贖之。〟宋陸游《老学庵筆記》巻二：〝李黄門邦直在真定、嘗寄左丞以陳贍墨四十笏。〟清王韜《淞浜瑣話・金玉蟾》：〝贈以白金四笏、然後成行。〟〔五一九七頁〕とある。「南唐」は、五代の一〇国の一つ、唐の滅んでから宋朝ができるまで、揚子江下流の呉の地に建国された国である〔九三七～九七五年〕。「劉崇遠」は、生歿年不詳だが、河南〔今の河南洛陽〕の南唐升元以後の人といい、金華子と号し、『金華子雑編』三巻、『耳目記』二巻などの著作がある。

今の中国では、こうした「笏」は用いないようである。「笏」という助数詞の年代的性格は、唐末～清代、日本では室町時代～江戸時代ということになろう。

筐　「玉塵《ウドンノコ》一筐」　「腐皮《ユバ》一筐」　・「糖菓一筐」〔上三五丁ウ〕
「白粲《ハクマイ》一筐」　「水團《ナシ》一筐」　・「仙餌壱筐」〔写式一二丁オ〕
「夏登《ムギ》一筐」　「香実《カヤ》一筐」　・「寿菓壱筐」〔写式一四丁ウ〕

＊「玉塵」は、付訓に「ウドンノコ〔うどんの粉〕」とある。今日のうどん粉は小麦粉であるが、ベトナムのフォー〔phở〕、中国のビーフンなどは米粉で作る。古辞書に「玉塵《ギヨクヂン》〈雪／名〉」〔『伊京集』、時節、九七9〕と見えるのは、雪の雅名であるが、『書言字考節用集』に「白雪糕《ハクセツカウ》粄《ハン》〈異｜朝人所ノ／レ食屑米餅ノ〉」〔第七冊、服食六下4〕とある条からは〔白雪―米の粉―玉塵〕という繋がりが考えられる。『尺牘式補遺』には「玉塵。飛雲〈麥米ノ粉共ニイフ〉」〔下、四丁ウ〕とある。「白粲」は、白米の雅名。先の「嚢」の条参照。『大漢和辞典』〔人事、

孝）・『書言故事』（米類）を引く（巻八、一八頁）。「夏登」は、『尺牘式補遺』にも「夏登〈ムギ〉」（下、四ウ）とある。麦粉かヒヤムギ（麺類）かであろうか。「腐皮」は、『尺牘式補遺』に「腐皮。腐衣〈ユバ〉」（下、四丁丁ウ）とある。今の湯葉《ゆば》（豆乳を煮立て、その上面にできる薄い膜をすくい取って乾燥させた食品）に似た大豆製品で、豆腐を圧縮してシート状に乾燥させたものらしい。中国では、今でも各地で用いられている。「水團」は、ナシ（梨）の実。「香実」は、カヤ（榧）の実のこと。煎って食用とし、絞って油を採る。「糖菓」は、『尺牘式補遺』に「糖菓 糖科〈サタウヅケ〉」（下、四丁オ）とある。「仙餌」は、先に「仙餌幾團《マンヂウ》」と見えた。なお、『中国語大辞典』には、「玉塵」「白粲」「夏登」「腐皮」「香実」「糖菓」の掲出語がなく、「水團（団）」については水塊の語釈があるだけである（「香実」「糖菓」に関しては、「香榧」「糖果」の掲出語がある）。

＊右は、「筐〔kuāng〕筐装物的計量単位」とされる用法である（劉氏著『漢語量詞詞典』、三〇〇頁）。『物数称謂』には、「翰墨双璧ニ麺幾筐」（六丁ウ）との例がある。

箇　「昆吾《コガネ》几星箇」

籃　「宿根《ナ》一籃」

＊「宿根」につき、『啓劄青銭』に「［春菜］宿根〈坡蔓生｜｜已青莢〉」（巻五、后集、飲食門、二四七頁）と見え、『尺牘式補遺』に「宿根〈ナ〉」（下、四丁ウ）とある。食用の野菜でも青物の欠乏する早春の茎立《くくたち》の類をいうのであろう。『漢和辞典』には、宿根草の意、また、仏語の用法しか示されていない。『中国語大辞典』にも適切な語釈がない。

＊「籃」は、竹製のカゴ（籠）。「［送人新笋］献一藍（籃）」（『啓劄青銭』、巻五、后集、飲食門）。

籠　「金團《ミカン》一籠」

＊「金團《ミカン》」はミカン。「盤」の条参照（『尺牘式補遺』）。『尺牘諺解』に「金團《ミカン》一筐」（下、一七丁オ）。『中国語大辞典』

には「金團」の掲出語はない。

縁　「法衣《ケサ》一縁」

＊「葛衫《カタビラ》一裁」に続いて見える。『尺牘式補遺』に「【一縁】袈裟坐具等ニイフ」（下、一一丁ウ）とある。劉氏著『漢語量詞詞典』は、「縁〔yuán〕用于袈裟、猶言〝件〟。〔例〕蒙賚郁金泥細衲袈裟一～。（南朝梁・簡文帝：《謝賚納袈裟啓》）」と説く（三一二頁）。

罇・「喜酒壱罇」（写式一四丁オ）

＊「喜酒」は「イワヒノ酒」（『尺牘式補遺』下、三丁ウ）。「罇」は、酒樽。遠方への儀物等は不便だから代金で遣わすこともあるとする文例がある。「謹具魯酒一罇」（『三台万用正宗』、文翰門〈巻一五〉、一一八頁）。

翼　「野鴨二翼」

＊『尺牘式補遺』に「【一翼】鳥ヲイフ」（下、一四丁ウ）とある。『啓箚青銭』に「［送雞人］司晨四翼」「［送鵞□人］紅掌四翼」「［送鴨與人］田梟四翼」（巻五、后集、飲食門）とある。

色・「拝《シ》レ一《ヲ》璧《ス》レ一《ヲ》〈一色ウケテ一色モドス〉」（上三〇丁オ）

＊贈物が届けられた場合、受ける、半ばを受けて半ばを受けない、全く受けないの三様の対応（作法）がある。礼状・謝状もそれ相応の書面となる。右はその二番目のケースで、「一色」は、進物の片方、一部、一種をいう。

袋・「春芽弐袋」（写式一五丁オ）

＊『尺牘式補遺』に「春芽〈茶〉」（下、三丁オ）とある。新芽で作った新茶のことで、「先春」「黄金芽」「龍芽」などともいう。『中国語大辞典』には、「春芽樹」「春菜」「春苗」などの掲出語はあるが、「春芽」は見えない。

裁　「葛衫《カタビラ》一裁」

＊「法衣《ケサ》一縁」に前置されて見える。『尺牘式補遺』に「葛衫　涼衫〈カタビラ〉」（下、三オ）、「【一裁】カタビラヒ

トエノ類ヲ云　葛衫ーートアリ」（下、衣帛類、一二丁ウ）とある。「葛衫」は葛布で作るじゅばん（襦袢）で、『隋書』（袁充伝）、その他に見える。劉氏著『漢語量詞詞典』は、「裁〔cái〕指布帛的片段」として、「〔例〕学生謁師、贄用腶脩一束、酒一壺、衫布一～、色如師所服。（宋・欧陽脩等：《新唐書・帰崇敬伝》）」と例を示す（二九二頁）。「腶《たん》」は乾し肉、ほじし、「脩《しゅう》」も同じ。

襲　「吉服一襲」

・「当下蔵《シテ》二之《ヲ》十襲《ニ》一以時《ニ》珍玩《ス》上　把玩之極十襲蔵《ス》レ之《ヲ》矣」（下一九丁ウ）

＊一例目の「吉服」は、吉事に着る礼服。次の「十襲」は、十重につみかさねて大切にする意。忝く受納する意。

軸　「寿図一軸」

＊慶寿の軸物であろう。『啓箚青銭』には「老人星 一軸」（巻六、別集、慶寿門）との例がある。「老人星」は、カノープス（冬、南の水平線ぎりぎりに見えるだけで、これを見ると寿命が延びるといわれる。南極老人星とも長寿星ともいう）。

通・「副啓壱通」（写式二二丁ウ）

・「副啓　儀状弐通」（写式二九丁オ）

＊一例目につき、「啓」は、「副《ソユ》ル義トスルナリ」とある。「通」は、添え状を数える。

部　「宝籍《ショモツ》一部」

・「後漢書壱部」（写式三一丁ウ）

＊『尺牘式補遺』に「【一部】物数ソロフタルヲイフ　一具一全一部大概相同シテ物ニ因テ斟酌スベシ」（下、七丁オ）とある。

隻　「鮮皃二隻」

＊「鳬」は、ノガモ、「翼」の条の「野鴨」に同じ。

雙　「足衣《タビ》一雙」

＊「足衣」は、たび、くつしたの類。『説文』に「韈、足衣也」と見え、『翰墨琅函』に「〔襪〕足衣壱雙」と見える。

［助数詞、及び、単位類を伴わない例］

「玉膏《ラフソク》几十」

「青蚨《ゼニ》几佰」

＊「玉膏」は、蝋燭の雅称（雅名）である。『尺牘式補遺』は、「玉膏〈蝋燭〉」（下、三丁オ）と注する。『大漢和辞典』には、『山海経』『本草』（白玉髄）、張衡の「南都賦」、『博物志』（物産）等を引いて「玉より出る汁。玉の精液。不死の霊液という。」云々とあり（巻七、七八三頁）、『中国語大辞典』には、「玉膏」の掲出語はない。「青蚨《せいふ》」についても、『尺牘式補遺』は「青蚨〈銭〉」（下、三丁オ）と注する。『大漢和辞典』にも、『捜神記』（一三）『書言故事』などを引いて、虫の名、かげろう。転じて、銭、銅銭をいうとある（巻一二、一一五頁）。『中国語大辞典』にも同様の語釈がある（虫の名はアオムシとある）。『書翰初学抄』には、「異名分類」の「銭」の条に「青蚨」の語が見える（下三七丁ウ）。銭に単位を添えない例があるが、「玉膏」に助数詞の添えられていない理由は、それがたくさん、無数であることを意味するか。

注

（1）長澤規矩也編『和刻本辞書字典集成』、第七巻、一九八一年、汲古書院、六三五頁。

（2）「龍團」以下は、陳穎著『蘇軾作品量詞研究』（二〇〇三年五月、巴蜀書社出版）による。五七頁、五八頁。

（3）『文選（索引本）附考異』、一九七一年八月、中文出版社、一〇二頁。

清王謨輯『拾遺記』巻一〇にも「昆吾山」の一条があり、「昆吾山、其下多赤金、色如火、昔黄帝……」と 見える（『増訂漢魏叢書』、中華民国七二年一二月、大化書局、三三二五頁）。

（4）山本進「朝鮮後期の銀流通」（『北九州市立大学外国語学部紀要』、第一三三号、二〇一二年一〇月）、山本進「朝鮮後期の銀品位」（同上誌所収）による。

なお、留学生孫娜《そんな》氏の御教示（二〇〇六年一〇月一一日）によれば、今でも中国の地方の商店や屋台などで使用しているはかり（秤 chèng）には「星」という単位を記したものがある。これはかつて用いられた古い単位の名残で、今は機能していないという。未確認。同氏は、一九八一年八月、中国遼寧省沈陽市に生まれ、二〇〇五年四月から二〇〇七年三月まで島根大学教育学研究科修士課程に留学し、修了した。

（5）徳富蘇峯本は、「蒲桃」字につき、草冠の下を「補」とし、右に「ホ」の訓、左に「酒名」の意義注を付す。加点は、「恐らくは宮内省本（略、保延の移点識語）よりも稍上れる時代の書写ならむ。」とある（古典保存会、一九三五年一〇月。山田孝雄解説）。

なお、筆者は、二〇数年前、八九月の交、敦煌・トルファン方面を周遊し、一帯に、丈の低い棚を設けて房の長い、粒もやや細長い、薄みどり色のブドウの栽培されているのを実見した。白ブドウ種ではあるが、生食にはあまり向かないようであり、生産農家（トルファン）の話では、干しブドウとして出荷するとのことであった。その樽に詰めた干しブドウを一〇〇元分購入し、試食した。ブドウの生食は日本的な食べ方で、世界で生産される葡萄の八割はワイン用とされる。

（6）陳新等補正『全宋詩 訂補』、二〇〇五年、大象出版社。巻末の「《全宋詩》漏収的詩人」による（八六三頁）。

（7）小稿「善隣国宝記における助数詞」、『平成十七年度高山寺典籍文書綜合調査団報告論集』、二〇〇六年三月、同調査団編。二二五頁。

（8）小著『日本語の助数詞—研究と資料—』、二〇一〇年一月、風間書房、三四五頁。

第三章　『尺牘式補遺』における助数詞

第一節　はじめに

大典顕常とその著書『尺牘式』三冊（『尺牘語式《せきとくごしき》』上・中、『尺牘写式《せきとくしゃしき》』下）については前章で言及した。ここでは、その補遺『尺牘式補遺《せきとくしきほい》』一冊を取り上げる。本書は、天明四年（一七八四）正月刊行された。顕常六六歳の著述で、門人吉松潤甫が事に当った。この年には、『聯句式』一冊、『初学文譚』一冊なども梓行されている。

本書は、『尺牘式』に続き、明国における「尺牘」、即ち、書状の諸様式を通して、その社会規範・種々の礼法・文化の諸相などを説き、併せて、明代通行の言葉遣いや書記作法、書簡作法を解説したものである（自序後掲）。

助数詞研究上、注目されるのは、その下巻の「儀物数目」の条に、明国における助数詞用法が詳しく述べられていることである。助数詞は、単なる語彙・語法の問題でなく、深く礼法にも関わる。その用法を理解し、これに留意しなければならないとの趣旨であり、これらは、後にも引くように、彼の日常的な尺牘や実務などを通して、また、先行書によって編述されたものであろう、今日、既に用法上の差異が不明瞭となってしまった助数詞、「往古朝鮮ヨリノ別幅」における助数詞、他国と「日本」との間に用法の異なる助数詞などについての言及も少なくない。当時の助数詞を研究する上で、『尺牘式補遺』の果たす役割は大きい。

第二節　版本

『尺牘式補遺』の版本として、次がある。

［天明四年版］

○東京都立中央図書館特別買上文庫（中山久四郎旧蔵資料）蔵本　上・下、一冊（特4634）

外題「尺牘式補遺　全」（原表紙〈薄茶色〉に題簽、原、単）、扉題「尺牘式補遺」、柱刻は、序以下に、「序」（一）、「尺牘式補遺目録」（一～二）、「尺牘式補遺上」（一～十八）、「尺牘式補遺下」（一～十七）とある（（　）内は丁付）。漢字片仮名交り文。絵なし。縦一八・〇cm、横一二・八cm、題簽は縦一一・一cm、横一・八cm、内匡郭縦一四・三cm、横九・八cm。四周単辺、紙数は、扉〇・五丁、序一丁、目録二丁、本文上一八丁、下一七丁。一面八行・罫線あり。印記に「中山氏／蔵書／之記」（朱方印）、「中山文庫」（黒印）、「東京都／立図書／館蔵書」（朱方印）、その他、収書印に「東京都立日比谷図書館／昭27 5 12和／017538」（黒印）とある。

扉「大典禅師著／尺牘式補遺（大字）／平安書肆　〈景文堂／有斐堂／文林軒〉」

序「天明初元、余在津島、職掌鶏／林文東間、使門徒学為則所／著尺牘式、実為帳中論衡、因／又補裒語類、益広其用、至如儀／物数目、亦或臨事遅疑、故逐／条布列、令瞭然不忒、合為一巻／以附前書之後云　／

蕉中題［（印刻二顆）（「竺」「常」）］」

「尺牘式補遺上」の扉、序は右のようにある（読点私意）。「鶏林」は、新羅、転じて、朝鮮のこと。顕常は、対州修文職を務め、天明元年より同三年七月まで対馬の以酊庵に輪番した。内題・尾題には「尺牘式補遺」とあり、内容は「○婦人具體」以下の条々を述べる。「尺牘式補遺下」の内題には「尺牘儀式」とあり、尾題には「尺牘式補遺」とある。下の内容は、「儀物雅称」（シンモツノ名）「儀物数目」（シンモツノカス）「器物類」「食果類」「花木類」「禽魚類」を解説し、「附言」（下一五丁～一七丁）を述べる。刊記には次のようにある（全体に枠、各行に罫線あり）。

刊記「天明四年辰正月

浅　井　庄右衛門
田　原　勘　兵　衛
平安書林　小　川　多左衛門
秋田屋　平左衛門
伊勢屋　庄　　助
升　屋　治　兵　衛　」

扉の「景文堂」は、刊記に見える京都の書肆升屋治兵衛（営業時期享保四年〈一七一九〉から明治二年〈一八六九〉頃）の雅号、「文林軒」は、同じく田原勘兵衛（田原屋勘兵衛）（同寛永一九年〈一六四二〉から寛政六年〈一七九四〉の頃）の雅号、「有斐堂」も、京の天明頃の書肆らしいが[1]、詳らかでない。浅井庄右衛門（不詳）、秋田屋平左衛門（同寛永二一年から文化五年〈一八〇八〉頃）、伊勢屋庄助（同宝暦二年〈一七五二〉から寛政八年頃）、これら三肆のいずれかの雅号かも知れない。小川多左衛門（同寛政一二年から明治三年〈一八七〇〉頃）は「柳枝軒」と号した（『尺牘式』の条に触れた）。

○筑波大学附属図書館蔵本　二巻・一冊（ル185-30）

題簽はほとんど剥落し、外題は表紙（原表紙・薄柿）に直に「尺牘式補遺　完」（左肩）と墨書する。扉なし。目録題「尺牘語式補遺」。顕常の序文（「天明初元……」）二丁、目録二丁に本文上一八丁、下一七丁が続く。柱刻「尺牘式補遺（｜目録・｜上・｜下）」、寸法は縦一八・九㎝、横一二・六㎝。蔵書印に「小澤文庫」（朱長方印、小沢圭次郎氏旧蔵）、「東京師／範学校／図書之印」（朱方印）、体裁、刊記（書肆）は、東京都立中央図書館本に同じ。

○龍谷大学大宮図書館写字台文庫蔵本、二巻、一冊（926/35-W）。原表紙（薄茶）を有するが、題簽は剥落し、外題はない。扉なし。目録題「尺牘語式補遺目録」。題常の序文（「天明初元……」）一丁、目録二丁に本文上一八丁、下一七丁が続く。柱刻「尺牘式補遺（序、ー目録、ー上、ー下）」、寸法は縦一九・四㎝、横一三・〇㎝。刊記（書肆）は、東京都立中央図書館本に同じ。蔵書印に「写字台／之蔵書」（朱長丸印）。

○杵築市立図書館蔵本　一冊（和455）

外題「尺牘式補遺　全」、内題「尺牘語式補遺」（二二丁オ「尺牘儀式」）、柱刻「尺牘式補遺上」（二二丁オより「尺牘式補遺下」）、扉に「大典禅師著／尺牘式補遺／平安書肆／景雲堂／有斐堂／文林軒」、蕉中の序あり。刊記は、天明四年辰正月、書肆は、平安書林浅井庄右衛門／田原勘兵衛／小川多左衛門／秋田屋平左衛門／伊勢屋庄助／舛屋治兵衛とある。蔵書印に「荒木／明蔵／書印」「荒木／氏蔵／書印」「梅園文庫／図書之印」などあり。

右は、「日本古典資料調査データベース」（国文学研究資料館）による。扉の書肆の内、「景雲堂」については未詳。

○国立公文書館内閣文庫蔵Ａ本　四冊（207-129）

同文庫の目録に『尺牘語式』四冊として見え、この四冊目が『尺牘語式補遺　全』一冊である。『尺牘語式』に関して先に述べた（前章参照）。三冊目までは、概ね、その龍谷大学大宮図書館写字台文庫蔵本（三冊）に同じであり、刊記（三冊目奥）も同様である。四冊目は、（扉なし）、序文一丁、目録二丁、本文三八丁（内、上一八丁、下一七丁、刊記は三八丁ウ）。絵入（丹、薄緑）。一面八行。この刊記は、「天明四年辰正月／（罫線欄二行空白）／平安書林　小川多左衛門／秋田屋平左衛門／伊勢屋圧《ママ》助／升屋治兵衛」とある。その二行空白部に、もと、「浅井庄右衛門／田原勘兵衛」の二書肆が位置したはずで、これが削除されている。天明四年より後の版行らしい。

以上の他、国文学研究資料館の「日本古典籍総合目録」には左記があがっている（二〇一一年六月二一日現在）。

○駒沢大学図書館永久文庫蔵本、合綴の内（2）（「尺牘式並補遺」）冊数（?.）、天明4、（書誌ID2201141. 永久5469）。

○新潟大学附属図書館佐野文庫蔵本、「尺牘式補遺」二巻（書誌ID198414. 佐野、38）（「尺牘語式」二巻・「尺牘写式」一巻と）合綴の内（2）。

○仏教大学図書館蔵本、「尺牘式補遺」一巻一冊（国書、1113）。「津逮堂／吉野屋仁兵衛（／／）〈京都〉、天明4」、一八cm。水谷真成旧蔵。「尺牘式」三巻、三冊（国書、1112.「津逮堂」「吉野屋仁兵衛」等が関与）と一緒。

○駒沢大学図書館永久文庫蔵本、「尺牘式並補遺」として合綴、4冊、二二cm、（ID2201129. 永久5469）。

第三節　助数詞の用法

大典顕常著『尺牘式補遺』の下巻における「儀物数目」の条（五オ～一四ウ）を翻字する。

《凡例》1、底本は、東京都立中央図書館蔵天明四年刊本である。但し、他の所蔵本を併せ見ることがある。

2、底本における丁数を冒頭に記し、その本文を「　」内に翻字する。

3、底本は、罫線（半丁に九行）内に適宜【　】印を付して助数詞を掲げ、その用法を説く。これが追い込み形式となっているが、ここでは、読みやすくするため、助数詞毎に改行し、また、段落によって改行する。

4、本文部・割書双行部ともに底本における改行箇所を示さない。

5、割書双行部は〈　〉内に包む。

6、底本には句読点がない。読みやすくするため、私意をもって文・句の切れ目に若干の空白を置く。

7、字体については、基本的に新字体を用いる。但し、助数詞を表記した文字、また、正字体・新字体が併用されている場合の正字体などについては、このままとする。

8、底本の「兊」字は「几」の体に代える。

9、仮名の合字「ヿ」「乄」「𪜈」「𬼀」は「コト」「シテ」「トモ」「ドモ」と表記し、その右傍に点線を付す。

10、底本の丁数・表裏を示し、その都度改行する。

［翻字］

（5丁オ）「　儀物数目

凡儀物ノ数目 時ニ臨テ書法ニマドヒ 或ハ差誤スルコト多シ 今尺牘家ノ書式ニヨリ 又諸書ニ散在スルヲ引キ 又華人ノ儀状ノ見及ビタルヲトリ 又往古中華ヨリ日本ヘ送来ルノ品目ヲモ参考シ 次第シテ録列シ 初学ノ一助トナス

凡一ート記セドモ 二三以上幾ーニテモ通用ス 但一ーニ限ル品ニハ 一ノ字ノ右肩ニ○ヲツケテ」

（5丁ウ）「シラシム

凡数字ノ外ニ成ノ字ヲ用ルコトアリ 啓書成封 菓儀成封 時袍成領 時襪成双 燭臺成對ノ類コレナリ 宜ニ随テ用ユベシ 又全ノ字ヲ用ルコトアリ ハシタ物ニテナク ソロヒタル義也 色絹全匹 宝冊全部ノ類コレナリ 又器中ニ一盃イレタル類ヲモ全盒全瓶等トイフ 又古昔中華ヨリ来リシ品目ノ中ニ〈硃紅漆黒漆《シユヌリクロヌリ》〉戧《チン》金椀《キンノ》弐拾箇槖」

（6丁オ）「全トアリ 此二十人前ノ椀具ニ 膳マデソロヘタルヲ云〈槖ハ足付ノ膳ナリ〉又硃-紅-漆《シユヌリ》戧-金《チンキン》宝-相-花《カラクサモヤウ》摺-畳面《タヽムタラヒノワク》盆架弐坐鍍金《メッキノ》事件全トアリ 此面盆架ヲトリオキニシテ 其ニ就タル金物ヲソロヘタルヲ云 又魫燈-籠肆-對 雲頭挑竿《クモカシラノカケサホ》 全トアリ 此灯籠ヲ持《モッ》カケ竿トモノ義ナリ 〈三件トモニ善隣国宝記ニイヅ〉全ノ字如レ是ニ用ルコトヲ知ベシ

凡一二三ヲ壱弐参ト書コトハ秦ノ世ヨリ始ル 厳」

（6丁ウ）「法ノ上ヨリシテ 私ニ画ヲ書ソユルコトヲ妨クタメナリ 後世ニ至テ皆同音ノ別字ヲ以テ換用ヒ 儀物ノ類モ其ニ従フ 壱弐参肆伍陸漆捌玖拾佰阡コレナリ 倭中ニ壱弐参バカリヲ用ルハ却テ古風ナリ 各其人ノ斟酌ニヨルベシ

器物類

【一箇一枚】大小何ニテモイクツト云ニ用ユ 箇モ枚モ義ヲナジ 俗語ニ人ヲ数ルモ几箇几枚トイフ」

（7丁オ）「【一事】此モ物ノ数ヲ通シテイフ 往古朝鮮ヨリノ別幅ニ多ク見ユ

【一件】此モ事ノ字ヲ用ルニ同シ 然トモ小キ物ニハイハズ

【一具】一通リソロフタル物ヲ云

【一全】上ニ同シ 然トモ具ハナラベテ見テソロフタル意 全ハヨセテ見テソロフタル意ナリ 筋ナドモ几全トアリ

【一部】物数ソロフタルヲイフ 一具一全一部大概相同シテ物ニ因テ斟酌スベシ

【一副】大抵物ニ添テ用ルモノヲ云 茶匙｜｜牙筯｜｜牙梳《クシ》｜｜骰子《スコロクノサイ》｜」

（7丁ウ）「｜文池《スヾリ》｜｜果《ジキ》（卓）盒《ロウ》｜｜トアリ 又捜神記ニ衣一｜襲被《ヨギフトン》 褥一副トアリ 衣服ノ上ニ加ルト云意ナルベシ

【一束】一ク、リニシタルモノヲ云鸞牋《モヤウガミ》｜｜龍涎《センカウ》｜｜トアリ 日本ニテハ帋ニ多ク用ユ

【一刀】唐ニテ専ラ帋ヲイフ 一タチニソロヘタル義ナリ 日本ノ帋ニハ斟酌シテ用ユベシ

【一枝】筆又箭ノ類 又鳥羽ナトヲ云 又笙笛ノ類ニモ｜｜トアリ

【一管】笙笛ノ類 又筆烟吹《キセル》等ニモ｜｜ ｜（ママ）アリ

【一條】杖ノ」

（8丁オ）「類 又烟管等スベテ細ナガキ物ヲ云

【一握】扇團扇《ウチワ》如意拂子等ヲイフ

【一柄】團扇払子ノ類 其外柄ノアルモノヲイフ

【一把】手ニトル物ヲイフ 剪子｜｜茶匙《サジ》｜｜トアリ 扇子ノ類手ニ持モノハ一握トイフ 剪子《ハサミ》小刀ノ類ハモ

チ物ニハアラズ 故ニ把トイヒ 握トハイワス 傘ナドモ｜｜ト云 又交床《タヽムコシカケ》｜｜トアリ タヽミテ持アルク
故ナリ
【一巻―一冊―一帙―一部】皆書籍ヲイフ
【一函】ウ｢ス｢クヒ｢ラタ｣
（8丁ウ）「キハ｢コ入ノ物ヲイフ
【一筐】ハコイリノ物ヲイフ 但木地ノハコナリ
【一匣】ハコトモニ道具ニナル物ニモチユ
【一包】ヒトツヽミ
【一封】ツヽミテ封シタル物
【一袋】ヒトフクロ
【一張】紙一マイヲイフ 又獣皮ニ用ユ 又華席｜｜ 又粗篦《クシ》｜｜トアリ 本ヨリ琴瑟ノ類ヲイフ
【一笏】墨ヲイフ
【一梃（挺カ）】上ニ同シ 然トモマル墨カク墨ハ 梃（挺カ）トハイフベカラズ
【一螺】晋ノ陸雲与二兄機一書ニ墨二螺トアリ ツク｢ネ形ノ墨ナ」
（9丁オ）「ルベシ 日本モ上代ノ墨ハツクネ形ナリ
【一座】下ニ居置《スヘヲク》モノヲ捻テイフ 宣炉《セントクノカウロ》 面盆架《テアライノワク》｜｜トアリ 但細長キ物ニハイワス
【一趺】ベツタリ足ノ物ヲイフ
【一架】衣桁 又ケンダイノ類 又圍屏｜｜トアリ 此方ノ張付ノ屏風ニハ用ユベカラズ 案《ツクヱ》ハ一架トモ一座
トモイフベシ

【一臺一一桌(卓)】何ニテモタ⌐イニノセタル物ニテイフ 又足付ノゼンヲ桌(卓)トイフ 故ニ椀具ソロフタルヲ一桌(卓)
トイフテ宜シ 又僧家ノ鉢」
(9丁ウ)「鑌子ナラバ一單ト云ベシ 鉢ノシキ物ヲ鉢單トイフ
【一局】棋盤ヲイフ 若棋イシ 棋バンソロフタルナラバ 碁局一具全ト云ベシ
【一鋪】シク物ノ類ヲイフ 湘水《アシロムシロ》｜｜トアリ
【一陣】上ニ同シ 紅氈｜｜トアリ
【一領】衣服類ヲイフ 世説ニ簟｜｜トアリ 身ニ付テ用ル物ユヘナリ
【一鞘】刀ヲイフ
【一口】鉢類ヲイフ 香炉茶礶《チヤビン》ニモ｜｜トアリ 又刀ニモイフ
【一幅】墨迹画類ヲイフ 又紙ヲモイフ 料紙ニスル」
(10丁オ)「ヲ以テイフ 漫ニハイワズ
【一軸】カケ物マキ物ヲイフ
【一塊】沈香ゴトキノ形ノモノヲイフ
【一片】一《ヒト》キレノ形ヲイフ 紙又袱ナドヲ｜｜ト云ハアシ、
【一圓】鏡ヲ云
【一面】鏡又硯ヲイフ
【一匳】鏡ハ⌐コ入ヲ云
【一琲】珠一貫為レ琲トアリ 数珠ノ類｜｜ト云ベシ
【一版】一《イチ》マイノ物ヲイフ 中金《コバン》ノ類｜｜ト云ベシ

【一扇】コレモ一マイノ物ヲ云フ 俗ニ多ク一‐枚ト云トモ枚ノ字ハ箇ト云ニ同ジ
【一對一雙】ツイノ物 ソノ中 双ハ」
（10丁ウ）「キワメテ二《フタツ》アル物 襪鞋ノ類コレナリ 對ハ一ニテモスム物ヲ對ニシテ用ルノ義 酒壜燭臺 或ハカ‐ケ物ノ類コレナリ
【一星】小金《イチブ》砕銀《コマガネ》ノ類
【一繩】絲繩ニテツ‐ナ‐キタルモノ
右ノ外倭称ニテモ各別字義ニ負カスハ斟酌シテ用ユベシ 紙｜‐帖銀｜‐両ノ類コレナリ〈唐ノ銀一両ハ拾文目也〉又一‐什一‐佰ト惟数ニテ書コトモアリ

衣帛類」

（11丁オ）「【一匹一端】常式ノ如シ
【一幅】一《イチ》マイト云ニ用ユ 汗巾｜｜卓 圍《ツクヘカケ》｜｜椅褥《イスカケ》｜｜トアリ
【一方】真四方クノ物ヲ云 フ‐ク‐サフ‐ロシ‐キ坐‐ブ‐ト‐ンノ類
【一條】帯其外長《ナガ》ミノアル物ヲスベテイフ 手帕ナドモ｜｜トアリ
【一領】衣服 又袈裟ノ類ヲイフ 又時袍成領トアリ 仕立タル上ニテイフ
【一襲】上ニ同シ 上服《ウハギ》ノ意ナリ 吉服｜｜トアリ 世俗ノ上下《カミシモ》ノ類
【一襆】襆ノ字ト同シ 一ツ‐、‐ミナリ 世説ニ一｜ノ新衣ト」
（11丁ウ）「アリ 然モ紙ヅ、ミニハイワズ
【一裁】カ‐タビ‐ラヒ‐ト‐エノ類ヲ云 葛衫｜｜トアリ
【一件一事】衣帛ノ類通シテイフ 三衣ノコトヲ三事ノ衲トイヘリ

【一縁】袈裟坐具等ニイフ

【一頂】巾帽ヲ云 又蚊帳類ニモ云リ 頭上ニ掛ルモノ故ナリ

【一套】背《ボイ》心《シン》披風 又ハカマハヲリノ類ヲイフ 下裳｜｜トアリ

【一牀】ヨキフトンヲイフ 粗衾｜｜トアリ

【一副】絲帯｜｜トアリ 副ノ義上ニ見ユ

【一具】装束ノ類 一通リソロフタルヲ云

（12丁オ）「【一緉】ベツスタビヲイフ

【一雙】上ニ同シ 又鞋履ノ類

【一巻】緞子類ヲイフ

【一屯】サヤチリメン等ノマルキク丶リタルヲ云

【一陣】シキ物ヲ云 毯裀｜｜ト有

【一枚一箇】唯イクツトイフ数ヲ云 坐褥《ザブトン》｜箇 香嚢《ニホヒブクロ》一枚トアリ 又茶経ニ巾二枚トアリ

【一對】手ヲヒ股ヒキノ類ヲイフ

【○一圍】官帯｜｜トアリ 常服ノ帯ニハイヒガタシ

食果類

（12丁ウ）「【一筐】スベテハコ入ニシタル物

【一嚢一袋】フクロニ入タル物

【一包】紙ニツ丶ミタル物

【一封】包テ封シタル物

【○一掬―○一握】茶ナドノ類タヾ一ツカミヲ云 詩経ニ貽二我ニ握椒ヲ一トアリ
【一盒―一榼】食‐ロ‐ウ重‐バ‐コ 又蓋ヂ‐ヤ‐ワ‐ン等ニ入タル物
【一棬】マゲ物ニ入タルモノ
【一器】スベテウ‐ツ‐ワニ入タルモノ
【全撞】重バコ一クミノ物
【全盒】カサネ食ロウ一クミノ物 但撞ハ食ロウ類ニモ通ズ
【一橱】提重ニク‐ミタルモノ
【一盤―一盆】」
（13丁オ）「ハチニ盛タルモノ
【一甌】フカキハ‐チニモ‐リタル物 甌ハ深碗也ト註ス
【一籃】カ‐ゴニ入タルモノ
【一簏】目ノスキタルカ‐ゴ 金團《ミカン》ーートアリ
【一缶】ツ‐ボニ入タル物
【一坩】スヤキノツ‐ボ
【一壺―一罐】ツ‐ボ入ノ茶ヲイフ
【一團】モ‐チ マ‐ンヂ‐ウ等ヲ数ニテ云
【○一元】一カサネヲイフ 喜糕ーートアリ
【一束】チ‐マ‐キ 又笋等ヲイフ
【一塊】芋ガシラ 掌薯《ツクネイモ》百合根《ユリネ》ノ類ヲ云

【一片】一キレヲイフ
【一莖】一ポンヲイフ
【○一断】ヒ‐ト」
（13丁ウ）「ソロヘ
【○一梱】一《ヒト》ク、リ
【○一把】イチワ 杜詩ニ菜把ノ語アリ
【一連】何ニテモツナギタル物ヲ云
【一串】クシニシタル物
【○一槖】足付ノ膳盆等ニツミタルヲ云
【○一臺】何ニテモ臺ニツミタルヲイフ 野菜種々ナラバ菜品｜｜ト云
【一盤】硯ブタ折敷等ニク‐ミタル物
【一樽】酒ヒ‐トタル
【一瓮一壜】ト‐ク‐リノ酒ヲ云
【○一朋】タル一對ヲイフ
【一頭】膳部一《ヒト》ト‐ヲ‐リヲイフ 晋ノ元帝謝レ賜二功‐徳浄膳一頭一ヲ文アリ 劉孝威謝レスル賜二ヲ」
（14丁オ）「果食一頭一ヲノ文アリ 皆オクリ膳ナリ
【○一筵】上ニ同シ
花木類
【一株】木一本

【一根】草花一本
【○一叢】草花本シゲキ物
【一盆】ハチウエノモノ
【一枝】キリヱダ
【一莖】草花ノキリタルヲ云
【一種】ヒトイロヲ云 モシ数品ノ花ナラハ時花几種ト云
【一瓶】カメ 又ツ、ニ生タル花

禽魚類

【○一嗷】馬ヲイフ 通雅ニ数《ルニハ》レ馬《ヲ》以《シ》レ嗷《ヲ》数レ魚《ヲ》以レ尾鹿《ニハ》以レ頭雞《ニハ》」
（14丁ウ）「雌雄《ヲ》曰二一闘《ト》一トアリ
【○一乗】鴑馬ーートアリ
【○一牽】大牢《ウシ》ーートアリ
【○一口】小獒《イヌ》ーートアリ
【一匹一一頭】通シテイフ 馬援伝ニ牛馬羊数千頭トアリ 鳥ニハ頭トハイワズ
【一翼】鳥ヲイフ
【○一隻】同一ピキヲイフ
【一尾】魚ヲイフ
【一枚】世説ニ鯶魚数十枚トアリ
（以下、二行分ほどの空白を措いて「尺牘儀式」とあり）」

〔翻字注〕（7丁ウ5）【一管】の条、「又筆烟吹《キセル》等ニモ｜｜｜（ママ）アリ」の「｜（ママ）」は、「ト」とあるべきところ、誤って「｜」と刻んだようである。

（11丁ウ6）【一套】の条、「背心」の右傍訓は「ポイシン」とある。佐賀県方言には、袖無を意味する「ポイシン」（背身）という言葉がある[2]。

（以上）

第四節　雅称（雅名）について

尺牘における助数詞表現は、また、雅称と関わりが深い。雅称とは、古今の故事による称呼法である。元の泰定元年（一三二四）に刊行された『新編事文類要啓箚青銭』（徳山毛利家旧蔵）では、それぞれに故事をあげて雅称を説く。尺牘においては、雅称を知ることなく助数詞用法を理解することはできない。『尺牘式補遺』は、それ故、右「儀物数目」（下五丁オ～一四丁ウ）に先立ち、「儀物雅称」（下一丁オ～四丁ウ）を説いている。次に、これを翻字し、助数詞研究のための一助としたい。

《凡例》1、底本における丁数を冒頭に記し、その本文を「　」内に翻字する。

2、底本の改行部は示さないが、段落によって改行する。

3、双行割書は双行割書の形で翻字する。但し、印刷の都合上、次のような処置をとることがある。

i「金腴杏子《アンズ》」「文林林禽《リンゴ》」など、もとは双行割書「杏子」「林禽」の文字に付訓があるが、文字を片寄せて一行に組み、これに仮名を付す。

ii・双行割書の中の仮名合字を「コト」「シテ」「トモ」と代えた場合、右傍の点線を省く。

4、この他、原則として前節にならう。

［翻字］

（1丁オ）「　儀物雅称

凡事物ノ品|名学語編ニ載タリ　今此ニ平常餽贈ニ用ル物件ノ称式ヲ挙テ幼学ニ示ス　此ノ外類ヲ推テ考ヘ詳ニシ　疎漏ノ失ナカルベシ

凡器|用又菓|子ノ類中華ト日本ト異同アレバ一々華名ニハ当リガタシ　強テ華名ヲ用ントセバ齟齬スルコト多シ　紙ニテ杉原奉書ノ名菓子ニテ羊羹」

（1丁ウ）「献美落雁等ノ名ハ直ニ用テ可ナリ　但名実アタラズシテ錯乱スルモノハ改ザルベカラズ

凡世俗ニヲシナヘテ菓子ト唱レトモ菓子ハクダモノナリ　茶菓或ハ菓盆等ト云トキハ通称スレトモ蒸グワシ乾《ヒ》グ|ワシノ類ヲ直ニ指シテ菓子トハ名クベカラズ　大抵米麪豆ノ質ニテ製シタル菓子ハ糕ト称ス　砂糖バカリニテ製シタルクワシハ糖ト称ス　故ニ菊輪糖紅梅糖ノ類ハ糖ニアラズ」

（2丁オ）「糕ト云ベシ 菊輪ハ菊ノ形ニハ遠シテ輪輻ノ形ニ近シ　故ニタヾ輪糕ト云テ通ス　紅白輪糕ト書テ可ナリ

又牛肥ノ類ネリタルクワシハ唐ニテモ糖ト云　又飴《アメ》糖ヲ通シテ糖ト称スレトモ紛レ易レバ飴又ハ餳ト書テ分ツベシ

凡箱入俤入ノ菓子ニハ必糖類糕類アヒ雑ル　然モソノ多キ方ニ随テ花糖一筐俤 又ハ花糕一筐俤ト書テ可ナリ　菓子品々ノ形ヲ花ノ字ニテ称スル」

（2丁ウ）「ナリ

蔡珍　霜楮 通シテ紙ヲ云　剡楮　剡藤 唐紙　濃紙 美濃紙　寸楮 ハンギリ片楮片紙ト書ハ悪シ 片楮ハ紙ギレノコト也　便紙 延紙ノルイ ハナガミニ用ル紙ヲ云　毛穎　兎管

毛錐 筆　如椽 大筆　松烟　松煤　松俟　客卿　龍剤 墨　文池　文泓 硯　軽箑　仁風 扇　團月 ウチワ　氷鑑　菱花 鏡　引線 針

手帕 手ノゴヒ　汗帕　汗巾 汗テノコヒ　布帊 フロシキ　花袱 サラサノフロシキ　裹袱 フクサフロシキ通シテイフ　絹帊 フクサ　夾帊 アワセブクサ」

（3丁オ）「緞帊ドンスノ袱フクサ　縠帊チリメン袱ブクサ　斗帳今ノトチヤウト製チガベト（ママ）トモ借テ称ズベシ　卓袱　卓被《ウチシキ》　椅袱　椅被《イスカケ》　時袍《ジフク》　絮袍《ワタイレ》　葛衫

涼衫《カタビラ》　夏絹キヌノ繭ヒトエ雪　絮《マワタ》　絮胎《ヲナカ》　棉花《ワタ》　色緞《ドンス》　色絹《ソメギヌ》　花絹《モヤウギヌ》　白縞　雪縞シロキ上ギヌ　粗紬《フトモノ》　昆吾金子

椭金小判　朱提銀　椭銀丁銀　青蚨銭　玉膏蝋燭　玉挿白ハシ　漆筯《ヌリバシ》　梜提菜バシ　春芽茶　雀舌上茶　抹茶ヒキ茶　魯酒　薄酤

共ニウスキ酒卑下シテ称ス　清醇《モロハク》　陳酒《コシユ》」

（3丁ウ）「乳酒白ザケ甘ザケ通ジテイフ　逡巡酒《アマ酒》　喜酒イワヒノ酒　喜盒イワヒノ重ノ内　喜糕イワヒノモチ　壽糍誕生祝ノモチ都テ誕生年壽ノ賀品ハ何ニテモ壽ノ字ヲ加フ　玉糍　糍團《モチ》　乾粿

カキモチ　粉團　牢丸《ダンゴ》　角粽　玉粽　茭粽《チマキ》　釘粽チヒサキチマキ　栗粽クリノコモチ　葛粽《クズモチ》　蕨粽《ワラビモチ》　頓粽クズモチワラビモチノ類ヲスベテイフ　仙

餌マンヂウモチグワシノ類ヲスベテイフ　饅首　麪繭　春繭《マンヂウ》　臥饅竿マンヂウ　花餅　花餌　花粿《ハナモチ》　粿餡《アンモチ》　茶食《チヤノコ》　茶料茶グワシ　鬆

糕《センベイ》　豆砂糕」

（4丁オ）「ヤウカン　炒米糕《ラクガン》　氷絲糖　窠絲糖アルヘイタウ

右ノ類ミナ異同アレバ直ニ羊羹落雁ト書ニシカズ　氷絲ノ製モアルヘイニ的当スルニ非ズ　今アルヘイノ形状ヲトリテ名ハ巻糖又ハ曲糖トイヒテ通ズベシ

花糖凡テアルヘイ製ノクワシヲイフ　纏糖衣キセタルクワシ　瓏纏又龍ノ字ヲ用ユコンペイタウ　糖菓　糖料《サタウヅケ》　蜜菓　蜜料《ミツヅケ》　氷塊《コホリザタウ》　糖霜《タイハク》　洋糖

サタウ　紅糖《クロザタウ》　黄糖クロザタウノ上品　飴糖　餳糖アメヂワウセンスベテイフ　滑飴《シルアメ》　飴條《ボウアメ》　葱飴中ノスキタルバウアメ　白粲　玉粒」

（4丁ウ）「ハクマイ　夏登《ムギ》　麰雪。　麪粉《ムギノコ》　玉塵。　飛雲麥米ノ粉共ニイフ　烏麥《ソバ》　黒兒《ソバキリ》　豆乳。　菽腐《トウフ》　褐腐《コンニヤク》　腐皮。　腐衣

ユバ　麪筋《フ》　海霜塩　浄饍齋ノゼン　齏滾。　薄具ソサウノ食物〇三トモニ贈リ膳ニ称スベシ　温菘。　土酥大コン　宿根《ナ》　土卵《イモ》　毛團。　黄獨《カシウ》

海菜ノリノ類スベテノ海草ヲ称スベシ　縷烟《キザミタバコ》　金絲烟仝　雪華梅子　仙郷桃　金腴杏子《アンズ》　鵝蜜梨　文林林禽《リンゴ》　軟柿《ツルシガキ》　霜柿粉ノフキタル柿　金丸枇杷

金嚢。　金團《ミカン》　赤心《ナツメ》　玉臂ハスノ根　房珠。　玉擘ハスノ実　馬乳《ブダウ》　白菓《ギンアン》」

［翻字注］（3丁オ）「椭金小判」「椭銀丁銀」の文字につき、偏は「木」、旁は「堕」と見える。

（4丁ウ）「黒兒《ソバキリ》」の文字は異体字で見えるが、『学語編』にならい、「兒」字とした。

第五節　おわりに

本節には『尺牘式補遺』に説く助数詞用法を見てきた。これらは、「唐ニテ専ラ帋ヲイフ」（器物類、［一刀］の条）・「日本ニテハ帋ニ多ク用ユ」（同、［一束］の条）・「此方ノ張付ノ屏風ニハ用ユベカラズ」（同、［一架］の条）などと見えるように、日本人のために華語の品物名と数え方を解説したものである。当代の人の丁寧な説明であり、貴重な資料となろう。

その「儀物数目」の冒頭には、「凡儀物ノ数目、時ニ臨テ書法ニマドヒ、或ハ差誤スルコト多シ、今尺牘家ノ書式ニヨリ、又諸書ニ散在スルヲ引キ、又華人ノ儀状ノ見及ビタルヲトリ、又往古中華ヨリ日本へ送来ルノ品目ヲモ参考シ、次第シテ録列シ、初学ノ一助トナス」とある。編修に際して諸資料を参看したという、その主なところ（典拠）を整理すれば、次のようになろう（以下、付訓、合符等を略する）。

［A］、中国撰書の類

・中国撰書に関して、「馬援伝」「通雅」「詩経」「杜詩」「茶経」「世説」「晋ノ陸雲与兄機書」「捜神記」の名が見える。

・この内、顕常は、明代末の方以智の輯著『通雅』(3)をよく引く。即ち、『尺牘式補遺』に「［○一嗷］馬ヲイフ　通雅ニ数《ルニハ》レ馬《ヲ》以《シ》レ嗷《ヲ》数レ魚《ヲ》以レ尾鹿《ニハ》以レ頭雞《ニハ》雌雄《ヲ》曰二一闘《ト》一トアリ」（禽獣類）と見えるのは、『通雅』巻四〇に「数レ馬以レ嗷。猶下魚以レ尾。鹿以上レ頭也。○嗷。喙也。貨殖伝。馬蹏躈千。唐崔光遠伝。得レ馬二千嗷。范石湖曰。黎鳴謂レ雞。雌雄曰二一鬭一。十雞併而種。当レ得二六鬭一。」（二八丁オ・ウ）とある（「闘」は「鬭」の俗字）。

また、『通雅』の書名は見えないが、『尺牘式補遺』の「［一頭］膳部一《ヒト》トヲリヲイフ　晋《ノ》元帝謝レ賜二功徳浄膳一頭《ヲ》一ノ文アリ　劉孝威謝《スル》レ賜《ヲ》二果食一頭《ヲ》一ノ文アリ　皆オクリ膳ナリ」（食果類）と見えるのは、同書の「曰レ屈曰レ頭皆数也。（中略）奴為レ頭。麝為レ子。檳榔為レ山。胡桃為レ子。晋元帝、謝レ賜二功徳浄饌一頭一。又謝齎功徳食一頭。又劉孝威謝レ賜二果食一頭一。（後略）」（二八丁ウ）とある条を引いたものである。「［○一朋］タル一対ヲイフ」（食果類）も、同書の「朋者。（中略）両尊曰レ朋」（二六丁ウ）を踏まえたものであろう。

前章に、『尺牘語式』の「56葛衫《カタビラ》一裁」「57法衣《ケサ》一縁」は、『通雅』の「…衣為レ裁。袈裟為レ縁。…沈約有レ謝二葛衣一裁一。簡文帝云。蒙レ恵二袈裟一縁一。」（巻四〇、二八丁ウ）を改めながら（「袈裟」を「法衣」とする）引用したものと述べた。これにつき、『尺牘式補遺』にも「［一裁］カタビラヒトエノ類ヲ云 葛衫｜｜トアリ」「［一縁］袈裟坐具等ニイフ」（衣帛類）とある。この二条も『通雅』を踏まえたものであろう。

・この他、「馬援伝」については、「［一匹一一頭］……馬援伝ニ牛馬羊数千頭トアリ……」（禽魚類）と見えるもので、『後漢書』列伝五四、馬援伝に「因処田牧、至有牛馬羊数千頭穀数萬斛」とある。(4)「詩経」については、「［○一掬一○一握］茶ナドノ類タヾ一ツカミヲ云 詩経ニ貽二我ニ握椒ヲ一トアリ」（食果類）と見えるもので、その「陳風」の「視レ爾如レ荍 貽二我握椒一」（東門之枌）(5)を引く。「握椒」は、一握りの山椒の枝の意。「杜詩」については、「［○一把］イチワ 杜詩ニ菜把ノ語アリ」（食果類）と見えるもので、杜甫の詩「園官送レ菜」に「清晨送二菜把一、常荷地主恩」(6)云々とある。「菜把」は、野菜の束の意。大暦元年（七六六）か二年の詩とされる。

「茶経」については、「［一枚一一箇］……又茶経ニ巾二枚トアリ」（衣帛類）と見えるもので、『茶経』《ちゃきょう》に「巾。以二絁布一、為レ之。長二尺。作二二枚一、互用レ之。以潔二諸器一。」（巻中、四、器）(7)とある。

「晋ノ陸雲与兄機書」については、「［一螺］晋ノ陸雲与二兄機ニ一書ニ墨二螺トアリ ツクネ形ノ墨ナルベシ 日本モ上代ノ墨ハツクネ形ナリ」（器物類）と見えるもので、陸雲撰『陸士龍集』巻八に収める「与二兄平原一書」(8)に、「不今送二螺一」とある。「ツクネ形」とは、手でこねて丸く固めた形をいう。当時の墨は、煙《すす》膠を調合して幾度となく杵で搗き、後、丸い形に仕上げたらしい。中国、日本には、「隃麋墨一丸」（『宋書』、巻四〇、百官志）のような数え方も見られる。(9) 陸機（二六一～三〇三年）・陸雲（二六二～三〇三年）の兄弟は二陸と併称され、潘岳と並んで西晋時代の代表的な文人とされる。

「世説」については、「[一枚] 世説ニ鱓魚数十枚トアリ」（食果類）、「[一襆] 幞ノ字ト同シ 一ツ、ミナリ 世説ニ一ーノ新衣トアリ ……」（衣帛類）、「[一領] 衣服類ヲイフ 世説ニ簟ーートアリ ……」（器物類）と見え、この内、一例目は、まだ確認できないが、二例目は『捜神記』の間違いで、この巻一六に「盧充者范陽人、…即有一人、提一襆新衣」と見える。(10) 三例目は、『世説新語』に「王恭従会稽還、王大看之、見其坐六尺簟、因語恭、卿東来故応有此物、可以一領及我、恭無言、大去後、即挙所坐者送之…」（徳行第一）と見える。(11)

「捜神記」については、「[一副] 大抵……又捜神記ニ衣一襲被 褥《ヨギフトン》一副トアリ衣服ノ上ニ加ルト云意ナルベシ」（器物類）と見えるもので、『捜神記』巻一六に「…今復致衣一襲被褥自副、充上車去如電逝、…」（『景印文淵閣四庫全書』、子部三四八）(12)とある。「副」字に異文があるようだが、意味は添える意である。

[B]、『善隣国宝記』（瑞渓周鳳撰）

「又古昔中華ヨリ来リシ品目ノ中ニ ①〈硃紅漆黒漆《シユヌリクロヌリ》〉戧金《チンキンノ》椀弐拾箇橐全トアリ 此二十人前ノ椀具ニ 膳マデソロヘタルヲ云〈橐ハ足付ノ膳ナリ〉又②硃紅漆《シユヌリ》戧《チンキン》金宝相花摺《カラクサモヤウタ、》畳面《ムタラヒノワク》盆架弐坐鍍金《メッキノ》事件全トアリ 此面盆架ヲトリオキニシテ 其ニ就タル金物ヲソロヘタルヲ云 又③魫燈籠肆對雲頭挑竿《クモカシラノカケサホ》全トアリ 此灯籠ヲ持《モッ》カケ竿トモノ義ナリ〈三件トモニ善隣国宝記ニイヅ〉全ノ字如レ是ニ用ルコトヲ知ベシ」…前置相当の条

・今、付訓のまま、長文を引いた。これは、『善隣国宝記』の巻下に収める、宣徳八年（一四三三）六月一一日付、明宣徳帝から足利義教宛「別幅」を踏まえたものである。(13) 同別幅には、①③につき、「硃紅漆戧金椀弐拾箇橐全／黒漆戧金椀弐拾箇橐全／魫燈籠肆對雲頭挑竿全」、②につき、「硃紅漆戧金宝相花摺畳面盆架弐坐／鍍金事件全」と見える。

・「器物類」の条に、「[一事] 此モ物ノ数ヲ通シテイフ 往古朝鮮ヨリノ別幅ニ多ク見ユ」と見える。朝鮮国からの国書・別幅は、『善隣国宝記』『続善隣国宝記』にも収められ、「鍮鉾一事 中磬一事 雲板一事」(朝鮮国王成宗から足利義政宛国書、成化一八年〈一四八二、文明一四〉五月一二日、『続善隣国宝記』)(14) と見える。関連して「大紅漆木車椀大小計七十事」「大鐃鈸壱事」のような例がある。

・『善隣国宝記』には、大明皇帝・朝鮮国王との国書や別幅が収められ、明代の助数詞用法が見える。(15) 顕常は、この条以外にも、書名を明示しない形で同書を引いているかも知れない。

[C]、尺牘書『尺牘双魚』(陳継儒原輯・熊寅幾増補較正)

「駑馬ーートアリ」…[○一乗]の条
「小栔ーートアリ」…[○一口]の条
「汗巾ーー」「卓圍ーートアリ」…[一幅]の条
「鸞䏼ーー龍涎ーートアリ」…[一束]の条
「又粗篦ーートアリ」…[一張]の条
「圍屏ーートアリ」…[一架]の条
「香嚢一枚トアリ」…[一枚一一箇]の条
「粗衾ーートアリ」…[一牀]の条
「大牢ーートアリ」…[○一牽]の条
「茶匙ーー」「牙梳ーー骰子ーー文池ーー果盒(卓)ーートアリ」…[一副]の条
「湘水ーートアリ」…[一鋪]の条

・書名を出さないが、諸書を比較すると、右の「ーートアリ」とある条は『尺牘双魚』(承応三年〈一六五四〉刊本・後印本)を踏まえたものであろう。(16)「茶匙ーー」以下の条などは、「[一副] 大抵物ニ添テ用ルモノヲ云」と前置きするが、これは『尺牘双魚』の「書器」の項目を踏まえたもの、また、「[一翼] 鳥ヲイフ」「[一尾] 魚ヲイフ」(禽魚類)と見えるのは、右の「駑馬ーー」「大牢ーー」「小栔ーー」などと共に『尺牘双魚』の「禽獣」「餚饌」の項目を踏まえたものであろう。

・この他、「[一筐] スベテハコ入ニシタルモノ」(食果類)・「[一盤―一盆] ハチニモリタルモノ」(同)・「[一器]

スベテウツワニ入タルモノ」（同）などと見えるのは、『尺牘双魚』における「果品」の諸品物の、「筐」「盤」「器」を用いた語句をそれぞれ踏まえた表現であろう。「〔一對一雙〕ツイノ物 ソノ中 双ハキワメテ二《フタツ》アル物襪鞋ノ類コレナリ 對ハ一ニテモスム物ヲ對ニシテ用ルノ義 酒壜燭臺 或ハカケ物ノ類コレナリ」（器物類）は、同書の「〔毡襪〕毡襪一双」「〔暑襪〕足衾一双」「〔綾襪〕綾襪」をまとめ、「〔護膝〕膝圍一對」を踏まえたものであり、「〔一頂〕巾帽ヲ云 又蚊帳類ニモ云リ 頭上ニ掛ルモノ故ナリ」（衣帛類）は、同書の「〔巾〕元服一頂」と「〔毡帽〕毡帽一頂」とを合して和らげ、「〔一樽〕酒ヒトタル」（食果類）、「〔一鞘〕刀ヲイフ」（器物類）とある如きも、同書の「〔酒〕魯酒一尊」「〔剣〕青萍一鞘」の意を汲んだものであろう。

・『尺牘双魚』には、「餚饌」の条に「〔猪首〕豚元一顆」「〔羊首〕羊元一顆」「〔猪肉〕豚肉一方」「〔牛肉〕犢背一方」、その他の食肉類も見える。顕常は、当然、目にしたはずであるが、一切、引用はしていない。

[D]、その他の明代尺牘書

・右の他、「〔一陳〕シキ物ヲ云 毯裀ーート有」（衣帛類）は、『翰墨双璧』（明万暦四一年〈一六一三〉刊）の「〔氈〕毯裀一陳」を、また、「〔一套〕背心《ボイシン》披風又ハカマハヲリノ類ヲイフ 下裳ーートアリ」（衣帛類）は、『玉堂尺牘彙書』（康熙二一年〈一六八二〉刊、貞享四年〈一六八七〉林五郎兵衛重刊）の「裙〈下裳／一套〉」（八丁ウ）を踏まえたものであろう。

[E]、前著『尺牘式』

・尺牘関係書はこの他にもあるので、更に多くの資料を調査すれば、『尺牘式補遺』の典拠となったもの、ひいては、顕常のような立場の人々の周辺にあった尺牘関係書がはっきりしてくるであろう。

「喜糕ーートアリ」　…［〇二元］の条　　「絲帯ーートアリ」　…［一副］の条

「文池ーー（トアリ）」…［一副］の条　　「官帯ーートアリ」…［〇一圍］の条

「宣炉（ーー）」　…〔一座〕の条　　「葛衫ーートアリ」　…〔一裁〕の条
「金團ーートアリ」　…〔一籠〕の条　　「吉服ーートアリ」　…〔一襲〕の条
「汗巾ーー」　…〔一幅〕の条

・書名を出さないが、右は『尺牘式』にも見える。引用したのであろう。但し、「汗巾ーー」（一幅）、「文池ーー」（一副）のように、先行する『尺牘諺解』、また、『尺牘双魚』などに見える場合もある。

・『尺牘式』からの引用は明瞭でないことが多い。例えば、「〔一籃〕カゴニ入タルモノ」（食果類）とは、『尺牘式』の「宿根一籃」を踏まえ、「〔一團〕モチマンヂウ等ヲ数ニテ云」（食果類）と見えるのは、同書の「仙餌幾團 香飴几團 玉糍几團」（この語句の内、前二者は『尺牘諺解』にもある）を、「〔一方〕直四方クノ物ヲ云 フクサフロシキ坐ブトンノ類」（衣帛類）と見えるのは、同書の「手帕一方」「彩袱一方」と『尺牘双魚』の「〔坐褥〕坐褥一方」とを、「〔一束〕チマキ又笋等ヲイフ」（食果類）と見えるのは、同書の「角黍几束」と「竹胎一束」とを、それぞれまとめたものである。また、「〔一瓮一一壜〕トクリノ酒ヲ云」（食果類）と見えるのは、『尺牘式』の「喜酒二壜」を踏まえたいい方であろう。前のCに引いた「〔一對一一雙〕ツイノ物……對ハ…酒壜燭臺 或ハカケ物ノ類コレナリ」（器物類）の傍線部も、この「喜酒二壜」を踏まえ、更に同書の「花燭成對」を踏まえる。こうした目に見えない形で前著を利用している可能性は他にもあろう。

ところで、本章では「儀物雅称」にも言及した。ここでいう「雅称」とは、日本文法の術語でいう「名詞」の範疇に包摂される。よって、これを「雅名」ともいう。しかし、実際の尺牘・解説書の範例文では、「名詞」を越えた「句」による雅称的表現も多い。故事を潜め、あるいは、踏まえる風雅の道には、語も句もないのであるが、「句」ということになると、これが複数の句に及ぶこともある。そこで、関係書では「語」で線引きし、単語（自立語）一語をもって雅称としたのである。

「雅称」は、尺牘の助数詞を検討する上で等閑視できない存在である。その文脈を把握するためにはこれらの語彙についての理解が欠かせない。加えて、これらの多くは、未だ国語辞書・漢和辞書などに掲載されていない。『学語編』と共に、今後、丁寧に検討、分析していく必要がある。

なお、『尺牘式補遺』には、その用法注の中に次のような仮名書きの助数詞も見える。これらは顕常周辺の日常的、口語的な助数詞であったと見られる。各段の上に当該語を掲げ、下に被注語を示す。

ヒトイロ　[一種]の条
一カサネ　[○二元]の条
一《ヒト》キレ　[一片]の条
一キレ　[一片]の条
一ク、リ　[一束]の条
一《ヒト》ク、リ　[○一梱]の条
一クミ　[全撞]の条
一クミ　[全盒]の条
ヒトソロヘ　[○一断]の条
一タチ　[一刀]の条
ヒトタル　[一樽]の条
二《フタツ》アル物　[一對]の条
一《（ヒトツ）》　[一對]の条
イクツ　[一枚]の条

一ツカミ　[○一掬]の条
ヒトツ、ミ　[一包]の条
一ツ、ミ　[一襆]の条
一通リ　[一具]の条
一《ヒト》トヲリ　[一頭]
イチワ　[○一把]
一ピキ　[○一隻]
ヒトフクロ　[一袋]の条
一ポン　[一莖]の条
一マイ　[一張]の条
一《イチ》マイ　[一版]の条
一マイ　[一扇]の条
一《イチ》マイ　[一幅]の条

これらも含め、本章における助数詞は、第四編末の「尺牘資料・日用類書―助数詞漢字索引」に、併せて掲出する。

注

（1）「有斐堂」は、京都の儒学者岡崎元軌の輯録した『中夏俗語藪』五巻・二冊（天明二年〈一七八二〉序）を出版している。元軌は、字を伯則、号を西郭、鵠亭、鵠汀、名を彦太郎という。父信好（字師古、号蘆門）の跡を継ぎ、油小路松原北の家塾で儒学・漢詩文を教授した。天保三年（一八三二）一二月一一日歿、六七歳。『十七史蒙求』の著もある（『平安人物志』、巻二、天明二年版）。

（2）木村晟・他編集『近代日本方言資料集［郡誌編］第8巻　九集・沖縄』、二〇〇七年六月、港の人、一一六頁。

（3）明方以智輯著・姚文燮較訂『通雅』、巻四〇、「算数」（『和刻本辞書字典集成』、第七巻、一九八一年三月、汲古書院、所収）。方以智は、明崇禎一三年（一六四〇）進士に及第、清康熙一〇年（一六七一）歿した。また、当和刻本は、清朝版（康熙五年頃版行）の誤刻を訂しながら、松平定信が文政六年（一八二三）桑名に再移封される前に白河で出版された藩版とされる。

なお、『通雅』巻四〇に引く「貨殖伝」には「馬蹶蹾千」と見える。これにつき、『宋版漢書』慶元刊本の下巻、「貨殖伝」には「馬蹶噭千」とあり、この割注に「師古曰噭口也蹄与口共千則為馬二百也噭音江釣反又口釣反」とある（松本市教育委員会文化財課編集『重要文化財宋版漢書　慶元刊本』、下巻、二〇〇七年三月、汲古書院、一二一八頁）。これに関連して、国立歴史民俗博物館蔵『史記』一三〇巻九〇冊・南宋中期〈紹熙慶元間〉建安黄善夫刊本の、巻一二九「貨殖伝」には「馬蹄蹾千」とあり、この割注に「徐広曰、蹾苦弔反、馬八髎、音料〇索隠曰、埤蒼云、尻骨謂八髎、一曰夜蹄、小顔云、蹾口也、蹄与口共千、則為二百疋、若顧胤則云、上丈《(文カ)》馬二百蹄、与千戸侯等、此蹄蹾十、比千乗之家、不容亦二百、則（後略）」とある（『古典研究会叢書　漢籍之部28史記（十二）』、一九九八年四月、汲古書院、三九七頁）。「蹾」の箇所は、活字本の『史記』第一〇冊では「噭」とある（一九五九年、中華書局、三二七五頁）。

また、『通雅』に引く「唐崔光遠伝」については、『唐書』の同伝（列伝第六六）に「賊酔、不能師、斬其徒二千、得馬千噭、俘一酋長以献」と見える（『新唐書』、第一五冊、一九七五年二月、中華書局、四六五四頁）。因みに、『観智院本類聚名義抄』では、「噭」字に「サケフ」（仏中四二）という訓が示され、「蹾」字の掲出はない。「蹾」字は、「馬のしりの骨。一説に、尻のあな。」（諸橋轍次著『大漢和辞典』第一〇巻、九六〇頁）と解説される。

(4)『後漢書』の「馬援伝」、『景印文淵閣四庫全書』、子部三四八、小説家類、六二四六頁。
(5)『詩経』新釈漢文体系、一九九八年一二月、明治書院、七一頁。
(6)鈴木虎雄訳註『杜甫全詩集』（続国訳漢文大成）、第四巻、一九九〇年二月第三刷、日本図書センター、一五一頁。
(7)林左馬衛・安居香山著『茶経』、一九八四年一〇月、明徳出版社、九八頁。
(8)『景印文淵閣四庫全書』、『集部二』、四四三頁。
(9)小著『木簡と正倉院文書における助数詞の研究』、二〇〇四年一月、風間書房、六五二頁。
(10)『景印文淵閣四庫全書』、『捜神記』巻一六、『子部三四八』、『小説家類』、四四七頁。
(11)『景印文淵閣四庫全書』、宋劉義慶撰・梁劉孝標注『世説新語』巻上之上、『子部三四一』、『小説家類』、四〇頁。
(12)既出、注(10)文献、四四八頁。
(13)田中建夫編『善隣国宝記 新訂続善隣国宝記』（訳注日本史料）、一九九五年一月、集英社、二一四〜二一六頁。
(14)田中氏の注(13)文献、二六二頁。
(15)小稿「善隣国宝記における助数詞」、『平成十七年度高山寺典籍文書綜合調査団研究報告論集』、二〇〇六年三月。
小著『日本語の助数詞―研究と資料―』、二〇一〇年一月、風間書房、三三四頁、三五二頁。
(16)顕常の用いたテキストは未勘であるが、今、可能性の高いものとして承応刊本を用いた。これは、東洋文庫蔵『尺牘双魚』九巻・二冊本のような明代刊本を重刻したものである。よく用いられていたものと推考される。

［補説1］『学語編』について

第四節の「儀物雅称」の冒頭に「凡事物ノ品‐名学語編ニ載タリ」（1丁オ）と見える。この『学語編』とは、顕常が明和九年（一七七二）九月に梓行した『学語編』巻上・巻下の二巻二冊をいう。品物に関する語彙集であるが、雅名は必ずしも意図しておらず、俗語も見えるようである。

「凡例」の第一条には、「一 此編ハ典籍便覧・名物六帖・郷談正音・雑字通攻等、諸ノ類書ヲ主トシ、其他、諸書ヨリ采出スル者ナリ。繁冗ヲ憚テ一一本書ヲ引サレドモ、一語モ憑拠ナキハナシ。間《マヽ》常語ニ非ス、類書ニ見エザルモノハ其書ヲ識ス」とある（句読点私意）。収集した華語は次のように類集されている。

巻上―天文、時令、地理、朝廷、居処、人倫、人品、釈道、鬼神、官職、政刑、身体、性情、言語、行事、生産、交遊、行旅、文才、伎戯、雑語、

巻下―生齢、書記、画軸、文具、飲食、衣服、財産、金玉、磁器、漆器、響器、火燭、刀鐵、兵器、耕具、舟輿、食器、香具、数量、印記、身具、家具、雑器、五穀、食菜、花草、雑草、花木、樹木、果蓏、鱗介、飛禽、走獣、虫豸

巻上・下の柱には、「天文」以下、あるいは、「生齢」以下の分類名が刻まれており、検索に便利である。

この明和九年版、万延元年版は、今日、諸家に所蔵されている。今、架蔵の明和九年（一七七二）版により、その概要を記せば、次のとおりである。架蔵本は、当初から二巻合して一冊に仕立てたものである。

○架蔵本　一冊（巻上・巻下二巻の合冊）

外題「学語編　全」（濃紺原表紙に題簽、原、双）、扉題はなし、柱刻は、序に、「学語編一序」（一～二丁）、次の凡例に「学語編一巻上」（「凡」一丁」）、目録に「学語編一巻上」（「目」一丁」）・「学語編一巻下」（「目」一丁）、「学語編」巻上の本文「学語編一巻上　天文」（「一一有斐堂」）、同巻下の本文「学語編一巻下　生齢」（「一一（「有斐堂」の文字なし）、とある。本文は漢字（但し、凡例や割書などに漢字交り片仮名文あり）、左傍訓は片仮名、絵なし、縦一八・八cm、横一二・六cm、題簽の縦一一・三cm、横一・八cm、内匡郭縦一四・〇cm、横九・九cm。四周単辺、紙数は、扉に半丁の白紙、序二丁、凡例一丁、目録二丁、本文上五一丁、下五二丁。

序「楚人之学斉語豈特臚句／諸協間哉亦不知穀為乳／於菟為虎已彼屈宋之倫／豹変虎彎能先於北方学／者推其始蓋莫不以其鴃／舌当蒼頡所制叨咀乎鞮／訳之而（中略）／　竺常題［（印刻二顆）］」

印刻の、上は「竺常／之印」（陰刻）、下は「焦中」（陽刻）とある。刊記は、次のとおりである。

刊記「明和九年壬辰九月

二条通堺町西入町　脇坂仙二郎

堀川通佛光寺下ル町　浅井庄右衛門

醒井通魚棚上ル町　小林庄兵衛

大典禅師著

柿本人丸事跡考 全一冊 出来」（巻下、五二丁ウ）

『学語編』の明和九年刊本は、香川大学附属図書館神原文庫にも所蔵されている（二巻、小林庄兵衛等刊、813.2）。また、この影印は、古典研究会編『唐話辞書類集』第一六集（一九七四年、汲古書院）に収められている。本文内容は変わらないが、こちらの刊記には、板元として「二条通堺町西入町／瀬尾源兵衛／堀川通佛光寺下ル町／浅井庄右衛門／河南四郎右衛門」と見える（他の条は全同）。窺うに、右刊記の「醒井通……／小林庄兵衛」の箇所は埋木によるものであろうか。恐らく、こちらが元版で右はその後刷り版であろう。

なお、『上組済帳標目』（京都本屋仲間の記録、天明四年〈一七八四〉七月～同五年一月の条）には、『文藻行潦』（江戸、西村源六）が『学語編』の版権を侵害した件についての記録がある。[1]

注

（1）佐藤貴裕「近世節用集版権問題通覧」、『岐阜大学教育学部研究報告（人文科学）』、第四五巻一号、一九九六年。

佐藤貴裕「『合類節用集』『和漢音釈書言字考節用集』における版権問題」、『近代語研究』第一〇集、一九九九年。

［補説2］日尾荊山写本について

『青裳堂古書目録』（青裳堂書店〈東京都武蔵村山市〉発行、刊行年月不記載）に、「258皇国之正音」（数字は目録掲載番号）という写本が掲出されている。体裁・書誌等につき、「半一　八五、〇〇〇／写本　表紙へ打付けて「日尾荊山自筆」と墨書　本文二十丁　末に尺牘語式十七丁を付す　語学音韻書」とあり、図版二葉が添えられている。

図版の第一葉は、「皇国ノ正音　古言ノ正音ハタ、四十七ニシテヤノ行ノイエトワノ行ノウ／トヲ加フレハ都テ五十ナリ〈此イエウノ三音ノ各二ツアルコト所説アリ二ツカト思ヘハ一ツ一ツ／カト思ヘハ二ツニシテ一ツトモ二ツトモ云カタシ此妙處ハアヤワ三行／ノ音ノ分レタルユヱヲヨク了解セハ自ラ明ラカ／ナルヘシ其大抵ハ字音仮名ツカヒニアラワセリ〉是ニカノ行サノ行タノ行ハノ行ノ濁音／合セテ二十ヲ加フレハ都テ七十ナレトモ濁音ハタ、清音ノ変ニシテモトヨリ別ナル者／ニ非シ故ニ皇国ノ正音ニハ是ヲ別ニハ立《テ》ス清音ニ摂スルモノ也（後略）」（一丁オカ）と始まる。これは、本居宣長撰『漢字三音考』（天明五年〈一七八五〉刊）の本文（本文二丁オ）である。

第二葉は、次のように見える。これは『尺牘式補遺』を抄出したものである

（丁ウ）夏登《ムギ》　麰雪麪粉ムギノコ　玉塵飛雲麦米ノ粉共ニイフ　白果《ギンナン》／
烏麦《ソバ》　黒児《ソバキリ》　豆乳菽腐《トウフ》　褐腐《コンニャク》／
腐皮腐衣《ユバ》　麪筋《フ》　海霜《シホ》　浄饍齋ノセンオクリゼンニ云ヘシ／（次に五行略）／
儀物数目　数字ノ一个二个ナト云也外ニ成ノ字ヲ用ルコトアリ啓書成封　菓儀／成封　時袍成領　時襪成双　燭台成封
ノ類也　又全ノ字色絹／金匹　宝冊全部ノ類コレナリハシタニテナクソロヒタル義也又器中ニ一盃／（丁オ）イレタル

類ヲモ全盒全瓶等トイフ
一箇　一枚〈大小何ニテモイクツト云ニ用ユ箇モ枚モ／義同シ俗語ニ人ヲ数ルモ兊个兊枚ト云〉一事〈此モ物ノ数ヲ通シテイフ／往古朝鮮ヨリノ別幅ニ／多ク／見ユ〉一件〈此モ事ノ字ヲ用ルニ同シ／然トモ小キ物ニハイハズ〉一具〈一トホリソロフタ／ル物ヲ云〉（後略）

「夏登」以下の八行は『尺牘式補遺』の「儀物雅称」（一丁オ以下）に相当し、「儀物数目」以下の一四行は同じく「儀物数目」（五丁ウ以下）に相当する。但し、語句の省略や誤写、文字表記の小異などが認められる。なお、右第一葉の本文右傍の「|」印は原本に長方形□印で見える。〈　〉内は二行割書、合字は「シテ」「コト」「トモ」と直した。

日尾荊山《ひおけいざん》は、江戸後期の儒学者で、名を定光、また、瑜、字を徳光、通称宗右衛門といい、荊山至誠堂と号した。生歿、寛政元年（一七八九）～安政六年（一八五九）、享年七一歳。著書に『訓点復古』『四書訓点』などがある。

第四章　明代日用類書における助数詞

第一節　はじめに

明代（一三六八～一六四四年）には、庶民の生活に通用した諸般の事項・事文を分類・集成し、広く日常の便や庶民教育等に役立てようとした百科全書的編書が数多く、また、版を重ねて出版されている。こうした編書は、これを専門に扱う研究者の間において、「日用類書」、あるいは、「日用百科全書」と称されている。このような日用類書は、性格上、日本の江戸時代における節用集類や往来物などの性格と多分に重なる（以下には、この「日用類書」という用語に従う）。

日用類書における分類は、多いもので四三門、少ないものでも二〇門からなり、衣食住の関係から法律・書簡文・書法・医学・算法・卜占、あるいは、農業・牧畜、その他、社会の様々な方面に及んでいる。通俗的な百科全書ではあるが、社会・文化史上、ここには幾多の貴重な情報が盛り込められており、そのため、これらは、契約文書研究（仁井田陞《にいだのぼる》氏）、教育史研究（酒井忠夫氏）、書儀史・辞書史研究（日比野丈夫氏）、小説史研究（小川陽一氏）、医学史研究（坂出祥伸《さかでよしのぶ》氏）などの諸分野の研究資料として活用されている(1)。

日用類書は、日本語助数詞の研究においても注目される。そこには、㈠日常的な助数詞（量詞）の用例、㈡新しい書札礼に関する用例などが見えている。共に、中世末から江戸時代にかけて日本にもたらされ、国交にも従事した五山僧、また、交易関係者、あるいは、文人などの間で用いられたと推測される。やはり、伝統的な助数詞とは多分に趣が異なり、助数詞研究上、看過できない存在である。ここに取り上げ、検討を行ないたい。

日用類書は、一見、即座に利用できるようだが、中々そうはいかない。伝存するものでも、判読に難渋することが多い。『類聚翰墨全書』（元の泰定元年〈一三二四〉刊、米沢市立米沢図書館蔵本）、『新編事文類要啓箚青銭《しんぺんじぶんるいようけいとうせいせん》』（泰定元年重刊、徳山毛利家蔵本）、『群書類要事《ぐんしょるいようじ》林広記《りんこうき》』（元の至順年間刊本以下がある）、『居家必要事類《きょかひつようじるい》』（嘉靖三九年〈一五六〇〉田汝成序、但し、『四庫提要』は元人の書という）などは極めて貴重な資料であるが、この度は見送らざるを得ない。

明代における代表的な日用類書としては、『五車抜錦《ごしゃばつきん》』『三台万用正宗《さんだいばんようせいしゅう》』などがある。『中国日用類書集成』全一四輯[(2)]には、これらの影印本が収められている。その内、助数詞研究資料として利用できるのは次の六点であろう。

1、『五車抜錦』　―万暦二五年（一五九七）刊行　…右『集成』第一～二輯所収
2、『三台万用正宗』　―万暦二七年刊行　…右『集成』第三～五輯所収
3、『万書淵海』　―万暦三八年（一六一〇）刊行　…右『集成』第六～七輯所収
4、『五車万宝全書』　―刊行年未詳　…右『集成』第八～九輯所収
5、『万用正宗不求人』　―万暦三七年刊行　…右『集成』第一〇～一一輯所収
6、『妙錦万宝全書』　―万暦四〇年刊行　…右『集成』第一二～一四輯所収

しかし、この内の4、5、6における用例は、独自色が薄く、1、2、3のそれとかなり重複する。よって、ここでは1、2、3につき、助数詞、及び、雅称（雅名）について調査し、4以下は省略する。得られた用例は、後掲の「尺牘資料・日用類書―助数詞漢字索引」に収める。

なお、右『集成』第一輯の巻頭には酒井忠夫氏の「序言」、坂出祥伸氏の「解説」、第二輯、第五輯、第七輯、第九輯には小川陽一氏の「解題」、第一一輯、第一四輯には坂出祥伸氏の「解題」が付されている。酒井氏には、また、「明代の日用類書と庶民教育」（林友春編『近世中国教育史研究』、注（1）参照）の詳論もある。本章では、これら坂出氏・小川氏・酒井氏の論考に導かれるところが大きい。

第二節　『五車抜錦』

一、資料

本書は、正式には『新鍥全補天下四民利用便観五車抜錦』（各巻首書名標題）といい、三三巻一〇冊から成る。縦二三・九cm、横一三・九cm。影印の底本は、東京大学東洋文化研究所所蔵の仁井田文庫本である（整理番号二〇三五〇）。巻一巻首書名標題に続いて「錦城　紹錦　徐三友　校正／閩建　雲齋　鄭世魁　梓行」、次いで「天下四民利用便観五車抜錦序」があり、その末尾に「萬暦丁酉歳（二五年、西暦一五九七年）季春月吉旦自得生書于「（欠損）」」とある。次の目録題に「五車抜錦目録」とあり、巻三三第一八葉裏面末尾に「萬暦丁酉歳孟春月／書林鄭氏雲齋繡梓」の蓮華牌木記がある。上下二層(3)、全三三門。その門名は次のようである（各門の「門」字を略す）。

巻一天文、巻二地輿、巻三人紀、巻四諸夷、巻五官職、巻六律例、巻七文翰、巻八啓劄、巻九婚娶、巻一〇喪祭、巻一一琴学、巻一二棋譜、巻一三書法、巻一四画譜、巻一五八譜、巻一六塋宅、巻一七剋択、巻一八医学、巻一九保嬰、巻二〇卜筮、巻二一星命、巻二二相法、巻二三詩対、巻二四体式、巻二五算法、巻二六武備、巻二七養生、巻二八農桑、巻二九侑觴、巻三〇風月、巻三一玄教、巻三二法病、巻三三修真

「錦城」とは、建陽県内の特定地域の雅名かとされ、「徐三友」は、錦城の人で字を紹錦、「鄭世魁」は、字を雲齋という。鄭家は宗文堂の屋号で知られた、元代から明代末期にかけての建陽の著名な書肆である。

万暦丁酉歳（一五九七）の刊行は、我が国に現存する明代日用類書二〇数種の内で最も古いとされる（小川氏説）。

二、助数詞の用法

本書には、次のような条に、助数詞の用法、及び、雅称の使い方が見えている。

A、三三門の内、「啓劄門《けいとうもん》」（巻八）は、上層に「小柬活套《しょうかんかっとう》」、下層に「書啓活套」が位置する。「啓劄」とは時節折々の書簡、「柬《かん》」とは書簡・書札、名刺など、「啓」とは書信、「套」（お定まりの通りの意）とは、決まり文句、ありきたりの言葉、套語（套言）を意味する。「活套《かっとう》」は、どんな場合にも役立つ手紙の用語・表現集、例文集をいうのであろう。

さて、その上層に「○礼儀稱呼」の条があり、ここに次のような助数詞、及び、雅称が見える（底本、及び、頁数は、『中国日用類書集成』、第一輯のそれである）。

《凡例》1、底本における丁数は示さない。但し、行数は示す。
2、改行は底本に従う。
3、正字・略字などは、しばらくそのままとする（「礼」「称」「稱」「献」「双」「対」「台」など）。

［翻字］

14　○礼儀稱呼 用此則不用薄儀之類
15　猪曰小猪一牽 ○酒曰魯酒一①（壜總称脱カ）」（三四〇頁）
1　曰豰酒 豰猪也 ○羊曰羔羊一羫 ○
2　酒 同上總稱曰 羔酒 ○猪又曰剛
3　鬣一圈 ○羊又曰柔毛一羫 ○牛曰
4　大牢四具 已上三句行祭礼用 ○猪
5　首曰豚元一牧（枚） ○蹄曰豚蹄一肘 或
6　曰 豚肩一曲 ○肉曰豚肉一方 ○爓
7　腿曰烟蹄一曲 爓味尚多各加烟字
8　称之 ○鵞曰家鴈二掌 即一隻 ○鴨
9　曰家凫二翼 ○鶏曰窓禽兩翅 或稱
10　徳禽 山鶏曰雉鶏一隻 如山禽尚多
11　各依其名称之 ○鮮魚幾尾 ○海鮮
12　一盒咸隨名称之 ○麵包曰包子 ○

13 餅曰團酥幾事或曰月團 ○粽曰角
14 黍 ○糕曰麵糕 ○麵龜麵桃曰龜桃
15 ○麵心曰玉屑 ○索麵曰線麵 ○粉　」（三四一頁）
1 曰米粉或曰豆粉 ○米曰白粲又曰
2 玉粒已上或幾盤幾筐隨人用之 ○
3 菓總名曰時菓幾品或隨名稱之 ○
4 扇曰粗扇幾握 ○香曰某香幾束 ○
5 筆曰毛錐幾枝又曰兎管 ○墨曰松
6 烟幾笏 ○手帕曰香羅一方 ○葛布
7 曰粗葛幾端 ○書曰某書幾部　」（三四二頁）

［翻字注］①ここに文字を欠く。「一」字の次に「壜総称」とあったか。あるいは、助数詞は「樽」か。左記参照。

右につき、内容上、ほぼ同じと見られる「礼儀稱呼」が『妙錦万宝全書』にも見えている（『中国日用類書集成』、第一二輯所収。底本は、建仁寺両足院本。但し、不鮮明の箇所は南葵文庫本で補う）。この書は、正式には『新板全補天下便用文林妙錦萬寶全書』といい、全三八巻から成る。奥に「大明萬暦歳次壬子孟冬之吉　書林安正堂劉氏雙松謹識」とあり、万暦四〇年（一六一二）の刊行と知れる。文字の不鮮明の箇所については、これを参照した。

注を付した①の条につき、15行目下部に「○酒曰魯酒一①（壜総称脱カ）」とあり、次行に「曰彘酒彘猪也」とある。『妙錦萬寶全書』に「○酒曰魯酒一壜総称曰彘酒彘猪也」とあるから（同輯、六四頁）、右は、その「壜総称」の三字を欠くと推測される。「魯酒」とは「（魯酒薄酤共ニ）ウスキ酒　卑下シテ称ス」（『尺牘式補遺』）と解説される。その例（総称）として、先ず「彘《てい》酒」を挙げる。「彘酒」は、猪《ぶた》肉と酒とを、「羔《こう》酒」は、小羊肉と酒とをいう。

「○酒曰～羔酒」（15行目～次頁2行目）の部分は、〈婚礼（慶事）には猪肉と酒、あるいは、羊肉と酒との一揃いを贈る〉という礼儀作法を踏まえた書き方となっている。「豬（猪）羊鵝酒」は、「結婚前一月又は二月ごろ、男の方から婚家に持つて行く礼物に用ひる豚羊鵝酒。」（諸橋轍次著『大漢和辞典』第一〇巻、六七三頁）という。

ところで、右に文字を欠く理由であるが、これは、もとあった文字を削ったもののようである。その理由は定かでないが、助数詞「壜」を「樽」に替えようとしたのではなかろうか。「壜」につき、『尺牘式補遺』には、「壜」は「トクリノ酒ヲ云」といい、『翰墨琅琊』寛文一一年版に「魯酒弐壜」、『尺牘式』に「喜酒二壜」などと見える。だが、『翰墨琅琊』『尺牘諺解』『尺牘集要』『書牘啓発』『五車拔錦』『三台万用正宗』などには「魯酒一（壱、幾）樽」と見える。多くは、あるいは、婚儀などでは「一壜」より「一樽」を用いたのではなかろうか。推測すれば、本書は、一旦、「魯酒一壜」の形で出版された、だが、その後、「一樽」に改めようと版木の当該部を削った、しかし、その埋め戻しをしないままとなってしまったということではなかろうか。こう考えてよければ、そして、『妙錦万宝全書』が本書を利用したとすれば、この書は削除前の版を利用したことになろう。また、今の『五車拔錦』の底本とする東京大学東洋文化研究所所蔵仁井田文庫本は、削除後・埋め戻し前の版となろう。底本は、確かに後刷版で判読できない条も少なくない。

なお、右の「彘猪也」につき、『翰墨琅琊』寛文一一年版に、「〔猪肉〕彘肩／壱筐」（第三巻、二丁ウ5）と見える。遡れば、『史記』項羽本紀第七（国立歴史民俗博物館蔵本）に、項王が樊噲に「斗巵酒」と生の「彘《キノ》肩」を与え、樊噲は覆《うつぶ》せた盾の上に彘肩を置き、剣を抜いてこれを切って啗《くら》ったとある（『古典研究会叢書 漢籍之部』、第一八巻、汲古書院、一六三頁）。『新編事文類要啓箚青銭』に「[猪] 彘肩〈項羽賜樊噲ーー〉（後略）」（巻四、后集、菓実門）。また、「海鮮」（三四一頁、11行目）は、鰻をいう。

B、右は、「稱呼」を列挙したものだが、右に続き、「○餽送礼儀帖式」として、次のような文例が示されている

［翻字］

8 ○餽送礼儀帖式

9 謹具

10 羔羊一羫　魯酒一樽

11 家鴈四翼　豚肩一肘

12　白粲一盤　時菓四品　14　芹敬　或云伏冀　麾存爲幸
13　奉申　15　某生某姓名頓首拜　」（三四二頁）

「餽《き》」は、おくること、食物を贈ること。右の「家鴈四翼」（11行目）については類例もあるが、「家雁四翼」とする資料もある（『万用正宗不求人』、巻六、書啓門、『中国日用類書集成』、第一〇輯、二四七頁）。

C、また、下層の「書啓活套」には次のような書例案が示されている（同右、三五二〜三五五頁）。底本の双行割書は〈　〉印を付し、改行部に／印を付す。

［翻字］

12　○文房諸物餽送
13　【法帖】〈字法／一帖〉　　　　鍾玉　　藻鑒　　下
1　【紙】〈手箋／五幅〉　　献左右　　金花　　文房　　資
2　【筆】〈毛錐／幾管〉　奉　寄閣下　雖非　四徳　之妙而　掃揮　之　功
3　【墨】〈松烟／幾笏〉　　献足下　　龍劑　　漸染　　功
4　【硯】〈龍尾／一方〉　　　　鴝眼　　文房　　値」（同右、三五二頁）
5　○―或亦有補抑是鑑此而勉於日新之功幸也
6　願也
7　○答文房諸物餽送
（中略）
12　○器用餽送

13【扇】〈輕箑／一幄（握カ）〉　齊紈　製　播揚之助〈或庶／幾焉〉（同右、三五三頁）
1【畫】〈水墨／幾幅〉　王維　筆　玩好之供〈或庶／幾焉〉
2【琴】乃者〈古琴／一張〉雖非　緑綺　之　妙　而　區區鄙人〈焉敢／用此〉
3【香】〈線香／幾束〉　龍涎　美　愽山之助〈或庶／幾焉〉
4【棋】〈棋貝（具）／一幅〉　文楸　異　爭談之助〈或庶／幾焉〉（同右、三五四頁）

右の他、「○委托買物」として、【書】に「幾帙」、【琴】に「幾張」、【字帖】に「幾本」、【買馬】に「幾匹」、【首飾】に「幾副」、【□（縷カ）緞】に「幾疋」を用いるとある（同右、三五四〜三五五頁）。

D、三三門の内、「婚娶門」（巻九）は、上層に「聘儀要覧」、下層に「婚礼輯宜」が位置する。その後者に次のように見える（同右、三六一〜三七二頁）。

［翻字］

2 ○聘儀状式 凡儀状不必書主婚者名
3 忝眷生某姓名端肅状　上
4 某號某姓先生尊姻家大人　翰相閣下
5 一聘儀
6 鸞書一緘　壽帕一幅　鵞黄表裏
7 鴉青段匹　戒指幾對　耳環一双
8 先春茶封　團酥餠事　玉塵麵帖
9 時菓幾品　家鴈幾翼　剛鬛幾圏
10 柔毛幾羫　司晨幾翼　司箋啓篚
11 右不愧輕微專人馳貢萬冀
12 親慈　俯垂　鑒格
13 大明○○某年月日　眷生某再拜謹状　」（三六一頁）

（中略）

2 ○回儀書式
3 忝眷某姓名端莊状　進
4 某號某姓尊姻家大人　台下

5　一回儀
6　鸞鳳婚書　鴛鴦壽帕　鵞黄表裏
7　鴉青段匹　先春幾封　玉屑麺筐
8　赤金頭袋　赤金條環　白銀絲條
9　松江青烟　銀花鴈瓜（爪カ）　象牙兎穎
10　剛鬣柔毛　家鴈各物必有方寫
11　右不揣菲薄即使馳復幸乞
12　親仁　俯賜　鑒納
13　龍飛○○某年月　某頓首再拜状復」（三六三頁）

（中略）

4　○回書式　具礼稱呼如前

（中略）

13　一回儀　」（三六五頁）

1　回書鴛封　金段一対（對）　金花表裏
2　文房四宝
3　時○○某年月日　忝眷某再拜 回啓」（三六六頁）

（中略）

9　○過衣啓式
10　忝眷某端肅状　上
11　某堂尊姻家　翰學（？）侍右
12　一引盤　礼状一緘　時菓幾品
13　一首飾　百花冠頂　紫羅蓋頭」（三七一頁）
1　一身章　官祿團襖　大紅段裙
2　右不愧輕眇専人馳上聊爲小兒令愛促粧
3　之儀　」（三七二頁）

右には、①基数詞「一聘儀」や不定数を表す「幾」に下接する「戒指幾對」「時菓幾品」などの量詞と、②それらに下接しない「先春茶封」「團酥餅事」「玉塵麺帖」「玉屑麺筐」などの量詞とが見えている。①は、当面の助数詞（日本語）に相応する。②の類は、日本語にはない書き方である。「先春」は「茶」、「團酥」は「餅」、「玉塵」は「麺」のそれぞれ雅称であり、「茶」以下の細字部分はそれらの語句注となる。この語句注のために文字数が制約された形だが、このような不規則な表記が許されるのは、これが例文の中における処置であること、また、背後に（中国語では）数字「一」の場合、これを省記して量詞だけを使うといった事情などもあったからであろう。語としては、これらも「量詞」と認められるので、やはり、助数詞研究上、注意しておきたい。この他、「鸞鳳婚書」「鴛鴦壽帕」「鵞黄表裏」「鴉青段匹」「司箋啓篚」、「赤金頭袋」「赤金條環」「白銀絲條」「剛鬣柔毛」「百花冠頂」「紫羅蓋頭」「大紅段裙」などと見えるのは品物（及び、その様態・用途等）である。

なお、右に「龍飛○○某年」とある（三六三頁、13行目）。第四節の『万書淵海』（C、「冠婚門」）にも「龍飛　○某年月日」と見える（三一七頁）。明世宗嘉靖年中（一五二二〜一五六六年）、張璉が建てた私年号とされる。それがこの例文中に見えるとすれば、私年号の意義についても注意したい。

E、本書には、以上の他にも助数詞が散見する。（酒）「一盃」（三三七頁、但し、名詞とも）、「漆黒一錠墨」（三六七頁）、「五枝梅花四枝放」（三六八頁）、「七朶荷花兩朶鮮」（同）、「一樽魯酒」（三六九頁）、「一札之書」（三七二頁）、「三獻酒」（三一七頁）などがそれであるが、省略に従う。

なお、右のB以下についても、『妙錦万宝全書』（『中国日用類書集成』、第一二輯、六五〜九七頁）に同様のものが見える（「婚娶門」は「伉麗門」とある）。

［補説］雅称（雅名）について

三三門の内、「文翰門」（巻七）には、「稱呼類」として、いわゆる雅称が列記されている（上層、三二六〜三三一頁）。書簡類は、多く親交ある人々の間で取り交わされるものであり、品物の贈答に関わる場合も少なくない。そのため、ここに雅称が用意されたのであろう。その種類は人倫関係から贈答関係まで多岐にわたる。雅称を使い分けることは書簡作法の一つであり、敬意表現法としても大きなウエイトを占める。

次に、右に見える雅称を翻字する。但し、版木の印刷が不鮮明で、判読に窮する箇所がある（頁数は、『中国日用類書集成』、第一輯のそれである）。

［翻字］

12 ○稱呼類
13 稱人内眷曰宝眷　答曰賤累
14 稱人子曰令郎令嗣　答曰小兒
15 稱人女曰令愛閨秀　答曰小女
」（三二六頁）
1 稱人孫曰令孫　答曰小孫
2 稱人妻曰令正(政)尊閫　答曰岫(山カ)妻拙荊
3 稱人媳曰令子舍　答曰小媳兒婦
4 稱人妾曰盛寵　答曰小妾
5 稱奴僕曰盛价貴僕　答曰小价賤僕
6 稱都邑曰貴郡貴縣　答曰敝郡敝邑
7 稱宅舍曰盛宅潭府　答曰寒家敝舍
8 稱房屋曰大厦華厦　答曰蝸居[redacted]①
9 稱庄园曰盛庄名园(園カ)　答曰敝庄小园(園カ)
10 稱文章曰雅文大才　答曰拙作鄙作
11 稱詩詞曰佳作佳句　答曰鄙句裡句
12 稱柬啓曰華翰雲箋　答曰小柬

13 稱寫字曰妙筆妙札　答曰拙字
14 稱酒菓曰佳醞佳菓　答曰薄醞山菓
15 稱寺觀曰盛刹仙規(觀カ)　答曰山寺山觀
」（三二七頁）
1 稱他鄉曰貴鄉貴處　答曰敝鄉賤處
2 稱人店曰寶肆　答曰小店
3 稱寓處曰行舘行幕　答曰旅邸小店
4 稱人疾曰貴恙　答曰賤恙
5 稱探人曰敬拜造府　答曰多承下顧
6 稱除官曰榮除　答曰叨陞
7 稱飲食曰盛饌加味　答曰草具薄具
8 稱唱曲曰妙音　答曰乱道
9 稱詩經曰葩經　稱易經曰儀(義)經
10 稱書經曰壁經　稱春秋曰麟經
11 稱礼記曰礼經　稱婚書曰鴈箋
12 稱墓誌銘曰掾筆　稱作文曰癸藻
13 稱好畫曰丹青　稱船曰宝舟

14　稱籥曰肩輿　稱馬曰驥足　1　玉昆重　自稱叔曰亜父　稱姪曰猶兒」（三二九頁）

15　子稱父母曰椿庭萱堂　稱人兄弟曰昆」（三二八頁）　2　（以下略）

［翻字注］①二字分相当の黒い長方形が位置している。何かの文字を削ったならこれも消えていてよいはずだが、これがいわゆるゲタ様のものであれば、加筆修正を漏らしたのであろうか。文字ならば「敝廬」とありたい。

『新編事文類要啓箚青銭』（元泰定元年〈一三二四〉重刊）の「前集」「巻之十」に「親属稱呼類」「宅舎稱呼類」「翰墨稱呼類」「器物稱呼類」が見えるが、全同ではない。陳元靚《ちんげんせい》撰『纂図増新群書類要事林記』（至元六年〈一三四〇〉鄭氏積誠堂刊）に照らしても同様らしい。範となった先行書が異なるのであろう。

第三節　『三台万用正宗』

一、資料

本書は、正式には『新刻天下四民便覧三台萬用正宗』（巻一の巻首書名標題）といい、四三巻一〇冊から成る。縦二四・三cm、横一三・九cm。影印の底本は、東京大学東洋文化研究所所蔵の仁井田文庫本（整理番号二〇三五六）である。外題に「萬用正宗」と手写する。封面（和本の場合の扉に相当する）は、上部三分の一に人物図、その下三分の二に「類聚三台／萬用正宗／（書林余文台の識語）」を三行に大書する（識語は小字六行七九字）。巻一巻首書名標題に次いで「三台舘山人、仰止、余象斗纂／書林雙峰堂、文台、余氏刊」とある。また、巻四三巻末標題の後に「萬暦己亥（二七年、西暦一五九九年）孟秋／書林余文台梓」の蓮華牌木記がある。上下二層、全四三門。その門名は次のようである（各門の「門」字を略す）。

巻一天文、巻二地輿、巻三時令、巻四人紀、巻五諸夷、巻六師儒、巻七官品、巻八律法、巻九音楽、巻一〇五譜、巻一一書法、巻一二画譜、巻一三蹴踘、巻一四武備、巻一五文翰、巻一六四礼、巻一七民用、巻一八子弟、巻一九侑觴、巻二〇博戯、巻二一商旅、巻二二算法、巻二三真修、巻二四金丹、巻二五養生、巻二六医学、巻二七護幼、巻二八胎産、巻二九星命、巻三〇相法、巻三一卜筮、巻三三（ママ）数課、巻三三夢珍、巻三四営宅、巻三五地理、巻三六尅択、巻三七牧養、巻三八農桑、巻三九僧道、巻四〇玄教、巻四一法病、巻四二閑中記、巻四三笑謔

万暦己亥（一五九九）とは、先の『五車抜錦』万暦丁酉歳（一五九七）刊行に次いで古い年紀である。

「三台」は三台舘に、「文台」は余文台に同じで、共に書肆余象斗（編纂者兼刊行者）をいう。余氏は、北宋時代から清代まで続いた福建の建陽の著名な書坊の経営者で、余象斗は、その余氏の中でも特に活躍した一人。字は「仰止」、号は三台山人の他、文台・元素・世騰・象烏なども称した。書肆名は、双峰堂・三台舘。生年は明嘉靖後期、西暦一五六〇年頃、卒年は崇禎一〇年（一六三七）以後、在世は約八〇年とされる（小川陽一氏説）。

二、助数詞の用法

右の四三門の内、「文翰門」（巻一五）の上層の常套語を示す「時常餽送小柬活套」の条に、次のような語群がある。

《凡例》1、底本における丁数は示さない。但し、『中国日用類書集成』、第四輯の行数を示す。
　2、改行は底本に従う。あるいは、必要に応じて／印で示す。

[翻字]

5　【禮儀套】用此則不用緩儀套①　羔酒即羊　彘酒即猪

6　羽酒即鵝／雞類　羔儀即羊　魯酒一樽

7　小猪一圏　羔羊一羫　鮮魚幾尾
8　草鵝幾掌　小雞幾隻　家鴨幾翼
9　草鴨幾掌　豚肉幾方　某菓幾筐／品
10　角黍即称　團酥幾事　簏扇幾握
11　京香幾束　兎管幾枝　松烟幾笏
12　某書幾部　綾帕幾方　白金幾錠
13　尺素一緘　壽軸一幅

［翻字注］①この文字は、左半分は不鮮明、右半分は「鳥」。「鴨」などでなくて「鵝」であろう。『万用正宗不求人』の「書啓門」（巻六）に「羽儀即鶏鵞、鴨也」（餽送式、第一〇輯、二四五頁）とあるのが参考になる。

右の助数詞用法の内、「羔羊一羫」「鮮魚幾尾」「豚肉幾方」「某菓幾筐／品」「團酥幾事」「松烟幾笏」「某書幾部」などは、先の『五車抜錦』のA（「礼儀稱呼」）の条にも見える。その他の七例も類似はする。「魯酒一罇」は、『五車抜錦』に「○酒曰魯酒一①（壜總称脱カ）曰㲋酒㲋猪也」とある条と関係する（既出）。二書の間に関わりがあるようにも見えるが、刊行年はあまりにも近い。両者に先行する関係書を調査する必要があろう。

なお、「羔《かう》」は、こひつじ、ひつじの一種、烏羊。「羫」は、[一]①羊のあばら、②「腔」（『集韻』に「腔、骨体曰レ腔、或从レ羊」）に同じ、[二]羊のほじし（羊の腊）、と説明される。[1]「羫」［qiāng］は「腔」の古文といい、共に助数詞（量詞）としても用いられている。[2] 因みに、「腔」［qiāng］につき、叶桂郴氏は、「奉教垂賚肥豕一腔」（北周・庾信《謝滕王賚主启》）以下、五例を示されている。[3]

本書における助数詞は、この他、次のようにも見える（一部に単位を含む。また、書状案中の例もあげる）。

謹具魯酒一罇羔／羊一羫専人馳（文翰門〈巻一五〉、【串餽送礼儀套式】）（上層、同書、一一八頁）

薄儀一筐（同、【賀人娶媳】）（上層、同書、一二〇頁）

輙以透皆段子一端（同、【送透段子】）（上層、同書、一二二頁）

偶得叔子一端單綃一段（同、【送綃縠段子】）（上層、同右）

不揆花緯一端梅羅一端（同、【送緯織梅羅】）（上層、同右）

輙有河北綾一段（同、【送河北綾段】）（上層、同書、一二三頁）

輙以青魚魫一頂玳瑁梳一副（同、【送時様冠梳】）（上層、同書、一二三頁）

聘書一緘　護帕一幅　金耳環雙／銀燭頭對　金指鐲雙／銀指戒雙／剛毛柔毛　玉塵家鴈　龍團時菓（礼門〈巻一六〉、【婚礼】）（下層、同書、一三九頁）

回書一緘　原護書帕　金圈一雙（同、【婚礼】）（下層、同書、一四〇頁）

定書一緘　護書匣對／先春二角　金環一雙　金指鐲雙／銀指戒雙　剛鬣一圈　柔毛一羫／司晨二翼　家鴈二掌　玉塵一帖／團酥幾百　時菓幾品　魯醞一樽／時花幾朶　聘金幾錠　數目若干（同、【婚礼】）（下層、同書、一四一頁）

回書一緘　護書匣對／先春二圭　金箱頭袋　銀簪一對／皂麂皮靴　兎穎十枝　松煤四笏／藤楮百葉　仁風二握　剛鬣柔毛／玉塵家鴈　團酥時菓　白金幾錠（同、【婚礼】）（下層、同書、一四二頁）

掌翰利市　紅緞一端　掌判利市／紅絹一端（同、【婚礼】）（下層、同書、一四三頁）

一引盤　禮狀一緘　剛鬣一圈／家鴈八翼　玉塵一碩　時菓幾品／

一首飾　百花冠領　紫羅蓋頭／金掩插梳　銀花倒插　小鬢二伴／銀釵一雙　銀頂花朶　金看鐶雙／淨管一對　銀花二枝　寶結一付（同、【婚礼】）（下層、同書、一四五頁）

回状一緘　彘肩一腐／家鴈四翼　玉塵四帖　時菓幾品／凌雲方巾　紬段衫襖　紵絲鸞帯／麂皮皂靴　清水氈

襪（同、【婚礼】）（下層、同書、一四六頁）

「藤楮百葉」の「藤楮」は、藤で作る紙、藤紙をいう。「小鬢一件」の「件」字は、原文に「伴」［bàn］とある。揃った双方をいう。「髩」は「鬢《ひん》」字に同じで、耳の前にある毛（びん）をいう。「寶結一付」の「寶結」とは、宝《たから》結び（装飾品）のこと。色鮮やかな組紐類を飾り結びにし、慶賀の折の服飾や設《しつら》いなどに用いる。「一副」［fù］とありたいところであるが、字音の通った、しかし、字画の少ない「付」［fù］字を用いたものらしい。後代的な通用例で、明代の『紅楼夢』『金瓶梅』などでも同様の用例が指摘されている(4)。「彘肩一腐」の「腐」字は、原文に「腐」［fǔ］と見える。「彘《でい》」はいのこ（豕）、ぶたのこと。その肩の肉を「彘肩」という（『史記』、項羽紀）。あるいは、クサヤ汁で処理したものであろうか。または、これは「臠」字の誤刻であろうか。関連しては、「豚肩一肘」として見える例がある（『翰墨双璧』『尺牘双魚』『五車抜錦』、その他）。

この他、生活知識を掲げる条に、「服三十丸」「紅棗二個」「核桃肉五十個」「母丁香一個」「紅蜻蜓二個」「雞子一個」「魚膽一個」「古詩一句」「蒙求一句」「海馬一對」「母丁香二對」「熟地黄一兩酒浸一宿」「一壺酒」「二杯」「三枚」「附子二枚」「棗子一枚」「數株松」「乾葱二根」「地龍去土七條」（「地龍」は、ミミズ。薬。）「根葱一握」「一盃」「飲二盃」「水五碗」「一盞酒」「一片石」「二曲牌」「七粒丁香」「一聲雷」「一隻鴈」「海馬一雙焙」などといった日常的な助数詞が散見している。「紅蜻蜓」、「魚膽」、「海馬」は、それぞれ赤蜻蛉、魚の肝、タツノオトシゴをいう。「熟地黄一兩酒浸一宿」は、一晩漬す。

注

（1）諸橋轍次著『大漢和辞典』、第九巻、六四頁、八八頁。

（2）劉子平編著『漢語量詞大詞典』、二〇一三年一〇月、上海辞書出版社、一八〇頁。

（3）叶桂郴著『明代漢語量詞研究』、二〇〇八年八月、岳麓書社、一六八頁、二八一頁。

（4）既出、注（3）文献、一三八頁、二五八頁。また、注（2）文献、六九頁。

［補説］雅称（雅名）について

「文翰門」（巻一五）の上層には、「二 稱呼／稱呼套語」として、親族、爵職官、人品、武職、朋友、また、「称人書翰」「雑用称答」「称賀謝問答」「雑用」「文物問答」以下について雅称が列挙されている（『中国日用類書集成』、第四輯、八三〜一〇二頁）。ここに、その全てを引くだけの紙幅はないので、部分的に「文物問答」から「果品」までの雅称を翻字しておきたい。版本の印刷の具合により、判読できない文字があるのは遺憾である。

［翻字］

8 ○文物問答
9 【文章】雅文大才　【自答】拙作　【詩詞】佳句
10 【自答】鄙句小詞　【柬啓】華翰華札　【寫字】妙筆
11 【詩經】葩經　【書經】壁經　【易經】儀（義）經
12 【春秋】麟經　【禮記】禮經　【婚書】鴈牋
13 【墓誌】掾筆　【手卷】牙籤　【好畫】丹青
14 【作文】發藻　【筆曰】管城中書　【紙曰】楮先生
15 【硯曰】馬肝端石　【墨曰】陳一墨精　」（九八頁）
1 ○衣冠
2 【朝服】公服　【綉衣】綵服　【織文】錦袍
3 【絲衣】幣服　【羅衣】綺羅　【紗衣】輕衣
4 【褻衣】微服　【征衣】戰袍　【舞衣】霓裳
5 【紗帽】烏紗　【勲臣冠曰】貂冠　【憲臣冠曰】絶（？）冠豸冠
6 【幞頭】峩冠　【儒冠】進賢　【手帕】香羅
7 【荷包】香囊　【素段】素帛　【花段】錦段
8 【紵布】綯絺
9 ○飲食

10【飯曰】雲子　【米曰】玉粒　【麥曰】夏登
11【麵曰】玉塵　【茶曰】黄金牙　【酒曰】魯醞
12【白酒】玉液　【醋曰】聚蚋　【塩曰】海沙
13【春菜】宿根　【葱曰】白頭翁　【蒜曰】玉拳
14【卵曰】春皀　【膾曰】玉縷　【鰻曰】海鮮
15【海味】鱟醤　【猪首】豚元　【猪脚】豚肩」（九九頁）
1【魚曰】江鱗　【雞曰】窓禽　【鵝曰】家鴈
2【鴨曰】家鶩舒鳧
3　○飛禽
4【鴈】來賓　【雉】升鼎　【百舌】報春
5【鷓鴣】班（斑）衣錦羽　【鴿】飛奴　【鳩】錦翼
6【鴉】孝鳥　【鵲】靈鵲　【雀】嘉賓
7【鸛鴿】寒皐　【鷗】海翁　【鷺】霜衣
8【鴦鴛（ママ）】文禽　【翡平①】翠②羽　【皀】綉毛
9　○走獣
10【麒麟】聖瑞　【獅子】獣正　【象】自暗
11【獬】花羊　【駱駝】山精　【豹】霧隠
12【熊】穌化逸才　【犀】望月　【野牛】蒼兕
13【狼】滄浪君　【虎】山君　【鹿】班（斑）毛
14【老馬】駑駘　【馬】良驥　【牛】大牢
15【羊】柔毛　【猪】剛鬣　【犬】逐兎」（一〇〇頁）
1【猫】御庫家宝
2　○花木
3【牡丹】御黄袍　【芍藥】金帯圍　【桃花】錦浪
4【李花】煎（剪）雪　【海棠】花仙　【杏花】麗色
5【梨花】一枝香　【蘭花】国香　【薔薇】錦衣
6【萱草】忘憂　【茉莉】第一香　【芙蓉】拒霜
7【蕙花】含英　【蓮花】淨艾（友）　【榴花】剪經（紅カ）綃
8【桂花】天香　【山茶】宝珠　【梅花】東閣
9【瑞香】紅錦　【菊花】隠逸　【枝子花】賽霜
10【雞冠花】寶藥
11　○果品
12【龍眼】驪珠　【茘枝】絳嚢　【榧子】紫嚢
13【核桃】胡桃　【白菓】銀杏　【栗子】員（圓）栗
14【蒲萄】馬乳　【櫻桃】珠櫻　【金橘】洞庭霜
15【柑子】金嚢　【梅子】聖僧　【楊梅】加兵（嘉賓）」

（一〇一頁）

1【枇杷】金丸　【石榴】瑪瑙窠　【蓮子】善提珠
2【橄欖】青菓回甘（?）　【雪梨】氷團　【蓮蓬】青窠
3【藕】玉臂　【柑蔗】(甘蔗)玉蕭班　【椹子】桑實
4【椰子】矮胡　【芹】楚葵　【韮菜】(韭)翠髪③

5【薑】通神　【西瓜】緑衣使　【木瓜】礬榴
6【茄子】落酥　【蔓青】諸葛菜　【荸】光武寶
7【笋】犢角玉版

」（一〇二頁）

［翻字注］①「翡平」の下字は「平」の形に見えるが、「翠」の略体か。
②「翠羽」の上字は、上半分が「羽」、下半分が「平」の形に見えるが、「翠」字を意図するか。
③「翠髪」の上字は、②に同じ。

序章に言及した『新編事文類要啓劄青銭』の「后集」には、「節序門」「喜慶門」「花木門」「菓実門」「飲食門」「遊観門」「文物門」「幣帛門」「禽獣門」「請託門」「仮貸門」に分かって「古今故事」を踏まえた雅称が挙げられている。だが、右に全同というわけではない。陳元靚《ちんげんせい》撰『纂図増新群書類要事林公記』（至元六年〈一三四〇〉鄭氏積誠堂刊）を検しても同様である。雅称それぞれの出典研究も必要となろう。これは、原典（文学作品）の後世に及ぼしたその影響力を確認する作業ともなろう。

第四節　『万書淵海』

一、資料

本書は、正式には『新刻全補士民備覧便用文林彙錦萬書淵海』（各巻首書名標題、第一巻は「刻」字破）といい、三七巻六冊から成る。縦二三・〇㎝、横一三・三㎝。影印の底本は、前田育徳会尊経閣文庫所蔵本である。封面には、右端上部に「徐企龍先生編輯」、中央に大字で「萬書全書」、左端下部に「藝林積善堂梓」とある。版心には「萬書淵海」（また、「万書淵海」「萬書」とも）、巻一巻首書名標題に続いて「雲錦、廣寒子、編次／藝林、楊欽齋、刊行」、第六刷、巻三七末尾に「萬曆庚戌歳（三八年、西暦一六一〇年）孟春月／清白堂楊欽齋繡梓」の蓮華牌木記がある。上下二層、全三七門。その門名は次のようである（各門の「門」字を略す）。

巻一天文、巻二地輿、巻三人紀、巻四官品、巻五諸夷、巻六律例、巻七雲箋、巻八啓劄、巻九民用、巻一〇冠婚、巻一一葬祭、巻一二八譜、巻一三琴学、巻一四棋譜、巻一五書法、巻一六画譜、巻一七状式、巻一八星命、巻一九相法、巻二〇医学、巻二一易卦、巻二二保嬰、巻二三訓導、巻二四勧諭、巻二五農桑、巻二六衛生、巻二七笑談、巻二八巻酒令、巻二九算法、巻三〇詩対、巻三一婦人、巻三二武備、巻三三夢課、巻三四法（祛）病、巻三五仙術、巻三六風月、巻三七雑覧

内容上、先の『三台万用正宗』とかなり共通するようである。

本書は、「徐企龍」編輯で「積善堂」刊行の『萬書全書』を使って、「清白堂楊欽齋」が出したものと推測されている。「徐企龍」は、宮内庁書陵部蔵『五車萬寶全書』（『中国日用類書集成』、第八、九輯所収）の編著者徐筆洞に同じ。「積善堂」は、万暦から崇禎の頃の潭陽の書林積善堂のことか、また、「楊欽齋」は、万暦一七年、同三二年に刊行実績をもつ人物かとされるが、定かなことは分からないとされる（以上、小川陽一氏による）。

二、助数詞の用法

A、右の三七門の内の「雲箋門」（巻七）の上層、「〇小柬餽送活套」の条に、次のような書例案が見える。

《凡例》1、底本における丁数は示さない。但し、上下層の別と、『中国日用類書集成』、第六輯の行数を示す。

2、改行は底本に従う。

［翻字］

13 ○小柬餽送活套

14 　謹具

15 魯酒一罇　羔羊一羫」（二七三頁）

1 家鴈四翼　豕肉一方

2 驪珠數品　①絳囊數盤

3 少伸

4 　　　眷生某頓首拜」（二七四頁）

［翻字注］①字形は「綘」のようにも見える。

「驪珠」は龍眼の、また、「絳囊」は茘枝の雅称である（『三台萬用正宗』の条参照）。

B、冠婚門（巻一〇）の下層、「○納采書箋」の条に、次のような文例が見える。

［翻字］

9 　謹具聘書

10 聘書一緘　①□帕一幅　金耳環双

11 銀釵釧双　金戒指双　銀指戒双

12 剛鬣柔毛　玉麈家鴈　龍團時菓

13 白金若干　右不愧輕微専人馳」（三二〇頁）

1 貢万冀　親慈垂俯　鑒納

2　龍飛　○某年月日　忝眷生某端肅拜」（三二一頁）

［翻字注］①字形は、偏は「言」、旁の相当部に「獲」とある。

C、同じく「冠婚門」（巻一〇）の下層、「回聘書箋」の条に、次のような文例が見える。

［翻字］

13　謹具回儀　」（三二一頁）

1　回書一緘　原□①書帕　金巾圏双

2　銀絛環一　青絲絛一　皇（皂カ）麂皮靴

3　紝絲凉襪　白金鴈瓜（爪カ）龍團時果

4　白金若干　右不愧輕微專人馳

5　復萬乞　親慈俯賜容納

6　龍飛　○某年月日　忝眷生某端肅拜　」（三二二頁）

［翻字注］①字形は、偏は「言」、旁の相当部に「獲」とある。

D、同じく「冠婚門」（巻一〇）の下層、「○回書式」の条に、次のような文例が見える。

［翻字］

3　一回儀　回書鴛封　金段一①（對）封
金花表裏　文房四寶

4　時○○某年月日　忝眷某再拜回啓　」（三二四頁）

［翻字注］①字形は、直前の「回書鴛封」と同じである。だが、先の『五車抜錦』では「回書鴛封　金段一対」（「対」字の左は「ヌ」の形）、また、『翰墨全書』でも「回書鴛鴦　金段一對」（巻四、一一丁ウ）、『万用正宗不求人』（万暦三七年刊）でも「回書鴛封　金段一對」（巻七、五丁オ）と見えるので、ここは「對」と改める。「段」は、絹織物の緞子《どんす》をいう。「金」とは「金襴」の意か。

E、同じく、下層、「○過衣啓式」の条に、次のような文例が見える。

［翻字］

3　○過衣啓式具礼稱呼見前

4　一引盤　礼書一緘　時菓幾器

5　一首飾　百花冠頂　紫羅蓋頭

6　一身章　官祿團襖　大紅段裙

7　右不愧輕眇専人馳　上聊爲小児令愛促

8　粧之儀　」（三二七頁）

F、「算法門」（巻二九）の上層には、算法の例題が挙がっている。例題の中には、助数詞の見える例がある。若干の例を引く。なお、ここでは、追い込みで翻字する（行数を示さず、改行部に／印を置く）。

［翻字a］

○筭饅頭法

一百饅頭一百僧　大僧三箇更無爭／小僧三人分一箇／幾是大僧幾小僧／答曰大僧二十五人該饅頭七十五箇／小僧

七十五人該饅頭二十五箇法曰／以曰加一共是四爲法以一百在位四／歸得大僧二十五人復以三因乘之得／饅頭七十五其餘者就是小僧之數也」（三三二頁）

［翻字b］

○箄頭數

鶏兎籠中不識數　三十二頭籠中露／箄來脚有九十四　幾個鶏兒幾個兎／　答曰鶏一十七隻　兎一十五隻　／法曰以三十二頭俱次四足乘之得一／百二十八脚内除去原脚九十四隻止／除三十四足五因見鶏數餘兎」（三三三頁）

G、「仙術門」（巻三五）の上層に、「神仙戯術」として各種の秘術が示され、ここにも次のような助数詞が見える。

「○白雲歸洞」の条に「小葫芦一個」「磁(?)石一小塊」（四二五頁）（「葫蘆」は、ひょうたん）
「○浩月入房」の条に「圓鏡一面」（四二五頁）
「○滚地葫蘆」の条に「中様葫芦一個」（四二五頁）、「鰍魚一條」（四二六頁）
「○盆内走魚」の条に「狗膽鯉魚膽二件」（四二六頁）
「○分杯戯術」の条に「水一盞」（四二七頁）
「○布線縛火」の条に「布線一條」（四二八頁）
「○紙上噴花」の条に「白礬一塊」（四二八頁）
「○焼紙人起」の条に「牛筋一條」（四二九頁）
「○鬼吹火」の条に「硝石硫黄等分細研放在紙上捲作一條」（四二九頁）
「○飛符法」の条に「蛤蟇二三個」（四二九頁）
「○玉女傳書」の条に「硇砂三粒」（四三〇頁）

「○暗傳書信」の条に「乾筆一管」（四三〇頁）
「○吹紙鶏子」の条に「生鶏子一個」（四三〇頁）
「○燈上見蛇形」の条に「小蛇子一條」「灯心數條」「二條蛇血」（四三一頁）
「○手帕盛酒」の条に「鶏子清一個」「水一盂」「手帕一條」（四三一頁）
「○□（尽カ）猫辟鼠」の条に「木刻猫兒一個」（四三三頁）
「○鼠自相咬」の条に「大雄鼠一個」（四三三頁）
「○辟蛇法」の条に「絹袋（中略）一袋」（四三四頁）
「○辟蚊法」の条に「老蛤蟇一個」「好墨一塊」「葫芦一个」「浄水噴三口」（四三四頁）
「○除木虱法」の条に「鯾魚頭川山甲二件」（四三五頁）

F・Gにおいては、この他にも助数詞は散見しているが、省略する。

以上につき、A～Eは尺牘関係の条、F・Gは生活知識関係の条に見える用例である。後者には、前者に見えない「個」「箇」の用例や「塊」の用例（「磁石（?）一小塊」「白礬一塊」「好墨一塊」）が集中する。共に書記用の言葉であるが、前者は尺牘用語、後者は四民の日常的生活用語と、その性格を異にするものと解される。

［補説］雅称（雅名）について

本書は、第七巻、「雲箋門」の上層に、「○雑用稱答録之以啓初学」「○鱗介稱呼」「○昆虫稱呼」として雅称を掲出する（二六九～二七三頁）。先の『三台万用正宗』と重なるものがあるが、それほどの語彙数はなく、また、「文物問答」

「衣冠」「飲食」…といった分類項目は設けない。あるいは、『三台万用正宗』のようなものから主立った語句を抜き出したのかも知れない。但し、次のような語句や順序の出入りがあるから、親本は『三台万用正宗』ではない。一端を示す。

［例］

（本書）	（『三台万用正宗』9～11行）
稱文章曰雅文大才 答曰拙作鄙作	【文章】雅文大才【自答】拙作
稱詩詞曰佳作佳句 答曰鄙句裡句	【詩詞】佳句【自答】鄙句小詞
稱柬啓曰華翰雲箋 答曰小柬賤札	【柬啓】華翰華札【寫字】妙筆
稱寫字曰妙筆大筆 答曰拙字拙筆	【詩經】葩經【書經】壁經

また、次の二項目は『三台万用正宗』の方に見えないようである。

○鱗介稱呼

稱亀曰緑毛波臣　稱蟹曰両螯翰芒
稱鯉魚曰錦梭（?）金尺　稱鱉曰沙魚
稱蚌蛤曰青唇錦背　稱龍曰魚主
稱□魚曰王版

○昆虫稱呼

稱蚕曰馬頭如　稱螻蟻曰玄駒
稱蝉曰齊女　稱蚯蚓曰哥女
稱蝿曰青衣童子　稱螢虫曰宵（?）独
稱蛙曰鼓吹　稱蜘蛛曰絡婦

稱蝶曰瓊(?)鬢　　稱蜂曰蜜□
稱蚊曰黍民」（二七三頁）

以上は、雅称を掲げるものである。しかし、資料によって語句や文字の相異することがある。また、右の場合、版木の痛みのせいか、文字の判読できない条も少なくない。

第五節　おわりに

以上、明代日用類書三点における助数詞（及び、単位類）の用法について見てきた。三点は、いずれもよく用いられていたらしく、手擦れが甚だしく、欠損もある。版木自体、かなり摩耗していたようであるから、明国においても、巷間に流布し、「四民（士民）」によく利用されていたと推測される。伝存刊本の多くない点は遺憾であるが、それだけにこれらの稀少性については言を俟たない。

所見する助数詞につき、その対象によって大きく［1果品、2餚饌《こうせん》、3書器、4衣服、5珍宝、6禽獣、7花木」と分け、それぞれにおける助数詞用法を整理すれば次のようになる。この分類方法は、明陳継儒輯・原注『尺牘双魚』（既出）に倣う。なお、分類に窮する対象物は、末尾に「8その他」の部を作って一括する（例、「紅蜻蜓一個」（三台）、「乾葱一根」（三台）、「根葱一握」（三台）、「葫芦一个」（万書G）など）。

［1果品］

「盤」―白粲（五車B）、絳囊（万書A）
「帖」―玉塵麺（五車D）、玉塵（三台）
「筐」―玉屑麺（五車D）、某菓（三台）

「碩」―玉塵（三台）
「事」―團酥餅、月團（五車A、三台）、團酥餅（五車D）
「箇」―饅頭（万書F）

「封」―先春《茶》（五車D）、先春（五車D）
「角」―先春（三台）
「圭」―先春（三台）
「品」―菓《時菓》（五車A）、時菓（五車B・D、三台）、某菓（三台）、驪珠（万書A）
「枚」―棗子（三台）
「器」―時菓（万書E）
「個」―紅棗（三台）、核桃肉（三台）

［2 餚饌《こうせん》］

「圏」―猪《剛鬣》（五車A）、剛鬣（五車D、三台）、小猪（三台）
「牧（枚）」―猪首《豚元》（五車A）
「肘」―蹄《豚蹄》（五車A）、豚肩（五車B）
「曲」―豚肩（五車A）、爈腿《烟蹄》（五車A）
「方」―肉《豚肉》（五車A）、豚肉（三台）、豕肉（万書A）
「腐」―彘肩（三台）
「羫」―羊《羔羊》（五車A・B）、羊《柔毛》（五車A）、柔毛（五車D、三台）、羔羊（三台、万書A）

「翅」―鶏《窓禽、徳禽》（五車A）
「隻」―山鶏《雉鶏》（五車A）、小雞（三台）、鵞《家鴈》（五車A）、鴈（三台）、鶏（万書F）
「掌」―鵞《家鴈》（五車A）、草鵝（三台）、草鴨（三台）、家鴈（三台）
「翼」―鴨《家鳧》（五車A）、家鴈（五車B・D、三台、万書A）、家鴨（三台）、司晨（五車D、三台）
「個」―雞子（三台）、生鶏子（万書G）、鶏子清（万書G）
「尾」―鮮魚（五車A、三台）
「盒」―海鮮（五車A）
「條」―鰍魚（万書G）
「壜」―酒《魯酒》（五車A）［但し、「壜」字脱か］
「樽」―魯酒（五車B・E、三台）、魯醞（三台）
「罇」―魯酒（三台、万書A）
「壺」―酒（三台）
「醆」―酒（三台）、水（万書G）
「献」―酒（五車E）

「盃」—（酒）（五車D・E、三台）
「杯」—（酒か）（三台）
「盂」—水（万書G）
「碗」—水（三台）

［3 書器］

「張」—琴《古琴》（五車C）、琴（五車C）
「幅」—棋《棋貝（具）》（五車C）
「部」—書《某書》（五車A）、某書（三台）
「帙」—書（五車C）
「帖」—法帖《字法》（五車C）
「本」—字帖（五車C）
「句」—古詩（三台）、蒙求（三台）
「枝」—筆《毛錐、兎管》（五車A）、兎管（三台）、兎穎（三台）
「管」—筆《毛錐》（五車C）、乾筆（万書G）
「笏」—墨《松烟》（五車A・C）、松烟（三台）、松煤（三台）
「錠」—墨（五車E）
「塊」—好墨（万書G）、白礬（万書G）

「小塊」—磁（？）石（万書G）
「方」—硯《龍尾》（五車C）
「幅」—紙《手箋》（五車B）、畫《水墨》（五車C）、壽軸（三台）
「葉」—藤楮（三台）
「粒」—丁香（三台）、硇砂（万書G）
「握」—扇《粗扇》（五車A）、扇《軽箑》（五車C）［助数詞は「幄」字。「握」の誤りか］、扇篚（三台）、仁風（三台）
「面」—圓鏡（万書G）
「曲」—牌（三台）
「對」—戒指（五車D）、銀簪（三台）、浄管（三台）
「雙」—耳環（五車D）、金圏（三台）、金環（三台）、銀釵（三台）
「枝」—銀花（三台）
「付」—寶結（三台）
「伴」—小鬟（三台）
「副」—首飾（五車C）、玳瑁梳（三台）
「頂」—青魚魫（三台）

「緘」—鸞書（五車D）、禮状（五車D）、尺素（三台）、聘書（三台、万書B）、回書（三台、万書C）、定書（三台）、禮状（三台）、回状（三台）、禮書（万書E）

「札」—書（五車E）

「束」—香《某香》（五車A）、香《線香》（五車C）、京香（三台）

「袋」—絹袋（万書G）

「口」—浄水噴（万書G）

［4衣服］

「疋」—□（縑カ）緞（五車C）

「對」—金段（五車D）、金段（万書D）

「端」—葛布《粗葛》（五車A）、透皆段子（三台）、叔子（三台）、花緋（三台）、梅羅（三台）、紅緞（三台）、紅絹（三台）

「段」—單綃（三台）、河北綾（三台）

「幅」—壽帕（五車D）、護帕（三台）、□*帕（万書B）（*部の文字の偏は「言」、旁は「獲」）、

「方」—手帕《香羅》（五車A）、綾帕（三台）

「條」—手帕（万書G）

［5珍宝］

「錠」—白金（三台）、聘金（三台）

「筐」—薄儀（三台）

［6禽獣］

「牽」—猪《小猪》（五車A）

「具」—牛《大牢》（五車A）

「匹」—馬（五車C）

「隻」—兎（万書F）

「個」—木刻猫兒（万書G）、大雄鼠（万書G）

［7花木］

「枝」—梅花（五車E）

「朶」—荷花（五車E）、時花（三台）

「株」—松（三台）

［8その他］

「人」—大僧・小僧（万書F）

「條」—小蛇子（万書G）、蛇（万書G）、地龍（三台）、牛筋（万書G）、布線（万書G）、

「硝石硫黄等分細研放在紙上捲作一條」

（万書G）、灯心（万書G）
「對」―海馬（三台）、母丁香（三台）
「雙」―海馬（三台）
「件」―鯁魚頭・川山甲（万書G）、狗膽・鯉魚膽（万書G）
「個」―蛤蟇（万書G）、老蛤蟇（万書G）、紅蜻蜓（三台）、魚膽（三台）、母丁香（三台）
「片」―石（三台）

「枚」―附子（三代）
「丸」―（薬）（三台）
「兩」（単位）―熟地黄（三台）
「宿」―熟地黄（を浸す時間）（三台）
「个」―小葫芦（万書G）、葫芦（万書G）
「根」―乾葱（三台）
「握」―根葱（三台）
「聲」―雷（三台）

分類をまたいで同じ助数詞が見えるが、今はこのままとする。

本章の、「日用類書」三点における調査で得られた助数詞の異なり語数はわずかなものである。その貴重さの点では他に異なるところはないが、中でも気になるのは次の点である。

本章で得られた用例数は、第一章の明代「尺牘資料」における助数詞、それを踏襲した第二、三章の『尺牘式』『尺牘式補遺』における用例に比すれば、至って少ない。従って、本章に見える助数詞がそちらに見えるのは、いわば、当然といえるかも知れない。ところが、本章に見えるのに、そちらに見えない、または、見えにくい助数詞がある。(4)

・本章だけに見えるもの……个　付　伴　個　腐　葉
・本章に多く見えるもの……塊　緘　羫　錠
・本章に少なく見えるもの…枚

「个」・「個」、「枚」は、関連して個数を表すことが多いが、前二者が本章だけに見えるということは、こちらの資料が口語的、生活語的言語世界に近いことを意味する。「塊」は、それに準ずるものであろう。「錠」は、墨や白金《しろがね》（銀）を対象とする例が増えたからであろう（墨の場合、尺牘資料では「笏」）。「緘」「羫」は、やはり、儀礼的書面にも使われている。

「付」（「寶結一付」）・「伴」（「小鬟二伴」）・「腐」（「毚肩一腐」）・「葉」（「藤楮百葉」）は、『三台万用正宗』に見えるだけである。「付」は、「副」の当代音をそのまま「付」と表記したもので、これが書面にあがってくるとは、既に、それなりの市民権を得ていたからであろう。「伴」「腐」「葉」についても『三台万用正宗』の性格が関係しそうである。尺牘資料には見えない助数詞である。

助数詞「圓」「團」「種」などは、第一～三章（尺牘資料）によく見えている。ところが、こちらには見えない。「枚」でも三例ほどを数えるだけである。そちらだけにあってこちらに見えない助数詞は、異なり語で一六〇余例あるから（若干の単位を含む）、こちらになくても不思議ではないといえようが、逆に、第一～三章によく用いられている助数詞であれば、こちらにも用例が大小あってよいという理屈も出てくる。

本章の資料群と第一～三章のそれとの間において、助数詞の用い方に差異があるとすれば、その理由が問われる。本章においても、資料の年代・内容、文章の性格・文体、取り上げる対象物の扱い方などに伴い、言語学的性格も異なってくる。日用類書の場合、「用例とその出現場面との関係」は、むしろ調査しやすいかも知れない。検討資料を補い、その性格を弁別しながら多角的に検証していく必要がある。

明代の日用類書や尺牘資料に見える助数詞（量詞）が、果たして日本在来の助数詞体系とどのような交渉を持ったのか、大いに興味のもたれるところである。だが、そのためには元代の資料（『新編事文類要啓劄青銭』『群書類要事林広記』『居家必要事類』、その他）以下の関係資料、白話作品や元曲以下の口語系資料、また、日本側の唐話資料などの調査も必須となる。今後の課題は決して少なくはない。

なお、この第四章（明代日用類書）における助数詞は、本書末の「尺牘資料・日用類書―助数詞漢字索引」にも掲出する。

注

（1）仁井田陞「元明時代の村の規約と小作証書など」、『東洋文化研究所紀要』、第八冊、一九五六年三月。後に『中国法制史研究（第三「奴隷農奴・家族村落法」）』、一九六二年九月、東京大学出版会、所収。

寺田浩明「清代法制史研究と档案研究」（講演資料）、シンポジウム「清代档案の研究」、一九八九年一二月九日、東京外国語大学アジアアフリカ言語文化研究所。

酒井忠夫「明代の日用類書と庶民教育」（林友信編『近世中国教育史研究　その文教政策と庶民教育』、一九五八年三月、国土社）所収。

酒井忠夫「元明時代の日用類書とその教育史的意義」、『日本の教育史学』、第一号、一九五八年。

日比野丈夫「米沢図書館の韻書と類書―とくに翰墨全書について―」、『米沢善本の研究と解説』、一九五八年〈一九八八年覆刻〉、臨川書店。

小川陽一「明清小説研究と日用類書」、『東北大学教養部紀要』、第五四号、一九九〇年。後に『日用類書による明清小説の研究』、一九九五年一〇月、研文出版、所収。

小川陽一「明清の肖像画と人相術――明清小説研究の一環として――」、『東北大学中国語学文学論集』、第四号、一九九九年一一月。

（2）酒井忠夫監修、坂出祥伸・小川陽一編『中国日用類書集成』全一四輯、一九九九～二〇〇四年、汲古書院。

坂出祥伸「明代「日用類書」医学門について」、『関西大学文学論集』、第四七号、一九九八年二月。

（3）上下二層に分かれている形式は両節本形式といわれる（坂出祥伸氏）。その上層は、和本の頭書欄に相当し、同様、下層よりは狭いが、日本の版本に比すれば上下巾があり、郭内は格段に広い。

(4)「…見えない」というが、今後に見出せる可能性はある、との含みをもたせたい。

［参考文献］

長沢規矩也著『図書学参考図録』、第一輯（一九七三年八月）・第二輯（一九七六年二月）、汲古書院。

魏隠儒・王金雨著、波多野太郎・矢嶋美都子訳『漢籍版本のてびき』、一九八七年五月、東方書店。

長沢規矩也編『和刻本類書集成』全六輯、一九七六・一九七七年、汲古書院。

尺牘資料・日用類書――助数詞漢字索引（第一章～第四章）

第一章「尺牘資料」、第二章『尺牘式』、第三章『尺牘式補遺』、第四章「明代日用類書」における助数詞（一部に単位類）を収集し、漢字索引を作成して対照の便宜を図りたい。序章第二節『新編事文類要啓箚青銭』は含まない。

《凡例》1、助数詞（及び、単位類）は、その表記漢字の部首順に排列する。

2、「匹」「疋」は、それぞれ別途に掲出する。

3、「雙」「双」、「畫」「画」などの用例は、正字体の条に一括して掲出する。但し、用例中の字体はそのままとする。

4、「人前」は「人」の次に、また、「小塊」は「塊」の次に掲出する。

5、用例の見える資料名は、次に示す略称を用いる。下段に示すのが略称である。○印は明国（及び、清国）側の資料、＊印は日本側の資料である。

（第一章）

○『翰墨双璧』	双璧
○『翰墨全書』	全書
○『尺牘双魚』	双魚
○『翰墨琅函』	琅函
＊『尺牘諺解』	諺解
○『玉堂尺牘彙書』	彙書
○『尺牘集要』	集要
＊『尺牘筌』	筌
＊『書簡啓発』	啓発
＊『尺牘彙材』	彙材
＊『尺牘粋金』	粋金

（第二章）

＊『尺牘式』　尺牘式

（第三章）

＊『尺牘式補遺』　補遺

（第四章）

○『五車抜錦』　五車

○『三台万用正宗』　三台

○『万書淵海』　万書

イ、『翰墨双璧』の条で言及した『物数称謂』の用例は、「称謂・壁」と略称する。

ロ、『翰墨双璧』の用例は、次の二様の形で見えるが、共に下段のような形で掲出する。

例、冠 儒冠一頂　→　〔冠〕儒冠一頂

米 玉粒幾石　→　〔米〕玉粒幾石

ハ、『翰墨全書』の用例は、先に〔用例1〕〔用例2〕〔用例3〕と分けて掲げた。その内、〔用例3〕については、標目を「　」内に入れて下に添えた。

例、標目「茶」、語句の例「新芽…三百團」→　新芽…三百團（全書、用例3、「茶」）

また、『翰墨全書』における参考例（名詞、また、副詞としての用法）には右肩に△印を付した。

ニ、『尺牘式補遺』は、見出し語が【　】印で示されているが、ここでは〔　〕印に替える。参考例には△印を付す。

6、各資料における参考例は、「参考」という語を付して後置する。

7、資料により、「対象語」を見出し語とするもの、「助数詞」を見出し語とするもの、様々であるが、今は、あるがままとした。

8、助数詞、また、対象語などには、振り仮名の付されていることがあるが、これらは本文翻刻の部に譲り、以下には省略する。

9、語句の左傍に意味注の付されたものがあるが、この類も省く。
例、「詩扇一握」（粋金）の「一握」の左に「イッホン」とある。
10、用例文中の…印は、一部を略したことを意味する。
11、対象語によっては助数詞を添えない場合がある。これらについては本索引の末尾に「付1」として一括した。
12、『尺牘式補遺』については、その用法注における仮名書き助数詞（漢語・和語）を本索引の末尾に「付2」として掲出した。

助数詞漢字索引

一画

丨部

[个]→個（人部8画）
葫芦一个（万書G）
[串]
[一串]クシニシタル物（補遺）

丶部

[丸]
服三十丸（三台）

ノ部

[乗]
[馬]駑駘一乗（双魚）
馬〈駑駘一乗〉（彙書）
牛〈大牢一乗〉（彙書）
[馬]駑胎（駘）一乗（啓発）
[牛]大牢一乗（啓発）
[○一乗]駑馬ーートアリ（補遺）

亅部

[事]
[蓮藕]玉臂一事（双璧）
蓮―蓮藕一事（称謂・璧）
團酥餅事（全書、用例1）
堯酒弐事（双魚、参考2）
冥資肆事（彙書、参考）
團酥（幾）事（集要）
毛挙数事（彙材）

［一事］此モ物ノ数ヲ通シテイフ往古
朝鮮ヨリノ別幅ニ多ク見ユ（補
遺）
［一件―一事］衣帛ノ類通シテイフ三
事ノコトヲ三事衲トイヘリ（補
遺）
餅曰團酥幾事或曰月團（五車A）
團酥餅事（五車D）
團酥幾事（三台）

二　画

人　部

［人］
三人輪会（彙材）
小僧三人分…大僧二十五人（万書F）
［人前］
…又全ノ字ヲ用ルコトアリ…又古昔
中華ヨリ来リシ品目ニ〈硃紅漆《シユヌリ》
黒漆《クロヌリ》〉戧金《チンキンノ》椀弐拾箇櫜全トア
リ此二十人前ノ椀具ニ膳マデソ
ロヘタルヲ云（補遺）
［介］
一介之使（彙材）
一介（彙材）
一介絜酒之使（彙材）
［付］→副（刀部9画）
宝結一付（三台）
［代］
一代辞宗（彙材）
［件］
衣〈色衣一件〉（彙書）
貴邦物産二件（筌）
［衣］色衣一件（啓発）
某物几件（尺牘式）
三件トモニ善隣国宝記ニイヅ（補遺）
〈用例数を数える〉
［一件］此モ事ノ字ヲ用ルニ同シ然ト
モ小キ物ニハイハズ（補遺）
［一件―一事］衣帛ノ類通シテイフ…
（補遺）
狗膽鯉魚膽二件（万書G）
鯾魚頭川山甲二件（万書G）
［伴］
小鬟二伴（三台）
［俎］
△一俎△一巵（全書、用例3、「酒
肉」）
［個］→个（丨部2画）
紅棗二個（三台）
核桃肉五十個（三台）
母丁香一個（三台）
紅蜻蜓二個（三台）
雞子一個（三台）
魚膽一個（三台）
幾個鶏兒幾個兎（万書F）
小葫芦一個（万書G）

中様葫芦一個（万書G）
蛤蟇二三個（万書G）
生鶏子一個（万書G）
鶏子清一個（万書G）
木刻猫兒一個（万書G）
大雄鼠一個（万書G）
老蛤蟇一個（万書G）

［偶］

金釵壱偶（双魚、参考2）

儿　部

［元］↓圓（囗部10画）

喜糕二元（尺牘式）
［○二元］一カサネヲイフ喜糕ーート
　アリ（補遺）

入　部

［全］

牙筋十全（尺牘式）
漆筋十全（尺牘式）
［一全］上ニ同シ（「［一具］一通ソロフ
　タル物ヲ云」）然トモ…全ハヨセ
　テ見テソロフタル意ナリ筋ナド
　モ几（幾）全トアリ（補遺）
［一部］物数ソロフタルヲイフ一具一
　全一部大概相同シテ物ニ因テ斟
　酌スベシ（補遺）
…若棋イシ棋バンソロフタルナラバ
　碁局一具全ト云ベシ（補遺）
cf．凡…色絹全匹宝冊全部、全盒全
　瓶等トイフ（補遺）

［兩］

五両来陳（全書）
束脩幾両（双魚、参考2）
昆吾几両星（諺解）
朱提几両星（諺解）
凡絹帛二端曰一両、曰一匹（彙材）
〈二例〉
秋石二両（彙材）
白葛壱端已上代銀拾両（尺牘式）
銀ー両ノ類コレナリ〈唐ノ銀一両ハ
　拾文目也〉（補遺）
熟地黄一両酒浸一宿（三台）

八　部

［具］

［一具］一通リソロフタル物ヲ云…ナ
　ラベテ見テソロフタル意…（補
　遺〈器物類〉）
［一部］物数ソロフタルヲイフ一具一
　全一部大概相同シテ物ニ因テ斟
　酌スベシ（補遺）
…若棋イシ棋バンソロフタルナラバ
　碁局一具全ト云ベシ（補遺〈器物
　類〉）
［一具］装束ノ類一通リソロフタルヲ
　云（補遺〈衣帛類〉）

牛曰大牢四具（五車A）

冊部

［冊］
［官暦］新書几冊（双魚）
新書数冊（双魚、参考1）〈標題「送官暦」〉
宝籍壱冊（双魚、参考2）
官暦〈新書几冊〉（彙書）
某書幾冊（集要）
［暦］新暦几冊（啓発）
篋中集四冊（彙材）
広荘及瓶花集詩各一冊（彙材）
［一巻―一冊―一帙―一部］皆書籍ヲイフ（補遺）

口部

［函］
［冊葉］玉籍一函（双魚）
［冊葉］（?）玉籍壱函（琅琊）
婚書雙函（彙書、参考）
［一函］ウスクヒラタキハコ入ノ物ヲイフ（補遺）

刀部

［刀］
［紙］蔡珍一刀（双魚）
［紙］玉版幾刀（琅琊）
蔡珍一刀（諺解）
紙〈蔡珍一刀〉（彙書）
［紙］蔡珍一刀（啓発）
楮葉一刀（粋金）〈注に「紙」〉
蔡珍一刀（尺牘式）
蔡珍壱刀（尺牘式）
［一刀］唐ニテ専ラ帋ヲイフ一タチニソロヘタル義ナリ…（補遺）

［副］→付（人部3画）・幅（巾部9画）
［硯］文池一副（双璧）
硯―硯一副（称謂・璧）
［字帖］銀鉤一副（双魚）
［硯］文池一副（双魚）
［骰子］彩骰一副（双魚）
［骨牌］骨牌一副（双魚）
［雙陸］博六一副（双魚）
［梳］牙梳一副（双魚）
［抿子］抿刷一副（双魚）
［筯］玉挿几副（双魚）
［攢盒］桌（卓）盒一副（双魚）
［茶匙］茶匙一副（双魚）
［絲帯］絲帯一副（双魚）
［帳鈎］帳鈎一副（双魚）
［釵］金釵一副（双魚）
冥貲壱副（双魚、参考2）
［硯］文池壱副（琅琊）
絲絛壱副（琅琊）
絲帯一副（諺解）
文池一副（諺解）

拍〈玉板一副〉（彙書）
骰子〈彩骰一副〉（彙書）
骨牌〈骨牌一副〉（彙書）
雙陸〈博陸一副〉（彙書）
梳〈牙梳一副〉（彙書）
篦〈粗篦一副〉（彙書）
箸〈牙箸一副〉（彙書）
茶匙〈茶匙一副〉（彙書）
絲絛〈絲帯一副〉（彙書）
帳鈎〈帳鈎一副〉（彙書）
女襪〈膝衣一副〉（彙書）
[女襪]膝衣一副（啓発）
[帯]絲絛一副（啓発）
[梳]牙ー一副（啓発）
[箸]牙箸一副（啓発）
[茶匙]一副（啓発）
絲帯一副（尺牘式）
文池一副（尺牘式）
[一副]大抵物ニ添テ用ルモノヲ云茶匙ーー牙筯ーー牙梳ーー骰子ーー文池ーー果盒（卓）ーートアリ又捜神記ニ衣一襲被褥一副トアリ衣服ノ上ニ加ルト云意ナルベシ（補遺〈器物類〉）
[一副]絲帯ーートアリ副ノ義上ニ見ユ（補遺〈衣帛類〉）
（首飾に）幾副（五車C）
玳瑁梳一副（三台）

[割]

鉛刀一割（粋金）

勹　部

[包]

[蓮子]玉擎几包（双魚）
[鍼]引線一包（双魚）（「引線」は針のこと）
針〈綉針一包〉（彙書）
[針]綉ー一包（啓発）
寿星壱包（尺牘式）
[一包]ヒトツ、ミ（補遺）
[一包]紙ニツ、ミタル物（補遺）

匸　部

[匝]

鳥雀…遶樹屢飛於三匝（全書、用法3）

[匣]

[瑪瑙]瑪瑙一匣（双魚）
[玉]荊璞一匣（双魚）
[肥皂]玉容一匣（双魚）
松煙壱匣（双魚、参考2）
肥皂〈玉容一匣〉（彙書）
[甘蔗]蜜汁几（茎カ）匣（啓発）
[一匣]ハコトモニ道具ニナル物ニモチユ（補遺）

[匳]

[一匳]鏡ハコ入ヲ云（補遺）

匸 部

［匹］→疋（疋部0画）
［馬］驊騮一匹（双璧）
［驢］小驥一匹（双璧）
［褐］毛布一匹（双魚）
［騾］小騾一匹（双魚）
［兎］狡兎一匹（双魚）
馬一匹（双魚、参考2）
［馬］孫知壱匹（琅瑘）
凡絹帛二端曰一両、曰一匹（彙材〈二例〉
紬繒一匹（粋金）
色緞一匹（尺牘式）
…又全ノ字ヲ用ルコトアリハシタ物ニテナクソロヒタル義也色絹全匹宝冊全部ノ類コレナリ…（補遺）
［一匹―一端］常式ノ如シ（補遺〈衣帛類〉）
［一匹―一頭］通シテイフ馬援伝ニ牛馬羊数千頭トアリ…（補遺〈禽魚類〉）
（買馬に）幾匹（五車C）
［區］
一區整設（全書、用例3）

卩 部

［卮］→巵（己部4画）
村醸一卮（粋金）

十 部

［卓］
［一臺―一桌《卓》］何ニテモタイニノセタル物ニテイフ又足付ノゼンヲ桌《卓》トイフ故ニ椀具ソロフタルヲ一桌《卓》トイフテ宜シ…（補遺）
［巻］
［手巻］牙籤一巻（双魚）
［手硯《巻》］牙籤壱巻（琅瑘）
愚撰某書若干巻（彙材）
［一巻―一冊―一帙―一部］皆書籍ヲイフ（補遺）
［一巻］緞子類ヲイフ（補遺）

又 部

［叢］
［○一叢］草花本シゲキ物（補遺）

三 画

口 部

［口］
［猫］家豹一口（双璧）
［猫］家豹一口（双魚）
［犬］小獒一口（双魚）
［猫］家豹壱口（琅琖）

香炉〈香鼎一口〉（彙書）
茶壺〈茶礶一口〉（彙書）
猫〈家猫一口〉（彙書）
犬〈小獒一口〉（彙書）
小猪一口（集要）
[香爐]香鼎一口（啓発）
[茶壺]茶礶一口（啓発）
[猫]家猫一口（啓発）
[犬]小獒一口（啓発）
敬呈一口（粋金）〈注に「剣」〉
欲糊此数口（粋金）
[一口]鉢類ヲイフ香炉茶礶ニモーー
トアリ又刀ニモイフ（補遺）
[○一口]小獒ーートアリ（補遺）
浄水噴三口（万書G）

[句]

長歌十絶句（彙材）
古詩一句（三台）
蒙求一句（三台）

[合]

餉一合（彙材）

[品]

[李]玉華一品（双璧）
李―一品（称謂・璧）
時果幾品（全書、用例1）〈二例〉
時果幾品（集要）
[一種]…モシ数品ノ花ナラハ時花几
種ト云（補遺〈花木類〉）
菓総名曰時果幾品或随名稱之（五車A）
時果四品（五車B）
時果幾品（五車D）〈二例〉
某菓幾筐／品（三台）
時菓幾品（三台）〈三例〉
驪珠数品（万書A）

[單]

[一臺一一桌(卓)]…又僧家ノ鉢鐼子ナ
ラバ一單ト云ベシ鉢ノシキ物ヲ
鉢單トイフ（補遺）

[器]

[糕]粉蒸几器（双魚）
[粽]角黍几器（双魚）
[豆粉]豆粉一器（双魚）
[核桃]胡桃一器（双魚）
[白果]銀杏一器（双魚）
[蘋苗]蘋苗一器（双魚）
白菓〈艮(銀)杏一器〉（彙書）
[一器]スベテウツワニ入タルモノ
（補遺）
時菓幾器（万書E）

[鳴]

徳禽四鳴（集要）

[噭]

[○一噭]馬ヲイフ通雅ニ数馬以噭数
魚以尾鹿以頭雞雌雄曰一鬪トア
リ（補遺〈禽魚類〉）

[嚢]

玉粒一嚢（諺解）

来麪五嚢（筌）
［茶］細茗几嚢（啓発）
玉粒一嚢（尺牘式）
［一嚢一一袋］フクロニ入タル物（補遺〈食果類〉）

口部

［圏］→牽（牛部7画）
剛鬛《幾》圏（全書、用例1）
［猪］剛鬛一圏（双魚）
剛鬛壱圏（琅琊）
猪〈剛鬛一圏〉（彙書）
猪又曰剛鬛一圏（五車A）
剛鬛《幾》圏（五車D）
小猪《一圏》（三台）
剛鬛一圏（三台）〈二例〉

［圍］
官帯一圍（尺牘式）
［○一圍］官帯｜｜トアリ常服ノ帯ニハイヒガタシ（補遺）

［圓］→元（儿部2画）・**團**（囗部11画）
［鏡］菱花一圓（双璧）
［餅］香飴幾圓（双璧）
［石榴］吐玉幾圓（双璧）
［卵］晃春幾圓（双璧）
餅—餅幾圓（称謂・璧）
鏡—鏡一圓（称謂・璧）
卵—卵幾圓（称謂・璧）
石榴—石榴幾圓（称謂・璧）
［雪梨］氷團几圓（双魚）
［鏡］氷鑑一團《圓》（双魚）
氷鑑一團《圓》（諺解）
鏡〈氷鑑一員《圓》〉（彙書）
饅頭幾員《圓》（彙書、参考）
［鏡］氷｜一員《圓》（啓発）
［一圓］鏡ヲ云（補遺）

［團］→圓（囗部10画）
［糍］金飴幾團（双璧）
［粿］玉飴幾團（双璧）
［糖］米嚢幾團（双璧）
［西瓜］陵種二團（双璧）
［蓮蓬］青窠幾團（双璧）
糖—糖幾團（称謂・璧）
粿—粿一團（称謂・璧）
瓜—西瓜二團（称謂・璧）
蓮—蓮蓬幾團（称謂・璧）
新芽…三百團（全書、用例3、「茶」）
［餅］香飴几團（双魚）
［糍］金飴几團（双魚）
［粿］玉飴几團（双魚）
［饅頭］仙餌几團（双魚）
［西瓜］水晶几團（双魚）
［糍］金飴幾團（琅琊）
［粿］玉飴幾團（琅琊）
［饅首］仙餌幾團（琅琊）
［西瓜］陵種弐團（琅琊）
香飴几團（諺解）

仙餌几團（諺解）
餅〈香飴几團〉（彙書）
糍〈金飴几團〉（彙書）
粿〈玉飴几團〉（彙書）
［餅］香飴几圍（團カ）（啓発）
［糍］金飴几團（啓発）
［粿］玉飴几團（啓発）
仙餌幾團（尺牘式）
香飴几團（尺牘式）
玉糍几團（尺牘式）
［一團］モチマンヂウ等ヲ数ニテ云（補遺）

土部

［圭］
先春二圭（三台）
［坐］→座（广部7画）
面盆架弐坐（補遺）
［坩］
［一坩］スヤキノツボ（補遺）
［堂］
鼎爵一堂（尺牘式）
［壜］
魯酒弐壜（琅琊）
喜酒二壜（尺牘式）
［一瓮一一壜］トクリノ酒ヲ云（補遺〈食果類〉）
酒曰魯酒一［　］（壜総称脱カ）（五車A）（参照［樽］）
［塊］
［一塊］沈香ゴトキノ形ノモノヲイフ（補遺〈器物類〉）
［一塊］芋ガシラ掌薯百合根ノ類ヲ云（補遺〈食果類〉）
白礬一塊（万書G）
好墨一塊（万書G）
［小塊］
磁（？）石一小塊（万書G）

士部

［壺］
白酒一壺（全書、用例3、「鶩酒」）
［一壺一一罐］ツボ入ノ茶ヲイフ（補遺）
一壺酒（三台）

大部

［大斗］
呼酒尽三大斗（彙材）
［套］
某書一帙一套（双魚、参考1）〈標題「送書」〉
裙〈下裳一套〉（彙書）
［裙］下裳一套（啓発）
雲牋一套（彙材）
書一套（彙材）
［一套］背心披風又ハカマハヲリノ類

ヲイフ下裳ーートアリ（補遺）

宀部

[定]→錠（金部8画）
松煙幾定（集要）

寸部

[寸]
意其将入石者幾寸邪（彙材）
[封]
[茶]龍芽一封（双璧）
白金一封（双璧）
先春幾封（全書、用例1）〈二例〉
有一封奉上（全書、用例3、「求茶」）
一封書（全書、用例3）
[細茶]龍團一封（双魚）
[瓜仁]瓜仁一封（双魚）
[蝦米]蝦米一封（双魚）
啓篚壱封（双魚、参考2）
司箋壱封（双魚、参考2）
菲儀壱封（双魚、参考2）
微儀壱封（双魚、参考2）
[茶]龍芽壱封（琅琊）
先春弐封（琅琊）
龍團一封（諺解）
啓書成封（彙書、参考）
龍團一封（尺牘式）
朱提一封（尺牘式）
又金銀ノミヲ贈ルトキ節儀壱封賀儀壱封ソノ外贄儀贐儀等…（尺牘式）
凡数字ノ外ニ成ノ字ヲ用ルコトアリ啓書成封菓儀成封時袍成領時襪成双燭臺成對ノ類コレナリ（補遺）
[一封]ツ、ミテ封シタル物（補遺〈器物類〉）
[一封]包テ封シタル物（補遺〈食果類〉）
先春幾封（五車D）
先春茶封（五車D）
[尊]→樽（木部12画）
[酒]絮酒一尊（双璧）
[醤]脆醸一尊（双璧）
醯醤—醤一尊（称謂・璧）
[酒]魯酒一尊（双魚）
[酒]魯酒壱尊（琅琊）
[醋]聚蚋壱尊（琅琊）
青州一尊（尺牘式）
[對]
[孔雀]南客一對（双璧）
[鶴]仙胎一對（双璧）
[鵠]飛奴一對（双璧）
[鷺鷥]霜衣一對（双璧）
鶴—鶴鵠鷺鷥各一對（称謂・璧）
孔雀—孔雀一對（称謂・璧）
戒指幾對（全書、用例1）

金段一對（全書、用例1）
燭一對（全書、用例2）（『新編事文類要啓箚青銭』にも「蝋炬一對」「燭一對」とある）
紅掌一對（全書、用例3、「鵞酒」）
敬奉一對（全書、用例3、「鶏」）
[枕]藤枕一對（双魚）
[護膝]膝圍一對（双魚）
[鶴]齢禽几對（双魚）
[鴿]哨禽几對（双魚）
[鴛鴦]匹鳥一對（双魚）
綵紅弐對（双魚、参考2）
[鶴]齢禽壱對（琅函）
[鴿]哨禽壱對（琅函）
[笋]竹胎幾對（琅函）
[枕]珊瑚壱對（琅函）
[燭]玉膏幾對（琅函）
戒指成對（琅函）
枕〈籐枕一対〉（彙書）
卓圍〈卓圍一対〉（彙書）
釵〈金釵一対〉（彙書）
鶴〈仙胎一対〉（彙書）
鸚鵡〈緑衣一対〉（彙書）
鴿〈飛奴一対〉（彙書）
鳩〈錦翼一対〉（彙書）
鵲〈報喜一対〉（彙書）
鷺鷥〈霜衣一対〉（彙書）
鴛鴦〈匹鳥一対〉（彙書）
[釵]金ー一對（啓発）
[卓圍]一對（啓発）
[枕]藤ー一對（啓発）
[鶴]仙胎一羽（對カ）（啓発）
[鳩]錦翼一對（啓発）
[鷺]霜衣一ー（啓発）
[鴛鴦]匹鳥一對（啓発）
喜盒一對（尺牘式）
花燭成對（尺牘式）
凡数字ノ外ニ成ノ字ヲ用ルコトアリ
啓書成封菓儀成封時袍成領時襪成双燭臺成對ノ類コレナリ（補遺）
[一對一雙]ツイノ物ソノ中双ハ…對ハ一ニテモスム物ヲ對ニシテ用ルノ義酒壜燭臺或ハカケ物ノ類コレナリ（補遺〈器物類〉）
[一對]手ヲヒ股ヒキノ類ヲイフ（補遺〈衣帛類〉）
[○一朋]タル一對ヲイフ（補遺〈食果類〉）
金段一対（五車D）
戒指幾對（五車D）
銀簪一對（三台）
浄管一對（三台）
海馬一對（三台）
母丁香二對（三台）
金段一封（對）（万書D）

尸部

［尺］
百尺楼（全書、末）
絶壁千尺（彙材）
…湖鯿一頭長可一尺米（粋金）

［尾］
［魚］玉尺幾尾（双璧）
敬奉数尾（全書、用例3、「魚」）
［鮮魚］玉尺几尾（双魚）
水梭花数尾（双魚、参考1）〈標題「送魚」〉
［魚］鮮鱗弍尾（琅函）
［鯉］金鱗幾尾（琅函）
［鰻］海鰍幾尾（琅函）
鮮鱗弍尾（琅函）
池鱗肆尾（琅函）
鮮鱗幾尾（諺解）
鮮魚幾尾（集要）
紅魚一尾（彙材）
金鯉二尾（尺牘式）
［○一噭］馬ヲイフ通雅ニ数馬以噭数魚以尾鹿以頭…（補遺〈禽魚類〉）
［一尾］魚ヲイフ（補遺〈禽魚類〉）
鮮魚幾尾（五車A）
鮮魚幾尾（三台）

［局］
圍棋一局（全書、用例3）
［棋］手談一局（双魚）
棋〈手談一局〉（彙書）
［棋］手談一局（啓発）
［一局］棋盤ヲイフ…（補遺）

［屈］→曲（日部2画）
［猪蹄］豚蹄一屈（双魚）
豚蹄一屈（集要）

屮部

［屯］
凡絹帛…四端曰一屯（彙材）〈二例〉
［一屯］サヤチリメン等ノマルキク、リタルヲ云（補遺）

山部

［崢］→隻（隹部2画）
［鹿］㘅芝双崢（双璧）
［鹿］衘芝双崢（双魚）
［鹿］啣芝双崢（琅函）

己部

［巵］→卮（卩部3画）
［酒肉］△一俎△一巵（全書、用例3）

巾部

［帒］→袋（衣部5画）
花糖一筐一帒（補遺〈儀物雅称〉）
花糕一筐一帒（補遺〈儀物雅称〉）

［帖］
王（玉カ）塵麺帖（全書、用例1）

［一縄］…紙ㅣ帖（補遺〈器物類〉）
［法帖］字法一帖（五車C）
玉塵麺帖（五車D）
玉塵四帖（三台）
玉塵一帖（三台）

［帙］

某書一帙一套（双魚、参考1）
［一巻一一冊―一帙一一部］皆書籍ヲイフ（補遺）
（書に）幾帙（五車C）

［幀］

画一幀（彙材）
宋画一幀（彙材）
宋画一幀（粋金）
画一幀（粋金）

［幅］↓**副**（刀部9画）

寿帕一幅（全書、用例1）
剡牋百幅（全書、用例3、「牋紙」）
遺我四幅（全書、用例3、「名画」）
［畫］丹青一副(幅)（双魚）
［汗巾］絞綃一幅（双魚）
［桌(卓)圍］桌(卓)圍几幅（双魚）
［画］丹青幾幅（琅璵）
鳳帕弐幅（琅璵）
汗巾一幅（諺解）
丹青一副(幅)（諺解）
畫〈丹青一幅〉（彙書）
汗帕幾幅（集要）
［畫］丹青一幅（啓発）
紙十幅百張（彙材）〈二例〉
某三幅図（彙材）
汗巾一幅（尺牘式）
丹青一幅（尺牘式）
寿図壱幅（尺牘式）
［一幅］墨迹画類ヲイフ又紙ヲモイフ料紙ニスルヲ以テイフ漫ニハイワズ（補遺〈器物類〉）
［一幅］一マイト云ニ用ユ汗巾ㅣㅣ卓圍ㅣㅣ椅褥ㅣㅣトアリ（補遺〈衣帛類〉）
［紙］手箋五幅（五車C）
［畫］水墨幾幅（五車C）
［棋］棋貝(具)一幅（五車C）
壽帕一幅（五車D）
壽軸一幅（三台）
護帕一幅（三台）
□帕一幅（万書B）〈□部の偏は「言」、旁は「獲」とある〉

［幞］↓**襆**（衣部12画）

干部

［年］

十年于茲（彙材）

广部

［床］↓**牀**（爿部4画）

被〈粗衾一床〉（彙書）

[被]粗衾一床（啓発）
[座]→坐（土部4画）
祭一座（全書、用例2）
宣爐一座（尺牘式）
[一座]下ニ居置モノヲ揔テイフ宣炉
面盆架ーートアリ但細長キ物ニ
ハイワス（補遺〈器物類〉）
[一架]…案ハ一架トモ一座トモイ
フベシ（補遺〈器物類〉）

弓部

[引]
得水晶敬奉一引（全書、用例3、「鹽」）
[張]
[篦]粗篦一張（双魚）
[皮金]皮金一張（双魚）
石城紙二千張（筌）
紙十幅百張（彙材）〈二例〉
扣版帖面式一張（尺牘式）

[一張]紙一マイヲイフ又獣皮ニ用ユ
又華席ーー又粗篦ーートアリ本
ヨリ琴瑟ノ類ヲイフ（補遺〈器
物類〉）

四画

[琴]古琴一張（五車C）
（琴に）幾張（五車C）

戸部

[所]
園一所（双魚、参考2）
[扇]
[一扇]コレモ一マイノ物ヲ云フ俗ニ
多《ク》一枚ト云トモ枚ノ字ハ箇ト
云ニ同ジ（補遺〈器物類〉）

手部

[把]
[弓]麟膠一把（双魚）
金陵絨傘一把（双魚、参考1）〈標題
「送傘」〉
弓〈麟膠一把〉（彙書）
[弓]麟膠一把（啓発）
[一把]手ニトル物ヲイフ剪子ーー茶
匙ーートアリ扇子ノ類手ニ持モ
ノハ一握トイフ剪子小刀ノ類ハ
モチ物ニハアラズ故ニ把トイヒ
握トハイワス傘ナドモーート云
又交床ーートアリタヽミテ持ア
ルク故ナリ（補遺〈器物類〉）
[○一把]イチワ杜詩ニ菜把ノ語アリ
（補遺〈食果類〉）
[挺]
[一梃（挺カ）]上ニ同シ（「[一笏]墨ヲイフ」）
然トモマル墨カク墨ハ梃（挺カ）トハ
イフベカラズ（補遺）
[掌]→翼（羽部11画）

[鵝]家鴈二掌（双璧）
鵝―鵝二掌（称謂・璧）
[鵞]家雁二掌（双魚）
[鵝]家雁弐掌（琅琊）
池皃弐掌（琅琊）
家雁弐掌（琅琊）
家雁二掌（諺解）
鵞〈家鴈二掌〉（彙書）
家鴈四掌（集要）
家雁二掌（尺牘式）
鵞曰家鴈二掌即一隻（五車A）
草鵝幾掌（三台）
草鴨幾掌（三台）
家鴈二掌（三台）

[掬]

[○一掬―○一握]茶ナドノ類タヾ一ツ
カミヲ云詩経ニ貽我握椒トアリ
（補遺〈食果類〉）

[握]

[扇]粗箑幾握（双璧）
扇―扇幾握（称謂・璧）
[扇]軽箑一握（双魚）
[笏]玉板一握（双魚）
[扇]齊紈幾握（琅琊）
仁風一握（諺解）
扇〈軽箑一握〉（彙書）
仁風幾握（集要）
[扇]軽箑幾握（啓発）
詩扇一握（彙材）
詩扇一握（粋金）
仁風一幄（握カ）（尺牘式）
[一握]扇團扇如意拂子等ヲイフ（補遺〈器物類〉）
[一把]…扇子ノ類手ニ持モノハ一握トイフ剪子小刀ノ類ハモチ物ニハアラズ故ニ把トイヒ握トハイワス…（補遺〈器物類〉）
[○一掬―○一握]茶ナドノ類タヾ一ツカミヲ云詩経ニ貽我握椒トアリ（補遺〈食果類〉）
扇曰粗扇幾握（五車A）
[扇]軽箑幾幄（握カ）（五車C）
麄扇幾握（三台）
仁風二握（三台）
根葱一握（三台）

[撞]

[全撞]重バコ一クミノ物、…撞ハ食ロウ類ニモ通ズ（補遺〈食果類〉）

文　部

[文目]

[一繩]…唐ノ銀一両ハ拾文目也…（補遺〈器物類〉）

斗　部

[斗]

[米]白粲几斗（双魚）

五斗（双魚、参考1）〈標題「送酒」〉
白粲一筐《幾斗》（諺解）
米〈白粲幾斗〉（彙書）
［米］白粲一斗（啓発）
命酌尽一斗（彙材）
五斗米（彙材）
以折腰之五斗餉之（粋金）〈注に「米」〉
玉粒一斗（尺牘式）

［斛］

價重明珠之十斛（全書、末）
豆三斛（粋金）

斤部

［斤］

［鱣魚］鱣魚几斤（双魚）
建茶両斤（彙材）
握把秦帰一斤（彙材）

［断］

［〇一断］ヒトソロヘ（補遺〈食果類〉）

方部

［方］

［手帕］香蘿一方（双璧）
壽帕一方（双璧）
粗帕二方（全書、用例3、「手帕」）
［猪肉］豚肉一方（双魚）
［牛肉］犢背一方（双魚）
［手帕］雲羅一方（双魚）
［護領］領絹一方（双魚）
［坐褥］坐褥一方（双魚）
［牛肉］犢肉壱方（琅琊）
［祭肉］胙肉壱方（琅琊）
［手帕］雲羅壱刀《方》（琅琊）
［汗巾］絞綃壱方（琅琊）
犢肉壱方（琅琊）
石泓壱方（琅琊）
手帕一方（諺解）
牛肉〈犢背一方〉（彙書）
手帕〈雲羅一方〉（彙書）
護領〈領絹一方〉（彙書）
坐褥〈坐褥一方〉（彙書）
豕肉一方（集要）
［坐褥］｜｜一方（啓発）
［獲《護カ》領］領絹一方（啓発）
手帕一方（尺牘式）
彩袱一方（尺牘式）
［一方］真四方クノ物ヲ云フクサフロシキ坐ブトンノ類（補遺〈衣帛類〉）
肉曰豚肉一方（五車A）
手帕曰香羅一方（五車A）
［硯］龍尾一方（五車C）
豚肉《幾方》（三台）
綾帕《幾方》（三台）
豕肉一方（万書A）

日部

［星］
［金］昆吾几星（双魚）
［銀］朱提几星（双魚）
代銀幾星（双魚、参考2）
昆吾几星両（諺解）
朱提几星両（諺解）
金〈昆吾几星〉（彙書）
銀〈朱提几星〉（彙書）
牲儀幾星（彙書、参考）
［金］昆玉（吾）几星（啓発）
［銀］朱提几星（啓発）
昆吾几星箇（尺牘式）
朱提几星（尺牘式）
昆吾弐星（尺牘式）
［一星］小金砕銀ノ類（補遺）

日部

［曲］→届（尸部5画）
［後搥（腿カ）］豚蹄一曲（双璧）
豚蹄壱曲（琅琊）
陽関一曲（彙材）
弾琴一曲（彙材）
豚肩一曲（五車A）
爔腿曰烟蹄一曲爔味尚多各加烟字称之（五車A）
二曲牌（三台）

月部

［月］
数月（粋金）
［朋］
［○一朋］タル一對ヲイフ（補遺〈食果類〉）
［服］
一服清涼散（彙材）
妙剤…一服（粋金）

木部

［本］
牡丹一本（全書、用例3、「牡丹」）
蘭花数本（全書、用例3、「蘭花」）
菊花数本（全書、用例3、「菊花」）
紅梅一本（全書、用例3、「紅梅」）
瑞香一本（全書、用例3、「瑞香」）
一本（双魚、参考1）〈標題「送牡丹」〉
数本（双魚、参考1）〈標題「送芍薬花」〉
一本（双魚、参考1）〈標題「送海棠」〉
滄溟集一本…（筌）
某書二本（彙材）
通典四本（彙材）
某書幾本（彙材）〈二例〉
通典四本（粋金）
因写一本呈之（粋金）〈注に「書籍」〉
拙稿一本附上（粋金）
［一株］木一本（補遺〈花木類〉）
［一根］草花一本（補遺〈花木類〉）

（字帖に）幾本（五車C）

［札］

一札之書（全書、用例3）

一札之書（五車E）

［朶］

五朶之祥雲（全書、用例3）

金花弐朶（琅琊）〈二例〉

一朶白雲（彙材）

七朶荷花両朶鮮（五車E）

時花幾朶（三台）

［束］

［香］京香幾束（双璧）

香―香幾束（称謂・璧）

綵一束（全書、用例2）〈二例〉（『新編事文類要啓箚青銭』にも「陰幣一束」「綵一束」とある）

薄礼一束（全書、用例3、「謝師」）

［箋帖］鸞箋一束（双魚）

［香］龍涎几束（双魚）

檀香一束（諺解）

箋〈鸞箋一束〉（彙書）

檀香幾束（集要）

［箋］鸞｜一束（啓発）

凡絹帛…五疋曰一束（彙材）〈二例〉

角黍几束（尺牘式）

竹胎一束（尺牘式）

［一束］一ク、リニシタルモノヲ云鸞牋｜｜龍涎｜｜トアリ日本ニテハ帋ニ多ク用ユ（補遺〈器物類〉）

［一束］チマキ又笋等ヲイフ（補遺〈食果類〉）

香曰某香幾束（五車A）

［香］線香幾束（五車C）

京香幾束（三台）

［杯］

一杯之餞別（全書、用例3）

一杯之具（全書）

三杯引敬昭花燭之新婚（全書）

啜一二杯（粋金）〈注に「茶」〉

苦茗数杯解渇（粋金）

［枚］→**顆**（頁部8画）

［椰子］矮胡二枚（双璧）

椰子―椰子二枚（称謂・璧）

［拝盒］拝盒一枚（双魚）

［護書］護書一枚（双魚）

［皮箱］皮箱一枚（双魚）

［荷包］香嚢一枚（双魚）

［珠］照乗几枚（双魚）

数枚（双魚、参考1）〈標題「送桃子」〉

数枚（双魚、参考1）〈標題「送西瓜」〉

小硯一枚（双魚、参考1）〈標題「送硯」〉

玉環一枚（双魚、参考2）

文竹茶碾子一枚（双魚、参考2）

［粽］角黍幾枚（琅琊）

［簪］玳峯壱枚（琅琊）

硯〈文池一枚〉（彙書）

拝盒〈拝盒一枚〉（彙書）
荷包〈香嚢一枚〉（彙書）
珠〈炤乗几枚〉（彙書）
玉〈荊璞一枚〉（彙書）
珀墜〈珀陞一枚〉（彙書）
[珠]炤乗几枚（啓発）
[玉]荊璞一枚（啓発）
[珀墜]珀陞一枚（啓発）
[簪]玉ー一枚（啓発）
[荷包]香嚢一枚（啓発）
[硯]文池一枚（啓発）
[香]息香百枚（啓発）
[箭]豹牙十枚（啓発）
[拝盒]一枚（啓発）
[簫]玉ー一枚（啓発）
鳳咮一枚（粋金）〈注に「鳳咮硯名」〉
[一箇][一枚]大小何ニテモイクツト
云ニ用ユ箇モ枚モ義ヲナジ俗語
ニ人ヲ数ルモ几箇几枚トイフ
（補遺〈器物類〉）
[一扇]コレモ一マイノ物ヲ云フ俗ニ
多《ク》一枚ト云トモ枚ノ字ハ箇ト
云ニ同ジ（補遺〈器物類〉）
[一枚][一箇]唯イクツトイフ数ヲ云
坐褥ー箇香嚢一枚トアリ又茶経
ニ巾ニ枚トアリ（補遺〈衣帛類〉）
[一枚]世説ニ鮮魚数十枚トアリ（補
遺〈禽魚類〉）
猪首曰豚元一牧《ママ》（五車A）
附子二枚（三台）
棗子一枚（三台）

[枝]

一枝鐵筆（全書、用例3）
梅駅一枝之貺（全書、用例3）
一枝風動萬枝響応（全書）
[筆]毛穎几枝（双魚）
[息香]息香百枝（双魚）
[簪]花簪一枝（双魚）
[箭]狼牙十枝（双魚）
[簫]鳳簫一枝（双魚）
[笛]竹笛一枝（双魚）
数枝（双魚、参考1）〈標題「送甘蔗」〉
金簪幾枝（双魚、参考2）
兎穎十枝（双魚、参考2）
隴頭一枝（双魚、参考2）
大香一枝（双魚、参考2）
[蒜]玉拳幾枝（琅琊）
[筆]兎穎幾枝（琅琊）
兎穎拾枝（琅琊）
毛穎幾枝（諺解）
龍涎几片一瓣一枝（諺解）
香〈息香百枝〉（彙書）
箭〈豹牙十枝〉（彙書）
簫〈玉簫一枝〉（彙書）
笛〈竹笛一枝〉（彙書）
兎管幾枝（集要）
[笛]竹笛一枝（啓発）

筆百枝（彙材）〈二例〉
以一枝春色（彙材）
敬上一枝（粋金）〈注に「筆」〉
一枝春色（粋金）
折一枝呈餉之（粋金）
梅花一枝（粋金）
毛穎几枝（尺牘式）
湖筆十枝（尺牘式）
[一枝]筆又箭ノ類又鳥羽ナトヲ云又
　笙笛ノ類ニモーートアリ（補遺
〈器物類〉）
[一枝]キリヱダ（補遺〈花木類〉）
筆曰毛錐幾枝又曰兎管（五車A）
五枝梅花四枝放（五車E）
兎管幾枝（三台）
兎穎十枝（三台）
銀花二枝（三台）

[架]

[圍屛]圍屛一架（双魚）
圍屛〈錦屛全架〉（彙書）
[圍屛]錦屛全架（啓発）
[一架]衣桁又ケンダイノ類又圍屛ーー
　トアリ此方ノ張付ノ屛風ニハ用
　ユベカラズ案ハ一架トモ一座
　トモイフベシ（補遺〈器物類〉）

[柄]

扇十柄（彙材）〈二例〉
[刀]青犢一柄（双魚）
[拂]玉麈一柄（双魚）
京箑参柄（尺牘式）〈「箑」は扇。〉
[一柄]團扇払子ノ類其外柄ノアルモ
　ノヲイフ（補遺〈器物類〉）

[株]

芍薬一株（全書、用例3、「芍薬」）
曽無一株（全書、用例3、「求菊栽」）
一株（双魚、参考1）〈標題「餽受花
　木」、実は牡丹か〉
喬松数株（彙材）
紅杏千株（彙材）
寒梅一株（粋金）
[一株]木一本（補遺〈花木類〉）
数株松（三台）

[根]

某敢不分一根以贈（全書、用例3、
　「求葡萄」）
[一根]草花一本（補遺〈花木類〉）
乾葱二根（三台）
[桌]→卓（十部6画）
[梃]→挺（手部7画）

[條]

[絲條]絲縧一條（双魚）
[手巾]粗巾一條（双魚）
[帯]粗縧□絲（條カ）（琅琊）
汗巾〈絞綃一條〉（彙書）
手巾〈粗巾一條〉（彙書）
綸帯〈綸帯一條〉（彙書）
[手巾]粗巾一條（啓発）

[汗巾]絞綃一條(啓発)
[綸帯]一條(啓発)
具十条於別幅…更有一条(彙材)
腰帯一條(尺牘式)
[一條]杖ノ類又烟管等スベテ細ナガキ物ヲ云(補遺〈器物類〉)
[一條]帯其外長ミノアル物ヲスベテイフ手帕ナドモーートアリ(補遺〈衣帛類〉)
鰍魚一條(万書G)
布線一條(万書G)
牛筋一條(万書G)
硝石硫黄等分細研放在紙上捲作一條(万書G)
小蛇子一條(万書G)
灯心数條(万書G)
二條蛇血(万書G)
手帕一條(万書G)
地龍去土七條(三台)

[梱]
[○一梱]一ク、リ(補遺〈食果類〉)

[捲]
[一捲]マゲ物ニ入タルモノ(補遺〈食果類〉)

[榻]
箕跪一榻(粋金)

[榼]
[一盒一一榼]食ロウ重バコ又蓋ヂヤワン等ニ入タル物(補遺)

[樹]
金花幾樹(双魚、参考2)
銀花幾樹(双魚、参考2)
金花弐樹(双魚、参考2)

[樽]→**尊**(寸部9画)
一樽(全書、用例3、「求酒」)
一樽清酌(全書、用例3、「求酒」)
一樽之酒(全書、用例3)
敬持一樽(全書、用例3)
魯酒壱樽(琅琊)
魯酒一樽(諺解)
酒〈魯酒一樽〉(彙書)
魯酒幾樽(集要)
[酒]魯ー一樽(啓発)
寿酒壱樽(尺牘式)
[一樽]酒ヒトタル(補遺〈食果類〉)
酒曰魯酒一[(墤總称脱カ)](五車A)(参照[墤])
魯酒一樽(五車B)
一樽魯酒(五車E)
魯酒一樽(三台)
魯醖一樽(三台)

[橐]
[盞]白(珀)皿一橐(双魚)
[盞]珀皿壱橐(琅琊)
[○一橐]足付ノ膳盆等ニツミタルヲ云(補遺〈食果類〉)

[橱]

［一椡］提重ニクミタルモノ〈補遺〈食
果類〉〉

殳部

［段］
單綃一段（三台）
河北綾一段（三台）

水部

［瀹］
茶一瀹（全書、用例2）（『新編事文類要
啓劄青銭』にも「茶一瀹」とある）

火部

［炷］
香一炷（全書、用例2）（『新編事文類要
啓劄青銭』にも「香一炷」とある）
一炷香（彙材）
［煎］
茶一煎（全書、用例2）（『新編事文類要
啓劄青銭』にも「茶一煎」とある）

爿部

［牀］→床（广部4画）
［被］粗衾一牀（双魚）
［一牀］ヨキフトンヲイフ粗衾ーート
アリ（補遺〈衣帛類〉）

片部

［片］
山一片（双魚、参考2）
龍涎几片一瓣 一枝（諺解）
豊山多白雲…一片（粋金）
一片葵誠（尺牘式）
［一片］一キレノ形ナイフ紙又袱ナド
ヲーート云ハアシ、（補遺〈器
物類〉）
［一片］一キレヲイフ（補遺〈食果類〉）
一片石（三台）
［版］
［一版］一マイノ物ヲイフ中金ノ
類ーート云ベシ（補遺〈器物類〉）
［牋］
諧姻議一牋通好（全書）

牛部

［牧］→枚（木部4画）
［牽］→圏（囗部8画）
［牛］大牢一牽（双璧）
［猪］豢（豢）豕一牽（双璧）
［羊］柔毛一牽（双璧）
牛—牛一牽（称謂・璧）
羊—牛猪羊各一牽（称謂・璧）
猪—…又猪一牽（称謂・璧）
［牛］大牢一牽（双魚）
［牛］太牢壱牽（琅琊）
［羊］小羊壱牽（琅琊）

[猪]豢豕壱牽（琅琊）
[○一牽]大牢ーートアリ（補遺〈禽魚類〉）
猪曰小猪一牽（五車A）

犬部

[献]
三獻酒（五車E）

五画

玉部

[琲]
[一琲]珠一貫為琲トアリ数珠ノ類ーート云ベシ（補遺〈器物類〉）
[瑞]
[鳳凰]霊鳥一瑞（双璧）

瓜部

[瓣]
香一辨（瓣）（全書、用例2）（『新編事文類要啓劄青銭』にも「香一瓣」とある）
龍涎几片一瓣一枝（諺解）

瓦部

[瓮]
[一瓮一一壜]トクリノ酒ヲ云（補遺）
[瓶]
龍舌一瓶（粋金）〈注に「龍舌茶名」〉
此呈一瓶（粋金）
凡…又器中ニ一盃イレタル類ヲモ全盒全瓶トイフ…（補遺）
[一瓶]カメ又ツ、ニ生タル花（補遺〈花木類〉）
[甌]
茶一甌（全書、用例2）（『新編事文類要啓劄青銭』にも「□(?)茶一甌」とある）
[一甌]フカキハチニモリタル物甌ハ深碗也ト註ス（補遺〈食果類〉）
[甓]
泉醪一甓（粋金）
[甕]
苦酒一甕（全書、用例3、「醯」）

疋部

[疋]→匹（匹部0画）
[絹]色絹一疋（双魚）
[羅]綺羅一疋（双魚）
[梭布]梭布一疋（双魚）
[葛布]暑絺一疋（双魚）
[緞]色緞弐疋（琅琊）
[絹]素絹壱疋（琅琊）
綺羅一疋（諺解）
色絹几疋（諺解）
色緞一疋（諺解）
暑絺一疋（諺解）

絹〈色絹一疋〉(彙書)
羅〈綺羅一疋〉(彙書)
梭布〈梭布一疋〉(彙書)
葛布〈夏絹一疋〉(彙書)
騾〈小騾一疋〉(彙書)
色緞幾疋(集要)
[羅]綺羅一疋(啓発)
[絹]色ー一疋(啓発)
[葛布]夏絹一疋(啓発)
凡絹帛…五疋曰一束(彙材)〈二例〉
(□《縑カ》緞に) 幾疋(五車C)

皿部

[盂]
作一盂飯(彙材)
水一盂(万書G)
[盃]
濁酒一盃(彙材)
凡…又器中ニ△一盃イレタル類ヲモ
全盒全瓶トイフ…(補遺)
(酒) 一盃(五車E)〉(あるいは、名詞か)
(酒) 飲二盃(三台)
[盆]
[菊]霜傑一盆(双魚)
菊〈霜傑一盆〉(彙書)
[菊]霜傑一盆(啓発)
熱湯一盆解痒(粋金)
馬乳一盆(尺牘式)
[一盤一一盆]ハチニ盛リタルモノ
(補遺〈食果類〉)
[一盆]ハチウエノモノ(補遺〈花木
類〉)
[盒]
[麥]夏登一盒(双璧)
麥—麥一盒(称謂・璧)
[柑子]金嚢一盒(双魚)
[葡萄]馬乳一盒(双魚)
一筐《即一盒》(双魚、参考1)〈標題「送梅
子」〉
[餅]團酥壱盒(琅函)
[菜]宿根壱盒(琅函)
宿根一盒(諺解)
馬乳一盒(諺解)
合香一盒(諺解)
梹《檳》榔成盒(彙書、参考)
雪華一盒(尺牘式)
合香一盒(尺牘式)
凡…又器中ニ一盃イレタル類ヲモ全
盒全瓶トイフ…(補遺)
[一盒一一榼]食ロウ重バコ又蓋ヂヤ
ワン等ニ入タル物(補遺〈食果
類〉)
[全盒]カサネ食ロウ一クミノ物…
(補遺〈食果類〉)
海鮮一盒(五車A)
[盞]
水一盞(万書G)

一盞酒（三台）

【盤】

綵一盤（全書、用例2）
敢献一盤（全書、用例3、「桜桃」）
［塩］海霜几盤（双魚）
［包子］團香一盤（双魚）
［新笋］竹胎一盤（双魚）
［荻笋］荻笋一盤（双魚）
［木耳］廣耳一盤（双魚）
［紅棗］赤棗一盤（双魚）
［黒棗］揮棗一盤（双魚）
［柿餅］柿霜一盤（双魚）
［柿子］軟柿一盤（双魚）
［枇杷］盧橘一盤（双魚）
［石榴］天将（漿）一盤（双魚）
［藷］山藷一盤（双魚）
［楊梅］楊果一盤（双魚）
［柑橘］洞庭顆（ママ）盤（双魚）
［蓮蓬］蜂窠一盤（双魚）
［米糖］玉錫一盤（双魚）
［豆腐］豆乳一盤（双魚）
粗菓幾盤（双魚、参考1）〈標題「餽受菓品」〉
［塩］海霜壱盤（琅琊）
［包子］團香壱盤（琅琊）
時果壱盤（琅琊）
福果弐盤（琅琊）
時果弐盤（琅琊）
豆乳一盤（諺解）
竹胎一盤（諺解）
金丸一盤（諺解）
粽〈角黍几盤〉（彙書）
包〈團香一盤〉（彙書）
笋〈竹胎一盤〉（彙書）
柿餅〈柿霜一盤〉（彙書）
石榴〈天漿一盤〉（彙書）
猪肚〈綸（?）肚一盤〉（彙書）
魚〈鮮魚一盤〉（彙書）
鱔魚〈錦鱔一盤〉（彙書）
艮（銀）魚〈艮（銀）魚一盤〉（彙書）
蝦米〈蝦米一盤〉（彙書）
蟳〈福蟳一盤〉（彙書）
鯉〈金鯉一盤〉（彙書）
［魚］鮮｜一盤（啓発）
［鯉］金｜一盤（啓発）
［笋］竹胎一盤（啓発）
［柿餅］柿霜一盤（啓発）
豆乳一盤（尺牘式）
麪筋一盤（尺牘式）
仙郷一盤（尺牘式）
金丸一盤（尺牘式）
［一盤—一盆］ハチニ盛リタルモノ（補遺〈食果類〉）
［一盤］硯ブタ折敷等ニクミタル物（補遺〈食果類〉）
米曰白粲 又曰玉粒已上或幾盤幾筐随人用之（五車A）

白粲一盤（五車B）
絳嚢数盤（万書A）

石部

［石］
［米］玉粒幾石（双璧）
［研］
石墨一研（全書、用例3、「硯」）
［碗］
二碗（双魚、参考1）〈標題「送茶」〉
水五碗（三台）
［碩］
玉塵一碩（三台）
［礶］
［醋］聚蚋一礶（双璧）
醋—醋一礶（称謂・璧）
茶〈細茗几礶〉（彙書）

禾部

［種］
［牡丹］魁英一種（双璧）
［芍薬］吐錦一種（双璧）
［薔薇］錦衣一種（双璧）
［芙蓉］拒霜一種（双璧）
［菊花］徑英一種（双璧）
［桂］天香一種（双璧）
［蓮］浄友一種（双璧）
［蘭］徳馨一種（双璧）
蘭—蘭一種（称謂・璧）
蓮—蓮蓬幾團…又蓮一種（称謂・璧）
牡丹—牡丹一種（称謂・璧）
芍薬—芍薬一種（称謂・璧）
芙蓉—芙蓉一種（称謂・璧）
薔薇—薔薇一種（称謂・璧）
桂—桂一種（称謂・璧）
［蘭］義香一種（双魚）
［芙蓉］天英一種（双魚）
［牡丹］天香一種（双魚）
［芍薬］吐錦一種（双魚）
［瑞香］世英一種（双魚）
［茉莉］玉馩一種（双魚）
［海棠］酔春一種（双魚）
［山茶］寶珠一種（双魚）
［榴花］火珠一種（双魚）
［蓮花］浄友一種（双魚）
［荼蘼］玉蘂一種（双魚）
［杜鵑］妍春一種（双魚）
［薔薇］錦衣一種（双魚）
［杏花］麗色一種（双魚）
［萱草］忘憂一種（双魚）
［蕙花］含英一種（双魚）
［桂］天香一種（双魚）
［梅花］東閣一種（双魚）
［瑞香］紅錦壱種（琅琊）
［牡丹］魁英壱種（琅琊）
［海棠］酔春壱種（琅琊）
［杜鵑］妍春壱種（琅琊）

[芍薬]吐錦壱種(琅函)
[蘭花]国香壱種(琅函)
[茉莉]玉(「莉」の下に「木」)𩡧壱種(琅函)
[芙蓉]天英壱種(琅函)
[薔薇]錦衣壱種(琅函)
[杏花]麗色壱種(琅函)
[萱草]忘憂壱種(琅函)
[蕙花]含英壱種(琅函)
[蓮花]浄友壱種(琅函)
[榴花]前紅 稍(ママ)(琅函)
[桂花]天香壱種(琅函)
[山茶]宝珠壱種(琅函)
[梅花]東閣壱種(琅函)
[菊]徑英壱種(琅函)
蘭〈清香一種〉(彙書)
芙蓉〈天英一種〉(彙書)
牡丹〈天香一種〉(彙書)
芍薬〈吐錦一種〉(彙書)
瑞香〈世英一種〉(彙書)

茉莉〈玉馥一種〉(彙書)
海棠〈酔春一種〉(彙書)
山茶〈宝珠一種〉(彙書)
石榴〈火珠一種〉(彙書)
蓮花〈浄友一種〉(彙書)
薔薇〈錦友一種〉(彙書)
杏花〈麗色一種〉(彙書)
蕙花〈含英一種〉(彙書)
桂花〈仙友一種〉(彙書)
梅〈東閣一種〉(彙書)
[蘭]清香一種(啓発)
[芙蓉]天英一種(啓発)
[牡丹]天香一種(啓発)
[芍薬]吐錦一丨(啓発)
[瑞香]世英一丨(啓発)
[海棠]酔春一丨(啓発)
[山 茶(茶カ)]寶珠(ママ)(啓発)
[石榴]火(珠カ)種(ママ)(啓発)
[杏花]麗色(ママ)(啓発)

[蕙花]含英(ママ)(啓発)
[桂花]仙友(ママ)(啓発)
[梅]東閣(ママ)(啓発)
[水仙]玉盞(ママ)(啓発)
損餉六種(彙材)
絶品茶数種(彙材)
一種奇花(粋金)
雲丹蠟子二種(粋金)
[一種]ヒトイロヲ云モシ数品ノ花ナラハ時花几種ト云(補遺〈花木類〉)

[稱]

衣服二日一稱(彙材)〈二例〉

立　部

[章]

読伐木△一章(全書)
拙和一章附上(彙材)
寿詞壱章(尺牘式)

［端］
［緞］色緞二端（双壁）
緞—緞二端（称謂・壁）
軽帽二端（全書、用例3、「紗」）
耀葛二端（全書、用例3、「葛布」）
［紬］粗紬一端（双魚）
［紗］縐紗一端（双魚）
礼緞幾端（双魚、参考2）
色紬幾端（双魚、参考2）
礼緞幾端（双魚、参考2）
色緞幾端（双魚、参考2）
色緞弐端（双魚、参考2）
表裏弐端（琅琊）〈二例〉
縐紗一端（諺解）
紬〈粗紬一端〉（彙書）
緞〈雲緞一端〉（彙書）
紗〈縐紗一端〉（彙書）
［緞］雲ー一端（啓発）
［紗］縐ー一端（啓発）
［紬］粗紬一端（啓発）
［梭］梭布一端（啓発）
凡絹帛二端曰一両曰一匹 四端曰一屯…（彙材）〈二例〉
綵緞一端（尺牘式）
白葛壱端已上代銀拾両（尺牘式）
［一匹ー一端］常式ノ如シ（補遺〈衣帛類〉）
葛布曰粗葛幾端（五車A）
段子一端（三台）
叔子一端（三台）
花縴一端（三台）
梅羅一端（三台）
紅緞一端（三台）
紅絹一端（三台）

六画

竹部

［竿］
曽無数竿（全書、用例3、「求竹」）
脩竹千竿（彙材）
敢分数竿植侍尊庭（粋金）〈注に「竹」〉
［笏］
［墨］陳玄幾笏（双壁）
墨—墨幾笏（称謂・壁）
龍香剤一笏（全書、用例3、「墨」）
［墨］青烟几笏（双魚）
［墨］龍剤幾笏（琅琊）
［拂］玉麈壱笏（琅琊）
龍剤一笏（諺解）
墨〈青煙几笏〉（彙書）
［墨］青煙几笏（啓発）
墨十笏（彙材）
龍剤一笏（尺牘式）
［一笏］墨ヲイフ（補遺）
墨曰松烟幾笏（五車A）
［墨］松烟幾笏（五車C）

松烟幾笏（三台）
松煤四笏（三台）

［筐］

［麺］玉縷幾筐（双璧）
［龍眼］金弾一筐（双璧）
［桃］仙卿（郷）一筐（双璧）
［蓮子］提珠一筐（双璧）
［橄欖］青菓一筐（双璧）
［柿］盧橘一筐（双璧）
［楊梅］聖僧一筐（双璧）
［柑］金嚢一筐（双璧）
［枇杷］金丸一筐（双璧）
［棗］垂金一筐（双璧）
團酥一筐（双璧）
麺―麺幾筐（称謂・璧）
蓮―蓮子一筐（称謂・璧）
柑―柑一筐（称謂・璧）
桃―桃一筐（称謂・璧）
柿―柿一筐（称謂・璧）
棗―棗一筐（称謂・璧）
枇杷―枇杷一筐（称謂・璧）
龍眼―龍眼一筐（称謂・璧）
楊梅―楊梅一筐（称謂・璧）
橄欖―橄欖一筐（称謂・璧）
玉屑麺筐（全書、用例1）
［麪］玉塵一筐（双魚）
［櫻桃］櫻桃一筐（双魚）
［閩笋］閩笋一筐（双魚）
［荸薺］野薺一筐（双魚）
［龍眼］驪珠一筐（双魚）
［茘枝］紫嚢一筐（双魚）
［橄欖］青果一筐（双魚）
［桃子］仙卿（郷）一筐（双魚）
［梅子］雪華一筐（双魚）
［李子］玉華一筐（双魚）
［梨］玉實一筐（双魚）
［杏子］紅錦一筐（双魚）
［榧子］香實一筐（双魚）
［林檎］文林一筐（双魚）
［藕］玉臂一筐（双魚）
［栗子］員（圓）栗一筐（双魚）
［梧桐］玉粒一筐（双魚）
［菱角］水栗一筐（双魚）
［米糖］玉錫一筐（双魚〈岩垂本〉）
［銀魚］銀魚一筐（双魚）
［海蜇］海蜇一筐（双魚）
一筐（双魚、参考1）〈標題「送蓮子」〉
一筐（双魚、参考1）〈標題「送栗子」〉
［猪肉］彘肩壱筐（琅琊）
［羊肉］柔肋壱筐（琅琊）
［麥］夏登壱筐（琅琊）
［麯（麺カ）］玉塵壱筐（琅琊）
［梅子］雪華壱筐（琅琊）
［桃］仙卿（郷）壱筐（琅琊）
［李］玉華壱筐（琅琊）
［杏］金杏壱筐（琅琊）
［菱角］水栗壱筐（琅琊）

[櫻桃]珠櫻壱筐(琅函)
[枇杷]金丸壱筐(琅函)
[蓮蓬]蜂窠壱筐(琅函)
[木瓜]巒榴壱筐(琅函)
[石榴]吐玉壱筐(琅函)
[梨]玉實壱筐(琅函)
[橘]金團壱筐(琅函)
[金橘]洞庭霜果(ママ)(琅函)
[藕]玉臂壱筐(琅函)
[柑]金嚢壱筐(琅函)
[楊梅]聖僧壱筐(琅函)
[雪梨]氷團壱筐(琅函)
[龍眼]金弾壱筐(琅函)
[荔枝]紫嚢壱筐(琅函)
[核桃]胡桃壱筐(琅函)
[榧子]香實壱筐(琅函)
[蓮子]玉擎壱筐(琅函)
[梧桐]玉粒壱筐(琅函)
[葡萄]馬乳壱筐(琅函)

[橄欖]青菓壱筐(琅函)
[白菓]銀杏壱筐(琅函)
酥餅壱筐(琅函)
白粲一筐幾斗(諺解)
玉麈一筐(諺解)
夏登一筐(諺解)
雪華一筐(諺解)
仙郷一筐(諺解)
水團一筐(諺解)
楊菓一筐(諺解)
香實一筐(諺解)
金團一筐(諺解)
麵〈玉麈一筐〉(彙書)
荔枝〈荔紅一筐〉(彙書)
龍眼〈魁圓一筐〉(彙書)
桃〈仙桃一筐〉(彙書)
橄欖〈青子一筐〉(彙書)
西瓜〈水晶一筐〉(彙書)
棗〈紅棗一筐〉(彙書)

梅子〈雪華一筐〉(彙書)
李〈玉華一筐〉(彙書)
梨〈玉實一筐〉(彙書)
杏〈紅錦一筐〉(彙書)
枇杷〈盧橘一筐〉(彙書)
瓜子〈瓜仁(ママ)筐〉(彙書)
雪梨〈氷團一筐〉(彙書)
藕〈玉臂一筐〉(彙書)
蓮子〈提珠一筐〉(彙書)
柑〈朱橘一筐〉(彙書)
栗〈圓栗一筐〉(彙書)
楊梅〈圣(聖)僧一筐〉(彙書)
菱角〈水栗一筐〉(彙書)
鱉〈坐魚一筐〉(彙書)
[桃]仙桃一筐(啓発)
[西瓜]水晶一筐(啓発)
[棗]紅丨一筐(啓発)
[梅子]雪華一筐(啓発)
[李]玉錦一丨(啓発)

[梨]玉實一ー(啓発)
[杏]紅錦一ー(啓発)
[枇杷]盧橘一ー(啓発)
[藕]玉臂一ー(啓発)
[蓮子]提珠一ー(啓発)
[柑]朱橘一ー(啓発)
[栗]圓栗一ー(啓発)
[柳梅]経(聖)僧一ー(啓発)
[菱]水栗一筐(啓発)
玉塵一筐(尺牘式)
白粲一筐(尺牘式)
夏登一筐(尺牘式)
腐皮一筐(尺牘式)
香實一筐(尺牘式)
水團一筐(尺牘式)
糖菓一筐(尺牘式)
仙餌壱筐(尺牘式)
寿菓壱筐(尺牘式)
[一筐]ハコイリノ物ヲイフ但木地ノ
ハコナリ(補遺〈器物類〉)
[一筐]スベテハコ入ニシタル物(補
遺〈食果類〉)
花糖一筐一帒(補遺〈儀物雅称〉)
花糕一筐一帒(補遺〈儀物雅称〉)
米曰白粲又曰玉粒已上或幾盤幾筐隨人用之
(五車A)
玉屑麵筐(五車D)
某菓幾筐/品(三台)
薄儀一筐(三台)
[筵]
[○一筵]上ニ同シ(「[一頭]膳部一ト
ヲリヲイフ…」)(補遺〈食果類〉)
(『新編事文類要啓劄青銭』にも
「祭食一筵」「祭一筵」とある)
[箇]
腊二十箇(彙材)
昆吾几星箇(尺牘式)
凡…又全ノ字ヲ用ルコトアリ…又古
昔中華ヨリ来リシ品目ニ〈硃紅《シュ》
漆黒漆《ヌリクロヌリ》〉戧金《チンキンノ》椀弐拾箇櫜全ト
アリ 此二十人前ノ椀具ニ 膳マ
デソロヘタルヲ云〈櫜ハ足付ノ
膳ナリ〉又…(補遺)
[一箇一一枚]大小何ニテモイクツト
云ニ用ユ箇モ枚モ義ヲナジ俗語
ニ人ヲ数ルモ几箇几枚トイフ
(補遺〈器物類〉)
[一扇]コレモ一マイノ物ヲ云フ俗ニ
多《ク》一枚ト云トモ枚ノ字ハ箇ト
云ニ同ジ(補遺〈器物類〉)
[一枚一一箇]唯イクツトイフ数ヲ云
坐褥ー箇香嚢一枚トアリ又茶経
ニ巾二枚トアリ(補遺〈衣帛類〉)
饅頭七十五箇(万書F)
饅頭二十五箇(万書F)
[箋]
筐約△一箋(全書)

【管】

[筆]毛錐幾管(双璧)

筆〈毛錐几管〉(彙書)

[筆]毛遂《(錐カ)》几管(啓発)

和筆一管(彙材)

[一管]笙笛ノ類又筆烟吹等ニモ一一《(ママ)》アリ(補遺〈器物類〉)

[筆]毛錐幾管(五車C)

乾筆一管(万書G)

【箱】

財一箱(全書、用例2)〈三例〉(『新編事文類要啓箚青銭』にも「財一箱」とある)

【篆】

香一篆(全書、用例2)(『新編事文類要啓箚青銭』にも「明香一篆」「香一篆」とある)

【篇】

拙稿壱篇(彙材)

【篋】

乾栗子一篋(筌)

乾柿一篋(筌)

【筐】

一筐即一盒(双魚、参考1)〈標題「送梅子」〉

【簍】

[炭]烏金几簍(双魚)

数簍(双魚、参考1)〈標題「送炭」〉

烏銀一簍(諺解)

【籃】

香菰一籃(筌)

魚一籃(筌)

魚一籃(彙材)

時果一籃(彙材)

宿根一籃(尺牘式)

[一籃]カゴニ入タルモノ(補遺〈食果類〉)

【籠】

金團一籠(尺牘式)

[一籠]目ノスキタルカゴ金團一一トアリ(補遺〈食果類〉)

米部

【粒】

硼砂三粒(万書G)

七粒丁香(三台)

[粽]→總(糸部11画)

角黍几粽(諺解)

角黍《幾》粽(集要)

糸部

【紙】

近詩数紙(彙材)

別写数紙(彙材)

【絃】

[琴]絲桐七絃(双魚)

琴〈絲桐七絃〉(彙書)

[琴]絲桐七絃（啓発）
[絇]
乱絲一絇（双魚、参考2）
[緉]
純帛之五緉（全書、末）
[一緉]ベツスタビヲイフ（補遺〈衣帛類〉）
[緘]
鸞書一緘（全書、用例1）
礼状一緘（全書、用例1）
鸞書弐緘（琅瑘）
尺素一緘（集要）
鸞書一緘（五車D）
礼状一緘（五車D）
尺素一緘（三台）
聘書一緘（三台）
回書一緘（三台）〈二例〉
定書一緘（三台）
礼状一緘（三台）
回状一緘（三台）
聘書一緘（万書B）
回書一緘（万書C）
礼書一緘（万書E）
[縁]
法衣一縁（尺牘式）
[一縁]袈裟坐具等ニイフ（補遺〈衣帛類〉）
[編]
敢集萬編（全書、用例3、「借書籍」）
[縷]
一縷烟（全書、用例3、「香」）
[總]→**粽**（米部8画）
[粽]角黍幾總（双璧）
粽—粽幾總（称謂・璧）
[繩]
[一繩]絲繩ニテツナキタルモノ（補遺〈器物類〉）
[繫]
[蠏]蠏螯几（幾）繫（双璧）

缶部

[缶]
[一缶]ツボニ入タル物（補遺〈食果類〉）
[餅]
[魚鮓]魚鮓几餅（双魚）
魚鮓幾餅（諺解）
[罇]
喜酒壱罇（尺牘式）
魯酒一罇（三台）
魯酒一罇（万書A）
[罐]
[一壺一一罐]ツボ入ノ茶ヲイフ（補遺〈食果類〉）

羊部

[羫]→**腔**（肉部8画）

柔毛幾羫（全書、用例1）
［羊］柔毛一羫（双魚）
柔毛弐控（ママ）（琅琊）
羊〈柔毛一羫〉（彙書）
羊曰羔羊一羫（五車A）
羊又曰柔毛一羫（五車A）
羔羊一羫（五車B）
柔毛幾羫（五車D）
羔羊一羫（三台）
羊一羫（三台）
柔毛一羫（三台）
羔羊一羫（万書A）

羽部

［羽］→對（寸部11画）
［翅］
鶏曰窓禽兩翅或稱徳禽（五車A）
［翊］→翼（羽部11画）
［雞］徳禽几翌（翊）（双魚）

［翼］→掌（手部8画）・翊（羽部5画）
［鶏］窓禽二翼（双璧）
［鴨］家鳧二翼（双璧）
雞—雞二翼（称謂・璧）
鴨—鴨二翼（称謂・璧）
家鴈幾翼（全書、用例1）
司晨幾翼（全書、用例1）
［鴨］家鳧几翼（双魚）
［鶯］金鶯二翼（双魚）
［雉］華虫二翼（双魚）
［鸚鵡］隴客二翼（双魚）
［孔雀］南客二翼（双魚）
家鴈…数翼（双魚、参考1）〈標題「送鵞」〉
家鵞…数翼（双魚、参考1）〈標題「送鴨」〉
［鶏］窓禽弐翼（琅琊）
［鴨］家鳧弐翼（琅琊）
窓禽肆翼（琅琊）
池鳧肆翼（琅琊）
窓禽捌翼（琅琊）
家鳧二翼（諺解）
窓禽二翼（諺解）
鶏〈徳禽双翼〉（彙書）
鶯〈金鶯二翼〉（彙書）
孔雀〈南禽二翼〉（彙書）
家鴈四翼（集要）
［鶯］金—二翼（啓発）
［孔雀］南禽二翼（啓発）
野鴨二翼（尺牘式）
［一翼］鳥ヲイフ（補遺〈禽魚類〉）
鴨曰家鳧二翼（五車A）
家鴈四翼（五車B）
家鴈幾翼（五車D）
司晨幾翼（五車D）
家鴨幾翼（三台）
司晨二翼（三台）
家鴈八翼（三台）

家鴈四翼（三台）

家鴈四翼（万書A）

耳　部

[聯]

収一聯宮葉之詩（全書、用例3）

寄一聯（全書、用例3）

[聲]

爆竹一聲（全書、用例3）

数聲木魚（粋金）

一聲雷（三台）

肉　部

[肘]

[前脚]豚肩一肘（双璧）

猪━……又豚肩一肘……（称謂・壁）

[猪腿]豚肩一肘（双魚）

[火腿]烟豚一肘（双魚）

[羊肉]柔肋一肘（双魚）

[猪腿]豚肩壱肘（琅琊）

猪腿〈禄豚一肘〉（彙書）

火腿〈烟豚一肘〉（彙書）

羊腿〈羊肩一肘〉（彙書）

豚扇（肩）一肘（集要）

蹄曰豚蹄一肘（五車A）

豚肩一肘（五車B）

[腐]

彘肩一腐（三台）

[腔]→**羫**（羊部8画）

羔羊一腔（集要）

[臠]

羶肉一臠（全書、用例3、「羊酒」）

至　部

[臺]

[一臺]一桌（卓）何ニテモタイニノセタル物ニテイフ又足付ノゼンヲ桌（卓）トイフ故ニ椀具ソロフタルヲ一桌（卓）トイフテ宜シ……（補遺〈器物類〉）

[○一臺]何ニテモ臺ニツミタルヲイフ野菜種々ナラバ菜品ーート云（補遺〈食果類〉）

色　部

[色]

[荔枝]絳嚢一色（双璧）

菓品幾色（双璧）

荔子━荔枝一色（称謂・壁）

鸞箋一色（双魚、参考1）〈標題「送東帖」〉

祭品幾色（彙書、参考）

拝一璧一〈一色ウケテ一色モドス〉（尺牘式）

艸　部

[莖]

[蔗]蜜笋幾莖〈双璧〉
蔗—蔗幾莖〈称謂・璧〉
[甘蔗]密汁几莖〈双魚〉
数莖〈双魚、参考1〉〈標題「送蓮藕」〉
咀嚼数莖〈双魚、参考1〉〈標題「送
笋」〉
[蔗]蜜汁幾莖〈琅函〉
甘蔗〈蜜汁几莖〈彙書
[甘蔗]蜜汁几匣（莖カ）〈啓発〉
理髪得三十莖許白者〈彙材〉
[一莖]一ポンヲイフ〈補遺〈食果類〉〉
[一莖]草花ノキリタルヲ云〈補遺
〈花木類〉〉
[菓]
数菓〈双魚、参考1〉〈標題「送李
子」〉
[葉]
藤楮百葉〈三台〉

虫　部

[螺]
[一螺]晋ノ陸雲与兄機書ニ墨二螺ト
アリツクネ形ノ墨ナルベシ日本
モ上代ノ墨ハツクネ形ナリ〈補
遺〈器物類〉〉

行　部

[行]
数行之字〈彙材〉

衣　部

[袋]→帒〈巾部5画〉
[合香]合香几袋〈双魚〉
数袋〈双魚、参考1〉〈標題「送香」〉
合香〈合香一袋〉〈彙書〉
[合香]一袋〈啓発〉
春芽弐袋〈尺牘式〉
[一袋]ヒトフクロ〈補遺〈器物類〉〉
[一嚢—一袋]フクロニ入タル物〈補
遺〈食果類〉〉
絹袋…一袋〈万書G〉
[裁]
葛衫一裁〈尺牘式〉
[一裁]カタビラヒトエノ類ヲ云葛
衫ーートアリ〈補遺〈衣帛類〉〉
[襆]
[一襆]幞ノ字ト同シ一ツ、ミナリ世
説ニ一ー新衣トアリ然モ紙ヅ、
ミニハイワズ〈補遺〈衣帛類〉〉
[襲]
[衣]体服一襲〈双璧〉
[衣]躰服壱襲〈琅函〉
色絹一領《一襲》〈諺解〉
吉服一襲〈尺牘式〉
当蔵之十襲以時珍玩　把玩之極十襲
蔵之矣〈尺牘式〉
[一副]大抵物ニ添テ用ルモノヲ云茶

匙ーー牙筋ーー牙梳ーー骰子ーー文池ーー果盒ーートアリ又捜神記ニ衣一襲被褥一副トアリ衣服ノ上ニ加ルト云意ナルベシ（補遺〈器物類〉）
[一襲]上ニ同シ（「[一領]衣服又袈裟ノ類ヲイフ又…」）上服ノ意ナリ吉服ーートアリ世俗ノ上下ノ類（補遺〈衣帛類〉）

七画

角部

[角]
先春二角（三台）

[觔]
猪胙幾觔（彙書、参考）
羊胙幾觔（彙書、参考）
新茶一觔（彙材）

[觴]
△一觴△一詠之楽（全書）

言部

[詠]
△一觴△一詠之楽（全書）

貝部

[貫]
[一琲]珠一貫為琲トアリ数珠ノ類ーート云ベシ（補遺〈器物類〉）

足部

[趺]
[一趺]ベツタリ足ノ物ヲイフ（補遺〈器物類〉）

車部

[軸]
架頭萬軸（全書、用例3、「借書籍」）
某書…三万軸（双魚、参考1）〈標題「送書」〉
牙籤万軸（双魚、参考1）〈標題「送書」〉
賀文壱軸（双魚、参考2）
祭文壱軸（双魚、参考2）
寿図一軸（尺牘式）
[一軸]カケ物マキ物ヲイフ（補遺〈器物類〉）

[載]
馳騁千載（彙材）
千載一遇（彙材）

[輝]
龍燭雙輝（彙書、参考）

[輩]
黒白三十二輩（全書、用例3、「棋」）
遺毛穎数輩就役文房（粋金）〈注に「筆」〉

辵　部

［通］
拙序脱稿先録一通求脱教（粋金）
箴言一通（粋金）
副啓壱通（尺牘式）
儀状弐通（尺牘式）
［連］
［一連］何ニテモツナギタル物ヲ云
（補遺〈食果類〉）
［遍］
乞蔵経読一遍足矣（彙材）
吟詠千百遍（粋金）

邑　部

［部］
［易経］犧経一部（双璧）
［詩］葩経一部（双璧）
［書］壁経一部（双璧）
［春秋］麟経一部（双璧）
［礼記］礼経一部（双璧）
［四書］枝経一部（双璧）
［紙］蔡珍一部（双璧）
紙—紙一部（称謂・璧）
［書］寶籍一部（双魚）
［書］宝籍幾部（琅琊）
小書壱部（琅琊）
寶籍一部（諺解）
水蛙〈皷吹全部〉（彙書）
書〈宝籍一部〉（彙書）
［書］寶籍一部（啓発）
宝籍一部（尺牘式）
後漢書壱部（尺牘式）
凡…又全ノ字ヲ用ルコトアリハシタ物ニテナクソロヒタル義也色絹全匹宝冊全部ノ類コレナリ…
（補遺）
［一部］物数ソロフタルヲイフ一具一全一部大概相同シテ物ニ因テ斟酌スベシ（補遺〈器物類〉）
［一巻］［一冊］［一帙］［一部］皆書籍ヲイフ（補遺）
書曰某書幾部（五車A）
某書幾部（三台）

酉　部

［酌］
杏林一酌（全書、用例3）

里　部

［里］
千里目（全書）
荷香十里（彙材）

八　画

金　部

［鋪］
［蓆］粗席一鋪（双魚）
［藤簟］湘水一鋪（双魚）
［篠簟］湘水壱鋪（琅琊）
［薦］新簟壱鋪（琅琊）
［甌］御覆壱鋪(?)（琅琊）
簾〈粗簾一鋪〉（彙書）
［簾］粗｜一鋪（啓発）
［一鋪］シク物ノ類ヲイフ湘水｜｜ト
　アリ（補遺〈器物類〉）
［錠］→定（宀部5画）
禮銀幾錠（双魚、参考2）
龍劑十錠（琅琊）
漆黒一錠墨（五車E）
白金幾錠（三台）
聘金幾錠（三台）
白金幾錠（三台）

阜部

［陣］
一陣西風（全書、用例3）
［陳］
［氈］毯裀一陳（双璧）
氈―氈一陳（称謂・璧）
［氈］毡裀一陳（双魚）
［毛毯］花毯一陳（双魚）
［毡條］毡裀一陳（双魚）
［氈］氈裀壱陳（琅琊）
毛毯〈花毯一陳〉（彙書）
氈條〈毯茵一陳〉（彙書）
［毛毯］花毯一陳（啓発）
［一陳］上ニ同シ（「［一鋪］シク物ノ類
　ヲイフ…」）紅氈｜｜トアリ（補
　遺〈器物類〉）
［一陳］シキ物ヲ云毯裀｜｜ト有（補
　遺〈衣帛類〉）

隻部

［隻］→崢（山部8画）
一隻（双魚、参考1）〈標題「送鶏」〉
民船一隻（双魚、参考2）
鴨〈家鳬几隻〉（彙書）
兎〈狡兎一隻〉（彙書）
鹿〈啣芝一隻〉（彙書）
山猫〈玉面一隻〉（彙書）
［鴨］家鳬几隻（啓発）
［兎］狡兎一隻（啓発）
［鹿］啣芝一隻（啓発）
鮮鳬二隻（尺牘式）
［○一隻］同（「［一翼］鳥ヲイフ」）一ピ
　キヲイフ（補遺〈禽魚類〉）
鵞曰家鴈二掌 即一隻（五車A）
山鶏曰雉鶏一隻 如山禽尚多各依其名称之
　（五車A）
小雞 幾隻（三台）
一隻鴈（三台）
鶏一十七隻（万書F）

兎一十五隻（万書F）

【雙】

［鞋］雲履一双（双璧）

［靴］革履一双（双璧）

耳環一雙（全書、用例1）

氈襪一雙（全書、用例3、「氈襪」）

得一雙（全書、用例3、「絲鞋」）

璧一雙（全書、用例3

［靴］單（革カ）履一双（双魚）

［鞋］雲履一雙（双魚）

［毡襪］毡襪一双（双魚）

［暑襪］足衾一双（双魚）

［綾襪］綾襪一双（双魚）

［鐶］耳鐶一双（双魚）

雲履一雙（双魚、参考1）〈標題「送鞋」〉

小襪一雙（双魚、参考1）〈標題「送襪」〉

雲履壱雙（双魚、参考2）

［筯］玉挿幾雙（琅琊）

［鞋］革履壱雙（琅琊）

［緞鞋］雲履壱雙（琅琊）

［蒲鞋］蒲履壱雙（琅琊）

［襪］足衣壱雙（琅琊）

玉環成双（琅琊）

雲履壱双（琅琊）

綾襪壱双（琅琊）

皀靴壱双（琅琊）

羢襪壱双（琅琊）

足衣一双（諺解）

靴〈革履一双〉（彙書）

鞋〈雲履一双〉（彙書）

氈襪〈氈襪一双〉（彙書）

襪〈足衾一双〉（彙書）

護膝〈膝圍一双〉（彙書）

女鞋〈綉鞋一双〉（彙書）

環〈玉環一双〉（彙書）

雲履一雙（集要）

暑襪一雙（集要）

［靴］革履一雙（啓発）

［氈襪］｜｜一雙（啓発）

［襪］足衾一双（啓発）

［鞋］雲履一双（啓発）

［女鞋］綉鞋一双（啓発）

［獲（護カ）膝］膝圍一双（啓発）

足衣一雙（尺牘式）

凡数字ノ外ニ成ノ字ヲ用ルコトアリ　啓書成封菓儀成封時袍成領時襪成双燭臺成對ノ類コレナリ（補遺）

［一對｜一雙］ツイノ物ソノ中双ハキワメテ二アル物襪鞋ノ類コレナリ對ハ…（補遺〈器物類〉）

［一雙］上ニ同シ（「［一緉］ベツスタビヲイフ」）又鞋履ノ類（補遺〈衣帛類〉）

耳環一双（五車D）

金圏一雙（三台）
金環一雙（三台）
銀釵一雙（三台）
海馬一雙焙（三台）

九画

面部

[面]
[一面]鏡又硯ヲイフ（補遺〈器物類〉）
圓鏡一面（万書G）

革部

[鞘]
[剣]青萍一鞘（双魚）
[剣]龍泉壱張（鞘）（琅琊）
劔〈青萍一鞘〉（彙書）
[剣]青藻（ママ）一鞘（啓発）
[一鞘]刀ヲイフ（補遺〈器物類〉）

頁部

[頂]
[冠]儒冠一頂（双璧）
冠—冠一頂（称謂・璧）
[巾]元服一頂（双魚）
[帳]紫綃一頂（双魚）
[毡帽]毡帽一頂（双魚）
一頂（双魚、参考1）〈標題「送巾」〉
髻袋壱項（頂）（琅琊）
巾〈元服一頂〉（彙書）
帳〈紫絹一頂〉（彙書）
氈帽〈氈帽一頂〉（彙書）
[巾]元服一頂（啓発）
[帳]紫絹一頂（啓発）
[氈帽]||一頂（啓発）
[一頂]巾帽ヲ云又蚊帳類ニモ云リ頭上ニ掛ルモノ故ナリ（補遺〈衣帛類〉）
青魚魫一頂（三台）
[頃]
水光千頃（彙材）
[領]
[衣]色衣一領（双魚）
羊裘一領（双魚、参考1）〈標題「送裘」〉
色衣壱領（双魚、参考2）
袖汗衫一領（双魚、参考2）
色衣一領一襲（諺解）
單衣一領（粋金）
凡数字ノ外ニ成ノ字ヲ用ルコトアリ啓書成封菓儀成封時袍成領時襪成双燭臺成對ノ類コレナリ（補遺）
[一領]衣服類ヲイフ世説ニ簟||トアリ身ニ付テ用ル物ユヘナリ（補遺〈器物類〉）
[一領]衣服又袈裟ノ類ヲイフ又時袍

成領トアリ仕立タル上ニテイフ
（補遺〈衣帛類〉）

[頭]

[犬]逐兎一頭（双璧）
[驢]蹇駈一頭（双魚）
驢一頭（双魚、参考2）
駈馬〈蹇駈一頭〉（彙書）
得湖鯿一頭長可一尺米（粋金）
[一頭]膳部一トヲリヲイフ晋元帝謝
賜功徳浄膳一頭ノ文アリ劉孝威
謝賜果食一頭ノ文アリ皆オクリ
膳ナリ（補遺）
[○一噭]馬ヲイフ通雅ニ数馬以噭数
魚以尾鹿以頭雞雌雄曰一鬪トア
リ（補遺）
[一匹一一頭]通シテイフ馬援伝ニ牛
馬羊数千頭トアリ（補遺〈禽魚
類〉）

[顆]→**枚**（木部4画）

[饅頭]籠餅幾顆（双璧）
[梨]氷團幾顆（双璧）
[猪頭]豚元一顆（双璧）
[羊首]羝元一顆（双璧）（「羊」は
「羝」〈雄ひつじ〉の意。）
饅頭―饅頭幾顆（称謂・璧）
猪―猪頭一顆…（称謂・璧）
梨―梨幾顆（称謂・璧）
敬奉数顆（全書、用例3、「茘枝」）
謹奉百顆（全書、用例3、「龍眼」）
摘奉数顆（全書、用例3、「桃子」）
木李百顆（全書、用例3、「李子」）
敬奉百顆（全書、用例3、「梅子」）
無三百顆之献（全書、用例3、「橘子」）
敬奉百顆（全書、用例3、「楊梅」）
敢献数顆（全書、用例3、「石榴」）
[柑橘]洞庭／顆盤《ママ》（双魚）
[猪首]豚元一顆（双魚）
[羊首]羊元一顆（双魚）
数顆（双魚、参考1）〈標題「送柑子」〉
数顆（双魚、参考1）〈標題「送菱角」〉
数顆（双魚、参考1）〈標題「送雪梨」〉
[猪首]豚元壱顆（琅琊）
[羊首]羝元壱顆（琅琊）
猪首〈豚元一顆〉（彙書）
羊首〈羊元一顆〉（彙書）

食部

[餅]

華製各色墨二餅（筌）

[饌]

充行庖一饌（彙材）

首部

[首]

鰱魚〈錦鰱几首〉（彙書）
拙作一首（筌）
先後稿…若干首（彙材）

奉和二首（彙材）
絶句数首（彙材）
近詩数首（彙材）
写一首（彙材）
一首尤精確（彙材）

扇頭詩一首（彙材）

一〇画

門部

[鬪]
[○一嗷]馬ヲイフ通雅ニ数馬以嗷数魚以尾鹿以頭雞雌雄曰一鬪トアリ（補遺〈禽魚類〉）

＊付1 助数詞を添えない例

純毫若干（全書、用例3、「筆」）
[蛋]玉弾几十（双魚）
[甌]甆甌几十（双魚）
[爆竹]爆竹几十（双魚）
[燭]玉膏几十（双魚）
[銅錢]青蚨几百（双魚）
[米]玉粒幾許（琅琊）
[蛋]玉弾幾拾（琅琊）
[金]楊沙幾拾（琅琊）
[銀]朱提幾百（琅琊）
玉膏几十（諺解）
青蚨几百（諺解）
錢〈青蚨几百〉（彙書
白金若干（集要）
[錢]青蚨几百（啓発）
玉膏几十（尺牘式）
青蚨几佰（尺牘式）
團酥幾百（三台）
数目若干（三台）
白金若干（万書B）
白金若干（万書C）
銀縧環一（万書C）
青絲縧一（万書C）

＊付2『尺牘式補遺』の用法注における仮名書き助数詞（和語・漢語）

・上段に当該語を掲げ（五十音順）、[　]内に被注語・「　」内に被注字を示す。

ヒトイロ　[一種]・「種」
一カサネ　[○一元]・「元」
一《ヒト》キレ　[一片]・「片」
一キレ　[一片]・「片」
一ク、リ　[一束]・「束」
一《ヒト》ク、リ　[○一梱]・「梱」
一クミ　[全撞]・「撞」
一クミ　[全盒]・「盒」
ヒトソロヘ　[○一断]・「断」
一タチ　[一刀]・「刀」

ヒトタル　[一樽]・「樽」
二《フタツ》アル物　[一對]・「對」
一《（ヒトツ）》　[一對]・「對」
イクツ　[一箇]・「箇」〈二例〉
イクツ　[一枚]・「枚」〈二例〉
一ツカミ　[○一掬]・「掬」
一ツカミ　[○一握]・「握」
ヒトツ、ミ　[一包]・「包」
一ツ、ミ　[一襆]・「襆」
一通リ　[一具]・「具」〈二例〉

一《ヒト》トヲリ　[一頭]・「頭」
イチワ　[○一把]・「把」
一ピキ　[○一隻]・「隻」
ヒトフクロ　[一袋]・「袋」
一ポン　[一茎]・「茎」
一マイ　[一張]・「張」
一《イチ》マイ　[一版]・「版」
一マイ　[一扇]・「扇」
一《イチ》マイ　[一幅]・「幅」

ま行

や行

ら行

わ行

た行

な行

は行

さ行

索　引（書名・人名・事項）

あ行

か行

あとがき

「尺牘資料における助数詞の研究　明国から日本へ」と題し、ここに筆を擱くことができた。これで、「日本語の助数詞」につき、上代の木簡・正倉院文書から、中古の「延喜式」、近世の書札資料、及び、近代の教育資料まで、一応の記述が終わったこととなる。中国、朝鮮半島などの金石文や竹・木簡類、帛書類、古書類を参看するのはもとよりのこと、日本のあらゆる文字資料を対象としなければならない。もともと無理な話ではあるが、「古文書」が「助数詞」と関わり深いことを知り、放置してはおけなかったのである。

ただ、気掛かりなことといえば、日本でも中国、朝鮮半島でも古代の遺跡が次々と発見され、木簡・土器類が出土しつつあることである。この状況は、日を追って盛んとなり、日本の歴史も、諸面において修正を迫られつつあるように見受けられる。かつての「評、郡論争」ではないが、検討資料が増えつつあるということは、結論が出しにくいのであり、この点で困惑してしまう。

「助数詞」研究を振り返る時、いつも去来するのは、「日本語の…」という修飾語と「研究」という言葉であった。後者は、この「助数詞」の問題が、――言い替えれば、もの・ことの「数え方」が、得てして興味本位に流され勝ちであることを憂えるものであり、ひいては、自らの姿勢に還るものであった。

前者は、元来、日本語には「助数詞」なる語群は存在しなかった、というのは、そもそも、大和言葉には「助数詞」という語彙群が必要なかったのではないか。「助数詞」と見受けられるものがあるとすれば、それは名詞の一用法ではあるまいか。そうした「倭人の国」も文明開化に及び、書く文化（漢字漢文）が必要となってきた。まず、

「文書行政」が必要となり、「律令」とともに入ってきたのが「数字」であり、これに附属する「助数詞」ではなかったか。即ち、「日本語の…」という修飾語は、その相手を意識した言葉であった。ならば、そこから何を、どのように学んだか、その理由はどういうことであったか、究明すべきことは少なくない。

八世紀の木簡・正倉院文書などを検討すると、日本の助数詞語彙は、唐から大きな影響を受けているようである。だが、どうも、直結しない。その以前もあるのではないかと見受けられる。その国とは、必ずしも中国とは限らず、中国だって諸々の地方がある。それらに前後する朝鮮半島の国々かも知れないが、予断は許されない。この辺りの問題となると、遺憾ながら資料を欠き、頭を抱えるしかないのである。

ところで、先年、元日本計量史学会々長岩田重雄先生が亡くなられた（二〇一三年四月二七日、享年九〇歳）。最後の御著書に『計量は文明の母である　岩田重雄博士論文集』（東洋計器株式会社、二〇一三年七月刊）がある。

岩田重雄先生は、一九四一年春、商工省に入省された。ところが、この一二月八日の未明、真珠湾攻撃となり、太平洋戦争に突入した。やがて、敗戦となり、そして、日本は復興を目指した。緊張した内に青春期を費やされたが、爾来、先端技術をもって計量器の開発・改良に苦心され、また、国際計量史委員会理事・副委員長の要職を務められ、日本計量史学会を設立された（一九七八年）。無数の御蔵書は、松本市の東洋計量史資料館の「岩田文庫」に収められている。工学博士（東京大学）。

岩田重雄先生は、理系の技術畑一辺倒の御人かと思いきや、グローバルな学問に勤《いそ》しまれ、人類史・考古学・日本史等にも御注意を払われ、「計量」と「文明」との関わりを追求された。「計量」とは、単位・助数詞と関わりが深い。種々の文献を御教示たまわり、御質問もいただいた。御講演記録・御論文は、御尊名を記した専用のA4ファイルに三冊も貯まり、座右にあっても群を抜く。御手紙に綴られる慎《つつ》ましい文字使いを拝しても、懇切・丁寧な御人柄が偲ばれてならない。

考古学上の「単位」は、遺物・遺跡を計測すると、条件にもよるが、その寸法が得られる。寸法の意味するところは多い。「助数詞」は、文字資料における形がなければ、ものがいえない。しかし、卑弥呼も、「計量」が機能してこそ、「男生口四人、女生口六人、班布二匹二丈」という貢ぎ物が用意できたのである。この生口一〇人・班布一〇丈とは、いわゆる十進法であり、「計量」なくして、船を造る大工の人数や日当、樟《くすのき》材の本数、また、往復に要する日数・糧食の計算などはできない。だが、彼女は、それができ、使節の派遣ができたのである。こうした「計量」の意義を学んだのも、岩田先生の御蔭であった。謹んで御礼申し上げたい。

末尾になって恐れ多いが、前田育徳会尊経閣文庫、東洋文庫、国立国会図書館、東京都立中央図書館、東北大学附属図書館、不二出版株式会社の各位には、資料の翻刻許可をたまわった。心から御礼申し上げる次第である。

また、武蔵野書院院主前田智彦氏には、小著の梓行に際し、細かなところまで御配慮いただいた。感謝の言葉もない。先日は、書信にて、社名にある「武蔵野」とは、『古今集』巻一七、「紫の　ひともとゆゑに　武蔵野《むさしの》の　草はみながら　あはれとぞ見る」（雑歌上、八六七番）に因むことを教わった。「紫のゆかり」である。また、御送りいただいた『武蔵野文学』創業百周年記念号（第六六号）にて、初代院主は、前田信《しん》（本名、藤八《とうはち》）氏といい、福井県鯖江の出身であることを教わった。誠実な御仁と拝見する。かつて愚妻は福井大学に勤務しており、文京地区に居を構えて三人の子らが生まれた。この町は、老婦人も子供達もよく働く。県民であることの満足度は日本一、子供の勉学度も日本一、この地出身の社長が多いのも日本一という。この土地は、人を育てるのであろう。社運の弥増しならんことを祈りたい。

二〇一九年二月

三保忠夫

著者紹介

三保忠夫（みほ ただお）

1945年　島根県生まれ。
1975年　広島大学大学院文学研究科博士課程退学。博士（文学）。
島根大学教授・神戸女子大学教授を経て、現在　島根大学名誉教授・
神戸女子大学名誉教授。

【主要著書】
『日本語助数詞の歴史的研究　近世書札礼を中心に』（2000年、風間書房）
『木簡と正倉院文書における助数詞の研究 』（2004年、風間書房）
『数え方の日本史』（2006年、吉川弘文館）
『藤原明衡と雲州往来』(2006年、笠間書院)
『日本語の助数詞―研究と資料―』（2010年、風間書房）
『鷹書の研究 宮内庁書陵部蔵本を中心として』（2016年、和泉書院）
『鷹狩と王朝文学』（2018年、吉川弘文館）

尺牘資料における助数詞の研究　明国から日本へ
武蔵野書院創業百周年記念出版

2019年3月25日 初版第1刷発行

著　者：三保忠夫
発行者：前田智彦

発行所：武蔵野書院
〒101-0054
東京都千代田区神田錦町3-11 電話 03-3291-4859　FAX 03-3291-4839

印　刷：三美印刷㈱
製　本：㈲佐久間紙工製本所

ISBN 978-4-8386-0718-1 Printed in Japan